穿越 中国重大隧道及地下工程建设项目总结丛书

和谐管理
福州地铁2号线建设管理创新与实践

HARMONIOUS MANAGEMENT
INNOVATION AND PRACTICE OF CONSTRUCTION MANAGEMENT
OF FUZHOU METRO LINE 2

中国交建总承包经营分公司（轨道交通分公司）
中交海峡建设投资发展有限公司　编著

人民交通出版社股份有限公司
北京

内 容 提 要

本书依托中国交建首次以"建设—移交"方式获取的城市轨道交通线——福州地铁2号线项目，结合项目建设过程中的实践经验，系统梳理出基于"和谐管理"理念的中国交建城市轨道交通建设项目管理体系，详细阐述"和谐管理"理念在福州地铁2号线项目中的具体呈现方式及获得的丰硕成果，同时介绍了一批有效提高项目管理效率的创新信息技术。

本书可供从事城市轨道交通建设管理的专业人员参考，也可供城市轨道交通、工程管理等相关专业的高校师生参考。

图书在版编目(CIP)数据

和谐管理：福州地铁2号线建设管理创新与实践 / 中国交建总承包经营分公司（轨道交通分公司），中交海峡建设投资发展有限公司编著. —北京：人民交通出版社股份有限公司，2021.2
ISBN 978-7-114-17044-7

Ⅰ.①和… Ⅱ.①中… ②中… Ⅲ.①地下铁道－铁路工程－福州 Ⅳ.①U231

中国版本图书馆CIP数据核字(2021)第015757号

Hexie Guanli—Fuzhou Ditie 2 haoxian Jianshe Guanli Chuangxin yu Shijian

书　　名：	和谐管理——福州地铁2号线建设管理创新与实践
著 作 者：	中国交建总承包经营分公司（轨道交通分公司）　中交海峡建设投资发展有限公司
责任编辑：	张　晓　李学会
责任校对：	孙国靖　宋佳时
责任印制：	张　凯
出版发行：	人民交通出版社股份有限公司
地　　址：	（100011）北京市朝阳区安定门外外馆斜街3号
网　　址：	http://www.ccpcl.com.cn
销售电话：	（010）59757973
总 经 销：	人民交通出版社股份有限公司发行部
经　　销：	各地新华书店
印　　刷：	北京印匠彩色印刷有限公司
开　　本：	787×1092　1/16
印　　张：	21
字　　数：	463千
版　　次：	2021年2月　第1版
印　　次：	2021年2月　第1次印刷
书　　号：	ISBN 978-7-114-17044-7
定　　价：	158.00元

（有印刷、装订质量问题的图书由本公司负责调换）

编委会名单

主　编

谭发茂　张福宏

副 主 编

李蓬勃　张惠泉　叶文弘

顾　问

王　俊　何文胜　李维洲　刘泽雄　李　凡

编　委

王中贵	程春根	秦宝军	王清河	上官伟	张学志	杨　杰
肖中林	汪兰芳	张龙海	龚聪颖	郭　利	刘慧琼	夏宇飞
李　彬	李　克	杨　坤	黄唯宇	朱霆轩	钟　岩	曾伍军
吴淮畅	沈书斐	张德全	樊群根	李　磊	胡斌朋	张　清
陆柳明	姚　平	李　新	戴　科	甘志松	马　征	周康康

组织编写单位

中国交建总承包经营分公司(轨道交通分公司)

中交海峡建设投资发展有限公司

Preface 前言

  城市轨道交通作为国家重要的交通基础设施,是便民惠民的重大民生工程,一头连着民生福祉,一头连着城市发展,是引领和优化城市空间布局、改善城市居民生活品质,连接城市生产和消费,提升人民群众幸福感、获得感的重要载体,是重塑城市空间形态、增强城市承载能力、实现城市可持续发展的重要支撑。伴随我国新型城镇化建设的快速发展,我国城市轨道交通建设进入跨越式发展阶段,其规模已位于世界前列,管理和技术水平也在稳步迈向世界先进行列,并在未来一段时期持续保持快速增长态势。

  中国交建作为国内交通基础设施建设的主力军,近年来,将城市轨道交通领域作为重要的战略发展方向,组建了项目公司—总经理部—标段(工区)项目部三级项目管理机构,以及盾构装备厂、应急救援队、盾构管片预制厂等专业化力量,形成合力,共同建设地铁项目,并连续承担了福州、厦门、哈尔滨、青岛、南京、西安、成都、广州、上海等多个城市的轨道交通建设。2014年以来,年轻的中交"轨道人"以"专注地铁,不断超越"的理念、让"奉献成为自觉,让标准成为习惯"的行为准则及"地铁梦、中交梦、中国梦"的终极追求,先后高效完成了复杂城市环境条件下的福州地铁2号线、厦门轨道交通1号线与2号线、哈尔滨地铁3号线、青岛地铁13号线、成都地铁17号线等项目,实现了首台盾构穿越福州乌龙江上软下硬复合地层,开创了深基坑水下开挖、66m超长距离地铁联络通道开挖等国内领先的工法,确立了"中交地铁"良好品牌。

  本书依托中国交建在福州以"建设—移交"方式中标的第一条城市轨道交通线——福州地铁2号线,结合在福州、青岛等城市轨道交通建设管理经验,以及在探索城市轨道交通建设有序、健康、高效发展过程中的建设管理模式创新和项目运营体系创新,以此构建基于"和谐管理"理念的中国交建城市轨道交通建设项目管理体系,持续提升城轨项目管理的精益运营能力和核心优势,为中国城市轨道交通的高质量发展贡献"中交"方案。

  全书以和谐项目管理为主线重点,总结了中交集团在福州地铁2号线的项目管理活动中锐意进取、勇于创新、打造精品工程的工作精神和文化理念,利用"顶层设计"层层深入的方式,在首先提出项目管理总目标的基础上,对和谐项目管理的战略进行了详细的规划和部署,并一步一个脚印地践行。全书揭示了项目成功的全要素管理的过程和经验,力图为同行建立一种先行先试的标杆。本书共分成10章,分别覆盖了全项目管理的战略规划,和谐项目管理理论为指导的项目管理指导思想和原则,并据此开展了各项管理活动,内容包括:和谐管理理念、组织设计、沟通与协调、过程管理、施工环境与安全管理、合同管理、文化体系建设、人力资源管理、信息技术应用与创新管理。

　　本书不仅仅是一本脚踏实地的项目管理经验丛书,读者还能从书中品验出中交人的精神风貌与创新精神。书中展现了大量的创新技术的应用(如:VR、BIM、动态预警系统等),证实了新技术对项目管理效率和绩效带来的促进作用。另外,通过党建和文化建设促进项目和谐和快速推进方面的大量宝贵经验,也是对制度创新的探索与实践。这一切再一次证明中交人勇于承担社会责任、敢于创新、踏实践行的精神风貌。

　　本书是福州地铁2号线全体技术及管理人员建设全过程工程经验的总结和真诚奉献,是拓展与行业沟通及经验交流的渠道,是推进实现城市轨道交通工程建设与管理的全面认知,是顺应城市地铁建设快速发展的有力见证,是中交人为促进我国城市轨道交通建设技术与项目管理水平不断提升与完善做出努力和贡献的真实写照。本书作为真实工程的实践案例可供从事城市轨道交通建设、设计、施工、监理、工程咨询、工程管理、政府监管监督、教学和科研等相关人员参考使用。

　　本书在编写及出版过程中,得到了天津理工大学陈伟珂教授、人民交通出版社股份有限公司常务副总编陈志敏等多位专家的悉心指导与大力支持,在此表示衷心的感谢。

　　限于编者水平有限,本书难免出现纰漏及不足之处,敬请读者多提宝贵意见与建议。

编　者
2020年6月30日

Contents 目　录

第1章　绪论 ……………………………………………………………………… 001

1.1　项目简介 ………………………………………………………………… 002
1.1.1　项目背景 …………………………………………………………… 002
1.1.2　工程概况 …………………………………………………………… 002
1.1.3　项目建设总体进程 ………………………………………………… 004
1.2　工程项目特点 …………………………………………………………… 007
1.3　项目建设的管理思路与战略规划 ……………………………………… 009
1.3.1　企业愿景及发展历程 ……………………………………………… 009
1.3.2　项目管理的总体思路 ……………………………………………… 011
1.3.3　项目管理的指导思想 ……………………………………………… 011
1.3.4　项目管理的战略规划 ……………………………………………… 013
1.3.5　项目建设的管理目标 ……………………………………………… 015

第2章　和谐项目管理理念的提出与践行 ……………………………………… 017

2.1　和谐管理理论 …………………………………………………………… 018
2.2　和谐管理机制 …………………………………………………………… 018
2.3　和谐项目管理的实施细则 ……………………………………………… 020
2.3.1　和谐主题的界定 …………………………………………………… 020
2.3.2　和谐主题的辨识 …………………………………………………… 021
2.4　和谐项目管理的指导应用 ……………………………………………… 023
2.4.1　和谐项目战略的制定过程 ………………………………………… 023
2.4.2　项目和谐主题的实现要素 ………………………………………… 025
2.4.3　和谐项目管理的实施成效 ………………………………………… 032

第3章　和谐项目组织管理 ……………………………………………………… 033

3.1　项目组织架构 …………………………………………………………… 034
3.1.1　组织架构的设计 …………………………………………………… 034

3.1.2　组织设计的原则 ……………………………………………………………… 034
　　3.1.3　组织设计的程序 ……………………………………………………………… 035
　　3.1.4　架构模式的创新 ……………………………………………………………… 035
3.2　项目治理层级 ………………………………………………………………………… 037
3.3　组织文化建设 ………………………………………………………………………… 042
3.4　项目公司及项目总经理职责 ………………………………………………………… 046

第4章　利益相关者的协调及管理 ……………………………………………… 051

4.1　利益相关者 …………………………………………………………………………… 052
　　4.1.1　利益相关者理论 ……………………………………………………………… 052
　　4.1.2　利益相关者分类 ……………………………………………………………… 052
　　4.1.3　项目价值实现流程 …………………………………………………………… 053
4.2　利益相关者权益识别 ………………………………………………………………… 053
　　4.2.1　项目建设阶段利益相关者识别 ……………………………………………… 053
　　4.2.2　核心利益相关者权益范围确定 ……………………………………………… 055
4.3　利益相关者诉求分析 ………………………………………………………………… 057
　　4.3.1　政府部门利益诉求 …………………………………………………………… 057
　　4.3.2　中国交建利益诉求 …………………………………………………………… 058
　　4.3.3　市地铁集团利益诉求 ………………………………………………………… 058
　　4.3.4　使用者的利益诉求 …………………………………………………………… 058
　　4.3.5　迁改方的利益诉求 …………………………………………………………… 058
4.4　动态管控利益相关者 ………………………………………………………………… 059
　　4.4.1　制定利益相关者管理策略 …………………………………………………… 059
　　4.4.2　实施利益相关者动态管控 …………………………………………………… 060
4.5　迁移、拆迁利益相关者诉求解决方案 ……………………………………………… 063
　　4.5.1　指导思想 ………………………………………………………………………… 063
　　4.5.2　解决方案及措施 ……………………………………………………………… 065
　　4.5.3　交通疏解 ………………………………………………………………………… 065
　　4.5.4　绿化移植 ………………………………………………………………………… 068
　　4.5.5　管线迁改 ………………………………………………………………………… 070
　　4.5.6　便道工程 ………………………………………………………………………… 073
　　4.5.7　临时借地 ………………………………………………………………………… 075
　　4.5.8　征地拆迁 ………………………………………………………………………… 077
4.6　项目沟通体系的建立和执行 ………………………………………………………… 079
　　4.6.1　项目利益相关者管理 ………………………………………………………… 080
　　4.6.2　项目内部沟通与协调 ………………………………………………………… 082

        4.6.3 项目外部沟通与协调 ··· 083
    4.7 协调组织管理与接口管理 ··· 085
        4.7.1 系统协调组织管理 ··· 085
        4.7.2 项目接口管理体系 ··· 087
        4.7.3 接口管理工作措施 ··· 088
    4.8 工作界面 ·· 090
        4.8.1 项目管理系统界面 ··· 090
        4.8.2 福州地铁 2 号线工程界面 ·· 091

第 5 章 和谐项目过程管理 ·· 093

    5.1 时间管理 ·· 094
        5.1.1 大部制进度管理模式的探索与创新 ·· 094
        5.1.2 指挥部总控管理模式的探索与创新 ·· 100
        5.1.3 进度绩效考核模式的探索与创新 ··· 105
    5.2 成本管理 ·· 111
        5.2.1 成本筹措和监督方案 ·· 111
        5.2.2 施工建设期的"全面成本控制" ··· 113
        5.2.3 "全面——一体化"成本控制机制 ··· 116
        5.2.4 合理的财务审核和支付审核 ·· 125
    5.3 质量管理 ·· 131
        5.3.1 质量优化实现项目价值 ··· 132
        5.3.2 质量管理制度及管控机制 ··· 135
        5.3.3 重视阶段性验收 ··· 143
        5.3.4 PDCA 保证质量善治并持续改进 ·· 156
    5.4 全面风险管理 ··· 167
        5.4.1 风险管控工作流程与机制 ··· 168
        5.4.2 风险因素及关键点识别 ··· 170
        5.4.3 全面风险评估与动态管理 ··· 172
        5.4.4 风险管控的重难点突破 ··· 180
        5.4.5 税务风险管理 ·· 186

第 6 章 施工环境与安全管理 ·· 191

    6.1 施工安全管理体系的建立与实施 ··· 192
        6.1.1 施工安全管理体系的建立 ··· 192
        6.1.2 施工安全管理体系的实施 ··· 193
    6.2 施工安全监控量测的实施与风险预警 ······································ 196

		6.2.1　监控量测数据的报送流程 ·· 197
		6.2.2　监控量测的主要施工项目 ·· 197
		6.2.3　监控量测主要项目的技术要求 ·· 199
		6.2.4　监控量测的实时预警及风险控制 ·· 200
	6.3　施工安全应急救援预案的编制与管理 ·· 200
		6.3.1　施工安全预案的管理意义 ·· 201
		6.3.2　施工安全预案的编制原则 ·· 201
		6.3.3　施工安全预案的编制步骤 ·· 202
		6.3.4　施工安全预案的框架结构 ·· 203
	6.4　安全体验馆规划设计与建造 ·· 204
		6.4.1　安全体验馆的起源发展 ·· 204
		6.4.2　安全体验馆的规划设计 ·· 206
		6.4.3　安全体验馆的建设成果 ·· 209
	6.5　施工安全预警与信息化系统对接 ·· 212
		6.5.1　建立地铁安全监测与预警平台 ·· 212
		6.5.2　安全监测与预警平台的作用及功能 ·· 213
	6.6　安全培训与安全文化建设对接 ·· 214
		6.6.1　确立安全培训指导思想 ·· 214
		6.6.2　制订符合安全培训指导思想的训练计划 ···································· 215
		6.6.3　安全教育培训与考核 ·· 215

第7章　和谐合同管理 ·· 217

	7.1　实施和谐合同管理理念 ·· 218
		7.1.1　和谐合同管理依据 ·· 218
		7.1.2　和谐合同管理目标 ·· 219
		7.1.3　和谐合同管理特点 ·· 219
		7.1.4　和谐合同管理原则 ·· 220
		7.1.5　和谐合同管理内容 ·· 220
		7.1.6　和谐合同管理措施 ·· 221
	7.2　建立和谐的合同管理共赢机制 ·· 222
	7.3　招标采购和谐管理 ·· 229
		7.3.1　招标采购和谐管理流程 ·· 229
		7.3.2　招标采购组织与职责 ·· 230
		7.3.3　工程投标总体施工组织设计 ·· 232
		7.3.4　标后技术文件实施策划 ·· 233
		7.3.5　物资集采和谐管理 ·· 234

7.3.6	招标文件概算问题	235
7.3.7	招标采购风险管理	236

7.4 周期性和谐合同管理 ··· 239
- 7.4.1 前期合同谈判背景 ··· 239
- 7.4.2 谈判侧重点及风险应对策略 ··· 239
- 7.4.3 合同谈判成果 ··· 240
- 7.4.4 合同管理中心的定位与职责 ··· 240
- 7.4.5 合同分类与管理工作机制 ··· 241
- 7.4.6 合同管理工作情况与成果 ··· 241
- 7.4.7 集中和谐管理重难点分析 ··· 242

第 8 章 和谐项目文化体系建设 ··· 245

8.1 项目文化建设,践行实施重点 ··· 246
- 8.1.1 特色项目文化建设实践 ··· 247
- 8.1.2 特色劳动竞赛活动开展 ··· 258
- 8.1.3 特色项目文化建设效果 ··· 264

8.2 项目文化建设,助力工程建设 ··· 265

8.3 党建活动促进文化体系建设和文明施工 ··· 268
- 8.3.1 党建工作和文化建设实现共生的措施 ··· 269
- 8.3.2 文化建设提升党建工作活力的着手点 ··· 270

8.4 人文关怀激发工作热情 ··· 272

8.5 企业文化继续建设的借鉴经验 ··· 276

第 9 章 人力资源管理 ··· 279

9.1 严把项目经理的选择及职责确定关 ··· 280
- 9.1.1 项目经理的选择和任用 ··· 280
- 9.1.2 项目经理的职责确定 ··· 282

9.2 重视项目团队建设 ··· 283

9.3 人性化激励方式促进上下同心 ··· 284

9.4 做好人力资源规划打造和谐的企业氛围 ··· 285

第 10 章 信息技术应用及创新管理 ··· 287

10.1 监控量测与预警平台对接实现事故快速反应 ··· 288
- 10.1.1 监控量测工作组织模式 ··· 288
- 10.1.2 风险监控平台 ··· 289
- 10.1.3 自动化监测技术的应用 ··· 290

10.2　多台盾构机监控平台信息化管理　291
10.2.1　监控中心设立目的　291
10.2.2　盾构监控平台功能分析　292

10.3　BIM技术优化施工工序及资源配置　295
10.3.1　BIM组织结构及资源配置　295
10.3.2　BIM管理流程及阶段性管理概述　296
10.3.3　BIM具体管理措施　298

10.4　VR技术实现地铁工程建设应急救援模拟　302
10.4.1　现状调查　303
10.4.2　项目研发方向　303
10.4.3　项目研发内容　304

10.5　创新管理——专利申报　307
10.5.1　专利的定义及类型　308
10.5.2　专利申请的主要步骤与方法　308
10.5.3　专利的申请——以福州地铁2号线安全体验中心为例　309
10.5.4　工程类专利的特点与申请技巧　313

附录　315
附录A　工程地质条件　316
附录B　参建单位及标段划分　319

参考文献　321

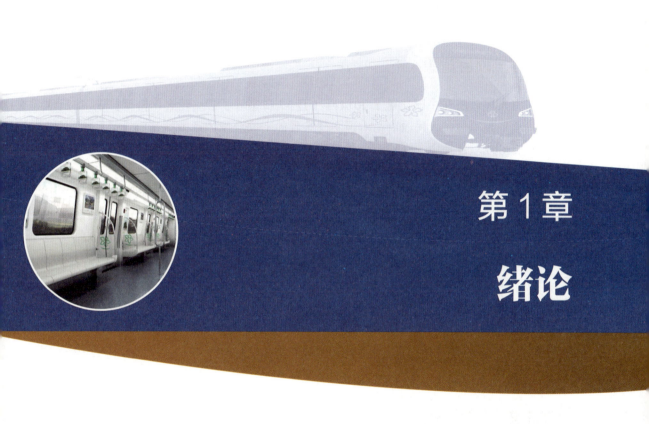

第 1 章

绪论

/ 1.1 项目简介 / 1.2 工程项目特点
/ 1.3 项目建设的管理思路与战略规划

1.1 项目简介

1.1.1 项目背景

福州市人民政府与中国交建于2014年1月17日签订了新一轮合作框架协议,福州地铁2号线项目是福建省人民政府与中国交建签署的七项合作项目中的一项投资合作项目。福州地铁2号线项目是中国交建第一条整线获取的地铁项目,是中国交建进军轨道交通市场的战略项目。

福州地铁2号线项目从一开始就紧紧围绕中国交建"五商中交"战略,做"中交梦"和"中国梦"的忠实执行者和践行者,以创建中国交建地铁品牌为己任,以"中国交建速度"彰显央企力量,同时把"创誉地铁市场、培养地铁人才"作为两大任务,为推动项目顺利实施、推动集团轨道交通发展战略落地生根提供了强大的党建引领和文化支撑。该项目于2014年4月16日中标,同年11月28日开工。项目采用"融资+施工总承包"的模式,由中国交建承担前期工程土建、装饰装修和风水电安装等施工任务,合同额71.1亿人民币,工期52个月。

福州地铁2号线整体呈东西走向,线路串联了主要文教科研区、主要工业区、福州市历史文化中心、大型居住区,有利于疏解城市东西向客流,有力地支持了城市近期规划重点发展地区。

1.1.2 工程概况

福州地铁2号线西起闽侯县上街镇苏洋站,车站西侧接竹岐定修段出入线,设交叉渡线,东侧设单渡线。线路沿国宾大道(316国道)向东敷设,在华佗路口设上街站,溪源宫路口设浦口站,之后线路沿乌龙江大道向南行进,在福州大学东门设福大站,站北侧设双停车线。线路继续向南,在乌龙江大桥西侧下穿轮船港后,西客站东侧设董屿站,之后线路转向东,沿科技东路敷设,在侯官大道口东侧设厚庭站,车站西侧设双存车线。线路下穿乌龙江后沿金祥路行进,在金桔路口东侧设桔园洲站,车站西侧设小交路折返线,在洪湾路口设洪湾站,在金洲南路口设金山站与福州地铁5号线换乘,车站东侧设单渡线,在金榕路东侧设金祥站,期间三次下穿洪湾河。国宾大道(316国道)为福州大学城内主要道路,金祥路道路两侧主要为商铺、店面及住宅小区等,建筑分布密集,以上道路交通均比较繁忙。

金山文体中心至闽江段地面条件相对简单,线路从金祥站向西穿越融侨水乡温泉别墅区和闽江防洪堤。线路在本段主要沿金祥路向西,金祥路为双向四车道,道路两旁主要为中、高层建筑物,建筑物多采用桩基础且部分建筑具有地下室,地下室围护结构多为桩基础。

线路下穿的建筑物主要为融侨水乡温泉别墅区和闽防洪堤,建筑物密度相对较小且高度不大。本段地下管线主要位于金祥路两侧,主要管线类型有电力、电信、给排水、煤气等。

闽江过江段主要为闽江段,线路自西向东下穿闽江。据调查,本段不存在电力、电信、给排水、煤气等过江管道,需要注意的是闽江上有较多的游船、汽艇,为闽江旅游和交通的重要通道。

江滨大道至六一路段线路地面情况十分复杂,为主城区路段,途经万宝商业圈和市政府行政中心,经过的主要道路有江滨大道、祥坂支路、工业路、交通路、荷塘路、乌山路、古田路。其中,祥坂支路和荷塘路为双向两车道道路,江滨大道、交通路和乌山路为双向四车道道路,工业路和古田路为双向六车道道路。路面较为狭窄,车流繁忙,道路两侧建筑密集。线路在本段下穿的主要建筑物有闽江防洪堤、福建机械厂宿舍、祥坂新村、福州高校科技孵化园综合楼、鑫怡公寓、双浦头新村、福建省交通规划设计院、福建医科大学教工宿舍、上海新村、新权路人行天桥、古田路桥涵和紫阳立交桥(拟拆除),并于工业路~西洋路区间内下穿白马河,西洋路~南门兜区间内下穿东西河和黎明湖。本段地下管线十分密集,主要管线类型有电力、电信、给排水、煤气、污水等,对线路、站位影响较大的主要是大直径给水、污水管道和上海新村危旧房屋。

六一路至鼓山终点段线路主要沿福马路自西向东展布,福马路为双向六车道道路,是福州城区内东西向的主要干道,交通较为繁忙,且与多条城区主干道交叉,路面情况较为复杂。线路途经晋安河、五里亭立交桥、神龙汽车公司维修间、凤坂河桥、浦东河桥、硫酸厂、三环高速公路和福厦高铁、鼓山老年公寓。本段地下管线密度较大,主要管线类型有电力、电信、给排水、煤气、污水等,对线路、站位影响较大的主要是大直径给水和污水管道。

该线路在福州平原区,平原地势低平,地面罗零高程为 6.0~12.5m。闽江在南台岛首尾分而又合,斜贯中部。大樟溪、尚干溪、营前溪和新店溪分别自南、北注入闽江,构成稠密水网。福州平原是在中更新世断陷盆地基础上经过河、海长期相互作用形成的堆积平原,堆积层厚度一般为 30~40m,局部地方可达 70m,自下而上依次为中更新世残积物→晚更新世河→海相沉积物→全新世河→海相沉积物,故福州平原成因类型属于冲积→海积平原。

福州地铁 2 号线各路段平面示意图如图 1-1 所示。

根据沿线地质、地形、地貌等变化情况,初步划分如下:

根据《建筑抗震设计规范》(GB 50011—2010)和《福州地铁 2 号线工程地震安全性评价报告》,Ⅰ区、Ⅱ区、Ⅲ区勘察场地总体上地势平缓,且场地内发育有软弱土和液化土。其中,Ⅰ区除竹岐停车场-建平站(除福州大学站附近外)一带,在地震烈度为 7 度的地震条件下为抗震有利地段外,其余地段由于场地内存在砂土液化层和软弱土,在地震烈度为 7 度的地震条件下为抗震不利的地段。

该场地位于福州市仓山区、台江区、鼓楼区和晋安区,根据《建筑抗震设计规范》(GB 50011—2010)附录 A 及福建省有关规定,场地抗震设防烈度为 7 度,设计基本地震加速度值为 $0.10g$,属设计地震第 2 组,Ⅱ类场地地震特征周期值为 0.40s,Ⅲ类场地地震特征周期值为 0.55s。

图 1-1　福州地铁 2 号线项目一期工程线路平面示意图

工程地质条件详见附录 A。

1.1.3　项目建设总体进程

2014 年是福州地铁 2 号线项目建设的准备年,完成合同谈判和施工准备。4 月 16 日收到中标通知书,经合同谈判,11 月 11 日正式签订合同,11 月 28 日于金祥站举行开工仪式。

2015 年是福州地铁 2 号线项目建设的元年。为实现所有土建标段项目正式开工的目标,项目公司在下半年组织开展了"决战下半年,产值十亿元,保质量保安全"劳动竞赛活动。活动中,在项目公司的积极协调下,各参建标段项目部克服了"青运会"影响、征地拆迁和管线迁改等诸多困难,发扬"不怕吃苦,敢打硬仗"的传统精神,不等不靠,主动作为,攻坚克难。用不到半年的时间,抢回了全年的生产任务,全年完成产值 9.33 亿元。特别是第四季度,完成了全年产值的 75%。同时保证了全线各标段始发站点的全部开工,实现福州地铁 2 号线项目完美的启程。

2016 年是"十三五"开局之年,也是福州地铁 2 号线项目"大干快上"的关键年。为推动福州地铁 2 号线重难点项目的快速启动,项目公司进一步加大了管理力度,组织开展了"力争年度投资过半,确保两江盾构始发"劳动竞赛活动,全体参建人员"保节点,克难关",全线最难的南门兜站于 5 月 5 日正式一期围挡,高风险的过闽江金祥～祥坂区间和过乌龙江厚庭站～桔园洲站区间左线盾构正式始发,实现了时间过半任务过半的目标。8 月底,项目公司以福州市委市政府开展的"抓征迁,促落实"百日攻坚活动为契机,在全线范围内组织开展"百日攻坚"劳动竞赛,再次掀起大干热潮。标头起点站苏洋站于 9 月份通过保护性施工,实现主体围挡,标志着全线范围内车站全部开工。通过"百日攻坚",最终完成了全线全面开工,6个车站封顶,10台盾构始发,7台盾构下井,实现了年度产值任务及节点目标双达标,同时为2017年全线范围单线洞通创造了条件。2016年为完成任务目标召开的部分活动展示如图1-2所示。

图1-2　2016年部分活动展示图

2017年是福州地铁2号线项目建设的"盾构施工年"和攻关年,项目公司结合福州市政府、市地铁集团开展的"攻坚2017"活动及福州市总工会开展的"建设新福州,当好排头兵"攻坚2017职工劳动竞赛活动,在福州地铁2号线开展"攻坚2017"劳动竞赛活动。活动主要围绕市政府年度节点目标"12个车站封顶,10个区间双线洞通"、年度产值任务"22亿元"及"2017年底单线洞通"的目标开展。为了攻克施工难题,保证节点目标的顺利完成,福州地铁的工程技术人员和建设者经过反复论证,精心制订翔实方案,认真开展施工组织,突破重重困难,打出一个又一个漂亮的攻坚战。2017年为完成任务目标召开的部分活动展示如图1-3所示。

图1-3　2017年部分活动展示图

盾构平均推进速度达12.7环/天,创造福州新纪录。2017年,项目公司创造了福州市轨道交通建设以来的多个奇迹,洪湾站~金山站区间12月盾构平均推进速度达12.7环/天,创造福州新纪录;厚廷站~桔园洲站区间穿越江底,盾构推进速度最快达329环/月,达历史新高;第四季度盾构掘进10055环,季度盾构掘进首破"万环"大关;难度及风险较大的两个过江区间(金山站~金祥站过闽江区间、厚廷站~桔园洲站过乌龙江区间)盾构双线顺利贯通;盾构顺利下穿89栋房屋的宁西区间及铁路(上洋站~鼓山站区间双线、鼓山站-洋里站区间右线、出入段线右线);盾构右线顺利完成近距离穿越五里亭站~前屿站区间的桥桩(距离桥桩最窄处仅余0.25m);全线提前33天完成区间节点目标,提前6天完成车站节点目标,提前65天完成产值目标,提前1个月完成车辆段综合楼封顶,风水电提前进场,年内实现单线洞通,为实现全线洞通节点目标奠定了坚实的基础,也为后续施工顺利完成坚定了信心,积累了宝贵的施工经验,也展现出了中国交建雄厚的技术实力和过硬的专业队伍,对福州地铁2号线全线建设的整体推进具有极其重要的意义。

2018年是福州地铁2号线项目的总攻年(土建洞通年),也是项目保开通的决胜年。车站区间、附属、风水电及装修等各项工作全面进入冲刺收官阶段。春节过后,项目首先需要达到的里程碑是4月30日区间双线洞通节点。为确保里程碑节点目标顺利实现,项目公司借助市地铁集团于2017年年底开展的"攻坚2017,大干120天"保开通劳动竞赛活动(第一阶段)为契机,于3月1日组织开展"立功竞赛六十天,建设福州作贡献"劳动竞赛活动,如图1-4所示。项目公司围绕里程碑节点目标,各标段项目部积极投入,攻坚克难,奋勇争先,基本实现了全线洞通的节点目标。

图1-4 立功竞赛六十天,建设福州作贡献

机电项目全线共敷设电缆及电线420多万米,风管23多万平方米,水管26多万米,安装环控配电柜748台、大小风机876组、消防及潜污泵875台、冷却塔机组21组等设备。面对如此庞大的施工体量,以及现场多家单位交叉施工和工期一再压缩等诸多困难,项目公司将建筑信息模型(Building Information Modeling,BIM)技术引入到地铁风水电安装工程中,实现了风管工厂化预制加工、孔洞精准预留,管综优化,有效地保证了施工质量和争抢了施工进度,树立了中国交建机电品牌,1年内啃下南门兜站和洋里站两块"硬骨头"。

2019年是福州地铁2号线项目的通车年。随着时间的推移及市政府2019年1月31日通车试运行节点目标的临近,附属、风水电及装修等工作全面展开,项目公司结合福州地铁集团有限公司(以下简称:市地铁集团)"大干150天保开通"动员会的要求,在福州地铁2号线全线开展"攻坚克难五个月,确保元月试通车"劳动竞赛活动。在市地铁集团及项目公司的大力支持和配合下,各参建单位从大局出发,全力以赴,全始全终,为确保最终的通车试运行节点目标,不遗余力,勇于拼搏,敢于担当,不计成本。特别是南门兜站仅用时1个月便突击完成站内装修施工任务,顺利完成正线试车活动,获得市政府的好评。最终全线提前11天实现通车试运行的节点目标,为项目建设阶段性画上了圆满的记号。2019年4月26日,福州地铁2号线开通试运营,如图1-5所示。

a)

b)

图1-5 福州地铁2号线开通试运营仪式

参建单位及标段划分详见附录B。

1.2 工程项目特点

福州地铁2号线的特点可以综合概括为"急、难、险、重"四点。急,是指工期紧,如期完成任务,是福州市政府的民生承诺,也是市地铁集团有限公司投资收益的现实要求,项目公司的所有工筹,都必须要按照既定关门工期进行倒排。难,是指福州地铁2号线施工位置贯穿福州市繁华地段,协调难、迁改难、征拆难、施工难。险,是指穿越闽江和乌龙江,穿越城市建筑群和既有地铁、铁路等,尤其福州地区富水淤泥质地层(部分存在承压水),高压缩性与敏感度的地层变形对项目施工来说风险大。重,是指生产任务和管理任务重,压力大。除关门工期强制性要求外,按照中国交建要求,要把福州地铁2号线打造成精细化管理的示范工程,对已有的管理内涵和外延进行全员、全过程、全覆盖地改造和改进。其具体项目特点如下。

1)工程地质复杂、环境多变,不稳定因素多

福州地铁2号线是工点极为分散的线状分布工程,点多面广,沿途包含大量的土石方和较多的桥梁、隧道以及站后配套工程,穿越闽江、乌龙江、城市建筑群和既有地铁、铁路等。尤其途经中心城区的地下线,涉及大量的地下空间开发与施工,地质、水文地质及周边环境的不同且复杂,尤其福州地区分布富水淤泥质地层(部分存在承压水),高压缩性与敏感度的地层变形对工程本体及周围环境的影响愈发凸显,给工程建设带来极大的困难与挑战。

2)工艺、技术多样化且要求高,施工难度大

福州地铁2号线施工因面临的地质条件繁杂,故施工工艺工法也各有千秋,软基、硬岩等皆有相应的施工方法。建筑结构多元化导致设计技术难度大,区间施工采用盾构法、矿山法等,车站施工采用明挖法、铺盖法等,此外还涵盖了半盖挖车站、冷冻法施工、竖井水下混凝土封底、上盖单体等。工程沿线穿越高楼大厦、铁路、公路、危房、桥桩、市政基础设施以及城市河道等特殊构筑物,需要采用特殊的技术手段来穿越构筑物,无异于对施工总承包方提出了超高的技术要求,施工难度大。随着施工技术现代化程度的提高,各种更加先进的设备和信息化技术被广泛应用于项目建设中,对施工技术也提出了更高的要求。

3)融资成本高、渠道相对受限,融资风险高

轨道交通项目建设的顺利实施,需要高额的资金配备作为保障。高成本低收益的特性也使得福州地铁2号线项目建设融资的风险凸显。若融资成本过高,则会加重中国交建的资金压力。为此,通过项目公司领导班子的集思广益,企业的信用建设,财务人员与中交建融租赁公司(以下简称:中交建融)商谈融资方案,及时落地融资协议,获得30亿元授信额度,彰显中国交建的履约能力,增强其他金融机构的合作意愿,促进融资条件优化。并在此基础上,以政府设立的轨道交通建设发展专项资金为担保,以远期的收益回报为条件,以信用担保的方式,争取到中国建设银行及广发银行各给予10亿元综合授信。与国家开发银行采取"无追索权"保理融资模式,实现"表外融资"。开展跨境直贷(跨境融资形式的创新)业务,获取有效资金,有效实现企业便捷、高效、低成本融入境外资金,保障项目顺利实施,提升项目公司履约能力。通过多渠道贷款的融资方式,分散承包商需要承受的融资风险。

4)界面多、协调关系复杂,工程管理难度大

(1)施工内、外界面多,材料设备种类多、来源广。

福州地铁2号线工程项目的实施是在开放的环境中进行的,外界面涉及单位众多、专业纷繁、地域广泛、技术较先进、不确定因素多,有些外界面是人力不能控制的。项目公司既要管理好项目的成本、工期及安全质量,又要管理好分包商及材料供应商;既要与业主打交道,又要与设计、监理等单位打交道,管理涉及层面多,范围广。内界面各项工作之间有逻辑顺序要求严、牵扯工种人员多而杂、机具仪器多、检测技术和精度要求高等特点。高峰期全线34台盾构推进,作业工人万余名,配套的门式起重机、塔式起重机、旋挖钻机、地连墙成槽机、履带式起重机等各类特种设备高达数百台套。设备投入大,作业工人多,安全管理难度极大。

(2)征拆迁改、交通疏解困难,协调管理难度大。

福州地铁2号线穿越繁华市区,征地拆迁量大,管线迁改多,涉及的产权单位多,协调工作量大,由于福州地铁2号线线路沿着繁华的城市街道展开,为避免地面交通与地下施工相互干扰,施工过程中需要采取大量交通控制措施疏解交通。交通疏解需要地方交通部门的批准和配合,协调任务多,管理层次多,影响因素多,项目风险大。

5)设计变更频次高、涉及面广,风险系数高

初步设计阶段合同签订风险大、成本把控难,中标后签订合同,业主方会以招标文件已对前提条件进行了约定为由,推翻招标文件条款,在合同谈判纪要中达成双方认同的建议条

款,在初步设计阶段签订合同。由于阶段城市规划、地铁线网规划、沿线因素影响以及线站位往往不稳定,投资概算存在变数,因此对承办方来说,成本控制难度相当大。业主为规避风险,合同条款相对较严,其中不但规定了由于市地铁集团的原因造成的停窝工180天以及施工期间其他材料价格上涨(除甲控主料价格在一定范围内可调差外),均不予增加费用,还规定了所有措施费一次性包干,包括对周边建筑物管线的保护及维修,这样给图纸以外的工作量签证带来极大的困难。

风险包干费用:包括但不限于本合同工程在开标和签订合同时由于设计、概算编制、线路与车站方案、征地拆迁、项目报建等各方面条件尚不完全稳定,且本工程施工工期相对紧张,项目周边不稳定因素多等情况而产生的除本合同约定由甲方承担风险外的一切风险而产生的费用。

复杂的施工条件,特殊的施工场所,致使人员和设备的安全系数低,风险系数高,福州地铁2号线工程的工点分散,重要设备的购置、材料的产地也较为分散,质量控制难度大,施工过程中管理方面很小的疏忽都有可能造成极为严重的质量问题。实施工程中,项目受政策、环境、技术、经济及合同等影响,可能为项目公司及各标段项目部带来风险,作为风险的主要承担人,项目公司及各标段项目部面临的风险更大。

6)总工期长而有效工期紧,进度控制要求高

福州地铁2号线工程项目合同工期1582天(52个月),扣除全线车站及区间安装、装修工程竣工交验及"三权"移交、全线设备系统联调联试6个月,总工期只有46个月,但实际因市地铁集团前期征地拆迁、临时借地、管线迁改的影响进度滞后,所以实际总工期往往要超出合同工期很多,有的甚至是合同工期的三倍,而大部分时间土建施工单位都处在窝工状态,因此土建工程的实际有效施工期非常紧迫,在进度控制要求高的情况下,需要保进度高质量地按时完成业主的节点工期。

7)施工成本相对既定,成本增加潜在因素多

市地铁集团对各施工单位的实际施工成本非常了解,施工招标限价为概算价下浮12%,已贴近施工成本,而由于工期长,施工影响因素多,施工单位又面临了材料、设备、人工的价格上涨,进度把控难等问题以及各种导致成本增加的不确定性因素,所以盈利空间非常小。

1.3 项目建设的管理思路与战略规划

1.3.1 企业愿景及发展历程

1)发展理念
(1)专注地铁,不断超越。
(2)让奉献成为自觉,让标准成为习惯。

2）发展愿景

（1）让城市更宜居。

（2）致力于成为"全球知名的工程承包商、城市综合体开发运营商、特色房地产商、基础设施综合投资商、海洋重工与港口机械制造集成商"。

3）发展任务

创誉地铁市场、培养地铁人才。

4）发展历程

2012年中国交建开始涉足地铁领域，2014年4月中国交建中标福州地铁2号线项目，正式提出了"专注地铁，不断超越"的发展理念，开启了地铁追梦之旅与奋起直追的新征程，同时开启了属于自己的地铁时代。截至2019年年底，中国交建国内在建地铁项目18个，其中，有7条为整线获取，总里程达347.783km，总合同额达1218.31亿元，中国交建的地铁建设者们披荆斩棘，勇赴征程，在地铁建设中后发赶超，多项技术为国际先进，国门首创，攻坚克难，屡创佳绩。中国交建是全球领先的特大型基础设施综合服务商，拥有60家全资控股子公司，产品和服务遍及150多个国家和地区，建设了一大批高水平的交通基础设施，形成了全面领先的技术体系。随着"一带一路"建设的推进，中国交建以中国标准锻造国际品牌。如今，中国交建在"一带一路"沿线国家建设了10320km公路，152座桥梁，2080km铁路，10座机场，95个深水泊位，提供集装箱桥式起重机754台，推进10个境外园区，在沿线国家新签合同额累计400亿美元，通过基础设施的建设推动了所在国社会的发展，与所在国人民共享价值。中国交建把城市轨道交通业务定位为公司"十三五"突破型业务的重点，作为公司未来五年基础设施工程承包的"拉动引擎"和重要增长点，公司集中优势人才和设备资源，借助"轨道交通＋综合开发"一体化的模式获取优质项目，重点布局一、二线城市，并与区域城市综合开发相结合，培养中国交建城市轨道综合开发运营能力，到2020年，公司国内轨道交通业务市场占有率要提高到20%。

福州地铁2号线项目是中国交建第一条整线获取的地铁项目，这条线路汇集了中交9个工程局，2个设计院和1个重工制造厂等众多的单位参加建设，目前仅盾构机就投入34台，是目前国内地铁建设历史上投入力度最大的地铁项目，它是中国交建充分发挥集团产业链和大兵团作战优势的一个具体写照。项目从组建伊始就紧紧围绕贯彻中国交建企业文化理念，做"中交梦"和"中国梦"的忠实执行者和践行者；坚持文化引领，加强文化统一，大力开展特色企业文化活动，打造企业文化基因，探索中交地铁品牌；创新提出"专注地铁、不断超越"的发展理念和奋斗目标，积极探索"大型项目管理＋地铁"管理模式，以"引领、督导、协调、服务"为总的管理思路，围绕着"抓管理、提质效，抓党建、聚合力"的工作重点，精心谋划，创新工作，贯彻落实市委市政府号召，不讲客观，不讲条件，不打折扣，下定决心，排除万难，顺利优质地完成施工任务；中国交建在福州地铁2号线的建设过程中注重建设品牌工程，打造品牌团队，培育品牌员工，塑造提升品牌形象。以创建"中交地铁"品牌为己任，以"中交速度"彰显央企力量，以盾构为刀，以八闽大地为石，镌刻着一块中国交建拓展轨道交通市场的里程碑。

自此,在福州、哈尔滨、青岛、成都、佛山、深圳、杭州多个城市,中国交建的轨道交通项目已全面开花,福州地铁2号线项目通过在地铁领域的高起点实践,在福州以"中交方案"彰显"中交力量",以"中交速度"赢得了社会的普遍赞誉,获得"全国建筑业文化建设示范项目部"等诸多荣誉称号,不仅在福州叫响了"中国交建"的品牌,也在行业内叫响了"中国交建"的品牌。

在"十四五"期间,中国交建将继续践行安全生产、优质生产、绿色生产,将履行更多的社会责任,杜绝重大及以上生产安全责任事故,全面实现安全生产根本性好转。中国交建把"创誉地铁市场、培养地铁人才"作为两大任务,为推动项目顺利实施、推动集团轨道交通发展战略落地生根提供了强大的价值引领和文化支撑,在未来的日子里,我们将以"专注"的精神推动管理标准化、规范化、精细化,向着出经验、出流程、出标准、出精品、树标杆的方向努力奋斗,交融天下,建者无疆,中国交建将凝心聚力,攻坚克难,勇攀高峰、继往开来,提升福州现代化交通服务水平,圆梦地铁新格局,让中交地铁辐射全国,走向世界,开启地铁建设的新征程!为海上丝绸之路枢纽城市——福州的建设和发展注入新鲜的血液,成为撬动福州发展,实现"中国梦""福州梦""中交梦"的新杠杆!为加快建设机制活、产业优、百姓富、生态美的新福州贡献央企力量!

1.3.2 项目管理的总体思路

福州地铁2号线自开工建设以来,在中国交建、项目公司和各参建单位的关心与大力支持之下,围绕"大中交""大项目""大兵团",项目公司坚持以"引领、督导、协调、服务"为总的管理思路,彰显了中国交建总承包分公司"大管家"的项目管理能力。

引领:作为引领中心,引领各参建单位思想统一和战略认同,形成共同的管理理念。引领融资施工总承包纵向之间平顺对接,起到全过程项目管理的统帅作用,体现"大管家"的全方位引领作用,引领形成牵引力。

督导:作为管理平台,站在集团的高度,制定有效的考核评比竞争机制,全过程、全方位督导严格履约,形成强有力的督导和推进作用,体现宏观掌控能力,督导激发活力。

协调:作为协调载体,从全局的角度出发,统筹集团内部资源整合,协调业主和各参建单位上下沟通顺畅,协调各参建单位横向之间的配合,协调其他利益相关方的目标实现,综合协调促进整体利益最大化,协调整合成为合力。

服务:作为履约主体,为业主(顾客)提供优质服务、为集团的归口管理提供服务、为各参建单位提供指导、衔接服务。

1.3.3 项目管理的指导思想

1)科学管理,改革创新,打造"五商中交"

"五商中交"即要把中国交建打造成全球知名的工程承包商、城市综合体开发运营商、特色房地产商、基础设施综合投资商、海洋重型装备与港口机械制造及系统集成总承包商,这是全局上、系统上对中国交建未来发展的总体定位。"商"强调的是综合运作实力、统筹发展战略、产业升级再造、价值链高端运作。打造"五商中交"是对中国交建多年发展成果的继承创新,是对中国交建现有产业板块领域的整合升级,是对中国交建现有价值链条的重组再造,是中国交建实现转型升级的顶层设计,所有工作都要围绕打造"五商中交"开展。

为了打造中国交建"五商中交"的战略目标,在福州地铁2号线项目建设过程中要不断进行改革和创新,在继承中国交建优秀文化基因的基础上,不断吸收现代商业文化,实现由"技"到"商"的文化重塑:工程承包商要培养全寿命周期的文化理念,城市综合体开发运营商要培养与城市共进退的文化理念,特色房地产商要塑造与社区和谐发展的文化理念,交通基础设施综合投资商要培养创造长期价值的文化理念,海工港机集成承包商要培养提供超值服务的文化理念。准确把握产业链转化为价值链的深刻内涵,崇尚长期价值创造、基业长青的现代商业文明,做规则制定者、财富创造者、市场创新者。

打造"五商中交"关键在于执行,在福州地铁2号线的建设过程中要加快适应性组织建设,以事业部构建和区域总部构建为突破口,逐步形成"比较优势突出,差异化显著,专业分工与区域分工相结合"的业务布局和有机整体;加强各级领导班子建设,完善领导人员竞争性选拔机制、交流机制、退出机制和问责机制,切实打造"靠得住、能干事、在状态、善合作"的领导人员队伍,为"五商中交"的实现提供强有力的组织架构支撑和人才队伍保障。具体而言,就是要做到:标准化建设到位,制度化建设到位,流程化建设到位,信息化建设和管理会计体系建设到位,集中采购到位,风险管控到位。同时,在执行过程中,不断总结经验,及时调整完善,使"五商中交"这一指导思想在改革创新中得到更大提升。

2) 全面管理,企业再造,实现一体两翼

"一体"指的是中国交建轨道交通建设大平台,"两翼"分别指"投融资"与"施工总承包"。在福州地铁2号线工程建设过程中要充分发挥中国交建作为大型央企全产业链、大兵团作战的优势和总承包分公司"大管家"的项目管理能力与资源,依托福州地铁2号线工程项目,围绕生产与经营中心,服务企业发展大局,聚焦打造中国交建首个轨道交通建设管理平台型公司,以"一盘棋"的思想,赋能中国交建系统内部各参建标段项目部及单位项目管理,着力提升管理与经营效益,打造品质工程,助力中国交建轨道交通大平台向"投建营一体化"发展方向迈进。

为实现"一体两翼"的总体布局,中国交建必须围绕核心能力对企业发展重新构建,围绕核心能力进行战略前景规划,培植中国交建在某方面的独特的、优异的核心能力塑造中国交建的未来。因为认识到资源配置和业务体系要有"主心骨",中国交建建立了在核心能力基础上的能力集成和系统协同,不再是生产各种各样产品的多元业务的组合。在福州地铁2号线项目管理建设中,把注意力从关注企业外在的产业机会和市场吸引力转向内在的自身资源与能力,构建自己的经营战略,企业发展战略再造为企业再造的首要内容。

其次,要落实企业再造的指导思想必须对组织形式重新设计,借助于信息系统的建立,打破资源的部门分割和管理业务的碎片化,对职能制、事业部制事业单元层次上的目标责任制等传统的组织体制和权责体系进行全新的再造,使原来垂直的、机械式的、较为封闭式的直线职能型结构向水平式的、开放式的、柔性化的矩阵型结构转变。

并且,企业再造是有选择性的,选择项目中的关键性流程或"瓶颈"流程再造,并按重要性程度,排列再造顺序,在福州地铁2号线的建设过程中抓住核心业务与关键环节,在全面管理的基础上有的放矢地进行升级和改造。

最后,通过企业战略管理、组织形式、关键流程的再造,进行学习型组织的五项修炼,包括自我超越、改善心智模式、建立共同远景、团体学习及系统思考,建立企业持续学习的精神,创造出有利于员工自我管理的工作环境,造就围绕核心能力的形成与发挥的团队精神和创新精神,创建人性化和制度化、个人发展和公司发展协调统一的管理模式,创新出一个学习型的企业,使中国交建在学习中不断提升和进步。

3)和谐管理,培养人才,坚持以人为本

福州地铁2号线项目牢记"中交首线"的战略定位,承担了从"十二五、十三五至未来很长一段时期"的战略期待与历史责任。以"大兵团"作战的方式全产业链深度主导参与福州地铁建设,不断总结经验,致力于培养中交系统内部"懂技术、会管理,善经营"的地铁建设人才队伍,培养集团地铁项目建设的"黄埔一期",支撑中国交建在其他城市建设地铁工程输送"高素质、高质量、高效率"的各专业人才,并达到在行业中唱响"中交地铁"品牌的美好愿景。

在开展福州地铁2号线日常管理工作中,要坚持以人为本的指导思想,培养每位员工积极向上的工作精神,使员工们对企业更有信心,在日常的生活管理中将如何减少员工压力、如何营造轻松的工作环境纳入考虑范围,减少员工压力、缓解员工紧张情绪来更好地发挥员工的技术优势,从而使企业更加稳定地发展。在企业改革创新的过程中一定要让每位员工都能明白企业方针或企业政策对企业发展的真正意义,并使员工明白这种改革对于自身利益的提高也有着十分积极的作用,使每个员工的内心都能牢固树立改革发展的观念,积极投身于企业的发展建设。

1.3.4 项目管理的战略规划

福州地铁2号线项目作为中国交建以"集团军"方式进军轨道交通市场的一大壮举,让集团轨道交通发展战略落地生根,在福州地铁2号线的建设过程中,中国交建以项目管理为抓手,与各个参建单位共筑梦想、共创价值、共享成就,保节点,克难关,精心策划,攻坚克难,充分发挥集团作战的优势,扎实做好各项管理工作,保证各项工作稳步推进,彰显总承包商"大管家"的大项目管理能力。

项目建设,战略先行,结合企业的发展现状、发展愿景及资源禀赋,就项目管理的不同方面制订了相应的战略规划,项目围绕项目—职能交界面建立驱动型矩阵式组织结构,纵向上设立如人、财、物、产、供、销的职能管理部门,横向上设立各子项目的项目管理部门,矩阵式的职能组织设计可以避免指令冲突、指令线交叉过长、职责不明,有利于各部门协调配合,提高项目管理的效率。福州地铁2号线项目涉及的单位众多,中国交建本着统一资源、统一标准、统一布局、统一形象的原则,构建优势互补、集约高效的协同建设机制,共同打造"中国交建理想共同体",集众人之志,扬各方之长,组织引导各方在工程建设上协同作战;在物资采购方面,遵循适价、适时、适质、适量、适地的原则进行招标采购,确保采购物资物美价廉,既能达到施工要求,又能尽可能地降低采购成本。

进度管理、成本管理、质量管理是施工管理的三大要点,在福州地铁2号线项目实施之前首先制订项目实施进度计划书,在项目的实施过程中落实跟进,采用绩效考核的办法来促进项目按期保质完工,在进行主体结构建设时一次性投入支架、模板,在具备条件的工作面平行施工;在成本管理方面,首先根据施工图进行成本概算及成本预算等工作,编制施工材料用度表,按需取量,在施工过程中进行全方位的成本控制;在质量管理方面,首先制定高于国家标准的质量管理标准,对于工程施工中的重点环节加强监控,一个工序未达到质量标准时不得进入下一个工序。组织标准化施工观摩会,现场安全质量工作做得好的标段为示范点,组织全线进行观摩并推广,多措并举,提质增效;同时,还注重风险管理,制订风险应急预案,成立应急救援小组,集中优势,分级应急救援,在施工的各个细节处注重风险的控制,防微杜渐,多管齐下,把质量与安全事故的萌芽扼杀在摇篮里。

安全管理是施工管理的重中之重,中国交建在福州地铁2号线的整个建设过程中十分注重安全管理,首先制订安全责任目标计划书,将安全责任目标进行细化分解,层层签订安全责任书,领导分级牵头落实安全责任,主管部门落实各项管理措施,安全责任目标与绩效考核挂钩,提高员工安全管理的积极性。项目实施"大部制"管理,安全质量管理统一由工程管理部负责人协调负责,全面实行一岗多责、管生产必须管安全,形成齐抓共管的良好局面;建立安全管理体系,检测施工重点环节,建设安全体验中心,实现安全理念与施工管理的对接,以"安全培训不到位就是最大的安全隐患"为管理理念,通过安全教育体验中心、标准化施工展示等安全体验模式,提升项目安全质量管控水平,确保安全教育培训全覆盖。

在福州地铁2号线的建设过程中,中国交建注重文化渗透,深入贯彻"让奉献成为自觉,让标准成为习惯"这一发展理念,重视党建工作,充分发挥基层党员组织的战斗堡垒和党员的先锋模范带头作用,以项目为依托,树立样板,建立标杆,以"不待扬鞭自奋蹄"的有为精神,以"每一次都是第一次,每一天都是新的一天"的敬业精神,引领创新,攻坚克难,保证全年各项任务顺利完成。注重加强团队建设,适度进行有效激励,秉承以人为本、和谐管理的管理理念,"抓管理,促落实",发扬"马上就办,真抓实干"的优良传统,始终将思想行动高度统一到战略决策部署上,深入贯彻落实,表1-1是福州地铁2号线项目建设的战略规划,具体的战略规划实施过程将在后续各章分别进行阐述。

福州地铁2号线项目战略规划表 表1-1

管理内容	管理战略
项目组织	围绕项目—职能交界面建立驱动型矩阵式组织结构
利益相关者战略	平衡各方关系,协调利益分配,达成共同目标,实现互惠共赢
采购战略	遵循适价、适时、适质、适量、适地的原则选用招标采购模式

第 1 章 绪 论

续上表

管理内容		管 理 战 略
项目过程	进度管理	计划先行,落实跟进,绩效考核,统筹兼顾
	成本管理	预算先行,精细管理,开源节流,全始全终
	质量管理	标准先行,全面管理,重点监控,稳扎稳打
	全面风险管理	预案先行,多管齐下,防微杜渐,持续改进
安全管理		建立安全管理体系,检测施工重点环节,建设安全体验中心,实现安全理念与施工管理的对接
合同管理		责权明确,风险共担,严谨规范,动态调整
团队文化		价值引领,文化渗透,重视党建工作,彰显人文关怀
信息技术		智能高效,监控预警
人力资源		科学选任项目经理,注重加强团队建设,适度进行有效激励,以人为本和谐管理

1.3.5 项目建设的管理目标

针对建设施工的项目来说,主要有进度目标、质量目标和成本目标三大目标,其中,进度目标是在项目决策阶段项目定义时确定的。福州地铁2号线的进度目标是在既定的工期内,实现最优的施工进度计划,在执行该计划的施工过程中要经常检查施工进度的实际情况,并将其与计划进度进行比较,若出现偏差,分析原因并制订相应的整改措施,修改原计划,不断如此循环,直至工程竣工验收,在确保施工项目的既定目标工期的实现,或在保证施工质量而不增加施工实际成本的条件下,适当缩短工期。

工程的质量是施工企业质量管理的基点,是施工企业质量管理的象征。福州地铁2号线项目管理中的施工质量不仅是指建筑产品的质量,也包括产品生产活动或过程的工作质量,还包括质量管理体系运行的质量。福州地铁2号线的质量管理目标是建成后的福州地铁2号线能够满足建设单位需要,并符合国家法律、行政法规、技术标准、规范的要求,包括在安全、使用功能、耐久性及环境保护等方面满足所有明示和隐含的需要,在适用性、安全性、耐久性、可靠性、经济性和与环境的协调性六个方面满足要求。

中国交建作为福州地铁2号线的施工总承包方,成本管理涉及投标阶段、施工阶段和质量保修阶段,成本管理贯穿项目建设的全过程,福州地铁2号线项目的成本目标是在确保进度正常进行和施工质量安全的前提下,尽可能地节约工程成本,利用赢得值法对施工过程中的成本进行评价和比较,保证已完成工作预算费用(BCWP),计划工作预算费用(BCWS),已完成工作实际费用(ACWP)三条曲线不断靠近且平稳上升。

质量、进度与成本是施工项目管理的三大目标,这三大目标之间是对立统一的关系。要加快项目进度就需要投入更多的费用,而且加快进度还可能会影响到工程的质量,而对工程质量的严格控制则有可能会影响到进度,反过来说,对项目质量进行严格的控制使得项目不会发生质量问题及质量事故,进而成本得到控制和节约,同时使得项目不会因为质量问题而返工,则节约了时间,加快了进度。鉴于这种关系,福州地铁2号线项目在项目管理和建设的过程中要对这三大目标进行系统地考量,正确处理质量、进度及成本三者之间的关系,将三者作为一个目标进行统筹考虑，在项目实施前合理地对目标进行规划、优化、主动进行事前控制，实现项目利益最大化，实现三大目标的统一。

福州地铁2号线项目全线11个标段以"安全、质量、进度、文明施工"为管理的控制目标，合理组织、细化工筹、攻坚克难，实现现场的精细化管理，紧盯施工的每一道工序，扎实工作，确保各项工作有条不紊地推进。项目的总体目标起着方向指引和工作定位的作用，除此之外，还制定了细部的、微观的分项目标，以便进行施工过程的控制和管理，各分项目标见表1-2。

福州地铁2号线项目各分项目标一览表　　　　　　　　表1-2

分项目标	目标类型	目标描述
成果目标	工期目标	2019年4月26日完成载客试运营
	功能目标	合同范围内建筑结构与机电设备使用功能满足设计规范要求，具有可维修性，确保运营安全、可靠、舒适
	合同及经营目标	在约定工期内完成项目合同施工任务，完好履约，及时完成移交及投资回报，实现既定盈利指标
过程目标	进度目标	2018年4月30日全线洞通； 2018年7月31日全线轨通； 2018年10月30日全线电通； 2019年1月31日通车试运行； 2019年4月26日载客试运营
	质量目标	争创国家优质工程"中国建设工程鲁班奖"
	安全目标	(1)公司职工生产安全责任事故死亡人数：0； (2)公司职工生产安全责任事故重伤人数：0； (3)一般(含)以上生产安全责任事故起数：0； (4)负有建设管理责任的一般(含)以上生产安全责任事故起数：0； (5)突发环境责任事件起数：0； (6)一般(含)以上职业病危害责任事故起数：0
社会性目标	市场经营目标	以安全绿色、优质高效的项目建设与管理成果助力中国交建区域市场及全球行业市场的开发经营
	社会满意度目标	中国交建、总承包分公司、政府、业主、设计、监理、运营、社会、乘客等各方满意，项目在平安、和谐、友好、顺利的环境中完成
	环保目标	项目建设全程实现与周边环境的友好相处，周围生态环保效益的提升与可持续发展

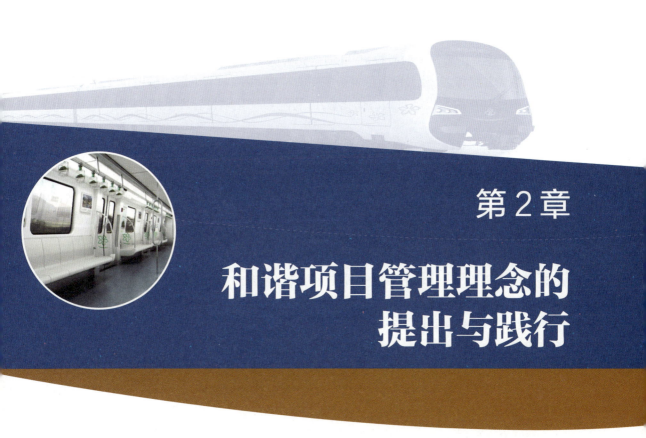

第 2 章

和谐项目管理理念的提出与践行

/ 2.1 和谐管理理论 / 2.2 和谐管理机制
/ 2.3 和谐项目管理的实施细则 / 2.4 和谐项目管理的指导应用

2.1 和谐管理理论

"和谐理论"由席酉民教授提出,并演变完善成可实际操作的管理理论。和谐管理是组织为了达到其目标,针对工程项目复杂多变的特性,围绕和谐主题的辨识与实现,通过充分发挥人的能动作用和提高对物的优化作用,协调与优化项目管理系统,实现项目的和谐共赢。

因福州地铁2号线工程项目矛盾与冲突复杂多样,突发状况时有发生,因此,中国交建项目公司运用新的管理模式——和谐项目管理对福州地铁2号线项目进行协调管理。和谐项目管理模式的运用使得中国交建在项目建设过程中可以有效地发现管理方面的问题,并提出有针对性的解决方案,以和谐理念为指导开展各种管理活动,既能实现人际关系的协调、整体关系的整合与组织的和谐发展,又保证了项目管理总目标的顺利实现,从而最大限度实现福州地铁2号线的建设价值。

福州地铁2号线在建设中运用的对物及可物化要素的优化方面技术已经非常成熟,如通过网络技术使工期缩短到理论上的极限,通过计划和优化方法将成本和资源使用量降到最低,但是即使在这样成熟的技术条件下,也难以避免工程超期、成本超支等现象发生。究其根本原因在于福州地铁2号线项目中人的要素(个人特征及群体行为)的不确定性,而和谐视野下强调"适应性""可变性""以人为本"的柔性管理思想,因而沿此思路指导工作,可消减项目公司及各标段项目部人员要素的不确定性。中国交建通过使用和谐项目管理的模式,使参建各方以工程建设的最终目标为目标,综合考虑各方的共同利益,形成合作团队,从而达到参建各方协调运转、提高效率、减少损失、缓解冲突、互惠共赢的目的。

2.2 和谐管理机制

福州地铁2号线项目管理活动明显依赖于组织所处外部环境和组织内在因素。而组织外部环境包括客户、供应商、竞争者、社会政治、技术等,组织内在因素包括员工因素、组织的职能及结构等。无论是外部环境还是内在因素,福州地铁2号线项目建设过程中充满不确定性。对来源于人要素的不确定性,福州地铁2号线项目组织尽量按照行为理论等达到对不确定性的消减、降低,即发挥人的能动作用;对来源于非人要素的不确定性,则尽可能根据相关事物的确定性规律,设计出员工所应该遵循的确定性的流程、结构或者严格的制度,即发挥优化作用。

1)能动作用——和谐管理之"和"

"能动作用"是指针对具有能动特征的员工,利用心理的、行为的措施,如文化和激励,形成一种氛围或环境,来引导员工尽可能地表现出组织所期望的行为,其主要目的是激发员工的自主行为,使个人行为融合进入组织中,从而消除因人的不确定性带来的管理问题。

(1)文化

"橘生淮南则为橘,生于淮北则为枳"。同样的物种生长在不同的地方会有完全不同的结果。项目管理虽不是植物,但同样有适应生存的土壤和气候环境,它包括技术理性精神、人本管理倾向、团队精神与合作精神等。如果福州地铁2号线项目不考虑文化环境单兵突进引入项目管理,恐怕十有八九不会成功。因此,项目公司在分析项目参与方的文化差异的基础上,辩证地实施措施,为福州地铁2号线项目管理创造了一个良好的文化环境,比单纯依靠常用的项目管理方法与工具更有效果。

(2)激励

在福州地铁2号线项目的建设过程中,项目管理者利用以下原则实施激励措施:

①目标结合原则,福州地铁2号线项目公司通过在激励措施中设置同时体现和谐主题和组织成员需求的目标来保障措施实施的合理性;

②物质激励和精神激励相结合的原则,物质激励是基础,精神激励是根本,项目公司采取两种激励方式并举的措施进行激励;

③合理性原则,福州地铁2号线项目公司根据所实现目标本身的价值大小确定适当的激励量,奖惩公平;

④明确性原则,通过项目内部明确激励的目的是需要做什么和应该怎么做,实施物质奖励和精神奖励时都直观、公开地表达;

⑤时效性原则,项目公司及时把握激励的时机,因为激励越及时,越有利于将员工的激情推向高潮,使员工的创造力连续有效地发挥出来;

⑥正激励与负激励相结合的原则,正激励就是对员工符合和谐主题的期望行为进行奖励,负激励就是对员工违背和谐主题的非期望行为进行惩罚,通过判别不同的激励类型进行"对症"实施激励措施;

⑦按需激励原则,项目公司以满足员工的需要为起点,但因员工的需要因人而异、因时而异,并且只有满足最迫切需要的措施,其效价才高,其激励强度才大,故按需给予最适当的激励。

2)优化作用——和谐管理之"谐"

"优化作用"的作用途径主要是通过设计和规定管理对象的行为,实现要素在福州地铁2号线项目组织中的合理投入。推而言之,其具体可理解为福州地铁2号线的活动安排与资源配置的规范化与结构化,目的在于对福州地铁2号线项目组织中资源与活动及其间的关系进行合理安排和调整优化,使之配合合理、运作有序,促进组织的顺畅运转。

福州地铁2号线项目建设目标的实现不是项目中某一方的努力,而是所有相关群体在一种协同作用下的共同合作。项目内部的和谐来自项目内部成员的能动性和总体协调性,项目的失和不仅会导致组织结构的失调，更会使得参建各方的利益需求得不到满足。因此，为使福州地铁 2 号线项目建设过程从不和谐趋于和谐，在组织内部形成一种和谐机制尤为重要，其使组织内个体与个体、部门与部门、机构与机构之间的合作形成一个整体，成为一个和谐的超越传统组织边界的合作团队。福州地铁 2 号线项目建设利用和谐项目管理的和谐机制，使参建各方确定共同的目标，彼此认同、理解、信任，充分发挥"人的能动作用"，实现信息与资源共享，解决工程项目管理过程中的非和谐事件，最终实现项目组织动态和谐发展。因此，项目运用的和谐项目管理模式，可为以后的工程项目管理实践提供参考与借鉴。

2.3 和谐项目管理的实施细则

2.3.1 和谐主题的界定

和谐主题是福州地铁 2 号线项目组织在既定的项目资源与目标约束下，通过对外界环境和自身状态进行信息加工、过滤、判断和选择，提炼出来的项目组织的核心工作任务与核心问题。

福州地铁 2 号线项目的和谐主题的界定遵循以下特性：全局性、多角度性、目标指引性、环境依赖性。

1）遵循全局观念

福州地铁 2 号线项目的和谐主题要表明组织的整体行动意向，它对组织发展具有全局性的影响，是组织整体和谐所参照的中心。项目内部组织解决任何局部问题时都应围绕和谐主题进行，否则可能因为"只见树木，不见森林"而使组织整体和谐遭受破坏。和谐主题是整个福州地铁 2 号线项目组织的行动导向，和谐主题一旦确定下来，项目组织的各个部门全体人员都要参与进来。

2）多角度、目标指引性设计

为了更好地提升项目管理质量，将福州地铁 2 号线项目管理系统的界面通过多个角度来确定，不同的组织面临不同的外部环境和内部特征，具有各自发展的特色。虽然福州地铁 2 号线项目总体目标是一致的，但通过多角度划分的组织的和谐主题依照组织内部需求各有不同，其核心工作任务和核心问题各有侧重，但不同层面的和谐主题最终都要服务于福州地铁 2 号线项目的既定目标，即保证质量、工期和费用。

3）重视环境依赖性

福州地铁 2 号线项目和谐主题的体现依赖于项目组织的内外部环境，不同层面的项目组织的和谐主题各有不同，就是因为每个层面的内外部环境存在各种差异，因此福州地铁 2 号线项目和谐主题的内容通过考虑组织所处环境进行细化设计。

2.3.2 和谐主题的辨识

福州地铁2号线项目和谐主题首先通过对项目既定的目标(包括项目自身的目标和其他目标)进行确定;继而对项目组织面临的宏观、微观以及制度环境进行全方位扫描;同时对组织业已存在的资源种类、能力特征以及惯性特征进行诊断;兼顾分析项目组织深层次的驱动利益。经过上述综合分析项目公司识别出一系列有待解决的管理问题并从中提炼出核心问题作为组织的中心工作议题,即和谐主题。

中国交建作为施工承包商即项目核心组织,当管理界面确定以后,项目目标也随之确定。从项目核心组织的外部环境分析,中国交建承载着市地铁集团、市政府和社会的期望,因此要竭力保证项目目标的圆满实现,兑现承诺;从项目核心组织的资源能力分析,项目公司及各标段项目部需要不断提高自身的施工技术水平和项目管理水平,尤其急需解决的问题是执行力建设;从驱动利益分析,中国交建希望经济利益最大化,而这一切的实现都依仗于项目良好计划的制订和落实。

和谐主题辨识概念模型如图2-1所示。

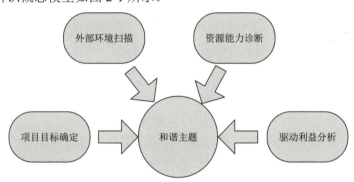

图2-1 和谐主题辨识概念模型

1)项目目标确定

福州地铁2号线项目自身目标包括工程规模和质量目标、经济性目标、时间目标。其他目标则包括社会目标、生态目标、对组织发展能力起到正面影响等,取决于项目管理系统的界面。

2)外部环境扫描

福州地铁2号线项目组织存在于特定的并且必须适应的物质、科技、文化和社会环境中。因此,不能脱离组织环境探讨和谐主题的辨识。环境扫描为辨认和确定环境中对福州地铁2号线项目和谐主题的辨识产生重要影响的某些趋势、问题、事件和信号的过程,对不同的项目组织,因为项目管理系统界面不同,其所处环境是不同的。

3)资源能力诊断

福州地铁2号线项目组织既是管理的主体又是管理的客体,因此环境扫描时并没有孤立地分析环境变量,而是与组织所拥有的资源与内在能力相结合后,对和谐主题进行有意义的辨识。

福州地铁 2 号线项目建设时，考察的是组织资源，这是因为资源是实现和谐主题必要的物质基础，并且组织的异质性来源于资源的不可分，而且项目公司依据组织中某种资源缺失这一问题本身进行设计组织的和谐主题，例如建立良好的信誉这样一种无形资源成为项目治理组织的和谐主题。

4）驱动利益分析

了解了项目目标、环境是什么，项目组织的资源和能力是什么，还不足以准确地辨识和谐主题。一个十分关键却被忽略的事实是，要了解究竟是什么促成了一个项目组织的成立和运转，即驱动利益分析。驱动利益的分析并不简单，在福州地铁 2 号线项目组织中，不同的参与者利益并不是一致的，而且除了追求利润以外，还有很多财富以外的驱动力。想要各参建方协调融洽地将福州地铁 2 号线项目低成本、高效率地建成，需要清楚辨识各方的利益，予以满足的同时通过各方的积极配合，最终达成项目建设的总体目标。

尽管承受着成本、进度、管理等一系列的难度，项目公司依然怀着"建一项工程，树一座丰碑"的使命感，誓要完成好这一宏伟的工程、艰巨的任务，尽最大能力建好福州地铁 2 号线工程，并实现项目的和谐管理。利用这个大项目，展现中国交建形象，项目公司通过高标准定位、大手笔运作、高水平完成，这也是其和谐主题的主要组成部分。

项目公司把工程的和谐主题确定如下。

定位高标准——科学的项目实施计划。项目公司的指导思想是：立足大平台，把握大机遇，精诚团结，铸造精品，回报业主。领导班子确定之后，必须高度统一思想、统一认识，形成项目决策层和项目执行层的绝对统一，达到政令畅通、执行到位。

运作大手笔——执行力的建设。精选精英人才，组建项目领导班子。建立健全的中层组织机构，确保各项纪律目标的执行到位。各种目标规划、岗位责任制度、宣传等各种措施的到位。

完成高水平——各项项目目标的顺利实现。誓将福州地铁 2 号线项目建成一流的安全和谐文明工地，安全生产实现"零事故"的突破，现场文明创一流标准，创综合考评样板工程，确保工程按要求达标投产，争创"中国建设工程鲁班奖"（以下简称：鲁班奖），把福州地铁 2 号线建设成为中国交建的形象工程。

互惠共赢——利益是项目各参建方最大的驱动力。项目公司在制定项目总目标、计划和考虑自身利益的同时，兼顾了其他参与各方的利益，以求获得项目的利益最大化，以"共赢"求"和谐"。

协力合作——福州地铁 2 号线工程项目包括了业主、监理、总承包方及下属分包单位，只有在确定了总承包方的主体地位后，通过信息沟通、管理协调等各种手段，实现项目各核心组织的精诚合作，才能保障项目的成功。

社会效益——作为一项大型公共工程，项目在建设过程中，始终将社会的评价、建设过程的环保节能、对周边环境的影响、项目对于地区就业的影响、对于区域经济的提升作用等放在首位，力求达到积极的效果。

2.4 和谐项目管理的指导应用

2.4.1 和谐项目战略的制定过程

1）项目企业战略分析方法（SWOT分析法）

地铁建设作为重大基础设施项目，投资数额大、涉及专业多、施工工期长、施工环境比较复杂，在整个地铁工程施工过程中要考虑的问题相对较多，对施工单位的专业化管理水平要求较高，为明确福州地铁2号线项目建设过程中的优势、劣势、资源禀赋，提高福州地铁2号线项目规划管理工作的整体水平，项目公司首先立足于本项目建设的实际情况，根据SWOT分析模型的基本框架和原理，分析本项目的内外部环境，提炼整理出本项目建设所直面的优势（Strength）、劣势（Weakness）、机遇（Opportunity）和挑战（Threat），从而明确自身的资源优势和缺陷，了解项目建设过程中所面临的机会和挑战，扬长避短，因地制宜地进行项目建设。

根据第1章中针对福州地铁2号线项目具体情况的描述进行SWOT分析：从内部资源来说，项目公司自成立以来凭借过硬的技术和优质的服务树立了良好的企业形象，作为大型央企，资金和技术支持充足，公司形成了积极和谐、奋进向上的企业氛围，在公司的日常管理中，注重党建工作，充分发挥党员的带头作用；管理上不断汲取先进的管理理念，稳步推进管理精细化，这是公司在项目实施上的优势。但是福州地铁2号线项目作为中国交建第一条整线取得的轨道交通类项目及积累轨道交通业绩和开拓轨道交通市场的战略项目，相关经验尚且缺乏，中国交建作为总承包商，需要协调多方的利益关系，其管理理念和管理手段亟须快速提高，地铁项目作为大型的复杂的基础性项目，涉及土建、机电、装修等多家单位，各项目经理部管理水平参差不齐，管理协调的工作量大，这些为项目实施上的劣势。

从外部环境来说，随着我国经济的发展，国家越来越重视保障民生的基础性设施的建设，福州地铁2号线项目的立项批复和实施也得益于国家的大力支持，这同样为中国交建提供了发展壮大的契机。随着福州市经济的发展和人民生活水平的提高，更加便捷有效的交通工具成为必需，客户需求量大且日益增加，且具有良好的企业信誉以及较好的"产学研"合作基础和资源，为福州地铁2号线项目的实施提供了便利条件。人工成本越来越高，低成本机械化操作为企业服务模式的创新提供动力，这是福州地铁2号线项目所面临的机遇。但是地铁施工工艺工法多，软基有软基的施工方法，硬岩有硬岩的施工方法，不同的建筑结构工艺工法也不一样，区间施工会采用盾构法、矿山法等，车站施工会采用明挖法、铺盖法等，一条地铁的施工工法有多种。且福州地铁2号线沿线穿越高楼大厦、铁路、公路、危房、桥桩、市政基础设施以及城市河道等特殊地段，需要采用特殊的技术手段来穿越构筑物，技术要求高,施工难度大。地铁线路穿越繁华闹市区,征地拆迁量大,管线迁改多,涉及的产权单位多,协调管理难度大。福州地铁 2 号线项目合同工期 1582 天(52 个月),扣除全线车站及区间安装、装修工程竣工交验及"三权"移交、全线设备系统联调联试 6 个月,总工期只有 46 个月,但由于存在市地铁集团前期征地拆迁、临时借地、管线迁改的影响而滞后,所以实际总工期往往要超出合同工期很多,有的甚至是合同工期的三倍,因此,土建工程的实际有效施工任务非常艰巨。以上为福州地铁 2 号线工程项目实施所面临的挑战。

福州地铁 2 号线项目 SWOT 分析结果整理见表 2-1。

福州地铁 2 号线项目 SWOT 分析表　　表 2-1

	优　势	劣　势
内部资源	1. 良好的品牌形象和服务能力 2. 和谐的集团内部环境 3. 良好的党建工作基础 4. 严肃、活泼、紧张、团结的企业氛围	1. 项目相关经验匮乏 2. 技术管理水平有待提高 3. 涉及土建、机电、装修等多家单位,由于各项目经理部管理水平差距很大,容易造成工作中的被动
	机　遇	挑　战
外部环境	1. 国家政策的支持和引导 2. 客户需求明显且规模日益增大 3. 良好的企业信誉以及较好的"产学研"合作基础和资源 4. 人工成本越来越高,低成本机械化操作是企业创新服务模式的动力	1. 工程地质复杂,投资大造价高 2. 技术多样化,要求的技术水平、设备现代化程度高 3. 周边施工环境多变,条件比较艰苦 4. 工程管理难度大,涉及的利益相关者众多,协调关系复杂 5. 设计多变,通常变更的涉及面很广,所牵扯的技术、事件和人也较多 6. 施工周期长,工期紧张

2)项目的战略制定

SWOT 分析明确了项目的优势、劣势、机遇和挑战,在此基础上结合企业的资源禀赋和发展愿景制定企业战略,具体实施过程为:在进行 SWOT 分析之后,把所识别出来的福州地铁 2 号线项目的优势、劣势、机遇及挑战各项因素进行分组,分为正负两种指标,分的时候以两个原则为基础:它们是与行业中潜在的机会有关,还是与潜在的威胁有关,同样对于劣势来说分成两组,一组与机会有关,另一组与威胁有关。找项目公司总经理及下设的各部门管理人员进行打分评价,将 SWOT 分析的结果进行量化,将数据进行整理归总,分析归纳,将其结果在 SWOT 分析图上定位,得到战略制定示意图,如图 2-2 所示。

图 2-2　福州地铁 2 号线项目战略制定示意图

由图 2-2 可以看出,福州地铁 2 号线项目适用于成长型战略。成长型战略是一种使企业在现有战略基础上向更高一级的目标发展的战略,该战略以发展为导向,引导企业不断地开拓新市场,采用新的生产力方式和管理方式,以便扩大企业的产值规模,提高竞争地位,增强企业的竞争实力,使一个企业由小到大,由弱到强,获得不断地增长和发展。

采用这一战略,中国交建将以现有业务为核心,发挥优势,树立良好的品牌形象,不断提升集团的服务能力,营造和谐的集团内部氛围,重视党建工作;规避劣势,在施工建设中借鉴前人的经验及先进的技术,并不断总结自身在福州地铁 2 号线建设过程中的经验教训,提升自身的管理水平,积极主动地协调各单位各部门,使其有条不紊地进行工作;抓住机遇,充分响应国家发展地铁等基础性民生建设的号召,利用自身良好的企业信誉以及较好的"产学研"合作基础和资源,向机械化操作和信息化管理不断迈进;勇于挑战,克服福州地铁2号线工程建设中地质复杂、周边环境多变、技术要求高等客观困难,集中企业的资源,向产业链上其他方向延伸,在原有的地铁建设的基础上进一步渗透,提升工程的建设质量,来巩固企业的市场地位,增大市场份额,提高企业的竞争优势,增强企业的经营实力,以福州地铁2号线项目的建设为契机,使企业不断发展壮大。

2.4.2 项目和谐主题的实现要素

1)优化组织设计,实现科学规划

精选精英人才,组建项目领导班子。中国交建深知领导班子建设的关键在于选人用人,所以在组建领导班子的时候,克服了责备求全、论资排辈的思想,更新了用人观念,把高素质、干实事、懂业务的人选进了项目领导班子,成立了以书记、总经理党政一把手为主导的,"六部一室"为职能主管的项目组织以及领导班子,与此同时大胆启用业务水平高、指挥能力强、经济头脑丰富的专业技术人才,以此进一步提高福州地铁2号线项目的人才储备力度。

各部门在项目核心领导班子的领导下开展工作,在服务大局、服从指挥、强化功能、技术创新、凝聚战斗力方面,充分发挥项目管理执行层的强大作用。不拘一格选拔优秀人才、任人唯贤,唯才是用,大胆尝试,选拔那些忠诚可靠、表现积极、有贡献、有能力的人担任部门负责人。选拔组织能力好、指挥能力强、思想素质高的人加入项目领导班子,充分发挥他们的能力和积极性,激发了他们奋发向上的决心和信心。通过做到以客观的、全面的、历史的、发展的眼光从大局上、本质上、长处上去看待人才,选用人才。把项目领导班子建设成既精诚团结,又具备技术能力、指挥能力和独立作战的协调能力的综合性人才的一支全面完整的指挥团队。

2)合理配置资源,全面实现主题

(1)信息管理方面。

通过建立总承包管理部,完善工程项目的信息管理程序。通过函件、发文、邮件等途径,加强与业主、监理、分包商、供应商等的密切交流,加强工程各项信息的可视性。通过网络、多媒体、公告、文件、生产例会等途径,加强工程信息的流动性,并通过收集、整理各个参与方的反馈信息,对于工程的整体能够进行及时的处理和管控。同时,广泛的信息共享,也便于项目参与者的工作开展。

(2)协调管理方面。

在福州地铁2号线项目的管理过程中,明确要求分包方按照总承包方的组织机构设置自身的职能部门,很好地实现了总分包之间的职能对接,有效保证了项目管理中的业务流程整合。

为了保证给市地铁集团提交满意的产品,实行"质量、安全文明、职业健康"三位一体的管理,将对分包方、供应商等的管理涵盖其中。通过全面质量管理,严把材料、设备关,同时对分包方的分项工程验收、施工现场安全文明等实施严格检查,有效保障了工程质量。

同时，针对福州地铁2号线项目难度高、技术复杂的特点，项目公司广泛开展技术创新活动，并鼓励分包方积极参与，相互提供技术支持，共同攻克了福州地铁2号线工程项目施工的几大难题，增加了项目的科技含量。通过采用新型材料和新工法有效节约了工程材料的消耗量、降低了施工难度、实现了对周边环境影响的最小化。

在采购及库存管理方面，全面贯标，建立了完善全面的供应商档案。通过与供应商建立长期、稳定的合作关系，有效节约了采购成本，增强了采购的灵活性和抗风险性。通过提高材料人员的素质，加强了材料质量、数量的管理，改善了材料的保管方式，提高了周转材料的使用率。

（3）资金管理方面。

通过信用条款的详细制定和签署，使付款计划及资金拨付有据可依，保证了资金链的畅通。

开展成本控制：①通过与供应商的长期合作，节约了大量的交易成本和运输成本；②通过对施工过程的技术革新和规范管理，节约了作业成本；③通过管理的制度化和合同化，节约了管理与服务成本；④通过采购和库存的决策，节约了采购成本。

在控制成本的同时，福州地铁2号线项目部还采用了有效的激励措施，用经济手段提高分包方的积极性，同时实行了利益共享，有利于协同各个组织达到和谐状态。

3）营造组织信任，缔造精诚合作

（1）建立稳定的合作关系。

在福州地铁2号线项目中，总包方与业主通过总承包合同联系起来，通过合同条款协调工程建设活动，进行经济利益分配；与分包方通过分包合同联系起来，通过合同条款监督协调专业分包方的建设活动；与专业机构通过咨询合同联系起来，通过合同条款委托专业机构针对项目建设过程中的疑难问题进行论证与科技攻关，为工程建设顺利实施提供技术保障；与相关政府行政主管部门通过国家相关专业技术法规联系起来，相关政府行政主管部门对福州地铁2号线项目履行监督、协调职能，为工程建设顺利实施提供制度保障。

所以，在福州地铁2号线建设过程中，各类合同成为施工总承包管理体系的支撑，成为联系工程建设各方的桥梁与纽带，通过严密的合同条款紧紧地将工程建设各方纳入到福州地铁2号线的工程建设大潮中来，保障了协同组织合作的稳定性。

（2）协调利益与风险。

在施工总承包管理模式中，法律明文规定："建筑工程总承包单位按照总承包合同的约定对建设单位负责；分包单位按照分包合同的约定对总承包单位负责。总承包单位和分包单位就分包工程对建设单位承担连带责任。"因而这一模式使分包方分担了风险，能够有效抑制分包方为实现利益最大化而采取不利于工程的行为，有利于协同组织的团结与信任，有利于完成利益共享与共担风险的协调。

（3）树立总承包方的服务意识。

作为总承包方，项目公司秉承着"从工程全局的利益出发，按合同与协议要求，及时地为各分包单位提供施工配合服务，确保分包工程施工的顺利进行"的原则，为分包商提供及时高效的服务。同时，也尽心竭力地为实现福州地铁2号线项目获得"鲁班奖"而不断努力，以兑现对业主和社会的承诺。这种真诚的服务态度，对协同组织相互信任的产生起到了催化剂的作用。

（4）积极建设项目文化。

由于福州地铁2号线项目的构成十分复杂，充斥着来自不同企业文化和价值观的碰撞和冲击，不利于项目的和谐。福州地铁2号线项目公司通过召开各种会议，促进了协同组织领导层的交流，通过会议的讨论使得领导层的决策趋于一致，有效地统一了协同组织的项目价值观。而总承包方通过开展篮球赛（图2-3）、征文大赛、农民工节等一系列的项目活动，给各个组织成员提供了许多交流和接触的机会，也加速了组织文化的融合，增进了组织间的相互信任。

图2-3　篮球赛

4）狠抓流程管理，确保执行到位

（1）质量管理方面。

通过采用先进工艺，改革技术，精益求精，获得一系列的成果，取得了巨大的效益，如区间风井水上水下两级开挖工法、浅基坑结构体系转换法桩基托换施工、盾构钢套筒接收、预制管片植入芯片、机电安装采用BIM技术、区间外挂槽道技术等，质量管理工艺如图2-4所示。

图2-4　质量管理工艺

（2）安全管理方面。

项目公司狠抓安全基础教育，强化安全生产纪律，对安全生产建立了运行有效的组织机构。项目公司成立了专门的安全环保部,具体负责工地的安全生产管理,并设置安全生产专项基金账户,专款专用。同时,项目公司组织成立了安全生产领导小组、"安康杯"(图2-5)活动竞赛领导小组、紧急预案领导小组,还成立了由各作业班组长参加的安全生产监察大队,并配备了熟悉国家安全生产法规和条例的专职安全员,落实安全生产措施,确保安全生产成果,创造了良好的执法环境。加大了对现场安全文明设施的投入,有效地预控了安全生产事故的发生。

图2-5 "安康杯"竞赛

同时,项目公司安全环保部制定下列19种安全管理办法,从各个方面确保各标段风险可控,安全地进行生产施工。

①领导挂点标段制度,压紧压实安全责任;
②入职培训制度,强化体验式教育;
③属地管理制度,推行站长负责制;
④各方协调共管,轨行区联合执法;
⑤风险识别报送制度,关注重大危险源;
⑥岗前体验制度,注重班前教育;
⑦动土审批制度,注重过程控制;
⑧方案评审制度,确保本质安全;
⑨首件验收制度,推行样板引路;
⑩一机一档制度,规范设备管理;
⑪监控预警,及时消除险情;
⑫视频监控安全管理,提升管理信息化水平;
⑬条件验收制度,严把关键环节;
⑭安全经费审批制度,保障足额投入;
⑮隐患排查,分析治理制度化;
⑯应急演练,强化应急处置能力;
⑰防台防汛,标准流程保平安;
⑱突发险情,应急救援做保障;
⑲事故调查,严肃追责。

(3)现场文明方面。

项目公司加大投入力度,成立专职的现场文明管理领导小组,不断巡视检查,增派了专职现场文明维护班,现场设置了高标准的活动吸烟室。加大路面硬化的投入,减少了灰尘污染,净化了环境。确保道路清洁无泥土、无纸片、无烟头、无积水。仓库、车间整齐划一,材料堆放整齐,标识醒目,废品及时处理和清除,营造了良好的现场卫生文明环境。作为城市文化的宣传者和传承者,福州地铁2号线全线都非常注重文化符号的运用,力求将地铁文化、中交文化与城市文化融合在一起。特色围挡(图2-6)就是福州地铁2号线工程项目展示的最大亮点,使得冷冰冰的轨道施工沿线,成为具有情感和生命的人文载体。

图2-6 特色围挡

(4)进度管理方面。

为了加快进度,项目公司加大机械化生产的投入;克服了图纸不能及时到位的困难,合理布局,巧安排,确保了施工进度。同时,为了确保工程"大干快上"的步伐,项目公司领导成员以身作则,身先士卒,层层都签立了责任状,严格区划责任,促进了工程进度。

(5)成本管理方面。

各标段项目部建立了物资管理人员和专人保管员管理的材料仓库,进行材料的发放、回收、登记和成本的核算。项目公司对大型材料的采购在社会进行公开招标,在周转材料的使用上,项目部成立了材料清理小组,对现场材料进行了认真的清理,及时回收,重复利用,加大了材料的周转使用次数,减少了材料的浪费。所有施工地点都有管理人员监督,做到工完料尽场地清,对造成返工浪费的材料,划分责任进行处罚,一律追究到管理人员及作业班组。项目公司食堂建立了客餐部,对来访客人、领导及有关人员的招待,尽可能在食堂开餐,分别根据不同情况确定招待标准,减少间接浪费,同时,增强了友谊,加强了团结,促进了和谐。

(6)职业健康方面。

在项目公司的统筹下,各标段项目部把公司职工医院的医疗队请进工地,历时半个多月,对所有员工进行详细的健康体检,减少了突发疾病的发生,对疾病的预控起到了一定的指导作用;对员工的住宿进行了合理的安排,并提供了良好的防暑防寒设施。食堂、澡堂、厕所整齐划一,卫生文明条件达到了一定的标准,并安排专人打扫清洁卫生;实行宿舍区公寓式的管理,建立了工地招待所,为员工家属的来访提供了极为方便的生活条件,确保了员工们舒适的生活环境,让他们安心投入工作。职工宿舍、食堂展示如图2-7所示,工地设置了饮水棚、休息室,并派专人运送凉茶开水和防暑药品,确保了员工们的饮水卫生,减少了疾病发生。

a)　　　　　　　　　　　　　　b)

图 2-7　职工宿舍、食堂展示图

5）加强项目信息管理与沟通管理

（1）多次探讨实现科学决策。

为把福州地铁 2 号线项目真正建设成为中国交建在地铁施工领域的窗口工程，成为安全生产、和谐文明的典范工程，项目公司多次召开项目领导班子会议，反复研讨后，得出结论：要在福州地铁 2 号线项目这个大舞台上，把戏唱好，唱出亮点，打出品牌，就必须进行大投入、运用大手段来建好这一大项目。项目公司认为既然把福州地铁 2 号线项目视为中国交建窗口工程，那就要做到安全最好、质量最优、工期最短、效益最高。因此，就不能只考虑利润，必须先把事做好，按照市政府、业主的要求做出成绩、做出品牌，充分相信业主不会让干实事的人吃亏，不会让老实人吃亏。通过这样的思路，制定了在加强"安、快、好、省"的管理基础上，部署大胆投入、"大干快上"的工作方案。

（2）全员大会实现执行到位。

在各个不同时期的节点任务中，多次召开项目管理人员大会（图 2-8），明确目标，项目公司与各片区责任人立军令状，片区责任人与施工员、施工员与作业班组长，都签立了责任状，严格区划责任，一环紧扣一环，并设置进度奖、安全奖，以确保各节点任务的顺利完成。

多次组织有实践经验的班组长、施工员、技术员共同出谋划策，研究施工方案，解决技术难题，确保施工的安全和质量。

a)　　　　　　　　　　　　　　b)

图 2-8　管理人员大会会议展示

（3）走访宣传实现和谐氛围。

为了项目成员的和平共处，加强与员工的沟通，深入细致了解员工思想、生活、工作情况,项目领导班子成员经常和员工们亲切往来,进行朋友式的交谈,加强领导与员工的和谐相处,并广泛地发扬民主,设置了经理信箱,让全体员工各抒己见,对项目的建设与发展多提宝贵意见,发挥了员工积极参与管理,热情投入管理的积极主动性。项目公司采取了多种多样的宣传方式,利用墙报、黑板报、学习园地等,向员工们广泛地宣传形势、政策及法规,倡导社会主义道德风尚,表彰先进事迹,保证了项目成员内的信息自由流通。同时,项目公司多次组织走向社区和当地文化接轨的活动(图2-9),与当地公民友好的接触为项目开展建设创造和谐氛围。

图 2-9 "四季送花"活动

6)改革管理制度,保证目标实现

(1)在项目管理运作时,提倡制度高于一切,必须健全制度,让制度管理人、约束人。做到在制度面前人人平等,各部门在执行制度时不讲弹性,只有这样才能使工作标准化、规范化、程序化、细致化、合理化,形成一种人人有章可循、事事落在实处的制度管理体系。全员上下一致,紧紧围绕制度及目标提出的工作标准和要求,开展工作,沿着指定方向,达到奋斗目标。制度汇编如图 2-10 所示。

a)   b)

图 2-10 制度汇编

(2)改革创新安全生产管理制度,改一元化为多元化,领导监督领导,员工监督领导,班组监督班子。在安全问题上,实行相互监管,从严考核,没有领导和员工之分,谁违章指挥,谁就会受到员工的举报,谁违章操作,谁就受到监督者的制裁;坚持综合治理,消除安全隐患。

(3)建立反违章工作机制,加强领导,加强责任,增加投入。把反违章工作落实到每个班组、每个作业现场和每个员工,制定"违章考核、违章下岗和违章辞退"的工作制度;落实反违章工作责任,实行领导层重点对照检查,管理层重点对照检查,执行层重点对照检查,作业层相互监督检查;实行举报有奖、处罚从严的制度,发挥其相关的监督作用。

(4)实行材料限额领料制度,做到有计划、有目的地使用材料,克服盲目的浪费。大型材料实行招标采购制度,杜绝材料进出"一言堂"的不良行为,极大程度地降低了材料成本。严格按规定控制用料标准,超用材料按比例分担材料费用,对造成返工浪费的材料,划分责任进行处罚,一律追究到管理人员、作业班组。

(5)完善激励制度,做到全员激励。通过广纳贤才,把一些有责任心、有能力、懂业务的局外人才吸收到项目团队之中。通过对这些人才的引进,不仅增添了团队的技术力量和组织力量,更是给本单位固定员工带来了一定的工作压力,让他们清醒地认识到在项目团队工作,一样有激烈的竞争,起到了相互促进、相互补充、相互提高的作用,大大提高了团队战斗力。项目公司在建立激励机制上制订了相应的措施,能者授职,功者授奖。一是鼓励有才有德的优秀员工,在工资定级上给予优厚的待遇,不能让综合素质高的人吃亏,不让干实事的人吃亏,让他们在各自的工作岗位上发挥最大的潜能,脱颖而出。二是给思想素质好,忠于公司,爱岗敬业的人提供平台,为他们提供参加学习、培训的机会,让他们的技术、管理水平得以提升,以助力团队、公司的发展。项目公司把员工的培训当作是一种投资,围绕"干好一项工程,培养出一批人才"的宗旨,让员工们真正意识到,有信念才有前途,有忠诚才有信任,有珍惜才有工作,有奉献才有收获。

2.4.3 和谐项目管理的实施成效

福州地铁 2 号线项目在项目公司制度架构、流程、制度上所做的一切改进和革新,在合同化管理、组织资源配置和组织信任等方面所做的调整和改进,以及坚持不懈的实践,最终实现了项目的和谐主题。

(1)项目实施计划科学。

项目公司计划的科学性在实施过程中得到了极好的验证,形成项目决策层和项目执行层的绝对统一,保证了项目的成功。

(2)项目执行力建设到位。

通过规章制度的严格执行和以人为本的激励措施,达到了政令畅通、执行到位,建成了一支人心所向、精诚团结的团队。

(3)协力合作的实现。

在巨大的进度压力下,在业主、监理、总承包单位和数家分包单位的参与中,项目公司履行了总承包单位管理与服务、分包配合的职能,真正实现了"劲往一处使"的项目氛围,实现了福州地铁 2 号线项目的完美建成。

(4)互惠共赢的实现。

在错综复杂的总包、分包、供应合同关系下,通过相互让步,签订了完善合同体系的管理协议,实现了参与者的互惠共赢。

(5)社会效益的实现。

在建设过程中,成功培养了一大批优秀的项目管理与技术人才,解决了当地一部分的就业问题,为地区经济的发展起到了不可忽视的作用,同时实现了项目的低能耗、少污染,获得了社会的良好评价,实现了项目的和谐管理。

第 3 章

和谐项目组织管理

/ 3.1 项目组织架构 / 3.2 项目治理层级
/ 3.3 组织文化建设 / 3.4 项目公司及项目总经理职责

良好的项目组织管理可以有效地保证项目组织管理目标的实现,有效地应对项目环境的变化,有效地满足项目组织成员的各种需求,使其具有凝聚力、组织力和向心力,以保证项目组织系统正常运转,确保施工项目管理任务的完成。本章主要介绍福州地铁2号线项目的组织管理情况,介绍中国交建在地铁工程中项目组织管理方面的经验。

3.1 项目组织架构

3.1.1 组织架构的设计

项目组织有两方面内容,其一,对项目过程的组织,即对行为的筹划、安排、协调、控制和检查;其二,对项目的结构性组织,按照某些规则形成的职务结构或职位结构。从静态上看,项目组织就是人与人、人与事的关系的系统模式,从动态角度来分析,项目组织是一个开放的社会技术系统,是一个有机整体。它不仅是权责分配系统,而且是其成员根据自己的特定地位,扮演一定的角色,并由此构成的等级体系的人际关系网络。

项目组织的任务主要有以下几个方面:建立合理的组织结构;进行科学的分工协调;明确责任及相应权力;明确工作流程及条例;任用项目管理领导和人员。项目组织机构能否高效工作,关键是人员的任用是否恰当,聘用优秀的项目管理者及参与者,才能使机构内的人都能够高效率完成工作任务和实现管理目标。

福州地铁2号线项目将项目组织架构的设计划分为管理平面建立、职能部门划分、任务分工三个方面,保证组织架构的划分有利于项目和谐主题的实现,组织架构划分依据如图3-1所示。

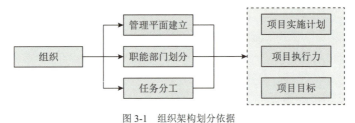

图3-1　组织架构划分依据

3.1.2 组织设计的原则

在设置福州地铁2号线项目组织架构时,中国交建遵循目的性原则、管理跨度和分层统一原则、业务系统化管理原则、弹性和流动性原则及精干高效原则。

1)目的明确、目标统一

福州地铁2号线项目设立项目组织的根本目的是实现项目管理的总目标,使员工在项目中各司其职高效率地工作,通过明确统一的目标,消减在项目中项目总目标与阶段性目标以及不同利益群体目标之间的矛盾,减少项目运行的组织障碍,对项目的施工进行合理有效的管控。因此,项目公司遵循因目标设事,因事设岗、定人,以职责制度规定权力的原则来设计组织结构。

2) 多层次组织管理、分层统一

福州地铁 2 号线项目的项目组织从项目总经理到最下层成员,按角色、目标任务、职责权限分为若干层次,确保每一位成员都知道自己的岗位、任务、职责和权限。项目员工既要知道自己在项目组织中所处的位置,还要知道工作流程和沟通渠道,从何处获取信息,从何处取得需要的决策和指示,从何处取得所需要的支持与合作。

3) 系统化管理、精细划分

由于福州地铁 2 号线是一个开放的系统工程,这就要求项目组织通过结合形成一个有机整体,防止职能分工、权限划分和信息沟通上相互矛盾或重叠。为此,项目公司充分考虑层级间关系、分层与跨度关系、部门划分、授权范围、人员配备及信息沟通、与相关单位的协调等方面的问题,将组织结构设计为严密的有机系统。

4) 富有弹性空间、动态调整

福州地铁 2 号线项目的一次性、时限性和分阶段实施必然带来资源配置种类和数量的变化,这就要求项目组织结构及项目管理内容也要随之进行动态调整,以适应项目活动内容的变化。

5) 精干高效

由于福州地铁 2 号线施工项目管理范围大,因此,需要有一定数量的高素质人才。但是,项目公司及各标段项目部从控制成本、提高人力资源效率角度出发,并不能一味地增加人员,因此,项目组织成员的配备以完成项目的工作任务为原则,尽量简化结构,提高项目管理效率的同时减少费用支出。

3.1.3 组织设计的程序

在组建项目内部组织机构时,要从确定的目标出发,因目标设事,因事设机构、定编制,按编制设岗定人员,按职责授权力、定制度,从而保证项目公司组织架构设置的合理性和科学性。

项目公司组织机构设计的程序如图 3-2 所示。

3.1.4 架构模式的创新

基于福州地铁 2 号线项目总体组织管理、职能及项目组织设计流程理论,项目公司对传统的结构模式进行创新,设计出创新模式下的组织架构及层级管理流程如图 3-3 所示。

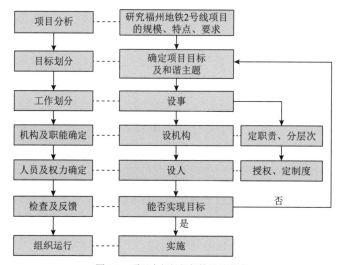

图 3-2　项目内部组织机构设计程序

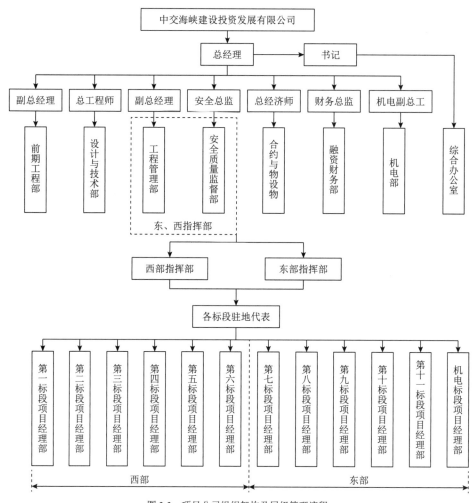

图 3-3　项目公司组织架构及层级管理流程

项目公司下设的设计与技术部,成立了由项目部、各标段项目部组成的技术管理组织机构,其主要涉及的内容与组织架构的关系如下:

(1)负责获取、识别、更新、贯彻项目在技术方面适用的法规和规范、规程和标准;

(2)编制并落实本项目的各项技术管理制度;

(3)负责项目工程技术管理工作、关键工程施工方案的审查和技术方案的确认;

(4)负责组织协调和配合项目的交桩、测设验收、工序转换组织验收及工程交(竣)工验收工作;

(5)负责项目总体施工组织设计编制、评审、上报工作,指导各项目经理部实施施工组织设计的编制及评审工作;

(6)参与工程设计变更技术方案的审核,对工程变更意向根据现场情况提出技术方案审核意见;

(7)组织、协调图纸会审工作,负责与设计单位澄清;

(8)负责项目月度、季度等综合考评中的技术业务部分,根据情况开展技术专项检查;

(9)指导各项目经理部处理技术疑难问题,组织危险性较大的分部分项工程施工方案的论证;

(10)办理工程技术方面的往来文件、资料的收发与存档工作,负责工程技术档案管理、组织竣工资料的编制工作;

(11)负责新技术、新工艺、新材料、新产品的推广应用,收集有关资料、信息等。

3.2 项目治理层级

1)明晰各层级的职能,指导总体组织层级管理

在福州地铁 2 号线项目中,基于组织设计原则,为保障工程顺利实施,对项目各方主体进行定位,着重厘清管理关系,明确各层级主体在项目中的角色与职责如下。

(1)福州市地铁工程建设指挥部:福州市政府成立福州市地铁工程建设指挥部,指导协调解决地铁建设过程中的问题与困难,全面推进地铁建设提速增效。市地铁指挥部由市政府主要领导、分管领导及各区县、各市职能部门领导组成,挂靠在福州市城乡建设委员会,下设办公室、征地拆迁及维稳组、管线迁改组、工程建设组、宣传法规组及督查组。

市地铁指挥部代表市政府行使政府监管职责。福州地铁 2 号线工程建设重大事项,须经市地铁指挥部审批后实施。

市地铁指挥部指挥长由市政府主要领导兼任,主管城市轨道交通工程的副市长兼副指挥长。

(2)各区县地铁征迁指挥部:落实市委市政府及市指挥部全面加快福州地铁建设的工作部署,负责各区县范围内地铁工程及安置房项目建设涉及的房屋征收、项目用地收储等工

作,协调解决地铁建设过程中涉及的群众纠纷、阻工等问题,确保地铁项目征迁安置工作顺利推进。

(3)福州地铁2号线工程建设指挥部:在福州市地铁工程建设指挥部指导下,由市地铁集团成立。市地铁集团总经理任福州地铁2号线工程建设指挥部指挥长,市地铁集团副总经理任常务副指挥长,履行福州地铁2号线工程项目业主管理职责,协调解决福州地铁2号线工程建设过程中进度、投资、质量安全、设计等管理工作中的具体问题与困难,推动工程建设进展。

(4)福建省建设工程质量安全监督总站:受福建省住房和城乡建设厅委托,对全省房屋建筑工程和市政基础设施工程的质量及安全进行日常监督管理。市政及轨道交通科为具体业务指导科室,负责工程质量安全监管的组织指导与具体业务的监督指导。

(5)福州市地铁建设工程质量安全监督站:受福州市城乡建设委员会委托,依法承担辖区内地铁(轨道交通)工程质量监督及施工现场安全施工监督工作,同时指导参与监督工程质量验收及竣工验收工作。

(6)其他相关政府职能部门:在各自部门行政职责范围内行使指导服务与监督管理职能。

(7)福州地铁集团有限公司(市地铁集团):福州地铁2号线工程项目业主单位及项目法人单位,为福州地铁2号线工程项目发起方,并代表市政府,履行出资人职责。

(8)中国交建:福州地铁2号线工程项目承办方,为合同范围内履约主体,承担福州地铁2号线工程项目"融资+施工总承包"的主体责任,为福州地铁2号线工程建设期建设单位,履行工程建设期建设单位管理职责。

(9)中国交建海西区域总部:代表中国交建统筹海峡西岸经济区市场开发及重大项目经营开发,为区域经济的深度参与者。福州地铁2号线工程项目为其牵头落地的主要经营成果项目之一。

(10)中国交建总承包分公司:作为中国交建大型项目管理平台,受集团委托,托管福州地铁2号线工程项目,并负责派员(关键岗位人员资格、资历符合合同要求)并组建项目公司及总经理部管理团队。

(11)中交海峡建设投资发展有限公司(项目公司):根据合同约定,中国交建出资并注册于福州市的具有独立法人资格的有限责任公司,是福州地铁2号线工程项目的项目公司。中国交建作为承办人通过该公司实现融资及项目建设期管理职能,主要负责领导、指挥、协调、督查各施工主体,对工期、质量、安全、文明施工、验工计价、工程财务等进行直接管理,并根据合同要求支付施工主体工程款。

中交海峡建设投资发展有限公司承担全部融资风险及部分建设风险,并与中国交建就项目承担连带责任。

(12)设计:受业主委托,广州地铁设计研究院有限公司作为总体设计,负责福州地铁2号线初勘、总体及初步设计、施工图设计总体审核工作,并对工点设计院的施工图设计、变更设计及其他工程设计技术进行指导管理,并负责工程内外设计技术接口及相关技术的指导协调工作。

受业主委托,各工点设计院作为设计主体,为各工点具体设计任务的承包方,承担各工点施工图设计任务,接受总体设计、业主的双重管理及设计咨询单位的设计监理与技术咨询服务。

(13)施工:由中国交建下属各工程局属工程处派员(关键岗位人员资格、资历符合合同要求)并组建标段项目经理部,根据标段划分范围与项目公司及总经理部签订的协议要求实施现场施工任务,并承担施工主体责任。

(14)监理:受业主委托,负责合同范围内各施工标段监理任务,代表业主全过程、全方位对各标段项目部施工进度、质量安全、文明施工、资金使用、技术及现场施工管理及配合等工作,并承担监理主体责任。

(15)勘察:受业主委托,广州地铁设计研究院有限公司和福州市勘测院联合体、北京城建勘测设计研究院有限责任公司对全线开展地质与水文地质勘测、补勘及详勘工作,并提供勘察成果,为业主工程管理及工程设计提供基础资料,并承担勘察主体责任。

(16)设计咨询、设计强审:受业主委托,北京城建设计发展集团股份有限公司作为设计咨询及设计强审,承担设计监理工作,对设计及变更设计进行审查,并提出咨询意见与提供设计技术服务。

(17)风险咨询:受业主委托,中国电建集团华东勘测设计研究院有限公司负责全线工程安全风险与环境安全风险跟踪监控监督与并提供技术指导服务,并向业主负责。

(18)第三方安全监测、工程测量及质量检测:受业主委托,由第三方单位(与上述单位不存在隶属关系及利益关系)根据设计及规范对工程安全风险监控监测,交接桩、工程测量成果复核及测量管理工作,工程原材及实体质量检测试验进行核验校对及再检再测工作,充分保障工程质量,结果向业主负责,承担第三方管理责任。

福州地铁 2 号线工程项目总体组织架构及层级管理流程如图 3-4 所示。

2)打造六个管理中心,搭建项目管理集中平台

福州地铁 2 号线项目按照中国交建的要求,以中国交建最新大型项目管理理念"集中管控+穿透管理+信息化手段"的方式打造了资金税务管理中心、合同管理中心、成本控制中心、物资设备采购租赁中心、应急救援中心、施工监控中心六个管理中心,以此搭建了项目管理集中平台,提升了项目管理水平,增强了工作效率,推动了项目全面实施。项目公司管理中心示意如图 3-5 所示。

(1)资金税务管理中心。

职责:①项目融资;②资金监控;③税务督导协调;④风险管控;⑤回购款清收。

按照中国交建推进财务共享管理的要求和布置,项目公司统筹做好全线各单位会计核算纳入中国交建直属项目财务共享中心工作。纳入共享中心,一方面提升了福州地铁 2 号线工程项目标准化会计核算能力,降低了财务风险;另一方面增强了项目公司对全线的财务监控能力。目前中国交建总承包公司以项目公司为依托成立福建财务共享管理中心,集中资源,进一步提升了福州地铁 2 号线工程项目财务管控能力。

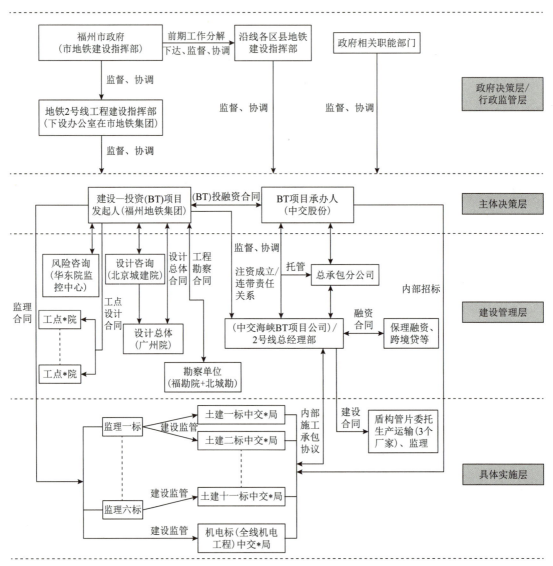

图 3-4 福州地铁 2 号线工程项目总体组织架构及层级管理流程图

图 3-5 福州地铁 2 号线项目公司管理中心示意图

(2)合同管理中心。

职责：①综合测算概算指标；②有效地掌控概算价格水平，降低风险；③新签补充协议5项；④审核分包队伍资质，备案各类合同330个。

自2014年中标并签订合同后，经过与市地铁集团反复协商和充分沟通，已签补充协议4个，新增合同额约4.6亿元；已明确签订补充协议2个，预计合同额约4.2亿元。

(3)成本控制中心。

职责：①管控设计风险，加强图纸审核，对施工图进行限额设计和针对性过程优化；②参考类似项目进行成本预测，有效降低风险；③不定期对单项工程单价成本综合监控，适时预警，实行全面动态管控；④引进中国交建三航局厦门管片厂参与管片供应，降低成本。

按照集团统一安排，项目公司编制完成了项目标后预算，并对全线钢材、商品混凝土、土方外运、地连墙分包、地基加固等重点分项进行单价成本的综合监控，适时分期进行有针对性的成本监控、预警；项目公司已按照中国交建的要求对项目总成本进行全面动态管控。

引进内部企业促进管片谈判，降低管片预期成本。项目公司组织各标段项目部与招标文件中指定的当地两家管片厂进行了充分的对接、谈判，极大地降低了管片厂的预期价格；同时通过与市地铁集团的充分沟通，让中国交建三航局厦门管片厂参与了管片的生产供应，既引进了中国交建品牌，也打破了管片供应垄断，形成了良性竞争的局面，极大地降低了管片成本。

(4)物资设备采购租赁中心。

职责：①钢材实行全线统招，落实集团"中国交建物资采购平台"招标的要求，公开、公平、透明；②机电工程风水电设备、部分装修材料，采取"统谈、统签、统付"的方式。

项目公司严格按照集团"大宗物资集中采购招标"的制度要求进行物资设备的采购租赁工作，按照集团的要求，对甲供、甲控及大宗物资、大型设备努力采取"统谈、统签、统付"的方式进行采购，以此模式采购既提高了项目采购招标的效率，同时也为项目公司引进了有实力的钢材供应商。

(5)应急救援中心。

职责：①组建应急救援中心，统一指挥，分级响应；②落实"四项职能"，即体验馆管理、路段设施维护、文明施工巡查、救援平战结合。

为更好地实现风险管控，项目公司组建了应急救援中心，各标段项目部成立了应急救援小组，集中优势，分级应急救援；落实项目公司赋予的"四项职能"，救援中心全体人员充分利用救援的间隙，积极投入现场注浆加固、孤石处理等实际工作，力争实现自给自足，不增加管理费用。应急救援中心已圆满完成了金屿站孤石处理、厚庭站基坑注浆堵漏、紫阳站地连墙接缝加固等施工任务。

(6)施工监控中心。

职责：①数据采集；②参数分析；③运行状态监控；④进度信息统计；⑤实时监控。

通过盾构监控中心对全线车站施工、盾构区间施工实行统一监控，全面掌控工程进度、安全、质量等现状，实时掌握各台盾构机参数，并邀请中交第二航务工程局有限公司盾构中心、中交天和机械设备制造有限公司作为后台支持对数据进行分析,为各单位盾构施工做出正确决策提供参考。

3.3 组织文化建设

组织文化也被称为企业文化,企业文化是指企业全体员工在企业运行过程中所培育形成的、与企业组织行为相关联的、并事实上成为全体员工主流意识而被共同遵守的最高目标、价值体系、基本信念及企业组织行为规范的总和。广义企业文化指的是企业物质文化、行为文化、精神文化和制度文化的总和;狭义则指以企业价值观为核心的意识形态。

企业文化是企业为解决生存和发展的问题而树立形成的,被组织成员认为有效而共享,并共同遵循的基本信念和认知,是在企业长期经营过程中所形成的企业使命、共同愿景、价值观、道德规范、行为准则等传统和习俗的总和。

1)企业文化建设——构建企业内部"和谐"体系

项目公司在进行福州地铁2号线项目建设的过程中,深刻认识到推进企业文化建设,打造特色是重点,只有在锻造富有鲜明个性的特色文化上重创新、出实招,才能持续提升企业文化建设的实际效果,真正成为推动企业稳健较快发展的强劲动力。

项目公司遵循和谐文化理念的指导思想,因为和谐文化是以和谐为思想内涵的价值取向,融思想观念、理想信仰、价值体系、社会风尚、行为规范、制度体系等于一体的文化形态,和谐企业文化是企业发展进入和谐状态的文化表现,其实质是企业文化的高级状态,其内涵是以和谐作为主旋律的企业文化,包括人与人、人与企业、企业与社会等的和谐。中国交建在发掘沿承过去积累的优秀组织文化建设的同时,注重不断创新组织文化建设的内容形式、方法手段,并赋予新的内涵,形成特色鲜明、紧扣时代工程项目需求的和谐文化体系。组织文化对组织公民行为的影响见表3-1。

组织文化对组织公民行为的影响　　　　表3-1

组织文化	组织公民行为	员工行为表现
把员工利益放在首位	责任意识 公民美德 利他行为	对新员工进行部门内指导、培训; 传授新员工其职责其技巧和守则; 自己完成任务后主动分担其他员工的工作
以企业效益为前提	运动员精神 公民美德 文明礼貌	面对施工不利条件,内部员工转换到合适岗位; 关注项目建设质量及企业的效益; 同事间互帮互助,和谐共处
凸显整体性	责任意识 文明礼貌	各部门之间及时沟通信息,及时应对问题
鲜明的企业特点	运动员精神	积极接纳公司的变化; 主动寻求改变自己,适应环境

2)制定和谐文化发展战略,创新性探索企业文化建设路径

和谐文化最核心的内容是崇尚和谐理念,体现和谐精神,大力倡导社会和谐的理想信

念,坚持和实行互助、合作、团结、稳定、有序的准则。项目公司运用和谐的理念和精神贯彻各种工作方针制度,以和谐为本,坚持和贯彻竞争、创新、效益和以人为本的理念,维护其内部稳定,处理内部矛盾。通过和谐理念的大力倡导及和谐精神的积极培育,使崇尚和谐、追求和谐成为全企业的共同理想追求和价值取向,使和谐理念与和谐精神成为凝聚全企业共同的精神力量。

加强和谐企业的机制建设。企业是科学的有机体,仅抓一个和几个方面的和谐难以实现目标,项目公司紧抓企业和谐机制建设,来促进企业整体和谐发展。为加强和谐企业的机制建设,中国交建围绕着以下两个方面的工作展开工作。

一是通过价值观的改造使项目整体人员树立正确的和谐观。首先,中国交建通过倡导和谐的价值取向,帮助全体员工建立认同的价值体系,使在当前员工思想多元、文化冲突加剧、员工追求多样化的形势下,广大员工有一致认同的价值目标,达到共同的价值取向。其次,项目公司在和谐理念指导下坚持原则办事,坚决认为不能因为和谐理念就对违规违纪视而不见。通过坚持原则,敢抓善管,提升和谐文化对员工的作用力来有效解决矛盾,达到项目整体更高层次的和谐。

二是强化建立项目和谐文化建设的长效机制。培育和谐文化,必须建立全体员工能够认同和遵守的体制规范,包括凝聚和约束广大员工的理念信念、法治意识和理想道德等方面的长效制度。项目公司通过把和谐文化的建设同制度建设结合起来,建立以文育人、以制度和规章约束人相结合的制度道德机制。通过把和谐文化的培育,融入项目管理工作中,与慈善活动等相结合,使和谐文化的建设体现在企业各项管理和员工日常工作中,形成和谐文化建设的长效机制。

3)社会化运作项目文化推进,完善职工文化的推进激励机制

为防止酬薪制度不合理,项目公司逐步建立以业绩和效益为基础的分配机制,向关键岗位和特殊人才倾斜,真实、客观地反映人才的价值,体现"多劳多得"的分配原则。项目公司领导层推行薪酬激励政策,融合"和谐"理念,进行科学激励。一是要加强人文关怀,对效率高的员工,不仅要有物质激励,也要有精神表彰;对效率低的员工,要尊重其人格,挖掘自身发展的潜在因素。二是公正,在激励时,最忌赏罚不明,奖惩不公。三是全面、综合地运用岗位变动、学习培训、待遇等元素,进行全方位综合性的奖惩,满足个人的物质、精神等不同层次的需要,使人才体会到企业对其工作业绩的认可,并在待遇上得到有效的体现。

以培育企业精神为核心,增强企业凝聚力。中国交建在历史发展过程中,积累了较为深厚的文化底蕴,紧扣时代和企业实际,逐渐形成甘于吃苦、无私奉献的精神,敢于创新领先世界的精神,善于协作团结奋进的精神。凭借这种精神,企业与员工才能同甘共苦,同舟共济,凭借"务实守信"赢得了客户的信任,同时也赢得市场。

以建立扶贫帮困机制为主要内容,构筑爱心文化。项目公司的组织文化将员工的利益放在首位,在项目的建设及决策的过程中均考虑员工的利益。同时,员工对企业也有更多的依赖,当员工及其家庭遇到困难的时候可以首先寻求企业帮忙解决,企业的工会组织及党组织会通过各种形式及时给予员工帮助。这样既能增强员工的归属感和安全感,又能体现互

帮、互助,团结友爱的和谐理念。

4)尊重职工的主体地位,增强企业文化的凝神聚力作用

项目公司把传统"和谐"文化的精髓同现代人力资源管理有机结合,着力构建具有"和谐"特色的企业人力资源管理体系,从而促进员工和企业的和谐发展。中国交建通过仁爱、礼义、道德、操守、廉政等方面对员工进行教育活动,全面培育积极健康和谐的用人文化氛围,使员工耳濡目染、潜移默化,坚持用科学发展的业绩观衡量人才,考核人才。

在企业文化建设中,项目公司充分尊重职工在企业文化建设中的主体地位,重点对职工的积极性、主动性、创造性进行培养,充分营造一种尊重人、关心人、重视人、发展人的氛围。项目公司以为广大职工的成长搭建平台、为公司的发展营造氛围作为中心工作,并自觉把这些理念贯穿到企业文化建设之中,千方百计地引导广大职工参与到企业文化建设中来,形成人人关心,人人参与的局面。广大职工在企业文化建设中得到锻炼和提高,实现了人人快乐成长,快乐工作,为企业文化建设增添了活力。项目公司精心设计、精心组织,不断增强企业文化的穿透力、影响力和震撼力,把自觉参加文化建设的过程当作职工自我提高、自我成长的过程。公司积极创新活动载体,以内容丰富、形式活泼的文化活动推进企业文化建设,组织开展了"我和我的格言"征集活动以及"共铸企业魂"活动等。这些活动不仅丰富了职工的文化生活,全面的锻炼提高了个人的综合素质,同时也展示了职工的良好风范,推动了思想、道德、文化建设,激发了广大职工的工作热情。

构建企业的团队文化建设。共事先共心,在共同的目标下进行共事,以同心同德为基础,培养共同的价值追求,团队才会存在,企业才能发展。中国交建通过制定一个共同的企业愿景,强化企业员工共同的发展目标意识,以共同的远景作为管理好团队的最好的凝聚力。项目公司努力将员工个人的发展设计和企业的发展规划统一战线,形成员工普遍认同的价值观和行为规范,对人才产生凝聚力。

项目公司坚持以人为本的理念,深化和谐。坚持以人为本,就是坚持以员工为本,做到热爱员工,树立爱护员工观念,端正对员工的态度,增进对员工的感情,与员工心连心,建立起上级与下级的和谐关系,领导与员工的和谐关系。坚持维护好、发展好员工的切身利益,把工作做到员工心坎上,为员工所认同,共创企业与员工的和谐。

5)切实把企业文化融入各项工作中,增强企业文化魅力

在管理制度上,项目公司积极推进加强责任制实施,实行定任务、定人员、定数量、定质量、定时间等制度,奖励也落实到具体的集体和个人。为使责任制真正发挥作用,福州地铁2号线项目公司采取以下措施。

(1)扩大项目管理人员权限,保证权责平衡统一。责任到人就要权力到人,只交责任,不给权力,责任会落空。

(2)善于选用项目管理人员,量才授予职责。

(3)严格考核,赏罚分明。根据员工工作成绩大小、好坏,有赏有罚,有升有降。而且,赏罚、升降同物质利益联系起来。全面培育人人争当先进、奋发向上的风气。

项目公司为实现企业科学、协调、稳定发展,努力在内部构建以"和谐"为主旨的管理机

制,形成上下同欲、和谐有序、高效发展的良好局面。

6)不断积淀升华,打造独具特色、务实管用的企业文化

"人类因文化而伟大,企业因文化而繁荣"。在先进企业文化的引领下,福州地铁2号线工程项目广大职工在各自的工作岗位上认真履行职责,自觉践行承诺,施工质量、施工水平大幅度地提升,赢得了社会广泛的赞誉,提高了企业的社会知名度。

团队成员在研究或决策问题时,在相互职责之间的磨合或个人利益的取舍时,始终把企业价值观放在第一位。团队文化建设必然要求制度与流程落实有面。项目公司通过构建一个令行禁止的执行力文化来改变员工不愿意学习内部的规章制度,或团队成员总是在自觉与不自觉之间破坏规章制度的一种长期存在上有政策下有对策的执行氛围,从而建设和谐共事的团队文化。

(1)注重关爱弱势群体。项目公司遵循着让企业发展的成果惠及组织内绝大多数职工,因为一个和谐的企业文化,一定是员工个人身心健康、家庭的物质基础相对稳定的文化。在项目建设中,组织和领导把关心、关怀、关爱弱势群体作为一项经常性的工作,并非仅有年终关怀。

(2)注重员工的精神需求。以人为本,构筑和谐。项目公司重视员工的精神文化需求,为缓解项目建设过程中带来的工作压力,在满足员工物质利益的同时,尽最大努力满足员工的精神需求,在和谐文化建设过程中,始终坚持以人为本,注重全面协调发展。项目内部关注员工的身心合一,了解员工需求,挖掘员工潜能。定期对员工进行法律、道德、安全培训,鼓励员工学习,强化员工素养,同时关注员工的身心健康,树立"人人为我,我为人人"的思想,以"人和"促"企和"。

(3)注重人际关系的和睦。企业内部人际文化氛围和谐,员工就有良好的精神面貌。所以,项目公司大力弘扬正气的文化氛围,并注重大众的、全员的、包容的跨文化建设;大力建设刻苦学习的文化氛围,知识是工作技术能力提升的前提,建设企业要有一种追求知识、尊重知识的氛围,这样可以避免不健康的人际氛围;积极贯彻勤俭工作的氛围,只有勤劳,才能懂得敬业,只有节俭,才知道爱岗。只有职工敬业爱岗,企业的人际文化才能向积极健康的方向发展。

(4)以和谐文化活动为着力点,充实和谐文化内容。积极开展人文精神活动,树立企业和谐精神。项目公司充分挖掘向上、向善、向美等一切有利于促进企业和谐文化建设的优秀文化资源,结合企业发展实践,总结提炼出具有鲜明特色、得到员工认可、引起广泛共鸣的人文精神,并通过广泛宣传,引导帮助员工牢固树立和谐的思想观念、正确价值取向和人生观。项目公司认真组织开展员工文化活动,营造企业和谐氛围。通过大力加强企业文化和员工家庭文化建设,以企业文化活动为基点,积极引导家庭文化社会化,逐渐形成和完善企业文化体系,项目公司坚持贴近实际、贴近生活,积极开展健康向上、形式多样的文化娱乐活动,让企业的先进文化在潜移默化中发挥教育、启迪的功能,充实员工的精神世界。

(5)认真开展和谐创建活动,凝聚和谐力量。项目公司把和谐创建活动与企业精神文

明建设活动有机地结合起来,促进人际和谐、家庭和谐、企业和谐以及社会和谐。不断加强对员工的思想道德教育。项目公司创新教育形式和手段,通过教育使企业文化建设深入人心,成为企业员工的自觉行为和普遍奉行的价值准则以及行为规范,使员工养成知荣辱、讲学习、讲正气的良好风气,促进企业和谐风尚的形成。同时,还不断加强企业员工的公民道德建设,进一步深化公民道德、职业道德、社会公德及家庭美德建设。

总之,中国交建以人为本,加快和谐企业文化建设之路,是其能够发展壮大的"宝典秘诀"。项目公司正是通过构建有利于调动员工工作积极性的激励机制,培育一种相互关心、积极健康、朝气蓬勃的人际氛围,培育有利于知识型、创造型人才成长的企业文化,加强员工创新能力的培养、优化人力资本与企业其他资源的配置,增进组织内部各成员的有效沟通,让人力资本的效用最大化。把和谐企业文化理念贯彻到思想工作中,构建企业内部"和谐"体系,培养企业和谐团队建设,加快企业做强、做大的成功发展之路的建设。

项目公司深知企业要生存和发展,就必须增强社会责任意识,积极履行社会义务。因此,项目公司自觉履行社会责任,努力追求经济、社会和环境综合价值的最大化。企业文化是企业在长期生产经营实践中逐渐形成和培育塑造的日趋稳定独特的企业价值行为和企业精神,是员工心灵中的精神资源,是推动企业健康向上、和谐发展的强大精神动力。加强企业和谐文化建设也是企业的社会责任,企业和谐文化是企业的灵魂,优秀的企业文化在给企业员工创财富的同时也给社会带来积极的影响,进而推动人类文化进步,构建和谐社会。

3.4 项目公司及项目总经理职责

项目公司是轨道建设工程施工的管理者和协调者,是代表总承包企业负责执行合同、组织实施专业承包协调管理,对项目全过程实施实行协调、监督、配合、服务,同时对承包合同的工期、质量、成本、安全实施动态控制与管理的项目组织。其中最为关键的人物是项目总经理,项目总经理对项目的成功和顺利实施起着决定性的作用。项目总经理必须做到项目员工之间的融洽磨合。一个好的项目总经理可以通过对工作的合理分配及领导激发项目团队中每一个成员的活力,使每个员工都能发挥自己的特点,各司其职,产生共同的愿景,为项目的实施努力奉献,履行岗位责任。

1)制定好施工目标及计划,编制详细的项目施工计划书

在福州地铁2号线项目开始施工之前,项目总经理需要对工程项目制定详细的施工目标,并就计划与客户进行沟通,达到意见一致,再对后期的人员安排,设备购置与调用等进行安排。在后期的项目施工计划制定时,需要有详细的工作流程以及相应的规章制度。制定完成后经上层的领导批准,便可制定清单来确定施工所需要的原材料。对于施工中所测量的数据、人员结构、设备管理责任人、每一项工作的负责人等建立计算机资料管理系统,以方便能够对各项工作做到严格的把关。最后将制定的计划下发给每一位员工,由其提出意见,

做到项目的人员达到目标一致,便于后期工作的开展。

在项目总经理对项目的管理中,最重要的一个环节就是要制定项目工作以及施工计划,项目总经理接收到福州地铁2号线项目的任务后,应该首先着手策划与探讨项目的后期工作施工计划。其中主要包括对于工程项目的概述,工程项目建设需要完成的目标,项目公司需要的人员组成以及配置情况,施工各个阶段的进度计划,质量保证措施,员工、原材料与机械设备的进场计划,核算成本的计划,项目信息管理系统建设计划等以及按时完成计划的保证措施等。

2)合理组织员工开展工作,把控问题协调配置各种资源

在福州地铁2号线项目的建设期内,做好员工的组织以及工作任务的分配工作,要让每位员工知道自己的工作职位应该承担的职责,并且对自己的工作岗位的要求有一个详细的了解并能够接受。与此同时,还要确保项目成员之间有较好的交流沟通,便于各个工作地顺利开展,最后对项目施工需要的各种资源进行合理的配置。项目总经理作为项目的组织者,其工作的核心内容就是要把精干的项目管理人员组织起来,确定项目的组织架构、配备工作人员、制定项目施工的规章制度、明确各个岗位的责任与要求、建立项目内部与外部之间的沟通桥梁等。项目总经理需要与团队成员之间有较好的沟通,同时对于承包商需要承担的工作任务与职责,需要和对方对各自的职责范围进行界定,在此基础上达成协议。因而,项目公司经理需要建立一个完备的项目施工信息管理系统,确保项目的内部和外部之间具有良好的信息沟通与联系,从而使得整个项目顺利地进行。

在福州地铁2号线项目实施的各个阶段,项目总经理需要对建设施工进行详细的指导工作,要对项目的进展情况做出全面的报告,要根据现场的实际情况来做好设备人员的调配工作,做好项目的绩效评测工作,根据项目的进展情况来对后续的工作做好安排。项目总经理作为项目组织与工作开展的最高决策者,要对项目的各个方面全方位的把控,引导团队的工作人员高效地完成项目目标,同时做出正确的决策。项目总经理的决策有以下两种情况:一是对于问题的决策,即为项目在实施的过程中,不同阶段所面临的不同问题。二是对于矛盾的决策,比如在工作中,内部人员之间的工作发生矛盾,就需要对人员做出调整,还包括对组织架构等方面进行改动,这一决策的成功对于调动项目各方面的积极性有着决定性的作用。

3)组织制定并实施安全生产规章制度、操作规程以及事故应急救援预案

安全生产规章制度和操作规程是安全生产责任制的具体化,具体规定安全生产责任制文件中分解到相关部门和岗位的安全工作应该怎么做、考核的标准是什么、留下什么管理痕迹(记录)等。

项目公司安全质量监督部根据工程行业标准、规范及福州市地方法规、投标时施工单位的承诺、招标文件建设单位的要求等,结合项目实际,拟订适合本项目的安全生产规章制度和操作规程,然后项目总经理组织召开安全生产领导小组会议,审议通过后形成正式文件由项目总经理签发后实施。

生产安全事故应急救援预案的编制工作涉及多个职能部门,项目总经理安排安全总监

组织拟订,并组织应急救援预案的评审和演练。演练频次保证每年至少组织一次综合应急救援预案或者专项应急救援预案的演练,每半年至少组织一次现场处置方案的演练。通过桌面推演、实战演练等形式,进一步修订、完善应急救援预案,确保发生事故后启动应急救援预案时能将事故对企业造成的影响降到最低程度。

4)制订并实施安全生产教育和培训计划,保证安全生产投入的有效实施

项目总经理应组织相关部门研究制订安全生产教育和培训计划,确保其合法合规,真正起到指导和提醒的作用。同时,安全生产教育和培训计划覆盖全员,且不同对象培训的内容、形式和学时有所不同。

发生事故后事故调查组必查的基础资料就是安全教育和培训是否按安全生产教育和培训计划实施,如新员工入场三级安全教育、作业人员施工前安全技术交底、"三类人员"及其他管理人员每年的再教育等。安全教育培训不仅要满足学时要求,而且教育培训的内容合法合规且有针对性。项目总经理合理安排安全生产教育和培训计划。内部培训通过安排合适的人准备有针对性的课件,确保听课的人主动想听,必要时从外面聘请专家进行授课,确保参加培训的员工学有所获,学有所用。

5)督促、检查本单位的安全生产工作,及时消除生产安全事故隐患

《中共中央国务院关于推进安全生产领域改革发展的意见》要求构建风险分级管控和隐患排查治理双重预防工作机制,严防风险演变、隐患升级导致生产安全事故发生而督促、检查本单位的安全生产工作,不仅包括项目总经理亲力亲为组织安全检查,而且包括督促其他项目班子成员按照责任制文件分工,并对管辖职能部门的履职情况进行经常性的检查,且检查的频次、内容及检查痕迹应在安全规章制度中明确。

6)落实制定的政策措施,及时、如实报告生产安全事故

项目总经理在项目施工过程中,根据项目的特点(人员、机电设备、材料、环保卫生等方面)制定相关的安全生产制度,再好的政策最终还需要落地实施。只有落实政策才能够将先进的规制用于保证项目顺利完成,不出现安全事故。对于政策的实施人员来说,发现现场施工人员不按照规章制度实施,应该及时地纠正。监督检查小组应该用严格的制度去惩治敢于触碰安全底线的违规人员。严格的制度需要一丝不苟地落实,杜绝实施者充当老好人的事情发生,只有从点滴做起,从身边的小事做起,才能够及时有效地纠正安全生产管理中出现的错误现象和行为,才能够用政策规制员工养成正确的工作习惯。除了惩罚那些触碰安全红线的工作人员和管理人员以外,对于遵守规章制度的管理人员和工作人员也应该及时地给予表扬和鼓励,只有弘扬安全生产的传统,才能够有效纠正不正确的施工行为,对于管理人员来说,只有严格地进行管理才能够让员工养成遵守纪律的习惯,才能够有效促进安全生产工作顺利进行。

7)建立、健全安全生产责任制,完善安全生产管理体系

安全生产责任制简言之就是将《生产安全事故报告和调查处理条例》中施工单位的安全责任共计19条及上级或行业主管部门对项目公司的安全考核内容分解到项目班子成员及相关职能部门,明确各部门的责任范围,并随着工程进展和法规的变化及时修订和完

善。安全生产责任制可由分管安全的安全总监协助项目总经理拟订,项目总经理组织召开班子会研究讨论达成共识,通过正式文件由项目总经理签发后实施。制定安全生产责任制时务必坚持"党政同责、一岗双责、齐抓共管、失职追责"和"谁主管、谁负责"的原则,尽量减少安全分管领导和安全部门做职责以外的事(如现场文明施工等),使其有足够精力帮项目总经理分担项目总经理的工作任务,有精力帮助、监督相关职能部门落实安全生产责任制。

项目总经理除了负责福州地铁 2 号线项目现场施工的安全管理工作,还着手构建并不断完善安全生产管理体系,充分发挥其整体的作用。安全生产管理体系是保证安全生产工作的重中之重,确保落实建设安全生产管理的相关制度,做好现场的防护措施和保护工作,认真地完成每一个项目。在具体分工的时候,通过落实好每一个工作人员所负责的工作内容,明确工作人员的职责,在全线达到以点带面的效果。不断健全项目安全管理体系,健全达标班子,提高工作人员和其他管理人员的责任心和业务水平。构建安全生产管理体系,注重安全生产监督检查部门的构建,在生产管理体系中团结一批敢说真话,敢于执行安全生产管理规章的工作人员。真正好的政策和措施,最终还需要具有执行力的人来执行。

8)做好质量管理,争做安全文明工地

项目总经理在对各项工程进行指挥时,认真做好项目的质量与安全管理,因而,在项目施工管理时,必须进行制度化与网络化,把公司的管理制度理顺,使项目的各项管理工作按照制度化进行。项目总经理还要及时地组织技术人员召开专业的业务分析探讨会,要把专业业务分析所得的结论与施工信息反馈到公司,能更好地实现对施工现场的全方位控制。对施工质量的管理,要做到攻克施工过程的通病、创建优良工程、高水平施工,保证优良的产品质量,要把施工过程可能存在的质量问题消灭在萌芽中,对施工的每一道工序都要进行验收,提高工序验收的合格率,用提高技术水平的措施来确保工程高质量的完成。在安全管理方面,要加强对员工的安全教育,使职工以及民工的安全意识得到提高。对施工现场存在的危险源要设立警示牌,制定有效的防范措施,重点控制。

争创文明生产,不断改善施工现场的精神面貌,用规章制度约束人们的行为,这是促进安全生产的重要手段。加强现场动态管理是创建安全生产工地的关键环节,动态的管理模式能够更具包容性和灵活性。项目总经理通过抓好对相关机械设备的管理工作,用严格的标准和要求去规范施工人员的行为,用制度去约束施工人员的行为,实行动态的管理方式,保证安全生产工作真正落到实处。其次,做好施工现场的监督检查工作,注重监督检查的力度,用行动诠释项目总经理自身对于安全生产的重视。项目总经理亲自落实现场监督检查工作,一来能够向下面的管理者和施工人员传递自己对于安全管理工作的重视,二来能够通过检查发现施工过程中容易出现问题的地方,及时地发现并处理能够有效消除隐患。出现安全事故以后,项目总经理是安全管理的责任主体,应当不折不扣地落实安全生产的规章制度,用严格的标准要求自己。同时用严格的标准要求施工人员,对于危险点,一经发现立刻消除,对于危险源,发现一处消除一处。项目总经理还应该做到将监督检查工作常态化,不定期地带队检查,同时监督工作组、队的落实力度。安全生产管理工作责任重大,只依靠项目总经理自身很难完成好,应在项目公司建立一个监督检查小组,该监督检查小组的人员需具备敢于执行、敢说真话的性格,只有这样才能够保证文明工地、安全工地的工作真正得到落实。最后,项目总经理应该自觉接受公司上级领导的监督检查,并保持正确的态度,对于领导给予的意见和建议,应该正确地对待,对于在检查过程中出现的问题,应该认真的梳理,将这些问题充分落实整改,同时还应该正确对待领导给予的鼓励和肯定。安全问题不容忽视,一旦出现问题将会造成非常严重的后果,只有时刻保持清醒谨慎的态度,才能够将安全生产管理工作做到位。

综上所述,项目总经理是建筑施工行业中的高危职业,发生事故后作为项目安全生产第一责任人,在被问责时首当其冲。为此,项目总经理必须敬畏法规、敬畏责任,带头将安全生产职责履行到位,同时通过责任制考核和奖惩等手段督促、检查其他人员履责到位,真正做到齐抓共管,方能保证项目总经理的职业安全。

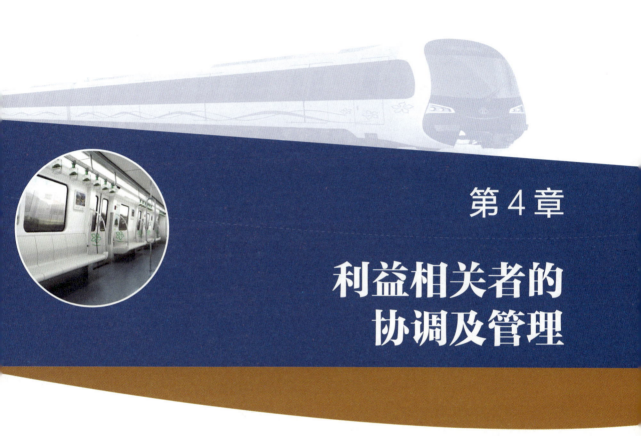

第 4 章

利益相关者的协调及管理

/ 4.1 利益相关者 / 4.2 利益相关者权益识别
/ 4.3 利益相关者诉求分析 / 4.4 动态管控利益相关者
/ 4.5 迁移、拆迁利益相关者诉求解决方案 / 4.6 项目沟通体系的建立和执行
/ 4.7 协调组织管理与接口管理 / 4.8 工作界面

项目管理成功与否的关键是项目控制目标的实现程度,项目成功关注的是整个项目价值的实现,而项目价值的实现是以最优的资源配置、最大限度满足项目利益相关者利益诉求为基础。作为大型基础设施项目的福州地铁2号线工程项目,同样应以利益相关者理论为指导实现其建设价值。

(1)福州地铁2号线工程项目的内部结构及外部环境复杂,项目实施期间影响因素多、项目管理难度大、风险高,仅仅依赖传统的项目质量、进度、成本"三大控制"工具以及其他技术,难以对含有错综复杂关系的建设项目进行有效的控制与协调,单纯的技术管理远远不能实现项目目标的完整期望。因此,需要通过利益相关者的分析并对其实施管理,做到最大限度满足项目利益相关者的诉求,实现项目建设价值。

(2)福州地铁2号线项目的价值认定及其管理目标,应该基于利益相关者理论。只有在项目利益相关者理论分析基础上的建设周期管理才能全面地考虑项目目标的实现程度,真正实现福州地铁2号线的建设价值最大化。

4.1 利益相关者

4.1.1 利益相关者理论

利益相关者的概念最早由美国斯坦福大学研究所（Stanford Research Institute,SRI)于1963年提出,认为组织离不开利益相关者团体的支持,否则难以维持生存状态。福州地铁2号线工程项目的建设实施需要许多方面的个人或组织积极地参与。由于福州地铁2号线项目参建各方关系较为复杂,广义角度上定义的福州地铁2号线工程项目利益相关者,认为是指与福州地铁2号线项目有一定利益关系的个人或组织,也就是项目的参与方以及受项目运作影响或能够对项目运作产生影响的个人或组织。

在福州地铁2号线项目实施过程中,如果项目总经理不能识别出项目利益相关者的需求,满足他们的需求或者对其需求施加影响,则利益相关者必然会对福州地铁2号线项目的完成造成不利影响,有些可能是致命的。为了实现福州地铁2号线工程项目管理整体利益的最大化,有必要运用利益相关者理论系统地、动态地分析地铁工程项目利益相关者的利益需求,通过有效的协调管理满足其需求,实现福州地铁2号线工程项目利益相关者的共赢。

4.1.2 利益相关者分类

不同的利益相关者对福州地铁2号线工程项目组织活动的影响力或受组织活动结果的影响程度是不同的,因此需要对利益相关者进行分类识别以实施不同的管理策略,有针对性地运用福州地铁2号线项目的组织资源去应对不同的利益相关者的需求,这对于福州地铁

2 号线项目组织目标的实现和组织绩效的改善都是至关重要的。

根据福州地铁 2 号线项目行为主体之间的关系及行动紧密性,将福州地铁 2 号线项目利益相关者分为两个层次:直接利益相关者和间接利益相关者。直接利益相关者是指由于契约和其他法律承认的利益而能直接提出索取权的人或团体,是优先考虑的对象。具体说来包括地铁业主单位、勘察设计单位、代建单位、施工单位、咨询监理单位、材料设备供应单位。间接利益相关者是指基于非正式关系的利益团体,对项目的实施影响相对次要。在福州地铁 2 号线项目生命周期内没有直接投入人力、物力、财力等,但是受项目开展影响或能影响项目实施的个人或组织。具体来讲,间接利益相关者包括沿线政府、沿线群众、相关部门、民间组织群体。间接利益相关者虽然并不正式参与项目任务的交易活动,但是他们对于项目有着不可低估的影响力,甚至有的间接利益相关者能够对项目目标的实现形成一定的推动力或者阻力。因此,项目公司在进行福州地铁 2 号线工程项目协调管理时,重视各利益相关者对项目目标实现的影响,通过有效的协调机制将各利益相关者的影响力变为推动力。

4.1.3 项目价值实现流程

福州地铁 2 号线工程项目是一个功能齐全、设施完备,集交通功能、商业和景观于一体的城市交通工程。该项目的成功实施,不仅能大大改善福州市的交通出行,更关系福州市的整体城市形象。如果仅仅依赖传统的项目管理标准及技术("质量、进度、成本三大控制"工具以及技术),难以对福州地铁 2 号线这样的大型建设项目进行有效的控制与协调,且远远不能实现项目目标的完整期望。福州地铁 2 号线工程项目价值实现流程如图 4-1 所示。

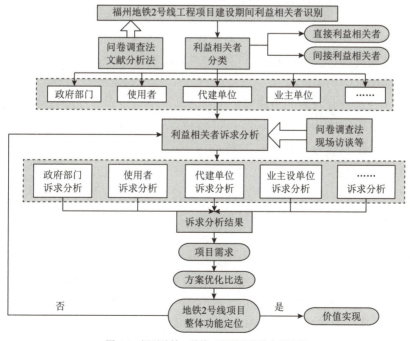

图 4-1 福州地铁 2 号线工程项目价值实现流程

因此,基于利益相关者理论,从利益相关者利益诉求出发,使利益相关者分析融入福州地铁2号线项目周期内各个阶段,以最优的资源配置,最大限度满足项目利益相关者的需求,以此来获得良好的长期收益,实现建设价值,是实现福州地铁2号线顺利高质量建成的关键。

4.2 利益相关者权益识别

4.2.1 项目建设阶段利益相关者识别

由于福州地铁2号线项目建设过程涉及的利益相关者范围广大,周期较长,变化频繁,为了准确确定项目整个建设期内所涉及的主要利益相关者,依据项目建设期阶段的划分,确定出每个阶段内的主要利益相关者。据我国建设项目建设实施管理的实际情况,可以将福州地铁2号线项目的建设期详细划分为:项目决策规划阶段、招投标阶段、项目施工阶段、验收交付阶段。各阶段利益相关者识别如下。

1)决策阶段

项目决策阶段是项目建设期的起始阶段,科学与准确的项目决策结果对项目后续建设过程的影响最大。本阶段主要涉及的项目利益相关者包括项目咨询单位和与项目相关的审批机构以及提供融资的银行等金融机构,从福州地铁2号线项目的民生性质及对当地经济发展所带来的助推作用,项目咨询单位和政府机关从主观上以积极影响为主,尤其是有审批权的机构对项目立项起着非常重要的作用,而银行等金融机构制约着项目的资金链条,因此其对福州地铁2号线项目的态度直接决定了项目是否有能力开展下去。

2)招投标阶段

招投标是项目的交易过程。招标过程主要是项目承发包双方在双方都认可的工程价款的基础上达成工程建设承包合同。本阶段可能涉及的利益相关者为招标人或招标代理人、投标人、评标专家等,除特殊情况外,一般招标人为项目业主,属于内部干系人范畴,其余干系人对项目的影响视其业务水平而定,如果招标文件编写水平高、投标书能真实反映投标单位的实际水平,评标专家能够客观、公正地推选出最优秀的中标候选人,那么对后续的施工过程将产生积极影响,相反则可能起到消极作用。

3)项目实施阶段

项目实施阶段主要是指项目的施工阶段和竣工验收阶段工作。本阶段的重要性不言而喻,也是涉及干系人最多、最复杂的阶段,其中,施工、监理、设计及设备制造、材料供应单位的履约能力和技术能力最为重要。除此之外,还可能存在的干系人包括负有建设工程过程监督职能的机构,施工需要拆除、迁改的建筑物、管网线路的产权人,现场周边受施工影响的人或组织,而这些干系人在特定情况下可能对项目施工过程产生重大的影响,进而影响项目目标的实现,所以同样应予以高度重视。

4)验收交付阶段

本阶段是检验之前所有工作是否使项目达到预期目标的过程,涉及的利益相关者主要有运营维护单位,消防验收综合接地、人防工程档案等专项验收单位,以及竣工验收专家组。本阶段属于工程建设的"临门一脚",直接决定之前的各阶段努力的结果,因此,要重视与利益相关者的沟通、解释工作,确保项目能够顺利通过验收并投用。

福州地铁2号线工程项目利益相关者识别情况,通过归纳整理出不同的项目利益相关者在项目建设不同阶段的参与情况,见表4-1。

福州地铁2号线工程项目利益相关者识别 表4-1

项目建设阶段	决策规划阶段	建 设 阶 段	验收交付阶段
利益相关者	国家发改委	政府职能部门	福州市建委
	福建省发改委	中国交建	福州市交通委
	福建省住建厅	设计单位	福州市卫健委
	福州市发改委	施工单位	福州市人防办等政府职能部门
	福州市政府	监理单位	市地铁集团
	政府职能部门	咨询单位	设计单位
	中国交建	供应商	施工单位(含代建单位)
	市地铁集团	市地铁集团	监理单位

4.2.2 核心利益相关者权益范围确定

由以上分析可见,福州地铁2号线工程项目整个建设期内涉及的利益相关者主体种类繁多,诉求层次与诉求种类各不相同,不同的利益相关者对项目建设具有不同的利益诉求,这些利益诉求有些对项目的决策意义重大,有些诉求对项目建设意义影响较小,甚至不同的利益相关者诉求之间存在对立与冲突。因此,在分析福州地铁2号线工程项目利益相关者利益诉求时,首先要确定对项目价值实现影响最大的核心利益相关者。

利益冲突是福州地铁2号线工程项目各参建单位间矛盾最凸显的问题,中国交建进行利益协调时以建立公平合理的利益分配体系为核心,通过公平合理的利益分配体系从根本上创造出和谐的建设氛围,顺利推进了福州地铁2号线工程项目建设。由于福州地铁2号线工程项目建设过程是动态的,利益相关者的构成也会随着环境的变化而变化。中国交建以"风险共担,利益同享,同心共志"为根本原则,建立了公平合理的利益分配体系,有效地协调了各参建单位间的关系。

项目公司在由直接利益相关者构成的"内部网络"中构建公平合理的利益分配体系。福州地铁2号线工程项目直接利益相关者包括地铁业主单位、勘察设计单位、施工单位、咨询监理单位、材料设备供应单位等，从交易费用角度看，每个参建单位都存在各自的利益。在进行各种交易活动的过程中，各个组织都会尽全力实现各自利益的最大化。因此，冲突不可避免，项目公司在全面客观分析各参建单位的正当权益范围后，找出利益冲突源，来构建公平合理的利益分配体系。

业主单位作为核心的利益相关者，是福州地铁2号线建设项目物质资产的所有者及经营者。由于业主单位掌握着绝大部分资源包括人力、物力和财力等，因此其在项目组织中拥有绝对的权力，所以项目公司及各施工标段项目部得到建设的资金支持、技术支持以及管理支持是项目顺利开展的根本保证。

在福州地铁2号线设计阶段，勘察设计单位尽最大能力高质量完成勘察设计任务，以更好地指导后续建设活动地开展。由于主体行为因素、个体行为因素、政策法规因素、合同因素、环境因素、质量因素和融资因素等各因素的不确定性，施工阶段很可能存在设计变更。设计变更是指为达到施工质量的需求，适应现场环境变化或者满足设计纠错以及完善设计的目的，对原始设计进行适应性修改的过程，具体来讲是指施工图经建设单位审核批准后至工程验收前，施工图的变更活动。项目公司配合设计单位在设计阶段就不断优化设计，在施工阶段对控制设计变更实行制度化管理，从源头上杜绝不合理设计变更，降低合理变更带来的不利影响，实现设计效益的最大化。

在福州地铁2号线施工阶段，施工承包商始终处于主导地位，中国交建下属的施工单位的综合素质和施工水平直接决定着项目的质量等级。从长期合作角度考虑，中国交建更加重视自身的信誉等级和经验积累，并以此来不断增加市场竞争力。

监理单位是在市地铁集团委托的情况下，代表市地铁集团行使部分评价、监督职能，其利益与市地铁集团的利益更加息息相关。只要其能够与勘察设计单位、施工单位、材料设备供应单位权衡好利益关系、和谐共存，协助好建设单位完成项目建设，实现项目绩效，定能实现利益的最大化。

材料设备供应单位在福州地铁2号线项目实施阶段的利益获取是通过提供材料设备，以满足业主单位与施工总承包单位顺利开展项目建设的需要。但因其专业化程度高，技术性强，且面对越来越激烈的市场竞争环境，材料设备供应单位应不断提高自身的技术创新能力，提供性价比更高的材料设备，在合同期内提供材料设备的供应服务，完成供应，从而获取价款、赢得合理回报、建立企业信誉等级和维护良好形象，同时最大程度保证在合同的责任期内不出现返修，不产生法律纠纷，才能不断提升经济效益。

结合对利益相关者分类方法的利用，从利益相关者的重要性、主动性和紧急性三个维度对福州地铁2号线工程项目利益相关者进行分类，通过设计调查问卷的方式识别福州地铁2号线工程项目核心利益相关者。经问卷调查，分析得出政府部门、市地铁集团、运营单位为福州地铁2号线工程项目的核心利益相关者。

4.3 利益相关者诉求分析

分析核心利益相关者需求主要从识别出来的核心利益相关者中获取信息,以便了解利益相关者的真实需求,同时使得福州地铁 2 号线工程项目的决策者更加清晰地了解项目功能需求。接下来,从政府部门、中国交建、市地铁集团、运营单位和被迁方五个方面进行利益需求分析。

4.3.1 政府部门利益诉求

对于正在高速发展的福州市而言,城市轨道交通基础设施的建设,不仅能够快速拉动经济,带动众多行业的发展,也是巩固和强化影响力的政绩证明,政府各级领导无疑都会在保证安全和质量的情况下大力支持。站在政府的角度,其期望推动福州城市公共交通的发展,引导城市空间布局,缓解福州市现状交通压力,方便市民出行,带动轨道交通沿线的城区发展。

1)满足国家和区域交通发展的需要

2012 年 12 月,国家发展和改革委员会批准福州市轨道交通 2 号线工程可行性研究报告。2014 年 3 月 18 日,《福州市轨道交通 2 号线工程初步设计》获福建省发展和改革委员会正式批复。2014 年 11 月 28 日,福州地铁 2 号线工程项目正式签订建设合同并举行开工仪式,中国交建以"建设—移交"方式中标并全线承建该工程。福州地铁 2 号线项目建设为福州市经济与社会创造良好发展条件,有效促进海峡西岸城市间的互动,为福州新区进一步发展创造良好的基础设施条件。

2)公共交通优先的城市交通发展

越来越多私人交通工具的使用,给城市交通带来了巨大压力,同时也加大了对城市空气的污染。树立公交优先交通规划理念,鼓励公共交通的使用,成为解决这一问题的有效方法。因此,必然要有完善的公共交通网络作支持以吸引出行者选择公共交通,把客流输送到四面八方。

3)引导城市空间布局,带动区域经济发展

福州地铁 2 号线沿福州市东西向主客流走廊布置。线路西起闽侯县苏洋站,东至晋安鼓山风景区入口处的鼓山站(一期终点站)后继续向南至洋里站,连接福州市主要文教科研区、主要工业区、历史文化发展中心和大型居住区。

该项目建成运营后,将有效缩短福州东西城区的距离,与地铁 1 号线在中心城区形成"黄金十字",对于缓解福州中心城区东西向交通压力,引导和巩固上街大学城、福州高新区海西园、金山工业区、金山居住区的开发建设,晋安区的改造、升级对推动福州地区经济及社会发展具有积极作用。

4.3.2 中国交建利益诉求

作为项目总承包商,中国交建期望圆满地履行合同,并获得合同规定的价款,以争取工程的最大收益,缩短建设总工期,降低工程投资,保证工程质量,达到业主满意的项目建设指标。此次中国交建开展建设的福州地铁2号线项目,为企业获得较好的经济效益、社会效益,扩大了中国交建在福州地区的经营市场,助力企业高质量发展再上新。对于中国交建而言,参与项目不仅在于增加经济回报和市场份额,更在于提升企业声誉,扩大企业社会影响力。通过参建这种大型建设项目,中国交建能够获得大型工程建设管理的经验,有助于其今后参与类似工程的建设,提升其在行业内的知名度和影响力。

4.3.3 市地铁集团利益诉求

市地铁集团希望减少成本和工期,要求承包商在合同范围内提供服务,使其管理达到最小化并和承包商达到双赢,实现项目的投资、进度和质量指标。

4.3.4 使用者的利益诉求

使用者作为福州地铁2号线交通枢纽项目的"最终用户",其提供的服务是否能够满足使用者的要求是衡量交通枢纽项目成功与否的重要标准。对最终用户的诉求把握不准确,就不能提供很好的产品来满足用户的诉求。对福州地铁2号线项目来讲,其最终价值的实现主要是建立在对使用者诉求的详细分析上。

作为福州地铁2号线项目的最终服务对象,福州当地市民的需求在于得到更好的服务和更便捷的出行方式。比如路线规划合理,站点设置合理,方便换乘;出站口设计合理,方便沿途居民出行,缓解交通压力;地铁建成之后,票价合理等。他们通过新闻媒体关注施工进展,要求施工区域内及时布置灯光、护板、格栅等警示标志,希望项目在规定时间内施工,避免出行不便,影响附近居民的正常生活。更重要的是,城市轨道交通项目在运营过程中,评价和改进的建议主要都是来自市民大众,只有关注他们的需求,才能够完成基础设施建设的初衷。相比于福州当地市民而言,一部分进入福州的外来人员对项目有更敏锐的评价和传播得更远更广的影响。

4.3.5 迁改方的利益诉求

由于福州地铁2号线项目建设的路线规划沿途多经过人员密集的居住区与城市商业

区,难免会产生沿途建筑物或者构筑物的拆迁问题,被拆迁方的配合与否对轨道交通的影响很大。被拆迁方包括被拆迁居民和被拆迁管线单位等。被拆迁居民希望如期获得合理的赔偿金并得到较好的安置;被拆迁管线单位希望在协助做好管道拆迁工作的同时获得赔偿,或者为避免大规模管线拆迁改变规划路线。

4.4 动态管控利益相关者

4.4.1 制定利益相关者管理策略

项目公司对项目利益相关者的管理就是通过制定合适的管理策略来有效调动利益相关方参与项目决策和执行。通过对项目利益相关者的识别、分析、制定策略、执行、再识别、再分析……如此往复循环、持续不断地动态更新的过程。在管理过程中,注意到不同项目利益相关者之间的相互影响,利用其之间的相互关系达到管理目标。

不论福州地铁2号线项目利益相关者是组织还是个人,中国交建遵循在执行管理策略时必须落实具体的工作人员的制度,因此在具体项目的利益相关者识别与分析表中必须注明人员,如有变化应及时更新,按照前述识别与分析结果,将利益相关者分类归纳填入表4-2,表中的"人员"以"××"代替。

利益相关者识别与分析表   表4-2

人　员	组　织	权　力	影响范围	期　望
××	审批机构	审批项目立项	项目决策	立项手续齐全
××	银行	审批项目贷款	融资	如期收回贷款本息
××	勘察设计	影响项目设计方案	设计方案	交付成果,获得报酬
××	监理单位	监督工程施工	执行过程	监督项目过程合法化
××	监督机构	代表业主、政府部门控制过程	执行过程	履行职责,执法
××	施工单位	按合同施工	执行过程	实现项目收益最大化
××	供应商	提供合同货物	执行过程	提供货物收取贷款
××	被拆迁方	拒绝拆迁	执行过程	获得最大程度的补偿
××	咨询单位	提供咨询成果	项目决策	提供服务,获得报酬
××	咨询单位	提供咨询成果	执行过程	提供服务,获得报酬
××	验收单位	出具验核意见	项目投用	依法依规进行验收

在完成利益相关者的识别与分析工作后,项目公司着手制定管理策略,策略制定依循的总体原则见表4-3,此外,管理策略的制定应因人而异,具有针对性。

管理策略总体原则表   表4-3

态　度	影响力强	影响力弱
支持	继续保持关系,持续获得大力支持	沟通,争取更多的支持,不宜付出太大的努力
反对	尽最大努力转变其态度,获得支持	适当沟通

（1）宣传策略是福州地铁 2 号线项目自始至终都执行的策略，通过宣传策略向所有潜在的利益相关者宣传项目的公益性、民生性，首先从宣传上争取大多数人对福州地铁 2 号线项目影响的理解和支持。

在工程建设过程中，项目公司在不同的阶段采用不同的方式执行宣传策略，在项目施工阶段通过电视台、广播电台、报纸、网络等进行概略性的宣传，福州地铁 2 号线项目重点宣传出行方式改变、提升生活质量等公益性、民生性内容，给予所有潜在利益相关者积极方向的引导。项目施工阶段，开工前在项目所在地散发宣传材料、打出标语和横幅等，向利益相关者详细说明项目的具体情况，争取他们的支持。

（2）在福州地铁 2 号线项目施工阶段，由于涉及的审批机构较多，根据各机构的职权、责任的不同，中国交建通过制定沟通的先后顺序，分清工作的轻重缓急，同时提高自身的工作质量，保证工作成果符合审批相关的要求，与审批机构建立了良好的协调机制，定期与其就工作情况进行积极沟通，虚心听取利益相关者的意见，始终赢得其对项目的大力支持。

执行与审批机构沟通的策略时，项目公司通过采取正式（会议、公文）以及非正式（打电话）相结合的方式，根据情况而改变沟通对象，在必要时与主办人员的上级沟通，从更高层面取得支持。

（3）对于施工、监理、材料供应和设备制造等存在合同关系的利益相关者，在合同签订前做好调查工作，包括单位资质、能力和信誉等，在合同中尽量全面地约定清楚双方的责任、权利和义务，做到既不损害双方合法利益，又能避免后期产生合同纠纷。

执行合同类策略时，重点在合同签订前，采用一套成熟可行的合同格式文本，约定清楚双方的权利以及风险分担方式，在合同执行时对具体的执行机构和人员进行考察，以确定其是否有能力履行合同，不具备能力的要求更换，具备能力的要着重对主要执行人员进行调查研究，对其性格、工作作风、工作特点等进行全面了解，据此采取有效的管理方式和风格，达到策略执行目的。

4.4.2 实施利益相关者动态管控

基于对福州地铁 2 号线项目利益相关者的识别和分析，在总结过去施工过程中利益相关者管控机制下，形成对福州地铁 2 号线项目的利益相关者动态管控。在项目决策、建设和交付验收的过程中引入里程碑事件，为项目管理信息系统提供数据支持。在对利益相关者识别、需求分析、利益分配和执行措施的管理步骤上，利益相关者动态管控分别从明确诉求识别、协调一致合作和资源开发共享等方面的机制出发，确定利益相关者参与管理的对策和措施，并进一步反馈和评价满意度绩效，形成一个闭合循环，实现基于项目建设期的工程项目利益相关者动态管控，如图 4-2 所示。

1）主体识别机制

正确细分项目利益相关者并制定相应管理策略有助于合理利用和分配资源，提高建设效率。以福州市政府、市地铁集团和中国交建等为代表的优势型项目利益相关者构成了福州地铁 2 号线项目建设的主体，对其管控的有效性决定了项目绩效，融资机构、保险和公共媒体等则扮演辅助角色,福州市民作为直接用户,其需求和建设意见决定了福州地铁 2 号线交通项目的口碑。

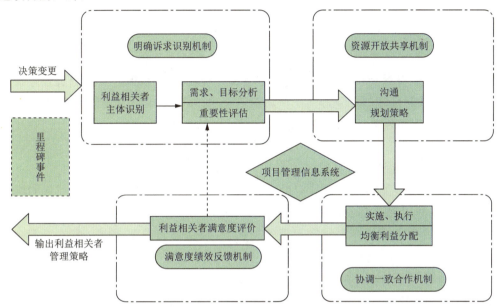

图 4-2　基于项目建设期的工程项目利益相关者动态管控

2)协调合作机制

(1)达成目标一致共识。

福州地铁 2 号线项目施工过程中,通过政策、法规和项目管理制度对公共项目信息披露和信息沟通进行必要的要求和规范,保障项目利益相关者的知情权和参与权;另一方面,在出现利益冲突和问题时,各利益相关者还要尊重彼此组织的利益,避免给其他利益相关者带来经济或声誉损失。

(2)发挥政府桥梁作用。

通过建立日常的项目沟通机制、开通福州地铁 2 号线项目杂志及微信公众号、项目外联会议等多种形式拓宽公众参与渠道,及时传递电视、网络、报纸等公共媒体的信息,切实落实福州市民的知情权、参与权、监督权,实现项目信息对社会公众的透明化和公开化。项目资料实时传送共享,确保信息的准确性,大大改善了政府"重建设、轻管理"的现状。

3)资源共享机制

(1)搭建信息管理系统平台。

借助计算机技术和网络技术,干系人科学、高效地集中管理,包括申报审批、招投标、项目管理、项目追踪等众多功能模块,对项目的资金、物资、人力、进度、风险、预算等信息采集、处理、分析和评价,准确地反映项目建设全貌,构建信息共享机制,为项目的建设实施提供信息支持和数据支撑。

(2)灵活创新沟通方法。

灵活组合方法和工具,实现沟通方式多样化,既有传统的口头、电话、会议、文案,也有现代化的电子邮件、QQ或微信群组、视频会议等。例如,采用网络视频会议进行突发或紧急事件的沟通,搭建项目信息化平台,通过项目信息系统发布、存储、处理项目信息,优化沟通的效果。

（3）强化参与激励。

项目各利益相关者参与渠道千差万别,激励方式也基于其利益取向和价值诉求多种多样。项目公司从经济激励和非经济激励两方面提升利益相关者的参与度,通过设置优秀项目经理部、优秀项目经理、总工程师、安全总监等奖项,并附带相应的奖金和奖品,奖励本身所带给单位的口碑和荣誉,又将在未来的项目招标和建设中带来更加丰厚的经济利益。

4）绩效反馈机制

（1）建立定期沟通评价制度。

对于项目沟通效能的定期评价有助于项目公司及时了解、掌握和监控项目的沟通情况,并进行改善和优化。将项目利益相关者管控评价制度作为项目管理制度予以常态化,定期的项目沟通效能评价作为日常管理的一部分,与项目的进度、质量、成本等管理同等重要。

基于利益相关者理论,项目公司建立了项目利益相关者在项目建设期内的管理绩效模型,如图4-3所示。

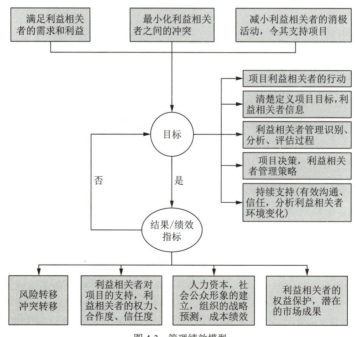

图4-3 管理绩效模型

（2）实施项目责任制度。

项目公司通过落实项目责任制度,对项目内部各利益相关者的工作范围、承担责任和职权明确地划分和规范,促进动态管控的合理分工,明确各个岗位和部门的任务和要求,将复杂的项目活动细化为若干各职位或部门的日常工作,做到"事事有人管、人人有专责"。

(3)完善项目满意度反馈制度。

项目公司采用项目报告、通报、会议、约谈等多种形式将评价结果定期反馈给考核主体,并提出绩效改善的对策。项目问题及时通报,将评价结果与激励机制紧密关联,因为反馈是管理的最后一个环节,也是提升管控绩效水平的重要环节。

 迁移、拆迁利益相关者诉求解决方案

4.5.1 指导思想

征地拆迁是福州地铁 2 号线项目建设的重要组成部分,是项目实施的前提条件。由于征地拆迁工作政策性强,牵涉面广,情况复杂,风险很高,所以工作难度十分巨大。由于以往强制性征地拆迁不但进度缓慢,而且不断曝光的恶性事件,在一定程度上会影响到政府在民间的公信力与影响力,为顺利完成征地拆迁,确保在建地铁工程建设如期进行,项目公司及各施工标段项目部遵循图 4-4 所示的福州地铁 2 号线工程项目征地拆迁和谐管理模式,并配合沿线政府创新征地拆迁机制,实现和谐征地拆迁的良好局面。

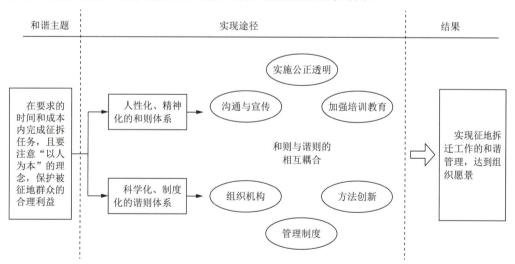

图 4-4 福州地铁 2 号线工程项目征地拆迁和谐管理模式

项目公司本着"以人为本、理念、和谐发展"的原则,高度重视征地拆迁这一事关民生的工程,成立了如图 4-5 所示的福州地铁 2 号线工程项目征地拆迁管理机构。在整个建设过程中,不断积累经验、优化方法,形成征地拆迁新模式。福州地铁 2 号线工程项目的建设离不开沿线人民群众的支持,沿线政府连同各部门、各单位通过各种媒体大力宣传福州地铁 2 号线工程项目建设的意义,组织各种宣传活动包括悬挂宣传横幅、出动宣传车等,积极传达

在建地铁项目的思想和理念。以政府名义印发相关建（构）筑物搬迁通告，制定相关拆迁宣传标语，下发到各镇、村委会、村民小组，并将搬迁通告和宣传标语在相应市电视台黄金时段滚动播放。通过这种全方位的宣传发动，提高沿线政府领导和人民群众的认识水平。也通过大造声势，做到家喻户晓，取得拆迁户的理解、支持和配合，营造搬迁工作的良好环境。

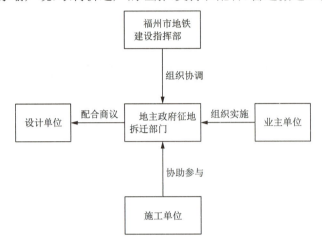

图4-5　福州地铁2号线工程项目征地拆迁管理机构

为更合理、更科学地使用土地资源，提高土地资源的利用率，项目公司配合市地铁集团公司、区县政府依据国土部门施工用地图，按照地铁区间、站场用地、改移工程用地和取弃土用地，以行政村为单位认真填写地铁征用土地界桩表，及时组织参建各方完成用地范围内房屋拆迁的清点丈量，准确核实土地资源消耗。以此为基础制定科学合理性的征地拆迁实施方案。

各施工标段项目部配合和协调沿线有关部门做好征地拆迁的日常工作，负责处理实施征地拆迁中遇到的问题，以及组织征地拆迁竣工文件的交验归档。

为加强征地拆迁工作力度确保项目建设顺利实施，沿线政府成立福州地铁2号线项目征地拆迁领导小组，具体负责征地拆迁的组织协调和督促等工作，沿线县、区则成立专业的征地拆迁领导小组。此种安排，第一，能够让征地拆迁的每一项工作都能切实有效地进行，充分发挥每个工作人员的优势；第二，在组织结构、管理权限和管理跨度上也是恰如其分、行之有效。

为确保福州地铁2号线工程项目征地工作顺利进行，各县、区指挥部充分重视被征地单位和个人的知情权、参与权和监督权，公开征地拆迁政策，严格执行征地补偿的有关规定。一方面坚持政策的统一性和严肃性，防止乱开政策口子，诱发攀比心理。严格履行"两公告一登记"制度，土地勘丈、权属确认、青苗和地上附着物清点，必须履行现场确认手续，并张榜公布，以明确各项补偿费用，避免因信息不透明而导致某些不正风气的滋生。另一方面对老百姓提出的合情合理要求及时研究、准确把握，依法依政策加以解决，对个别单位及个人漫天要价的，也在耐心细致做好思想工作，在做好充分准备的基础上，坚决依法处理，维护稳定大局。

4.5.2 解决方案及措施

地铁项目中前期工程主要包括：征地拆迁、临时借地、绿化迁移、管线迁改、交通疏解、道路交通设施迁移等工作。其中，手续最烦琐、涉及的部门及人员最多、用时最长的是绿化迁移、管线迁改、交通疏解、临时借地和征地拆迁。具体的解决方案及措施如下所述。

福州地铁 2 号线大部分站点在城区和城市主干道下穿行，有 2/3 以上的线路在人口密集、车流量大的机动车道上，施工条件复杂，外围协调困难，各项前期工程相互交叉、互相制约。因此，前期工程实施的难度也非常大，如征迁涉及学校校门、台资企业、商业停车场等；绿化迁移涉及国宾大道、大学校园绿化、私人种植名木等；交通疏解对周边道路的交通影响大，方案审批、占道手续办理困难。有的站点需要多次围挡和交通疏解；许多站点都有大量的燃气、军缆、给排水、通信、电力管线迁改等；特别是一些站点涉及军用光缆需要改迁。由于福州地铁 2 号线项目沿线人口密集，车流量极大，导致前期工程的设计图实施变化相当大，有的交通疏解方案经多次论证也难以实施，现场勘探后发现有大量不明产权的管线，给管线的改迁带来很大的困难和安全隐患。所有站点的困难点使得前期工程实施困难重重，每前进一步都必须付出更多的智慧和巨大的努力。

4.5.3 交通疏解

由于福州地铁 2 号线项目施工需要较长时间占用紧张的道路资源，会对施工路段及周围路网产生巨大影响，如果交通组织不到位，将给城市正常生活和安全带来巨大影响。为了处理好地铁站点施工与城市道路交通的矛盾，将施工对城市交通的影响降到最低，结合福州地铁前期工程特点制定各站点交通疏解方案。

1）交通组织原则

（1）从城市整体交通运作的全局出发，以安全性、有效性和注意环境影响为目标来组织交通，除做好各路口的交通疏解组织以外，还必须服从城市交通和相邻路口间的统一交通管理，避免出现连环交通大堵塞。

（2）合理安排施工工序和时间，交通高峰期必须控制施工强度，做好施工安全监管工作，确保施工期间不因安全问题影响地面交通。

（3）做好施工前交通状况的实地考虑，摸清现场的交通现状和现有管线情况以及周围环境，特别是流量较大的出入位置，及早落实各路口疏解措施，并上报交警部门审批备案。

（4）充分结合整体工期要求，将每个施工区段内的工程做合理的安排，尽量加快有交通疏解要求的位置的施工进度，为下一期交通疏解提供条件。

（5）配合交警部门，组织力量及时引导、疏解交通，合理布置临时交通设施，保证所需交通标志、标线及时安装到位，并投入使用。

（6）配合交通安全部门的宣传，及时协助维持交通秩序，特别注意做好车流及人流的引导，疏解交通，使车和行人能快捷、有序、顺畅、安全地通过，把施工期间的效能影响减至最低。

2）交通疏解方案制作及审批工作职责

（1）由交通导改工程设计院设计，市地铁集团组织方案编制及申报材料，并上报福州市交巡警支队进行审批工作，并与相关权属单位沟通协调。市地铁集团召集市交巡警支队、区县交巡警大队、辖区派出所、中交海峡项目公司、市规划院、总体院、工点院等设计及施工单位，召开交通组织方案研讨会。具体管理工作由福州地铁2号线项目部负责，市地铁集团前期部、总工室、合同预算部及工程部配合。

（2）疏解方案稳定后，总体院及时组织规划院、咨询院、中交海峡项目公司对工点设计单位的交通疏解方案进行审查梳理。由规划院现场勘察、交通疏解方案设计，初步与交警协调后，将交通疏解方案提交总体院及咨询院，由总体院组织完成会签，咨询修改审批后上报市交警支队。

（3）项目公司及相应标段项目部负责配合市地铁集团协调福州市交巡警支队的工作，并与相关权属单位沟通协调。及时跟踪交通疏解工程的进展，根据实际现场的情况，提出具体内容。

（4）市交警大队负责审批规划院上报的交通疏解方案，根据围挡施工对道路交通、周边环境、附近企业、沿路居民等造成的影响及实际道路交通、来往车辆等因素制定最优交通疏解方案。

（5）交通疏解工作各单位职责见表4-4。

交通疏解工作各单位职责　　　　　　　　表4-4

序号	工作内容	责任单位				
		市地铁集团	项目公司	项目部	设计院	市交巡警支队
1	疏解方案制定	主办	配合	配合	配合	
2	设计院审查梳理	配合	配合	配合	主办	
3	现场勘察、交通疏解方案设计	配合	配合	配合	主办	
4	上报交警支队	配合	配合	配合	主办	
5	交警现场勘察	配合	配合	配合		主办
6	交警审批	配合	配合	配合		主办
7	最终图纸送至各单位	配合	配合	配合	主办	
8	提供用地图	配合	配合	配合	主办	
9	占道破路围挡申请	配合	配合	主办		
10	市政管理处审批					
11	便道施工	主办	配合	配合		
12	路灯、信号灯改移	主办	配合	配合		
13	治安监控设施改移	主办	配合	配合		
14	公交站设施改移	主办	配合	配合		
15	路面恢复施工	配合	配合	主办		

注："主办"单位为责任部门，对工作进行牵头、组织；"配合"部门须在主办单位的布置下完成相关的具体事务。

3）交通管理措施

（1）施工区围挡须做围挡基础,施工时须保证施工用水不流出路面,并保证将工地与路人、车辆隔离,保证路人、车辆及施工安全。

（2）所有施工区旁的绕行道路,满足车行宽度,有明显的导向指示标志,并设有警示灯、夜间主动发光警示标志,施工区围栏靠车行一侧,以 5m 左右的间隔安装反光标志及警示灯,派专人 24 小时值班。

（3）完成一段施工,马上清理一段路面,及时完善交通设施,尽快撤出施工现场,争取早日还路于民。

（4）配合交通安全的宣传,派出纠察协助交警部门,维持交通秩序,尽快疏解施工期间的交通。

（5）材料运输严格执行有关规定,使用有资质的散体物料运输单位,不使用无资质单位的泥头车。对所有离开现场运输淤泥的车辆进行检查,超载、洒漏、脏、无帆布盖住的一律不准驶出工地。

（6）工地周边道路必须保持清洁,各标段项目部派专人每天定期打扫。教育施工管理人员和民工注意卫生,严禁随地丢垃圾杂物。各标段项目部专职安全员兼管卫生监督工作。

（7）在施工时,严禁把积水排到围挡附近范围。应设置有效的临时排水设施接收沿线的雨水和污水。定期清通下水道和排水沟渠。

4）交通安全措施

（1）施工范围采用围挡施工,将工地与行人、车辆隔离,保证路人、车辆及施工安全。地铁施工围挡特点如下所述。

①围挡位置敏感。车站大都位于比较繁忙的道路上,甚至十字路口,施工围挡场地占用了较多原本就紧张的城市道路资源。

②围挡周期长。一般车站施工需要一年半以上,加上前期管线迁改、后期附属结构,总计一般要 2~3 年左右。

③围挡变化次数多。一般至少要 2 次,多则 4、5 次。

④安全风险大。一是围挡基坑深,大型机械设备多;二是围挡外车辆多、流量大。

围挡的面积的大小决定交通导改方案。一般来说,围挡面积大,对快速施工越有利,但施工期间对交通导改和市民生活影响大;反之,围挡面积越小,对施工期交通导改和市民生活影响越小,但对快速施工越困难。因此,如何寻求一个"平衡点",既能确保施工,又使得围挡面积最小、交通导改影响最小,显得尤为重要。

（2）在工地各出入口处设专人维护交通,疏导车流,保障行人、车辆安全。

（3）配合交警部门,组织力量及时引导、疏解交通,合理布置临时交通设施,保证所需交通标志、标线及时安装到位,投入使用,并设专人负责检查,维护交通设施,及时维修、更换、补充各种设施和标志,确保有效地实施交通安全管理。

5）交通施工问题及优化建议

（1）施工交通导改中,主要存在以下问题。

①围挡位置不合理导致交通导改效果差。

由于未充分考虑基坑开挖方法,围挡范围不合理,致使采取多项措施来导改交通后,仍有部分路段无法满足交通通行的相关标准,同时也未能实施完全围挡来保证施工,而且严重影响交通的正常通行与安全。

②交通组织未与施工组织设计相结合。

由于车站施工受外界影响因素较多,施工方案经常改变,导致临时交通组织方案也需要随着施工方案改变而做修改,后期服务工作量大。同时,由于征地拆迁、管线迁改等未按进度实施,也需要改变原先的交通组织方案。但在地铁建设中,存在施工方案改变、征地拆迁、管线迁改进度滞后,且临时交通组织方案却未随之更改的现象,严重影响城市正常出行。

(2)针对交通施工问题提出以下优化建议。

①方案阶段。

a. 组织有经验的施工单位、专家,充分论证施工围挡和交通导改方案,应征求福州市建委、交警、城管委、园林局、消防支队等相关部门意见。

b. 应进行站点区域交通影响分析,综合考虑交通导改问题,在特别困难露点,宜微调线路和站位。

c. 原则上能通过工序、工法适当调整等方法避开拆迁的,不得随意拆迁。

d. 需要修建的临时天桥尽量提前修建。

②施工图阶段。

a. 现场交通条件较差的站点,施工单位宜在周边可用地范围内优化场地部署,适当压缩现场围挡体量以缓解交通压力。

b. 综合考虑交通导改问题,在道路无法导改情况下,宜考虑尽量将地铁基坑开挖方法更改为盖挖法。

c. 交通导改次数原则上不要超过3次。

d. 前期应做好宣传工作。

4.5.4 绿化移植

绿化移植是指对地铁施工范围内及因施工需进行便道施工及管线迁改范围内的树木、绿化等进行迁移。为了加强福州地铁2号线工程项目绿化移植工作管理,清晰绿化移植工作思路,根据交通疏解方案及临时借地方案,正式确定绿化移植范围,结合福州地铁2号线工程项目前期工程特点制定出的绿化移植办法,进行绿化移植工作。

1)绿化移植报批

(1)设计院根据交通疏解方案及借地范围正式确定绿化迁移范围。

(2)现场踏勘与调查:熟悉、了解现场的实际情况,对现场进行测量放样并清点各种苗木数量及面积。

(3) 对移植范围内直径超过15cm的苗木进行芯片植入,由勘测院出具正式芯片植入测量专项报告(后期需移植树木原则上不再植入芯片)。

(4) 将绿化移植申请及相关资料上报市园林局,市园林局到现场勘查核实无异议后,正式批复并将申请资料上报市政府。

(5) 市政府最终正式批复,公示15个工作日后,领取施工公告。

(6) 通知绿化施工单位进场,开始绿化迁移施工。

2) 绿化移植职责

(1) 市地铁集团负责确定施工借地方案,明确需迁移绿化或临时占用绿地的范围,即施工用地图;办理绿化迁移审批申请手续,向绿化施工单位明确绿化迁移工作完成时间;负责落实资金,如为非市政绿化,对绿化补偿进行谈判并支付补偿款,委托具有资质的施工单位进行芯片植入、迁移,办理工程结算及工程资料归档。

(2) 项目公司及各标段项目部按照施工总平面图中的绿化占地范围,配合市地铁集团向市政园林绿化部门办理申请绿化迁移审批手续,督促相关单位在规定的时间内完成迁移。过程中项目公司需填写申请表、绘制绿化迁改平面图、现场放样、确定占用的绿化范围面积、配合勘测院芯片植入。申请批准后,市园林局下发施工公告,各标段项目部通知绿化移植施工队伍进行树木移植。

(3) 市园林局负责办理临时占用绿地和绿化迁移等审批工作,并组织实施市政绿化迁移。若发现有不按照申请范围迁移、错移、多移等现象,市园林局可停止迁移施工,并处以相应的处罚。

(4) 绿化移植各单位职责见表4-5。

绿化移植各单位职责　　　　表4-5

序号	工作内容	责任单位				
		市地铁集团	项目公司	项目部	委托施工单位	监理单位
1	稳定绿化迁移范围	主办	配合	配合		
2	办理借地手续	主办	配合	配合		
3	现场放线	配合	配合	主办		配合
4	摸查绿化权属情况	配合	配合	主办		
5	树木绿化清点	配合	配合	配合	主办	配合
6	勘测院芯片植入	配合	配合	配合	主办	配合
7	专项测量报告	配合	配合	配合	主办	
8	移植申请及资料	主办	配合	配合		
9	送绿化园林局审批	主办	配合	配合		
10	园林局现场核实	配合	配合	配合	主办	
11	市政签发批复	主办	配合	配合	配合	
12	领取《施工公告》	主办	配合	配合		
13	实施绿化迁移	配合	配合	配合	主办	配合
14	场地移交	主办	配合	配合	配合	配合

注:"主办"单位为责任部门,对工作进行牵头、组织;"配合"部门须在主办单位的布置下完成相关的具体事务。

3）安全文明施工

绿化移植施工单位是市园林局直接委托的下属施工单位，项目公司及各标段项目部在市地铁集团公司的组织下积极配合绿化施工单位安全管理。在施工期间，确保无安全事故。要求做到以下几点。

（1）施工期间各标段项目部设立专职安全员，保持与有关部门的联系，搞好交通组织工作，确保施工期间行人和车辆的安全。

（2）在施工期间时，应设置施工标志，尽可能减少施工对行人的干扰，注意施工安全。

（3）施工期间路口及交叉路口必须设置明显的规范路标或路牌，车辆施工进出路口时必须有安全人员穿上反光衣值班。

（4）加强施工期间的用电、机械的使用及临时设施的消防安全管理工作，施工安全及各项安全措施要列入施工期间的一项重要项目来抓，为按时完工创造条件。

（5）施工期间保证对周围原有的设施进行保护，不得随意破坏。对砍留的树木必须由专人负责及时清理。

（6）防止车辆带泥上路，保证路面整洁，尽量避开节假日施工。

4.5.5 管线迁改

管线迁改是指对规划红线范围内阻碍主体工程施工的供电、供水、通信、煤气等管道、线路及设备，按照有关的专业规范和规划要求进行迁改或保护。

管线迁改工作贯穿于项目建设的整个过程，是制约项目工期的关键点之一。为了加强福州地铁2号线管线迁改工作管理，熟悉管线迁改工作流程，结合福州地铁前期工程特点制定的管线迁改办法，进行管线改迁工作。

1）管线迁改基本原则及特点

（1）管线改迁原则。

福州地铁2号线工程项目管线迁改设计遵循以下几点主要原则。

①一次性迁改原则。与地铁主体工程及交通疏解工程密切配合，根据主体工程施工工序合理安排管线改迁方案，对影响施工的管线，尽量做一次性迁改，避免浪费资金和办理多次管线报停手续，也利于施工现场的管理，在改迁场地条件不具备而又阻碍主体施工的情况下可考虑对现有管线进行保护或局部临迁。

②先深后浅、规范敷设原则。同一施工面上不同管线的迁改施工遵循"先深后浅"的原则，尽量避免交叉施工和发生管线受损事故。

③管道临时迁改措施坚持便捷、安全、经济实用的原则，保证施工安全和市政管线系统在施工期间的安全运行。

④管道在地铁主体车站端头的盾构加固范围内不宜布设。

（2）管线改迁特点。

①平面点多面广。管线迁改社会牵涉面广、协调工作量大，管线改迁与众多单位或专业

有关,形成的接口多,往往比新建项目还要困难。

②时间跨度长。管线改迁贯穿整个一条地铁线路建设,且分了主体施工阶段、附属施工阶段、管线恢复阶段等,管线改迁的时间跨度长达4~5年之久。

③专业种类多,产权单位众多。管线涉及雨污水、自来水、燃气、电力路灯、通信管线(含国防光缆)等,凡是城市生活所必需的各类管线地铁建设均可能会触及,须对其改迁。

④实施条件复杂。地铁多穿过城市成熟的市区建设,其周边建筑密集,地下管线多,道路窄小,限制条件也多。管线迁改的空间狭小,管线保护要求高,风险大(如燃气管、电力管)。

⑤迁改工作受场地限制。管线迁改工作要以临时借地和交通疏解工作的完成为先决条件,如果因临时借地没有按时完成,将导致工作面用地无法提供,管线也无法迁改。

⑥管线施工相互干扰,迁改程序复杂。同一施工面往往分布有多种管线,即使是同类管线也权属不同的单位,造成管线施工相互干扰,加大了施工现场管理的难度。同时,各类管线之间交叉施工,也可能会影响迁改进度,并带来施工安全方面的问题。另外,现有管线种类繁多、敷设不规范等原因,也造成迁改程序十分复杂。

⑦不可预见因素多。如施工过程中发现图纸范围之外的管线等,有些地下管线因埋放时间较长,甚至连管线业主都难以确定其准确位置,给管线迁改工作带来一定的困难。

2)管线迁改工作流程及职责

(1)现场踏勘摸查,确定红线范围内影响道路施工的管线及其权属单位,由设计单位确定初步《管综设计图》。

(2)召开管综图设计协调会,配合设计单位制定管线综合平衡方案,召集各管线产权单位会议审查通报方案,修正确定后报设计单位正式出具《管综设计图》。

(3)编写管线迁改实施计划,计划中应包括初步的迁改方案、管线迁改的重点难点、制约工期的关键点以及可能的受制因素、施工工期计划和实施步骤等。

(4)组织道路施工单位及各管线业主单位召开施工交底会议,进行管线施工交底。组织管线施工单位进场并按工期要求施工,及时协调各管线迁改之间及管线与道路交叉施工的矛盾,做好现场施工管理,督促管线产权单位落实安全措施,文明施工,当管线发生危险和事故时组织抢险抢修,并制定管线安全保护和文明施工措施。

(5)办理竣工结算。单项工程完成后,督促管线施工单位按照有关要求报送结算书及竣工资料,对结算书中实际迁改工程量进行确认,经项目公司及助审单位审核完毕后上报市地铁集团。

(6)管线迁改各单位职责见表4-6。

管线迁改各单位职责　　　　　　　　　　　　表4-6

序号	工作内容	责任单位					
		市地铁集团	项目公司	项目部	设计院	施工单位	监理单位
1	管线调查	配合			主办		
2	管综图初稿	配合			主办		

续上表

序号	工作内容	责任单位					
		市地铁集团	项目公司	项目部	设计院	施工单位	监理单位
3	各种管线现场核查	配合	配合	主办			配合
4	管线迁改协调会	配合	配合	配合	主办		
5	产权单位管线迁改设计	配合	配合	配合	主办		配合
6	管综图最终确定	配合	配合	配合	主办		
7	管线迁改方案	配合	配合	主办	配合	主办	配合
8	管线迁改施工交底会	配合	配合	主办	配合	主办	配合
9	管线迁改施工	配合	配合	配合		主办	配合
10	新迁管线设施移交	配合	配合	配合		主办	配合
11	竣工结算	配合	配合	配合	配合	主办	配合

注:"主办"单位为责任部门,对工作进行牵头、组织;"配合"部门须在主办单位的布置下完成相关的具体事务。

3)管线迁改安全施工及建议

(1)管线迁改安全文明施工。

①施工现场及周边环境的安全。在管线实施期间,施工场地一经移交给管线施工单位,项目部即对施工场地负有全过程、全方位的管理责任,必须对施工场地范围内的治安秩序、安全保卫、环境卫生以及周围房屋、市政设施、道路交通、供水、供电、通信等管线负全责,尽量减少对周边环境、道路、行人和相邻施工现场、周围居民生活等造成的不利影响。

②重视管线的摸查与核准。站址红线范围内分布的管线错综复杂,项目部位在迁改前到现场踏勘,对红线范围内的现有管线进行细致的摸查,同时要求管线产权单位提供相关资料,必要时到福州市规划局查阅档案,仔细核对,获取施工现场及邻近区域内较为完整、详细、准确的相关管线资料,并在所有施工图上用红线标明,提醒所有施工管理人员重视。同时,由于部分管线埋放时间比较长,甚至连管线产权单位也无法掌握相关资料,因此施工单位必须严格按照有关规定,在开挖前进行地下管线探测,探测深度为3m以上,对于2m以内的管线,必要时需采取人工开挖探沟,避免使用机械开挖对管线破坏。

③召开管线交底和安全文明施工协调会。管线迁改开工前,市地铁集团联合项目公司组织全线施工标段项目部、管线产权单位、前期工程设计院、监理单位等召开管线迁改交底会,明确现有管线的分布情况和施工计划,并制定管线安全保护和文明施工措施,包括设立管线警示牌、提供各单位安全工作联络人、开挖前进行管线探测等。与会单位应达成共识,高度重视管线安全文明施工工作。

④设立安全文明施工专管员和巡线员。各标段项目部设立管线安全文明施工专管员,定期组织培训,并在有关管理制度中明确规定:所有动土开工如打桩、开挖、大型机械进退场行走路线必须经动土审批制度批准。对重要线路,市地铁集团及项目公司协调管线产权单位设立巡线员,对可能危及管线安全的事件及时反映和制止。

(2)管线迁改建议。

①施工前应做好前期全面的管线调查、各分期迁改后的迁改管线竣工资料收集和修测工作,以确保管线迁改设计时不会出现遗漏的管线且管线迁改施工时不会存在不必要的隐

藏风险。

②在前期设计阶段（工程可行性研究和初步设计阶段）应对涉及重要的管线（如高程与主体结构顶板存在较大冲突的排水干管和给水干管、高于10kV的高压电力管、迁改费用高及协调复杂的军用光缆等）提出具备可行性的一次迁改方案以指引后期施工图设计，以免在后期管迁施工图阶段时迁改路由受征地等问题的制约，导致多次迁改而增加工程投资和工程施工难度。

③对于管迁设计方案建议相关产权及施工等单位能更深入地介入探讨以确保后期设计方案的可实施性，同时对存在多期迁改的管线进行一次性、延伸性的讨论便于后期管线迁改方案实施。

④与各专业产权单位加强协调与沟通，希望各产权单位能从各自的产权管线的专业性、系统性、安全性等方面综合考虑以降低管线迁改的工程费用，如能进行现场保护的优先考虑保护、尽量减小临时迁改管线的口径或规模（仅满足过渡期的需求）、在不影响使用安全的情况下尽量降低临时迁改管线的材料标准等级。

⑤管线迁改涉及的管沟开挖及回填的，由便道施工单位统一根据设计标准实施。涉及管线过街的路段建议由便道施工单位牵头负责。

4.5.6 便道工程

1）便道工程特点

便道工程主要包括地铁站点施工围挡时期的便道阶段及站点附属施工期间或围挡撤除后的道路恢复阶段，具有下述特点。

（1）与民生关切较大。

便道作为部分市民的必经之路，便道方案的合理性、与周边现状地块衔接的充分性、施工质量的可靠度、道路交通安全设施的完善情况等均对道路使用者及周边市民的生活有所影响，甚至某些问题会导致周边市民的投诉。

（2）技术标准低。

便道的设计技术标准一般较原道路低，一般按设计速度为20~30km/h的支路标准进行设计，部分受限路段弯道半径较小，非机动车道及人行道宽度可能需进行压缩或需要人非共板，路面结构采用简易路面结构。

（3）临时性。

便道作为地铁施工过程中的临时工程，在站点围挡调整时便道也进行对应调整，便道工程涉及的路面、交通设施，甚至市政管线等具有较强的临时性。

（4）专业性强。

便道虽然路段较短且作为临时工程，但"麻雀虽小五脏俱全"，便道工程综合了道路、桥梁、交通、给排水、电气等多专业，需结合原状道路及周边情况综合设计，因此其设计难度较对应等级的市政道路高。

(5)设计衔接界面多。

同道路提升改造设计(市区站点)、景观设计、站点出入口设计等存在衔接界面划分问题,尤其是与道路提升改造设计界面间反复变化且协调事项较多(如洋里站),极大影响了设计进度。

(6)临时借地还建工程繁杂。

对便道实施过程中临时借地范围内的还建工程涉及围墙、场地、房建、停车场(含道闸)、管线、景观绿化等还建内容,内容繁多,不一而足,较典型的如苏洋站勃莱特工厂园区还建及上洋站永延大厦还建工程。

2)便道工程问题与建议

地铁站点主体结构围挡期间的便道工程主要根据对应交通疏解方案及管迁方案,并结合现场实施条件进行设计,站点附属围挡期间的便道工程还应结合后续道路恢复进行综合设计。福州地铁2号线便道工程设计及实施过程中主要存在问题及建议如下所述。

(1)设计管理制度问题。

福州地铁2号线工程项目施工图设计文件的编制及设计管理主要根据《福州市轨道交通2号线工程施工图设计文件编制统一规定》执行,但该规定中基本针对的是轨道交通方面的设计,对便道工程设计方面的相关度不高,造成便道设计开展前期在设计文件编制、审查流程、设计文件提交等方面消耗的磨合时间较多,须完善该制度。

(2)设计界面及对接及协调问题。

该问题因涉及单位多、衔接界面复杂导致沟通协调工作量较大,且协调结果缺乏必要的规定予以明确,因此实际实施过程中容易导致协调不及时、实施界面反复调整及推诿扯皮现象。如与道路提升改造设计单位对接前,金山站、五里亭站等站点已经完成道路恢复设计并付诸实施,道路提升改造设计单位存在道路平面进行局部调整而未及时通知地铁业主及施工单位,导致西洋站、五里亭站、上洋站等站点道路恢复平面已按旧版道路提升改造平面设计并实施。因此建议完善协调机制,存在衔接界面应提前对接,及时协调并形成纪要执行;后续地铁便道(含道路恢复)应保持参建单位的统一性,减少因实施单位多及对接方面问题导致影响建设进度及施工质量问题的发生。

(3)重视程度不足问题。

由于便道工程占地铁建设总体体量较小,且是临时性质的施工单位普遍对便道工程不够重视质量,如主体结构基坑回填质量、更改管线规格与路由等。因便道工程与民生密切相关,极易导致群众投诉,且因施工质量难以保证将使后续道路路面质量难以保证。此外,各期便道设计交底、施工验收作为很重要的建设过程程序,都难以在本项目实施过程中得以有效执行,设计交底不彻底易导致施工难以达到设计意图。因地铁建设周期较长,可能存在相关经办人员变动等因素,且后续的便道工程实施后会可能覆盖前期工程,故施工验收不及时易导致难以确认施工内容。建议相关参建单位提高认识,加强质量管理,并及时组织召开各期便道的设计交底、施工验收会。

(4)地形图资料与实际不符。

地形图资料修测不及时,未及时更新,不能很好体现站点周边建筑及地物情况,需花时间安排进行地形图采点修测导致影响设计进度。

(5) 原道路资料采集不足。

因站点实施过程中,原道路基本破坏,后续道路恢复纵断设计仅能结合临街店面高程、附属结构物及出入口高程等进行综合考虑,在站点实施前,采集旧路、沿街店面及场地高程,为后续道路恢复提供设计依据。如沙堤站存在道路恢复局部人行道高程时,因未采集到临街店面前场地高程,导致店面前场地略低于人行道高程,只能通过在人行道边缘增设雨水口进行排水。

(6) 站点出入口、风亭等结构与恢复道路人行道高程衔接问题。

站点出入口、风亭等结构与恢复道路人行道高程衔接问题的产生主要有三方面原因:一是地形图老旧,部分站点出入口高程直接按地形图人行道上数据作为依据,未考虑实际人行道横坡率或因道路改造等原因导致的衔接高差;二是与工点院设计对接不及时,未能及时协调相关设计高程;三是出入口未考虑道路提升改造因素,造成出入口高程与道路差异较大。故后续在站点出入口高程确定之前协调,明确各出入口、风亭等结构处道路人行道设计高程。

(7) 借地场地还建问题。

借地场地还建设计主要依据借地合同及借地图进行设计。实施过程中存在还建工程内容不明确、还建标准提高等问题,导致后续还建设计存在一些障碍,协调过程烦琐冗长。建议在签订借地合同时,明确还建标准及还建内容清单。

4.5.7 临时借地

地铁施工临时借地是指因主体及附属工程施工涉及管线迁改与临时便道施工所占用的国家或私人用地,按照建设用地国家相关的法律、法规及福州市土地租借有关规定执行。

临时借地是保证工程是按时开工的关键点之一。为了规范福州地铁 2 号线工程项目临时借地工作,熟知各单位临时借地工作职责,结合福州地铁前期工程特点制定的临时借地办法,进行临时借地开展工作流程。

1)临时借地基本原则

(1) 借地之前应先到规划、国土部门了解清楚土地权属,随后以各区县地铁指挥分部、市地铁指挥部或市地铁集团名义发函告知产权单位借地情况,并附借地范围图纸,明确借地期限。

(2) 与产权单位协调对接中,须以区县指挥部名义进行对接,有涉及经济补偿时,须市地铁集团、区县指挥部及项目公司参加,若项目公司及各标段项目部私自对接,涉及其他费用时,后果自行处理。

(3) 临时借地补偿原则。

①对于选址范围以外营业性单位,因地铁施工围挡、借道对其产生影响的,一律不予补偿。

②涉及借用沿线市(区)属行政机关、企事业单位土地时,以市地铁建设指挥部名义发函

至相关单位,请其支持配合。若有破除构筑物、地面铺装、围栏、绿植等,均以市财政评审中心评审结果作为补偿的依据,或与业主协商进行原样还建。由于地铁建设是公益事业,各市属单位应无条件配合,对于其他经营损失等一律不予补偿。

③涉及借用省属行政机关、企事业单位或国有土地上商业经营场所(酒店、宾馆、超市、商场等)门前广场地块时,需以市财政评审中心评审结果作为补偿的依据。同时,若地块内设有收费停车位,可按实际车位收费损失给予补偿,对方需提供相关收费损失的依据(地块红线图、物价局批文、收费凭证及纳税证明等)。

④涉及借用公园内绿化用地时,由市地铁集团向市园林局申请借用及绿化移植手续。

⑤涉及借用农村集体土地时,分以下几种情况。

a. 地块为菜地、果园、鱼塘时,若因施工导致土地性质发生变化,应及时向市地铁集团反馈,纳入征地选址范围,办理相关征地手续。

b. 涉及的农用地面积较小,且施工工期较短,相关镇、村同意租地时,可按照征地补偿标准的10%作为年租金进行租地工作,青苗补偿费按标准另行计算。

c. 地块上为车行、酒楼等经营性场所时,若个别村委会对于按农用地租地标准有异议,应及时收集相关租地材料,上报各区县指挥分部或者市指挥部协调解决。

2)临时借地工作流程及职责

(1)市地铁集团总工室向各相关部门、相关单位下发借地图纸。

(2)由市地铁指挥部、各区县地铁指挥分部或市地铁集团名义发函告知产权单位借地情况,并附借地范围图纸,明确借地期限。

(3)市地铁集团组织相关施工、监理单位现场放样核对,施工、监理单位提交放样报告供市地铁集团审核(须包含面积、用途、工期等签字盖章)。

(4)由市地铁指挥部或区县地铁指挥分部牵头,市地铁集团、项目公司及各标段项目部配合与相关产权单位协商。

(5)区县地铁指挥分部、市地铁集团、项目公司、监理单位、各标段项目部及产权单位现场核对借地范围、清点地面构筑物并拍照、签认。

(6)市地铁集团牵头组织财政评估及协议会签工作,签订借地协议,签章完毕,各方现场交接地块。

(7)各项目公司及各标段项目部与市地铁集团办理地块交接手续后,守土有责,须严格按照征借地范围实施围挡,防止地块被侵占,避免产生二次赔偿。

(8)临时借地各单位职责见表4-7。

临时借地各单位职责 表4-7

序号	工作内容	责任单位					
		市地铁集团	项目公司	项目部	设计院	市地铁指挥部	监理单位
1	借地图确定	配合	配合	配合	主办		配合
2	借地图下发	主办	配合	配合	配合		配合
3	借地函	主办	配合	配合			配合
4	现场放样	配合	配合	主办	配合		配合

续上表

序号	工作内容	责任单位					
		市地铁集团	项目公司	项目部	设计院	市地铁指挥部	监理单位
5	协调对接	配合	配合	配合		主办	配合
6	现场核实	配合	配合	主办		主办	配合
7	借地协议签订	配合	配合	主办		主办	配合
8	财政审核付款	主办					
9	交地	主办	配合	主办		配合	配合

注:"主办"单位为责任部门,对工作进行牵头、组织;"配合"部门须在主办单位的布置下完成相关的具体事务。

3)临时借地注意事项

(1)各标段项目部不得私自对接产权单位,特别是涉及经济补偿时,不得有违规行为,一经发现,后果自行处理,项目公司也会对违规标段项目部进行处罚。

(2)项目公司根据全线主体结构整体工筹编写借地方案,对借地时间严谨对待,避免出现借地时间过长,以及借地时间不够,需二次借地的情况,若有以上情况发生,后果由相关标段项目部自行负责。

(3)交地手续完成后,项目公司会及时对借地范围进行围挡,避免借地范围被侵占,如有类似情况发生,后果由相应标段项目部自行负责。

4.5.8 征地拆迁

征地拆迁是指为了地铁项目建设的需要,依法对国家单位、村庄、个人所有土地及土地上建筑物实行征收与拆除的行为。征地拆迁系统工程,利益主体多,牵扯面广,稍处理不慎,后果不堪设想。为了推进福州地铁2号线工程项目面临的征地拆迁工作,项目公司了解福州市征地拆迁的实际情况,结合福州地铁前期工程特点制定征地拆迁办法。

根据福州市政府对福州地铁2号线工程项目实行市地铁工程建设指挥部与市地铁集团"两块牌子、一套人马"合署办公,同时各区县成立地铁指挥分部,主要领导担任总指挥,分管领导担任常务副总指挥,负责辖区内地铁项目征地及房屋征收工作。

福州地铁2号线项目红线范围内建设用地统一由市地铁集团办理征地及房屋征收有关手续。市地铁集团、项目公司及各施工标段项目部依托市地铁指挥部及各区县指挥分部,开展征拆日常工作。

1)征地拆迁工作流程及职责

(1)由市地铁集团完成福州地铁2号线项目的立项批复、建设用地批准书、规划等手续的办理。

(2)各区县地铁指挥分部建立相应的征地拆迁协调领导小组,并成立福州地铁征地拆迁办公室,专门负责协调福州地铁征拆工作。

(3)由市地铁集团向市地铁指挥部或各区县地铁指挥分部下发福州地铁2号线工程项目征地拆迁选址红线范围图。

（4）以市地铁指挥部或者各区县地铁指挥部名义对选址红线范围内的征拆工作进行分村分类及拆迁摸底，并将分村分类及摸底情况上报福州市及闽侯县国土局。

（5）福州市及闽侯县国土局对征拆地的用途、位置、补偿标准、安置途径、征地程序、相关法律法规进行告知与讲解，并发放拟征用土地基本情况告知书，被征收单位无异议后，由被征地单位签收。

（6）调查、确认工作完成后，正式编制征用土地方案。征用土地方案主要内容包括征地位置、地类、面积、费用补偿综合标准，拟征用土地基本情况告知书、拟征用土地地类及面积确认书和征用土地方案将作为报件资料交予用地单位，与其他相关资料一同上报市政府批准。

（7）经市政府批准后，由各区县地铁指挥部盖征（拨）用土地公告专用章。公告经批准后在被征地所在地的街道办事处、居委会（村）、村民小组予以公告，并要求其在公告后附的送达回执上签字盖章，以表明收到公告。

（8）征用土地方案公告后，各区县地铁指挥分部与市地铁集团组织街道办事处、居委会（村）、村民小组、农户和地上附着物产权人签订土地、房屋征用协议。

（9）由区县地铁指挥分部支付征拆补偿款。

（10）由区县地铁指挥部委托相应拆迁公司对征拆红线范围内土地附着物进行拆除。

（11）由区县地铁指挥部牵头、市地铁集团及项目公司在现场正式交地。

（12）征地拆迁各单位职责见表4-8。

征地拆迁各单位职责　　　　　　　　　　　　　　表4-8

序号	工作内容	责任单位					
		市地铁集团	项目公司	项目部	设计院	地铁指挥部	监理单位
1	立项批文等手续办理	主办					
2	选址红线范围图	主办	配合	配合	主办		配合
3	征拆摸底	配合	配合	配合		主办	配合
4	征用土地告知书	配合	配合	配合		主办	配合
5	现场放样	配合	配合	主办			配合
6	编制征用土地方案	配合	配合	配合		主办	配合
7	征用土地方案公告	配合	配合	配合		主办	配合
8	签订征拆协议	主办	配合	配合		配合	配合
9	财政审核付款	配合	配合	配合		主办	配合
10	交地	主办	配合	配合		主办	配合

注："主办"单位为责任部门，对工作进行牵头、组织；"配合"部门须在主办单位的布置下完成相关的具体事务。

2）征地拆迁管理职责

（1）项目公司前期部职责。

①认真学习掌握国家、省、市、区以及市地铁集团等有关征地拆迁的法律、法规、文件，并贯彻执行。

②积极主动配合各县区指挥部、市地铁集团、市交警支队、各区县交警大队、市园林局、电业局、自来水公司、燃气公司、中国通信服务股份有限公司等单位，做好征地拆迁、绿化移

植及管线迁改的协调与配合工作,及时向上级反馈征迁工作中的新情况。

③按要求及时汇总上报以上工作推进信息报表、月报表和要求上报的其他资料。

④及时向各标段项目部传达上级部门有关征地拆迁的政策、文件、通知通报,并督促落实。

⑤统计各标段项目部上报的各类征地技术资料,做好征地拆迁内业资料技术管理工作,及时组织规范的、准确的、齐全的征地文件等。

(2)各标段前期部职责。

①掌握施工平面布置图、施工用地设计图、便道平面规划布置图、临时建筑及设施的用地规划等技术资料。

②配合协调各县区指挥分部、市地铁集团汇总编写符合施工要求的用地计划并上报。

③配合协调各县区指挥分部、市地铁集团制定征迁工作指导意见和实施意见,在上级领导下,组织、开展管段内征迁各项工作。

④配合协调各县区指挥部、市地铁集团勘测定界单位测设用地界址、开挖界沟、厘清管段所属行政辖区分界里程,确认权属人。

3)征地拆迁注意事项

(1)征地拆迁有着"天下第一难事"之称,是影响工程进展的"拦路虎",项目公司及各标段项目部高度重视,积极准备,提早对接区县地铁指挥部,避免因征地拆迁工作影响整体工筹计划。

(2)各标段项目部应积极主动配合项目公司开展征拆工作,在项目公司指导下依法合规开展征拆协调。

(3)交地手续完成后,项目公司要及时对征拆用地范围进行围挡,避免征拆用地范围被侵占,如有类似情况发生,后果由相应标段项目部自行负责。

4.6 项目沟通体系的建立和执行

福州地铁 2 号线项目实施的复杂性与利益相关者的多样性导致了项目管理过程中大量沟通问题的存在,为实现福州地铁 2 号线项目不同的利益诉求、目标和要求,需要各参与方之间及时、准确地沟通,以保证项目的顺利实施。良好的信息沟通,可以有效地提高项目管理的效率,是提升项目团队的凝聚力和整体绩效的有力保障。

根据福州地铁 2 号线项目利益相关者的关系,可以将沟通管理分为外部沟通和内部沟通,其中,外部沟通主要指福州地铁 2 号线项目施工方与业主、设计方、监理方、分包商之间的沟通,内部沟通主要指项目公司内项目总经理和团队成员,以及项目成员之间的沟通。项目公司为做好各要素沟通,实现对人的管理,因此站在利益相关者的角度上,从各自的需要及利益出发,最大限度地通过项目实现各方的价值。

4.6.1 项目利益相关者管理

1）项目沟通的内容

(1)项目信息。

福州地铁2号线项目的实施需要全体项目团队成员的共同努力,而项目信息是凝聚项目团队成员的纽带。在福州地铁2号线项目的建设管理中,项目团队任何成员沟通的首要内容即是项目信息,项目信息包含的内容如下所述。

①帮助项目组织或团队解决问题的信息。
②帮助项目组织或团队做出决定的信息。
③在项目组织或团队中分工授权的信息。
④启发、激励项目团队成员的信息。
⑤向项目负责人报告工作进展情况的信息。
⑥对项目组织或团队负责人或成员的建议做出反馈的信息。

(2)项目指示信息。

福州地铁2号线项目战略决策层或管理层做出的指示需通过沟通的形式来传达给项目团队成员,从而使项目决策落到实处,指导团队成员该做什么,如何做。其中包含说服和反馈的成分,决策领导层制定新的方针、任务等,并不是每个团队成员都能够理解他们需要做的事情,须通过沟通使其明确自身的任务,达到说服的目的,并且本着"求同存异"的原则,项目团队沟通时注重团队成员反馈信息的收集,循环完善项目的团队沟通机制,以实现项目与项目团队成员的互利。

2）项目沟通的方式

(1)正式沟通和非正式沟通。

正式沟通是通过项目组织明文规定的渠道进行信息传递和交流的方式,如汇报制度、例会制度、报告制度及公函来往。其优点是沟通效果好,缺点是沟通速度慢。非正式沟通是在正式沟通外进行的信息传递和交流,如员工之间的私下交谈、小道消息等。其优点是沟通方便、速度快,缺点是容易失真。

(2)上行沟通、下行沟通和平行沟通。

上行沟通是指下级的意见向上级反映,有层层传递和越级反映两种形式。下行沟通是指领导者对员工进行的自上而下的信息沟通。平行沟通是指组织中各平行部门之间的信息交流。

(3)单向沟通与双向沟通。

单向沟通是指一方只是发送信息,另一方只是接收信息,信息是单向传递的,其特点是传递速度快、准确性差。双向沟通是指发送者和接收者两者之间的位置不断交换,且发送者是以协商和讨论的姿态面对接收者,信息发出以后还需及时听取反馈意见,必要时双方可进行多次重复商谈,直到双方共同明确和满意为止,其特点是沟通信息准确性高、利于意见反馈、沟通双方有平等感。

(4)书面沟通和口头沟通。

书面沟通是指以书面的形式进行信息传递和交流。口头沟通是指用口头表达进行信息传递和交流,其特点是灵活、速度快、较准确,双方可以自由地交换意见。

(5)语言沟通和体语沟通。

语言沟通是借助于语言、文字、图画、表格等形式进行的沟通。体语沟通是借助于动作、表情、姿态等非语言方式进行的沟通。

项目公司通过创建沟通协调机制,创造双向互动的沟通环境,保证信息沟通顺畅,使各方能选择自由平等的交流环境,营造彼此信赖的氛围,促进相互信任,减少对抗情绪,密切合作,减少沟通风险损失。

3)沟通管理的模式

项目公司基于对利益相关者的辨识和诉求分析,创新性地运用了项目利益相关者沟通管理模式,如图4-6所示。该模式的构建有助于理解项目沟通的全过程,明晰项目利益相关者沟通的效率和效果,对构建项目沟通效能评价具有指导性作用。

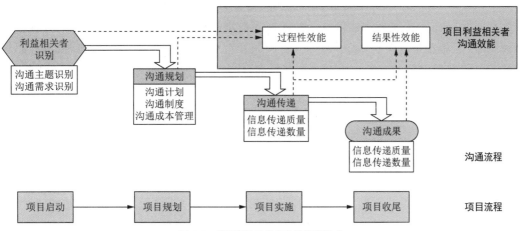

图4-6 项目利益相关者沟通管理模式

(1)利益相关者识别。福州地铁2号线工程项目进行项目有效沟通的前提是有效地识别项目的利益相关各方。建设合同范围内的各阶段,通过招投标等多种形式确定项目设计单位、施工单位、监理单位等,银行、供应商等项目其他利益相关者对项目的建设予以关注。项目公司作为项目沟通主体的利益相关者逐步浮出水面,作为项目管理方通过有效地识别各方利益相关者的主体构成,并剖析其沟通需求,对信息需求进行了梳理和描述。

(2)沟通规划。项目开工后,项目公司就制定了与组织的战略保持一致的沟通计划,并获得高层管理人员对项目的支持。项目公司在对项目利益相关者识别的基础上,确定项目沟通目标,并力争使利益相关者的沟通目标达成一致。通过制定项目沟通的制度,为项目实施阶段信息的传递、绩效的报告提供沟通管理框架和依据。在对项目沟通进行整体沟通的同时,项目公司紧抓对项目沟通成本进行预算,确保项目进展过程中足够的资金用于项目沟通管理。

（3）信息传递。福州地铁2号线项目建设开展过程中,信息传递是项目沟通的核心环节。项目实施阶段,信息在利益相关者各方之间进行流转和传递,项目公司将项目信息恰当地生成、收集、发布、存储,并允许利益相关各方有效地调用和处理。在信息传递过程中,相关各方选择的沟通方法、信息流转的渠道、信息传递的频率等因素,均会影响到福州地铁2号线项目沟通效能水平。

（4）沟通成果。沟通成果是福州地铁2号线项目最终达成的目标。项目公司通过项目沟通达到的最终成果可划分为关系维度成果和信息维度成果。关系维度成果主要是指通过有效的项目沟通,利益相关各方达成的融洽的合作和协调关系,主要体现在项目各方参与沟通的积极性、合作的意愿和冲突数量的减少等方面;信息维度成果是指通过高效的项目沟通,项目各方获取信息的及时性、准确性和信息的使用效率等。

4.6.2 项目内部沟通与协调

定期召开协调会议,集中力量解决施工问题。福州地铁2号线施工过程中出现的各种矛盾和问题往往涉及多个参建单位,为及时、高效地进行处理,项目公司建立了专门的协调会议制度,汇集各参建单位,集中力量攻克难题。首先,对于较复杂的特殊部位、特殊问题,在施工前即召集相关各方参与协调会提前协商,使各参建单位理顺施工顺序、施工质量和责任。其次,在施工过程中定期组织施工协调会议,会议上各施工单位汇报建设过程中存在的紧迫问题,设计单位对设计遗留问题进行现场解答,监理单位提出相关处理意见,共同协调解决。另外,建设单位根据具体情况,进一步将协调会开到现场,通过现场协调会,解决施工中各施工单位之间、各专业之间的矛盾和问题。

坚持施工现场"每日碰头会"制度,强调节假日领导带班制,加强交接班、夜间施工等重点时段的监控,特别是特殊灾害天气时段的防范。坚持领导带队巡查工地,克服麻痹松懈思想,提高防范意识和救治能力,有效保证施工安全。内部沟通情况见表4-9。

内 部 沟 通 表 表4-9

沟通对象	沟通频次	沟通方式	责任人	沟通目的
政府部门	不定期/定期	面谈、书面请示	市地铁集团、项目总经理	与各职能部门沟通协调,顺利如期办理各种手续、证件,尽快获得各种批复
二级/三级公司集团职能部门	每月/季度	面谈	项目总经理、项目经理	汇报工作进展,重大决策及时沟通。汇报项目中遇到的困难,希望得到协调支持,以保证工期
周边居民	不定期	面谈	项目书记/前期经理	不定期安抚,避免因工程过程中产生投诉导致工程进度影响、企业声誉影响
总体设计	不定期/定期	面谈、电话、邮件、便函、周例会、项目会议	项目经理、总工程师、技术质量部	及时沟通、协调可能出现的问题,对规划设计成品确保符合整体规划要求和条件
材料设备供应商	不定期	面谈、电话、邮件、便函、周例会、项目会议	合约与物设部经理	核对材料及设备质量、价格,供货周期达成一致意见并签订合同
施工图设计单位	不定期/定期	面谈、电话、邮件、便函、设计例会、项目会议、设计巡检	技术质量部经理、总工程师	保证图纸的精确、完整,确保施工质量,并注重时效性

续上表

沟通对象	沟通频次	沟通方式	责任人	沟通目的
监理单位	不定期/定期	面谈、电话、邮件、便函、监理例会、项目会议	项目经理、总工程师、生产副经理、安全总监	过程控制、及时沟通,保证质量、进度及安全,防患于未然
分包单位	不定期/定期	面谈、电话、项目会议	项目经理、总工程师、生产副经理	提出要求,摸清第一手资料,关注分包单位各方面动态,以保证工期
市地铁集团	项目进展	面谈、电话、书面请示报告、指挥部例会	项目总经理、总工程师、项目书记	过程控制,及时沟通,保证质量、进度、安全、合约、计量及支付

4.6.3 项目外部沟通与协调

1)与相关参建方及时沟通,攻克资源供应难题

福州地铁 2 号线工程项目资源供应体现为信息流、物流以及资金流。随着福州地铁 2 号线工程项目建设情况的变化,项目的工期也可能改变,对三大流的需求情况相应也会发生变化。为保证三大流的供应满足福州地铁 2 号线工程项目建设的需要,项目公司与相关参建方及时沟通,及时制定协调方案,采取有效协调措施,不断优化信息流、物流以及资金流的供应。

随着福州地铁 2 号线工程项目建设经验的不断积累,资源供应问题已经有所缓解,但是福州地铁 2 号线项目建设实施阶段尤其是施工阶段的资源需求量确实非常巨大,难免会遭遇资源供应的瓶颈,产生资源供应冲突。因此,项目公司还采取了相关措施和办法加大资源调配力度,通过统筹规划与有效管理,缓解资源供求不平衡现象。

2)加强与相关部门的协调,顺利开展地铁建设

项目公司积极与地方政府、交通部门、电力部门、通信部门、有线电视及联通福州公司和管迁部门进行协调,具体措施如下。

以"尊重地方政府、相信地方政府、依靠地方政府"为原则,主动服从各级地方政府的检查、指导,涉及地方配合的,提前上报市、区、县地铁指挥部、当地政府和相关部门,以取得地方政府的配合和支持,确保施工顺利。

在福州地铁 2 号线工程项目实施期,由于其跨度比较大,所经区县较多,这务必给城市的交通带来一定的压力。规划部门及沿线政府综合考虑人民的出行情况,选择最佳协调方案。

为了解施工用电存在的困难和问题,项目公司组织施工项目公司及时提交用电报装申请,做好线路改造、变电站建设前期准备工作,并协助施工单位积极沟通当地电力部门,细化用电报装方案,对用电报装容量进行认真分析和对比,减少不必要用电报装容量。此外,市地铁集团及时拨付专用资金与配备设备。为加快工程建设,电力公司先后开展工程大会战,各建设单位一把手"亲自抓、负总责",倒排工期,形成上下共同推进的工作机制,使得配套工程按照计划投入运营,并向在建地铁牵引变电站供电。

为保证福州地铁 2 号线工程项目建设正常进行,项目公司主动协商,沿线通信部门、有线电视及联通公司提供服务,及时为地铁建设提供帮助,排除困难。双方通过建立联系机制,落实专门人员,并不定期通过会议的方式协调通信、电视及网络的各种事务,顺利完成各项预定的目标。

由于管道迁改工程有其特殊性,管改部门在迁改调查和信息沟通的前提下,依据福州地铁2号线工程项目施工的需要,结合迁改对象的特点,分清轻重缓急,合理制定施工计划,并按照计划安排施工,以尽量减少对沿线人民生活的影响,因此,业主及项目公司及时向产权单位及管迁部门提供迁改信息和要求,获得管迁产权单位的全力支持。

3)重视图纸会审技术交底,做好技术协调工作

图纸会审与交底是技术协调的重要环节,也是施工中做好协调工作的前提。项目公司及各标段项目部严格按《地铁工程图纸会审制度(试行)》和《地铁工程设计交底制度》等相关制度执行,确保技术协调工作有序进行。

在图纸会审时,项目公司将各专业的交叉与协调工作作为重点,进一步找出设计中存在的技术问题,并从图纸上及时解决问题;相关参建单位也共同参与到图纸会审中,重点审查建筑、结构、水、暖、电、卫、设备安装设计之间有无矛盾和不清楚的地方,通过图纸会审,施工单位深刻领会设计意图,及早发现和消除图纸中的错误,减少后续建设过程中需要协调的问题。

技术交底能够让施工队、班组充分理解设计单位的设计意图,了解施工的各个环节,减少交叉协调出现的问题。在设计交底时,项目公司还协助勘察设计单位将施工中的技术问题向施工单位和咨询监理单位详细交代,使得他们了解和熟悉地铁的总体况、设计标准、质量标准、主要设计意图、特殊施工工艺要求,建筑、结构、工艺、设备在施工中的难点、疑点和容易发生的问题,以及重点工点的施工要点、主要工艺措施、施工组织、施工建议方案和注意事项等内容。项目公司通过图纸会审和技术交底,将设计问题、隐患处理在萌芽状态,减少后续建设过程协调管理的工作量,保证地铁建设的工程质量。

同时,为进一步提高工作效率,项目公司协助勘察设计单位对部分工程的重点施工地段设立配合验工点,及时处理施工中需要设计配合解决的问题,还协助勘察设计单位建立与施工、监理等单位有效地沟通机制,及时反馈设计变更、工程洽商、施工条件变化等重要信息,使得各参建单位能第一时间掌握相关信息,快速了解、果断解决施工设计配合问题。外部沟通情况见表4-10。

外部沟通表 表4-10

沟通对象	沟通频次	沟通方式	责任人	沟通目的
政府部门	不定期	面谈、书面请示	项目公司总经理、标段项目经理、前期经理	与各职能部门沟通协调,顺利如期办理各种手续、证件,尽快获得各种批复
集团公司二级、三级单位	每周/月/季度/不定期	面谈、会议	项目公司总经理、项目经理	汇报工作进展,重大决策及时沟通。汇报项目中遇到的困难,希望得到协助支持,以保证工期
周边居民	不定期	面谈	项目书记、前期经理	不定期安抚,避免因工程过程中产生摩擦影响工程质量及工期
设计单位	不定期	面谈、电话、邮件、便函、周例会、项目会议	项目经理、总工程师	及时沟通、协调可能出现的问题,对规划设计成品确保符合整体规划要求和条件
材料设备供应商	不定期	面谈、电话、邮件、便函、周例会、项目会议	项目经理、生产经理、工程部经理	对材料及设备质量、价格,供货周期达成一致意见并签订合同
施工图设计单位	不定期	面谈、电话、邮件、便函、周例会、项目会议	项目经理、总工程师	保证图纸的精确、完整,确保施工质量,并注重时效性

续上表

沟通对象	沟通频次	沟通方式	责任人	沟通目的
监理单位	不定期	面谈、电话、邮件、便函、周例会、项目会议	项目经理、总工程师、安全总监、工程管理经理、技术质量部经理、安全环保部经理	过程控制、及时沟通,保证质量、进度、安全,防患于未然
分包单位	不定期	面谈、电话、项目会议	项目经理、总工程师、工程管理部经理、技术质量部经理、安全环保部经理	提出要求,摸清第一手资料,关注施工单位各方面动态,以保证工期
市地铁集团	项目进展	面谈、会议、电话、书面请示报告	指挥部指挥长、副指挥长、项目总经理	过程控制、及时沟通,保证质量、进度、安全、计量、支付

4.7 协调组织管理与接口管理

福州地铁 2 号线建设项目是大型综合项目群,包含众多的专业子系统,前期工程管理、设计技术、施工、供货商单位众多,相互间的管理协调、工序衔接,技术接口众多,项目系统协调、接口管理至关重要。福州地铁 2 号线建设项目采用"融资+施工总承包"模式,中国交建设立的项目公司承担了土建、常规风、水、电、装饰装修的建设管理,项目管理任务从业主市地铁集团转移到代建单位中国交建最后落实到各标段项目部进行施工,对建设单位系统协调、界面接口管理的水平提出更高的要求。

4.7.1 系统协调组织管理

系统协调的目的是通过制定管理制度、工作流程等一系列管理程序和办法,将福州地铁 2 号线工程项目的设计管理、进度管理、质量管理、资源管理和组织管理等贯通起来,将业主、承包商、设计单位,监理单位、供应商等组合成一个整体,消除项目组织责任的盲区和项目参与者的短期行为,使整个福州地铁 2 号线项目实施过程实现无障碍沟通和运作。

1)建设方管理协调

在福州地铁 2 号线项目建设管理中,项目公司作为建设管理方,承担着现场部分建设协调的管理责任,实现多专业间无缝衔接,保证现场有序施工。项目公司建立现场协调指挥部及相关会议制度、属地管理、轨行区管理、调度管理等一系列管理措施来协调现场施工衔接,完善项目公司层级的系统协调管理机构。

2)技术管理与协调

项目公司与市地铁集团通过强化设计与施工协调的管理,提高设计图纸的质量与进度,来减少因技术错误带来的协调问题。因为设计图纸的优劣深浅直接关系到工程质量的优劣和成本多少,所以图纸会审以各专业的接口列为重点,使各个专业间吻合一致,减少或避免施工中因设计方案质量参差不齐而出现的技术、质量问题。通过技术交底让施工单位、作业班组充分理解设计意图,了解施工的各个环节,明确接口边界与职责。凡需更改的图纸和图纸存在不明确乃至错、漏、缺的涉及部分,必须办理设计变更单,并经设计人员签字认可,严禁擅自修改设计。

3)现场管理与协调

项目公司根据福州地铁2号线工程项目施工主要工序,建立分层次的协调管理。项目公司设立现场协调指挥部负责系统协调规章制度的建立、界面接口的划分,施工协调管理,制定施工准入制度、属地化管理等制度,规范现场管理、工序转换。

(1)设立施工准入制度。

制度要求所有分包商必须遵守"进场、退场有序"的原则,全线实行队伍准入进场制度。分包商首次进驻工点前,须向标段项目经理提出书面申请,各标段项目部审批后承包商才能组织进场。主要内容包括工程名称、工程概况、进场时间、联系电话等信息。同时,完成作业人员入场教育,监理进行核查;属地管理单位已对其进行了进场交底,已经与属地管理单位签订进场施工配合安全管理协议;进场施工作业场地的范围和使用时间符合场地利用总体筹划;监理单位负责相关工作的监督管理。

(2)属地管理制度。

项目公司实行属地管理,建立施工标段层级的管理体系、制度。将施工现场公共资源配置、接口界面协调、临时设施、材料设备进出、成品保护监督、防火、防盗和人员准入等方面的现场管理主体责任为各标段项目经理部。

①属地管理单位。

a. 车站工程:土建施工阶段施工现场属地管理单位为各土建标段,其他承包商及分包商接受土建单位的统一管理;车站完成整体移交后,属地管理单位为机电设备安装单位,其他承包商及分包商接受机电安装单位的统一管理。

b. 区间工程(含区间风井):土建施工阶段,土建单位为属地管理单位;土建施工完成后,将场地移交给轨道单位,施工现场属地管理单位为轨道单位;轨道焊轨锁定完成后,轨道单位向系统设备安装单位移交,属地管理单位为系统设备安装单位。

②属地管理职责。

a. 属地管理职责:负责对进入车站及管辖区间施工现场内的其他承包商进场管理,包括施工场地规划、协调、成品保护责任监管、现场简单工序交叉施工协调、安全防护、文明施工、临水临电管理、出入登记制度等。

b. 非属地单位职责:其他承包商进入现场施工必须接受属地管理单位的协调管理,在场地分配、工序安排、作业顺序、公共资源配置、成品半成品保护、安全防护等方面要执行施工现场的规定,并接受属地管理单位的监督和管理。

(3)场地交接制度。

根据施工工序的前后次序,各承包商在主要工序交接(如公共区域土建向安装、安装向装修工序的交接,设备用房车站安装向系统安装的交接)时,对场地(含附带半成品、成品)实体和管理职责实行交接制度。

各承包商须合理安排各专业、各系统的施工顺序,尽量避免工序间的相互干扰,在施工工序交替,作业场地移交中,移交双方要认真填写"施工工序、场地交接工作联系单",做到现场对口交接、界面鉴定清晰、责任主体明确、移交手续完整。"施工工序、场地交接工作联系单"统一由属地管理单位负责发放、管理、收集、保存,监理单位负责监督管理。在多工序同时施工(如设备用房多系统设备安装、调试阶段)时,要明确各个阶段(主要工序)的主要责任单位,落实相关责任。

4.7.2 项目接口管理体系

福州地铁 2 号线工程项目接口管理中的接口,是指两个或者两个以上的组织、设施、功能和计划安排相交,并可能发生冲突或需要协调的部位。福州地铁 2 号线的建设是一项复杂的系统工程,项目的设计、施工,需多方参与、多专业协调、多方位推进,为满足福州地铁 2 号线工程项目建设的各项要求和具体目标,需要协调统一全线的各个相关专业、部门间的关系和标准,加强接口管理工作。在市地铁集团和项目公司的统一协调下通过制定完善的接口管理工作体制,及时、全面地把握接口的动态,实现福州地铁 2 号线工程项目建设中各专业各组织间的无缝衔接。

福州地铁 2 号线工程项目接口管理工作的相关者是指与某接口有关联的各方,包括建设单位各部门及项目公司、勘察设计单位、施工单位、咨询监理单位、材料设备供应单位等。接口管理工作的相关方必须承担起各自的职责和义务,不得以任何理由或者借口推脱责任。接口管理工作需遵循的原则如下:按照规定的程序办理;各相关方不得以惯例、内部特殊性或者其他任何理由拒绝接口管理事项的落实;接口问题的"提出—讨论—处理—实施—反馈"等过程须形成一个完整的信息闭环,避免遗漏接口管理事项;接口管理的过程和结果必须进行正式的书面记录及签认,而不得以口头或者非正式的方式为依据。

1)接口管理分类

(1)按专业系统划分:设计与现场施工接口、土建与设备系统接口、设备与系统调试接口。

(2)按阶段划分:一是设计阶段,由设计接口文件定义各系统的接口任务、技术接口关系;二是招投标阶段,由招标文件描述各系统的接口关系,明确各方的职责;三是施工、安装调试阶段,按照工程接口程序和管理手册的要求,协调管理各承包商、设备供应商等关系。

(3)按性质划分:一是物理接口,即实体接口、连接接口、设备间的信息接口;二是管理接口,包括工程各参建方的管理流程、相互关系、责任、权利和义务;三是技术接口,指为完成某项使用功能的各系统间的技术要求、条件、标准。

2)接口管理目标

福州地铁 2 号线工程项目进行接口管理是实现项目工期、工程质量及安全的重要保证措施,通过接口管理,超前规划全过程管理的界面划分,在项目总工期策划的要求下,分解各自任务目标时限,形成合理、系统的工程实施网络规划;通过接口管理的统筹规划,规范设计变更,提高管理效率,控制系统质量;通过工程接口管理,选择优化的接口处理方法,提供科学决策的方案,实现建设方、施工方、设计方、监督方的联动管理。

3)接口管理各方职责

工程接口是实现福州地铁2号线项目系统使用功能的基础和关键,应通过高效、有力的组织体系,确保工程管理的协调性,顺利实施各项工作。

(1)项目公司工程接口管理归口工程部经理,做到决策及时高效,明确各方的职责,通过合同确认各承包商的任务;审批设计接口问题的设计变更,协调处理内、外部接口关系。

(2)各承包商在监理单位日常管理下,开展工程接口管理的实施工作,执行工程接口管理的各项工程指令。

(3)设计单位是技术接口文件的制定者,在工程接口管理中参与编制相关文件、标准,解决涉及设计方面的技术接口问题,协调及变更管理。

(4)监理单位对所监理的承包商在工程接口管理协调过程中进行监理职责范围内的监督检查。

4)接口管理组织层级

针对福州地铁2号线项目的管理模式,将项目接口管理组织体系分为以下三个层级。

(1)政府决策层/行政监管层、主体决策层:政府决策层/行政监管层是市地铁建设指挥部、沿线各区县地铁建设指挥部、福州地铁2号线工程建设指挥部及政府相关职能部门组成。主体决策层由市地铁集团、中国交建组成,两者是管理主体,位于核心地位,通过组织会议、现场调研、邀请内外部专家等方式,解决重大接口问题,形成科学合理的解决方案。

(2)建设管理层:建设管理层主要为市地铁集团委托下的风险咨询中心、设计咨询、勘察单位、项目公司、总承包分公司等,通过协调项目内部设计、承包商、供应商之间的一般性接口问题决策,制定接口管理的工作程序、流程,监督检查接口任务的实施和完成情况。

(3)具体实施层:具体实施层为项目参建的各标段项目部、材料供应商及监理等,在建设管理层的指导管理下完成各自工作任务,执行业主及项目公司制定的接口管理规范、程序,执行接口管理的任务并反馈完成情况,及时向建设管理层提出系统或工程中的接口管理的问题及解决问题的建议。

5)接口管理工作流程

项目实施过程中,项目公司设立东、西指挥部进行现场管理。一般性的接口问题,由指挥部工程师组织现场协调会解决,如现场未能协调解决或涉及多专业、多系统的问题,按照接口管理工作规范和程序,上报到项目公司领导层进行解决,对于涉及重大事项的,上报到决策层进行解决,各标段项目部及承包商执行接口处理方案。

4.7.3 接口管理工作措施

1)接口协同管理制度

协同管理首先要合理设置项目公司组织机构和岗位,明确各职能部门、岗位的职责,制定接口管理工作制度,编写接口管理计划书,说明接口管理流程,制定接口清单及接口管理表等,建立信息沟通机制,多种渠道和层次进行沟通协调管理。对于福州地铁2号线项目内有合同关系的各方,接口管理严格按照合同条款和设计要求执行,对于合同中未说明的接口问题,则由市地铁集团、项目公司组织相关方共同协商,达成一致意见。对于无合同关系但存在大量技术协调搭接、组织协同的各方,如设计与施工方、设计与供货商等,依靠市地铁集团、项目公司进行协调管理,也是接口管理的重点。

2)接口协调会议制度

一是接口协调例会制度,记录接口会议结论及接口争议位置、解决方式,保持记录完整以作为监理工程师在施工期间的执行依据、供业主查核或验收移交清查之用,如定期召开设计例会;二是交底会议制度,设计交底会主要解决设计与施工接口的问题,通过设计交底会尽可能地避免设计问题流入施工阶段,减少接口问题发生;施工交底会解决各专业施工分包商在施工过程中出现的问题;三是现场协调会议(制度),加强项目各参建方的现场沟通管理,对于现场不能解决的,上报例会协调解决。

3)设计阶段接口管理

总体设计、初步设计、施工图设计阶段,各专业技术接口的主要任务的重点是做好专业分工和设计互提资料等。土建、机电、设备系统等专业根据不同阶段的任务和设计接口表的要求完成互提资料,确保资料的完整性和准确性,并且对各类接口等做出详细的具体结论,并在包括相关图纸等接口文件上签字。主要包含:

(1)勘察设计提供的地形图、既有管线资料、工程地质等资料。

(2)设计单位对于线路、车站、车辆段等方案研究论证。

(3)各设计阶段的"技术要求""文件组成内容"。

(4)土建、设备系统的施工图的设计深度、主要参数及功能要求。

4)施工阶段接口管理

福州地铁2号线工程项目实施阶段的接口主要为土建与设备、土建与轨道、轨道与设备、设备与设备间的接口,管理任务是:使土建、轨道和设备安装图纸及时交付并进行设计交底,协调土建工程、轨道工程与设备专业的施工配合,合理地进行工序衔接、施工场地规划,减少交叉冲突;设备与设备系统间为实现功能进行技术标准、技术参数、接口文件的明确和统一,各承包商应梳理接口项目,从施工图设计落实各接口方案、参数、标准等内容,根据接口内容的重要性、复杂性,分级进行审查管理,并最终形成接口管理文件及施工组织方案,经审批后执行。施工阶段接口协调流程如图4-7所示。

5)接口管理的信息化

接口管理包含了众多专业的大量信息,是一项复杂、细致的系统工程,需要福州地铁2号线项目各参建单位的共同努力。协调、确认接口要求是一个逐步完善的过程,接口信息需要进行动态的变更和监控。因此项目公司通过借助计算机技术、数据库技术和网络技术建立技术接口数据库系统,系统具有网络传输、资源共享、动态存储、远程监控、快速检索、分类统计等功能,实现技术接口文件的信息化管理,从而大大加强技术接口管理的工作效能。

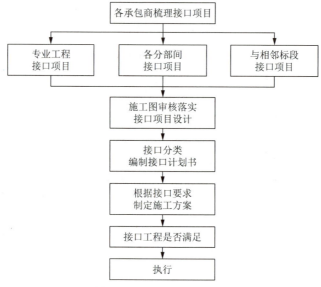

图 4-7 施工阶段接口协调流程

 工作界面

4.8.1 项目管理系统界面

福州地铁 2 号线项目管理系统的界面,主要指项目管理系统与外部环境之间所存在的界面。可以认为,福州地铁 2 号线项目所需要的人力、信息、资金、技术、材料设备等资源都是通过界面输入的,而项目向外界提供的产品、服务也是通过界面输出的。因此,福州地铁 2 号线项目能否顺利达到预期目标的关键就在于项目与环境系统界面的融合程度。

在福州地铁 2 号线项目管理中,大量的矛盾、冲突、损失都发生在界面上,因此对于项目公司来说,确定福州地铁 2 号线项目管理系统的界面,正是对和谐项目管理认知的逻辑起点。项目公司在界面上的设计侧重于技术与方法上"刚性"的管理内容并没有解决全部问题,因此也应该重视项目组织和团队这些"柔性"的管理内容,其原因在于福州地铁 2 号线项目管理中的冲突主要源自不同组织间或同一组织内部的摩擦。因此,从和谐的视野、重视人的能动作用及组织的角度对福州地铁 2 号线项目管理系统界面进行划分。

从组织的角度划分项目管理系统界面,项目公司依据项目利益相关者理论,从管理实践出发,认为成功的项目管理要实现三个层面的和谐。作为承包商,其项目管理包括三个层面的和谐:项目公司自身的和谐,项目公司与其他各参建方的和谐,项目公司与其上级管理企业的和谐,如图 4-8 所示。

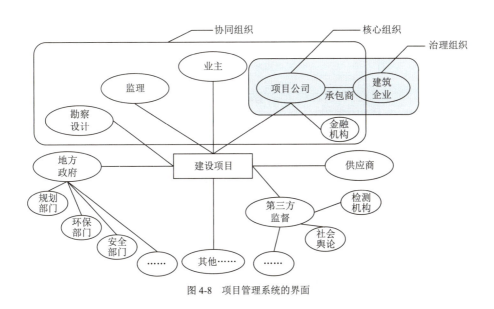

图 4-8 项目管理系统的界面

4.8.2 福州地铁 2 号线工程界面

福州地铁 2 号线工程项目全线采用多种模式建设,其中包含:

(1)前期工程为现汇模式建设,以现场签证及验工计价后据实结算的方式进行。

(2)主体工程(含附属)与机电工程为建设—移交建设,采用向承包商融资建设资本金并于下一年度返还的机制。

(3)铺轨及系统工程为 PPP 模式,由 PPP 特许经营公司——福州中电科轨道交通有限公司负责机电设备的投资、融资、建设、设施更新及福州地铁 2 号线项目的整体运营、管理、维护。

(4)南京地铁运营有限责任公司牵头福州地铁 2 号线项目的运营工作。

(5)祥板站划分为祥板西及祥板东两部分,其中,祥板西纳入合同范围,祥板东及宁化站为其他单位代建工程,不在合同范围中。

(6)福州地铁 2 号线工程项目合同划分界面具体见表 4-11,采用 WBS(项目分解结构)法表示。

福州地铁 2 号线工程项目合同划分界面　　表 4-11

项目实施过程	专业工程	本公司承包的工程	非本公司承包的工程
总体设计	全线所有工程		√
详勘、补勘和施工图设计	土建工程		√
	其他工程		√
前期工程	征借地及房屋拆迁		√
	管线迁改		√
	便道施工		√
	交通疏解		√
	绿化移植(含地上、地下物)		√

续上表

项目实施过程			专业工程	本公司承包的工程	非本公司承包的工程
前期工程			临时用电	√	
			临时用水	√	
采购			土建施工材料	√	
			装饰装修材料	√	
			常规设备	√	
			系统设备		√
施工	实体工程		车站及区间(含联络通道)土建工程(除祥板站及宁化站)	√	
		车辆段及停车场工程	土建工程	√	
			装修工程	√	
			常规及系统设备安装工程	√	
			段内铺轨工程		√
		主变电站工程	土建工程	√	
			装修工程	√	
		人防工程	土建工程	√	
			装修工程	√	
		轨道工程			√
		装饰装修工程		√	
		常规设备安装工程	通风空调	√	
			给排水及消防	√	
			低压动力配电及照明	√	
	实体工程	系统设备安装工程	火灾自动报警系统(FAS)		√
			车辆工程		√
			环境与设备监控系统(BAS)		√
			供变电系统		√
			信号系统		√
			通信系统		√
			门禁系统(ACS)		√
			电扶梯系统		√
			屏蔽门系统		√
			自动售检票系统(AFC)		√
			导向工程		√
	其他		白蚁防治工程	√	
			站内离壁沟工程	√	
			机电工程BIM	√	
			安全体验馆工程	√	
			其他合同要求的工作	√	
系统调试			单机调试	√	
			单系统调试	√	
			站级调试		√
			总联调		√
移交及保修				√	

第 5 章

和谐项目过程管理

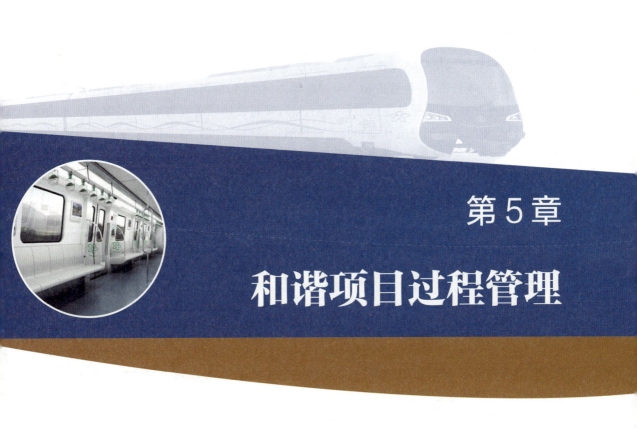

/ 5.1 时间管理 / 5.2 成本管理
/ 5.3 质量管理 / 5.4 全面风险管理

5.1 时间管理

项目过程管理包括时间管理、成本管理、质量管理等。时间管理是项目管理的一个重要方面,与项目成本管理、质量管理和风险管理等协调作用、相辅相成。为确保福州地铁2号线项目的有序开展,高质量地完成项目预期目标,项目公司以进度为主线,采用科学方法确定项目目标,编制相应的进度计划和与之对应的资源供应计划,借助组织、制定与协调等管理手段,在保证安全、成本以及质量的基础上,对时间进行管理,从而实现预期的工作目标。

5.1.1 大部制进度管理模式的探索与创新

1)分析影响因素,探明问题根源

福州地铁2号线项目无论从建设规模、投资规模、建设周期、社会效益等方面都比一般工程复杂,诸多因素影响着项目的时间管理工作。

(1)政府部门因素。

福州地铁2号线项目作为一项规模宏大、周期漫长、投资巨大的大众服务性项目,政府部门的态度很大程度上影响着项目的进展。沿线居民区的拆迁安置、各种资质资格的审查、政府人员的办事效率等与政府职能有直接关系的相关工作,是项目公司控制福州地铁2号线项目时间管理所务必考虑的因素。

(2)人员因素。

福州地铁2号线项目的建设,归根结底人是占据主导地位的。人员管理是福州地铁2号线项目时间管理工作的根本,也是保证工程按期完成的基础性工作。人力资源的合理配置至关重要,如项目总经理的任用、各标段项目经理部的选择、施工队伍的选择、技术人员的配备等,都将一定程度地影响项目工期。

(3)气候因素。

福州市属典型的亚热带季风气候,7—8月天气炎热,夏季中午气温常达36℃以上,极端气温最高42.3℃;又因为毗邻东海,6—9月是台风活动集中期,暴雨频发,年降水量可达900~2100mm。漫长酷暑、频发暴雨等人力不可控的自然因素,不仅加大了施工难度,也是影响工程进度的重要因素。如图5-1所示,强台风不仅影响了施工进度,也造成了很大的经济损失。

(4)参建单位因素。

福州地铁2号线项目参建单位众多,管理复杂,项目的顺利实施依靠各个参建单位的协同配合,如作为总体设计的广州地铁设计研究院、参与地质勘察的福建省建筑科学(设计)研究院及长江勘测规划设计研究院、承担设计监理工作的北京城建设计研究总院、提供风险咨询服务的华东勘测设计研究院等,每一个参建单位的工作效率与工作质量,各个参建单位之间的配合和对接,都影响着福州地铁2号线项目的按期推进。

图 5-1 2018 年 7 月台风"玛利亚"过境福州

(5)材料、设备因素。

福州地铁2号线项目作为复杂的大型基础设施项目,需要数量庞大、种类繁多的材料、设备。业主及项目公司不仅需要通过完善招投标机制选择质量可靠、信誉良好的供应商,还需要制定相应措施来保证材料、设备的日常供应。避免产生因采购产品质量不达标、供应不顺畅而影响施工进度的情况。

(6)资金因素。

资金是保证福州地铁2号线项目顺利进行的重要保障。福州地铁2号线项目的顺利建设需要充足的资金来源,假如业主即市地铁集团没有给足工程预付款或拖欠工程进度款、项目公司融资进程受阻、福州市政府不能提供有效财政支持等,势必会导致相应的人员、材料、机械设备不能正常的进入施工现场,进而影响施工建设进度。

2)编制施工计划,明确项目进程

根据福州市政府、市地铁集团、项目公司要求及项目实际情况,编制总体施工时间管理计划,确定福州地铁2号线工程项目的内控关键里程碑节点,包括车站封顶、区间洞通及风水电节点目标。

本项目总体施工计划以 Project 软件为主,年度、月度下发计划以表格任务为主。具体编制步骤如下所述

(1)收集编制依据资料。

收集福州市政府、市地铁集团下发的关于工期节点的文件,初步设计文件、正式蓝图文件、初勘文件、详勘文件(本项目为边施工边设计的项目)等。

(2)确定时间管理控制目标。

为了提高福州地铁2号线项目时间管理计划的预见性和进度控制的主动性,在确定时间管理控制目标时,必须全面细致地分析与建设工程进度有关的各种有利因素和不利因素。依据项目内控关键里程碑节点目标,按进展阶段的不同分解为多个层次,项目的时间管理控制目标则可按此层次分解为不同的时间管理控制分目标。第一阶段主要为第一批车站封顶、区间洞通、车辆段停车场主体封顶施工进度目标,第一批车站主要为盾构区间始发站;第

二阶段主要为剩余车站封顶及区间洞通;第三阶段主要为附属结构、联络通道完工(从二级节点升级到一级节点),车辆段、停车场具备接车条件,完成单机调试。

(3)计算工程量。

根据设计图纸、工程量清单,结合施工组织设计,项目公司牵头与各标段共同复核主要工程量。

(4)确定各标段车站、区间等单位(子单位)工程的施工期限和开工、竣工日期。

由于福州地铁2号线穿越福州市区繁华地段,涉及交通疏解、征地拆迁、绿化移植、管线迁改前期工作,不在主合同范围内,需要对外协调工作较多,因此各站点确定突发性开工日期也显得更为重要。

(5)确定施工流程。

根据有关规范及福州地铁2号线项目特点,开工前须进行单位工程(子单位工程)、分部工程。本项目以车站、区间、车辆段、停车场的四大库(运用库、物质总库、检修库、洗车机库)为单位工程。车站土建工程、车站附属工程、车站设备安装、明挖区间、盾构区间等为分部工程。按照施工的技术规律和合理的组织关系,结合总体施工组织设计及专项方案,确定施工顺序,解决各工作项目之间在时间上的先后和搭接问题。尤其是涉及车站盾构始发端头、盾构接收端头对区间始发和接收的影响,土方开挖及车站主体结构施工顺序安排,联络通道施工对区间掘进的影响,人防门框、端头井封堵轨顶风道、铺轨基地等对铺轨工程的影响,站台板、轨顶风道、环控房基础及刮白等对机电安装工程的影响都需要提前筹划。

(6)编制施工进度计划。

为了把各项工序合理的衔接起来,以保持均衡施工,通常从工程量较大的工种着手,组织施工现场较大规模的流水作业。通过确定的工程量、流水段施工工艺、施工组织等,编制施工计划,确定关键线路及节点分级。

(7)编写施工进度计划说明书。

施工计划说明书是整个计划不可缺少的一部分,主要包括工程概况、施工组织筹划、各工序不同地层的功效、资源配备、措施及完成计划的前置问题(需要协调解决的问题,这个主要是受外部因素影响,在城市轨道交通项目显得尤为重要)。

本节以项目公司2016年施工生产计划为例,阐述其进度计划编制举措。

2016年福州地铁2号线项目的年度产值计划为15.6亿元。其中,主体工程15.16亿元,前期工程0.44亿元(含临时用水、用电,交通疏解,管线改迁等),见表5-1。

福州地铁2号线项目土建各标段产值计划　　　　表5-1

标 段	产值计划(单位:亿元)	标 段	产值计划(单位:亿元)
一标	1.35	七标	1.49
二标	1.58	八标	1.50
三标	1.44	九标	1.57
四标	1.76	十标	1.12
五标	1.22	十一标	0.80
六标	1.33	前期工程	0.44

2016年全线20个车站站点将全部进入主体施工,并基本完成围护结构。其中,5个车站完成主体结构,5个站点完成50%主体结构,8个区间盾构始发掘进,金山站~金祥站区间完成洞通,过乌龙江厚庭站~桔园洲站区间完成掘进40%,过闽江的金祥站~祥坂站区间将于2017年1月盾构始发(祥坂站不具备接收条件),竹岐停车场和鼓山车辆段完成土石方及地基处理,各标段生产计划见表5-2。

各标段施工生产计划表　　　　　　　　　　　　　　　　表5-2

施工标段	施工生产计划
施工一标	(1)出入场线:2016年4月进行围护结构施工;8月开始土方及主体结构施工,计划完成30%。 (2)苏洋站:2016年5月进行车站围护结构、地基加固施工;11月开始苏洋站车站主体结构施工,计划完成10%。 (3)苏洋站~沙堤站区间:2016年8月完成区间竖井的结构施工;9月开始矿山区间施工,计划完成186延米。 (4)沙堤站:2016年1月开始沙堤站土方及支撑施工,计划12月完成;4月开始沙堤站主体结构施工,计划完成75%;7月东端头具备盾构始发条件。 (5)沙堤站~上街站区间:2016年1月完成沙~上区间端头加固施工;9月盾构由沙堤站东端头始发,计划完成左线831延米,右线681延米。
施工二标	(1)上街站:2016年2月开始土方及主体结构施工,计划完成100%;7月东端头具备盾构始发条件。 (2)上街站~金屿站区间:2016年6月完成端头井加固;8月由上街站东端头始发,计划完成左线807延米,右线657延米。 (3)金屿站:2016年6月开始土方开挖施工,计划完成80%;8月开始主体结构施工,计划完成30%
施工三标	(1)福州大学站:2016年2月开始土方及主体结构施工,计划完成100%;7月东端头具备始发条件。 (2)福州大学站~董屿站区间:2016年8月由福州大学站东端头始发,计划完成左线585延米,右线435延米。 (3)董屿站:2016年5月开始围护结构施工,计划完成100%;8月开始坑内地基加固施工,计划完成100%;10月开始第一道钢筋混凝土支撑施工
施工四标	(1)厚庭站:计划完成基坑土方开挖74%;完成设计主体结构45%;3月东端头具备盾构始发条件。 (2)厚庭站~桔园洲站区间:计划完成区间风井围护结构、地基加固、基坑开挖及素混凝土回填;2016年4月由厚庭站东端头始发,年计划完成左线1200延米,右线1100延米
施工五标	(1)桔园洲站:2016年4月开始土方及主体结构施工,计划完成100%;8月东端头具备始发条件。 (2)洪湾站:2016年6月开始围护结构施工,计划完成100%;计划完成50%地基加固、过街盖板第一道钢筋混凝土支撑及格构筑
施工六标	(1)金祥站:2016年3月完成主体结构施工。 (2)金祥站~金山站区间:2016年6月由金祥站西端头始发,年计划完成197延米。 (3)金山站:2016年4月开始围护结构施工,计划完成100%;8月份开始土方开挖及主体结构施工,计划完成20%
施工七标	(1)西洋站:2016年2月开始围护结构施工,计划完成85%围护结构,55%地基加固、43%土方开挖和43%主体结构。 (2)宁化站~西洋站区间:计划完成端头加固。 (3)南门兜站:2016年3月开始围护结构施工,计划完成100%
施工八标	(1)水部站:2016年6月开始围护结构施工,计划完成100%。 (2)紫阳站:2016年4月开始基坑开挖及主体结构施工,计划完成59%;10月东段具备始发条件。 (3)紫阳站~五里亭站区间:2016年10月由紫阳站东端头始发,年计划完成左线450延米,右线350延米
施工九标	(1)五里亭站:2016年5月开始土方及主体结构施工,计划完成100%;7月五里亭站东端头具备盾构始发条件。 (2)五里亭站~前屿站区间:2016年9月由五里亭站东端头始发,年计划完成左线600延米,右线500延米。 (3)前屿站:2016年4月开始围护结构施工;8月开始土方开挖及主体结构施工,计划完成30%
施工十标	(1)上洋站:2016年4月开始土方及主体结构施工,计划完成50%;9月上洋站东端头具备盾构始发条件。 (2)上洋站~鼓山站区间:2016年11月由上洋站东端头始发,年计划完成左线300延米,右线200延米
施工十一标	(1)竹岐停车场:2016年6月开始路基土石方及地基处理工程,计划完成100%。 (2)鼓山车辆段:2016年4月开始路基土石方及地基处理工程,计划完成100%

3）推动制度落实，严格进度管控

大部制即大部门体制，此制度最初是在政府部门之间所推广的一种体制。它是指在政府的部门设置中，将那些职能相近的部门、业务范围趋同的事项相对集中，由一个部门统一管理，最大限度地避免出现政府职能交叉、政出多门、混乱管理的局面，从而提高行政效率，降低行政成本。

项目公司在项目管理过程中，在充分调研参建单位内在联系、细致考虑部门之间职能划分、广泛征求员工意见的前提下，大刀阔斧地进行部门整合、业务合并、人员调配等一系列精兵简政的工作，开创性地把大部制这一政府内部所提倡的机制应用于建设企业工程项目中。在项目管理中采取以下措施落实大部制进度管理模式。

（1）积极与政府部门协调，确保相关行政审批、土地征用等工作顺利进行。

福州地铁2号线项目对于完善福州市轨道交通网络、推动沿线经济发展有着重大意义。中国交建与福建省、福州市对于高标准、高质量、高效率地建设福州地铁2号线有着不谋而合的默契。为此，在签订一系列战略协议的指导下，福州市政府成立专门的机构——福州市地铁建设指挥部，领导解决福州地铁2号线项目建设过程中所涉及政府部门的问题，如相关资质文件的审查审批、沿线居民区的拆迁安置、土地征用等有关工作。

此外，沿线区县成立相应地铁征迁指挥部，以福州市地铁建设指挥部及市地铁集团为主导，协调解决各区县在福州地铁2号线项目建设过程中的问题与困难，助力全面推进福州地铁2号线项目建设提速增效。

（2）打造六个管理中心，精简部门机构，搭建项目管理集中平台。

六个集中管理中心分别为资金税务管理中心、合同管理中心、成本控制中心、物资设备采购租赁中心、应急救援中心、盾构监控中心。这是依托中国交建最新大型项目管理理念——"集中管控+穿透管理+信息化手段"的方式搭建项目管理平台。

大部制进度管理模式把破除部门利益、裁撤冗余机构、精简多余人员等问题作为统筹的要点，放在重塑公司权利结构的大目标下进行衡量。由此成立六个管理中心，对福州地铁2号线项目业务进行协调管理，如资金税务中心集中开展资金筹措、税务筹划等工作；合同管理中心负责合同的拟定、合同资料管理、合同履行情况审核等工作；物资设备采购租赁中心负责材料招投标、大型机械设备租赁、联系厂家进行售后服务等工作。通过六个管理中心，精简部门机构、缩短业务流程、节约有关审批时间，进而达到控制福州地铁2号线项目进度管理目的。

（3）注重人才培养，提高各部门"单兵作战"能力，为项目进度控制提供根本保障。

如何在企业快速扩张的过程中，打造一支敢打敢拼、追求卓越、吃苦耐劳的人才队伍，助力中国交建发展成为"服务型"企业奠定良好基础，这是公司领导层不断深入思考的问题。在大部制思想的指导下，项目公司高层认识到，不能盲目通过合并部门、裁剪人员达到精兵简政的目的。实行大部制的一个重要方面是培养全面发展、综合提高的"复合型"人才，为福州地铁2号线项目时间管理奠定基础性工作。

针对福州地铁2号线项目青年员工占比大、地铁施工技术薄弱、管理经验不足的问题，项目公司通过"走出去,请进来"的模式,对外多次邀请专家授课,对内组织标段进行技术与项目管理交流,开展标段人员交替培训等活动,进而持续提高全线参建人员技术水平。通过一系列举措使得青年员工自身技能大幅度提高,施工建设整体力量持续增强,为福州地铁2号线项目进度控制提供了人才保障。

（4）加强气象监控,完善恶劣天气应对措施。

针对福州市在6—9月份酷暑、暴雨等恶劣自然环境,项目公司派专门人员负责气象监控工作,并与福州市气象局保持密切联系,一方面做好预防工作,加强预警,减少因恶劣天气而导致福州地铁2号线项目施工进度滞缓的情况;另一方面通过动态调整工作安排,积极应对,在保证项目工期的前提下,提高施工质量。

具体方式为公司气象监控部门要及时将经过筛选、甄别的气象信息反馈至工程管理部,工程管理部根据气象部门提供的有效信息,做好相应安排。如采取"早出晚归",避开午间炎热天气;暴雨来临之前,做好设备避雨、材料防潮等工作;发放施工人员降暑费,提高人员工作积极性。

在大部制思想的指导下,消除内部信息沟通滞后、信息可靠性差等弊端,确保了气象信息准确无误地及时传达,减少了因恶劣天气而导致工期延误的情况,从而保证了施工进度。

（5）融合设计、勘察、施工单位力量,不断优化施工方案,加快施工进度。

在大部制思想的指导下,市地铁集团与项目公司积极组织设计、勘察、施工单位共同参与各类设计优化方案的讨论与制订,一改过去不同单位、不同部门间"孤军奋战"的局面,融合多源力量力求在保证工程安全、质量的基础上通过变更设计优化提高项目效益,加快工程进度。

洪湾站、紫阳站在经过勘察单位勘测后,通过增加素混凝土隔墙,实现基坑部分闭合,标段实现提前开挖,为区间盾构施工争取宝贵时间;厚庭站～桔园洲站,通过测量乌龙江底砂层水流速以及江底砂层冻土试验,取消了原设计方案中素混凝土墙阻水加冷冻法的加固措施,优化采用直接冷冻的设计方案;桔园洲站、五里亭站由勘察单位补勘后,联合设计单位变更基坑深层水平封底,降低了悬挂式围护结构基坑的开挖风险,加快了施工进度,增加了施工效益。

（6）物资设备部、工程管理部共同参与材料、设备选购,确保物资材料、器械设备符合施工进度、质量需要。

材料、设备的慎重选用从根本上讲是对福州地铁2号线项目质量的高度负责,项目公司始终坚持"百年大计,质量第一"的原则,对于材料、机械设备的采购规范招投标机制。但是由于专业分工不同,采购部门对于施工方案、所需材料、优选设备等可能会不甚了解,以至于购买的东西物美价廉,但却不是最适用的。

为此,项目公司组织物资采购部与工程管理部共同参与材料、机械设备选购,完善采购流程,详细了解供应商口碑、产品质量、规模、供应能力等。在保证了福州地铁2号线项目施工质量的同时,减少了因材料不合格、机械设备不适用而导致的时间浪费,从而提高了项目的进度管理水平。

比如盾构机,福州地铁2号线项目隧道掘进的关键性设备。在注重福州地铁2号线项目时间管理的基础上,综合考虑沿线地质环境、企业施工成本、设备维修维护成本等多种因素,选用中交天和生产盾构机。这在保证项目施工进度的同时,相对于德、日等国家昂贵的盾构机,降低了施工成本。

(7)通过部门之间配合,多渠道筹集资金,保证资金正常运转,避免产生因资金不足而影响工程进度情况。

资金税务管理中心、合同管理中心、成本控制中心通力合作,以"总经理部"为主导,精简资金筹措、税务筹划、成本预算等业务流程。熟悉相关政策以求得到政府财政支持,积极与银行合作以期获得较低贷款利息,多渠道筹集资金,避免产生因资金不足而影响工程进度情况。

相关成果主要有:分别与中交建融签订30亿元、建设银行福州分行签订10亿元、广发银行福州分行签订10亿元的融资授信协议(无担保);与中国开发银行采取"无追索权"保理融资模式,实现"表外融资",基准利率下浮9%;与广发银行福州分行合作,通过跨境直贷方式融入境外资金,基准利率下浮10%,实现降债(带息负债)降本。

通过福州市政府专项资金支持,拨款用于项目公司支付福州地铁2号线项目资本金投入、项目建设支出、项目贷款还本付息等;福州市财政承担总投资金额的41.2%,共计75.1亿元;在法律法规及政策允许范围内,在税收减免等方面给予项目公司优惠和支持。

探索职能协调统一的大部制是项目公司管理提升的战略选择。虽然大部制在项目公司内部的推广不会一步到位,需要逐步积累经验,更需要项目公司领导层身先士卒,走在管理提升的前列。总之,大部制在项目公司的深入实践需要本着科学、严谨的态度做好方案,明确大部门体制改革的目标和方向;充分考虑大部制体制推行的复杂性,克服部门各自为战的弊端,坚决避免大部制改革在与部门利益博弈的过程中半途而废。依赖这种自上而下、人人参与、科学规划、目标明确的制度体系,为福州地铁2号线项目管理提供可靠保障。

5.1.2 指挥部总控管理模式的探索与创新

在福州地铁2号线项目施工过程中,存在项目公司管理人员不足、工点较多、安全质量管理难度大、技术管理任务重等诸多影响施工进度的因素。项目公司领导在经过深入施工现场充分调研,并广泛征求员工意见的基础上,针对这些因素,做出调整管理机构,改善管理短板,实行"东西现场指挥部"制度,如图5-2所示。

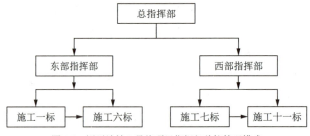

图5-2 福州地铁2号线项目指挥部总控管理模式

"东西现场指挥部"作为福州地铁2号线项目现场施工总控中心,对施工进度实行统一领导、统一组织、统一协调的"三统"控制,全面形成"一岗多责""齐抓共管"局面。指挥部总控管理模式的推行,进一步加强了现场一线监督和检查的力度,提高了工作效率,有效地促进了各标段的施工进度。

1)集思广益,应用"并行工程"理念

并行工程是近年来工程建设领域中兴起的一种新型企业管理哲学。这一管理理念和设计方法被项目公司应用于福州地铁2号线项目指挥部总控管理模式中,它要求项目公司从动工至项目交付,就考虑项目施工建设期间的所有因素,包括质量、成本、进度计划及业主需求。

并行工程是以缩短设计时间、降低成本为目标,以整个施工建设过程为研究对象,以计算机辅助应用为研究手段,以协调的团队精神为核心,强调人与对象之间一体化、系统化协同工作的思想集成和方法论。不过需要注意的是,并行工程并非要求所有的工作都同步进行,而是强调工作的开展要并行有序,尊重项目建设的客观规律。随着对并行工程研究的不断深入,这一模式以其优良特性越来越多的引起学术界及工程界的广泛关注,并行工程在福州地铁2号线项目中的应用主要有以下几个特点。

(1)并行性。

并行性是并行工程的主要组成部分,是对项目管理及其相关过程进行并行处理,是一种并行化、一体化及系统化的管理模式。并行工程强调项目在建设过程中,形成多个子项工程互相协调、齐头并进的局面,从而节约时间,提高工作效率。

(2)集成性。

并行工程是一种系统集成方法,是以信息集成为基础,逐步向项目建设过程集成的方向发展。并行工程集成性的特点主要体现在信息集成、人员集成和过程集成。

(3)分布性。

由于项目的建设由政府、企业、社会及居民等多个方面的人员、机构参与,他们之间存在组织、地域和时间的分布性。因此,需要营造出一个共商共建、统筹管理、利益均衡的施工环境,将他们从功能上组成协调统一的整体。

(4)渐进性。

并行工程下的项目管理是一个渐进过程,可行性评估、建设方案、预期功能、项目施工、项目验收及投入试运营等每一个环节都在建设工程中不断完善和充实。随着项目的持续推进,合理调整时间安排,保证施工进度的不断拓展与细化。参建单位示意图如图5-3所示。

2)规范流程,进度问题高效解决

为进一步规范福州地铁2号线项目进度总控工作,确保信息的快速、高效流转,及时协调解决制约进度推进的各类问题,项目公司研究制定了福州地铁2号线项目进度总控相关管理流程。具体工作流程主要包括信息审核上传流程、进度总控报告编制流程、进度检查控制流程及进度问题协调调度流程等,如图5-4所示。

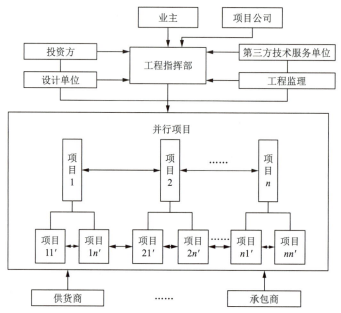

图 5-3 参建单位并行建设示意图

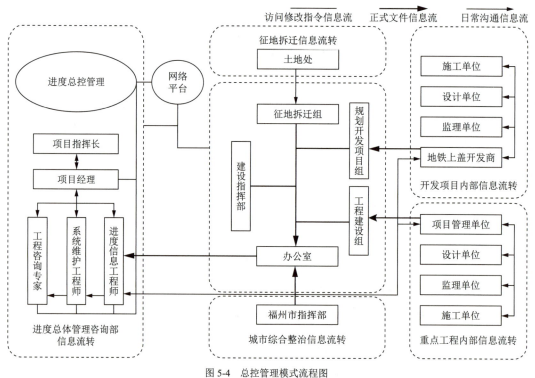

图 5-4 总控管理模式流程图

（1）进度信息审批上传流程。

由各工程项目管理单位负责收集、汇总进度信息，经指挥部工程建设组和办公室审核后，每周五 17:00 前发给工程管理部，标段项目经理部负责上传至进度总控平台，具体流程如图 5-5 所示。

（2）进度检查控制流程。

根据指挥部相关工作制度，指挥部每周会派出工作小组随机巡查施工现场，重点核查各项目进度信息上报情况、工程进展情况以及影响工程进度的相关问题。工程管理部每月末组织人员对福州地铁 2 号线各标段进行进度检查与考核，根据考核结果实施奖惩。

（3）进度问题协调调度流程。

指挥部每月组织召开调度会议，协调解决影响福州地铁 2 号线项目进度的关键问题。首先由单位根据本月工程推进情况，梳理总结制约项目进度的关键问题，上报办公室审核；然后上报至指挥部调度会议研究决策；最终由工程建设根据指挥部调度会议决议，进行跟踪督促落实，具体流程如图 5-6 所示。

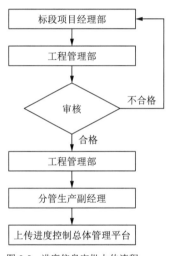

图 5-5　进度信息审批上传流程

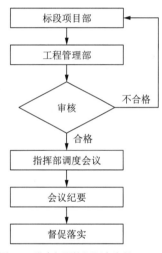

图 5-6　进度问题协调调度流程

3）阶段验证，工程进度稳步推进

"东西现场指挥部"管理模式，经过逐步的推行，"一岗多责"及"齐抓共管"等理念逐渐被大家所认同与接受，优势不断显现。指挥部成员积极沟通，配合协作更加密切，工作效率逐渐提高，新型的工程部管理团队已然形成，基于并行工程思想的指挥部总控管理模式在福州地铁 2 号线项目中得到良好地实践与应用。

工程项目建设总体进程详见 1.1.3 节。

4）编制报告，量身打造进度举措

项目公司定期收集福州地铁 2 号线项目各项目周、月、阶段进度计划和实际进展情况，以及制订出图计划和到位情况、招标采购计划和进场情况、材料设备进场计划及完成情况等信息。同时组织专业团队每周定期巡查施工现场，掌握第一手资料。项目公司每半月编制一期进度总控报告，重点分析各项目进度总体情况及存在问题，提出完善建议。重点分析内容主要包括以下六个方面。

（1）各标段项目部制订的周、月计划和施工单位制定的周、月计划是否满足东西指挥部总进度节点计划要求。

（2）各级进度目标的制定是否合理可行，各项工序之前、专业之间交叉施工如何解决，是否存在断链问题。

（3）各级施工进度计划与招标采购、设计出图计划等是否协调一致。

（4）编制各级进度计划时，不利因素是否考虑到位，是否预留充足的调整时间。

（5）施工单位组织管理及前期准备是否到位，人力、财力及物力能否满足进度要求。

（6）每周实际进度情况的对比分析，通过横道图将实际进度与计划进度进行对比分析，找出进度滞后项目，分析原因，提出措施和办法。

编制进度报告为福州地铁2号线项目的进度制订了详细规划，使得项目公司在福州地铁2号线项目的建设过程中，更易于发现影响进度的薄弱点与要害点。在项目逐步推动过程中，项目公司摸索出了适合自己的进度追赶模式与方法，其中，"百日攻坚"行动就是一次成功的探索与实践。

"百日攻坚"行动时间为2016年8月23日至12月31日，福州市共涉及建设项目460项和征拆项目269项。其中，中国交建承建的福州地铁2号线项目涉及上街站、金祥站～祥坂站区间及鼓山站西段拆迁交地工作。

项目公司高度重视此次"百日攻坚"活动，积极响应，自觉地将思想和行动高度统一到福州市委、市政府战略决策部署上来，全线参建人员在攻坚战中发扬"马上就办，真抓实干"的优良传统，坚持问题导向、瞄准攻坚目标、明确时限责任、超前科学谋划、强势推进工作步伐，使得各项任务紧张有序推进。如图5-7所示的行动口号激发着每一个人的昂扬斗志。

图5-7 南门兜站竖起"百日攻坚"行动口号

中国交建紧密围绕"赛进度、赛质量、赛创新、赛安全、赛服务"的"百日攻坚"中心内容，以增强"等不起"的紧迫感、"慢不得"的危机感及"坐不住"的责任感，公司全体员工团结一致、众志成城，全面掀起大干快上的建设热潮。图5-8所示为标段人员在集体宣誓的情形。

第 5 章 和谐项目过程管理

图 5-8 "百日攻坚"宣誓

福州地铁 2 号线项目以"百日攻坚"为契机,掀起大干热潮,各参建局加大资源配置,高峰时期全线投入大型机械设备 259 台,施工作业人员高达 4224 人,各项工程建设取得了显著成效,多个节点提前完工:"百日攻坚"劳动竞赛计划产值 7.18 亿元,实际完成产值 8.34 亿元,完成计划 116%,超额完成 1.16 亿元;桔园洲站土方开挖比计划提前 8 天完成;上街站盾构始发井段主体结构提前 12 天完成;西洋站基坑主体结构封底提前 15 天完成。至 2016 年 12 月 31 日"百日攻坚"行动结束之日,全线 20 个车站全部进行主体结构施工,其中,6 个车站封顶,7 个车站主体结构施工,3 个车站围护结构施工,17 台盾构下井,其中,10 台盾构始发;下院车辆段、竹岐停车场全面开工。

5.1.3 进度绩效考核模式的探索与创新

绩效是指建设项目的成绩和效率,是项目建设成果的综合反映和体现。对地铁 2 号线项目的时间管理采取绩效考核模式,并不仅是为了赶进度实现项目的工期、成本及质量三大目标,而且更要兼顾社会、经济、文化及生态环境等各个方面的和谐统一,达到地铁建设公益性、服务性目标。

福州地铁 2 号线项目进度绩效考核是指由考核目标、考核组织、考核模式与方法、考核制度与流程及考核过程等方面内容构成的一整套的管理体系。对进度绩效进行考核,即是在项目建设过程中运用数学、管理学、统计学及计算机等理论与方法,采用特定指标体系,对照统一的评价标准,按照一定的程序,通过定量定性对比分析对工程项目在一定时期内的工期进度、工程质量、管理者成绩等做出客观、公正的综合评价。

1) 成立进度绩效考核领导小组,精准定位部门职责

项目公司成立进度绩效考核领导小组,全权负责项目进度绩效考核工作。领导小组组长由项目总经理担任,组员由技术质量、合约预算、安全环保、工程管理、财务会计及办公室

等部门组成,如图 5-9 所示。进度绩效考核小组的基本职责是分析、制定、修订、审核及实施考核办法,对福州地铁 2 号线项目的进度考评并出具考核报告交于总经理审定。

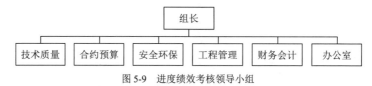

图 5-9 进度绩效考核领导小组

(1)工程管理部门依据施工承包合同及工程项目基本管理制度,提出项目完成产值、工期及执行公司项目基本制度管理情况的考核意见。

(2)财务部门根据项目决算报告、核定考核期项目成本核算的真实性,提出项目财务成本盈亏、资金上交、债权债务、财务核算和管理考核意见。

(3)安全环保部门提出项目安全及环保指标完成的考核意见。

(4)技术质量部门对全线工程质量负责,培养技术人才,解决施工技术难题,提升工程质量。

(5)办公室负责具体的考核通报,监督检查,并督促各单位具体实施。

(6)合约预算部负责对各标段乃至全线项目成本核算,及时与业主沟通协调相关验工计价问题。

绩效考核工作由工程管理部牵头,相关部门全力配合,项目经理部负责协调工作。考核办公室提出考核工作安排,经批准后确定考核人员名单与具体实施计划,组织深入施工现场实地考核,审核汇总考核情况,出具进度绩效考核报告,由项目公司召开会议对报告进行审定。

2)进度绩效考核具体内容

进度绩效考核内容及方法见表 5-3。

进度绩效考核内容及方法　　　　　　　　表 5-3

序号	考核内容	分值	绩效标准	考评标准和方法	考核部门	得分	
						扣分	实得
1	策划准备阶段	100			工程管理部		
1.1	对总包合同的学习、分析	10	项目经理部应对承包合同工期条件进行分析,并制订应对措施	未分析扣 10 分,未制定应对措施扣 5 分	工程管理部		
1.2	开工手续符合情况	10	规划许可证、消防安全审核意见书、施工许可证等开工手续齐备	具备办理条件的,开工后一周内办理完相关开工手续。否则规划许可证、消防安全审核意见书、施工许可证等手续缺 1 项扣 5 分	安全环保部		
1.3	施工承包合同签订情况	10	施工前签订承包合同	未签订承包合同就进场施工扣 10 分,特殊情况除外	工程管理部		
1.4	开工须经项目公司及市地铁集团审批	5	开工前将开工报告单上报工程部	未经审批私自开工的扣 5 分	工程管理部		

续上表

序号	考核内容	分值	绩效标准	考评标准和方法	考核部门	得分扣分	得分实得
1.5	施工管理策划汇报材料的编制	10	（1）开工会议后15天完成项目策划材料的编制并报项目公司工程部审核；（2）项目策划按模板要求内容全面并满足施工管理要求	（1）编制上报完成时间晚一天扣1分；（2）内容缺少一项扣5分，策划不符合要求每项扣2分	工程管理部		
1.6	工程开工时间有效性	10	工程开工时间与合同约定不一致时应在工程正式开工后一周内完成监理、项目公司、市地铁集团开工日期的签认工作	拖延一天扣1分	工程管理部		
1.7	施工总进度计划编制情况	15	（1）总进度计划及审批表开工15天内利用进度信息系统或文本报工程部，计划说明中必须有针对合同中可顺延工期情况的分析；（2）过程中应编制季度、月、周进度计划，对总进度计划进行分解。季度和月计划应报监理审批通过，周进度计划留存记录；（3）客观原因实际进度与进度计划产生偏差的，已经有监理、市地铁集团、项目公司签认的工期延误单，需及时调整施工总进度计划；（4）应在开工后一个月内根据合同按总进度计划编制产值计划	（1）总进度计划审批延误一天扣1分，未分析合同工期顺延情况扣5分；（2）过程中未编制季度、月、周进度计划每次扣5分，计划应报监理审批但未报监理签字认可每次扣5分；（3）需要但没有调整施工总进度计划扣5分；（4）拖延一天扣1分	工程管理部		
1.8	机械设备筹划管理	5	（1）施工前制订机械设备使用计划，签订设备租赁合同，并保证在施工前完成机械设备的安装与试运行；（2）保证机械设备的手续合规性；（3）制定机械设备不满足要求的应急救援预案	（1）大型设备进场前，签订租赁合同，缺一份合同扣5分。使用前30日制订大型机械设备使用计划，每延误1天扣0.5分，计划调整后，应及时修改有关方案和计划，并注明调整原因，否则扣1~2分。进场前1天协调有关方，监督主要施工设备的安置、保护，使用前1天安装、调试完毕，每延误1天扣0.5分；（2）应当备案未履行备案手续扣5分；（3）未编制扣2分	安全环保部		
1.9	劳务及分包策划管理	10	（1）分包单位进场前招投标手续齐全，合同齐备；（2）开工前劳务管理机构健全，职责分工明确；（3）进场前做好合同备案和施工人员备案；（4）选用分包单位招投标前7天报合约计划部拟选投标队伍名单	（1）劳务分包、专业分包进场有一项未按要求招标扣10分，未签订备案合同或合同施工内容与劳务企业和分包企业的资质不相符扣10分；（2）未建立劳务管理小组扣3分，职责不明确扣2分；（3）具备条件而合同备案和人员备案未做一项扣5分；（4）未上报拟选投标队伍名单扣3分，每拖延一天扣1分	合约计划部		
1.10	项目经理部进度绩效指标分解情况	5	项目经理部应把进度绩效指标分解到管理人员，且指标分解责任人和权重合理	未对进度绩效指标分解扣5分，指标分解责任人和权重不合理每项扣1分	工程管理部		

续上表

序号	考核内容	分值	绩效标准	考评标准和方法	考核部门	得分	
						扣分	实得
1.11	现场文明施工策划	10	(1)项目经理部应编制分阶段（基础、结构、结构装修、装修）现场平面布置图，并按布置图进行现场规划和布置； (2)有责任区划分，且职责明确； (3)项目经理部应编制有成品保护方案； (4)编制有现场临水、临电施工方案； (5)生活区有专人管理,制定和下发有生活区的相关管理规定	(1)缺少现场总平面布置图扣5分，平面布置图内容不全缺1项扣1分，现场做法与平面布置图不一致，每项扣1分； (2)责任区未划分扣5分，职责不明确每处扣2分； (3)未编制成品保护方案扣5分； (4)缺少临水、临电方案每项扣5分； (5)生活区未有专人管理扣5分，管理规定未制定下发扣5分	安全环保部		
2	过程实施阶段	200					
2.1	策划管理的持续推进	20	(1)合同条件或现场情况与策划发生变化的,需对原策划管理内容进行重新策划； (2)对施工过程中原策划方案执行情况进行分析,不能满足施工需求的制定改进方案	(1)未重新策划扣20分； (2)每项未分析扣10分,未制定改进方案每项扣5分	工程管理部		
2.2	机械设备保证情况	30	(1)机械设备应日常检查、维护保养并留存记录,机械设备运行要留存记录； (2)机械设备确保进度按计划实施； (3)自购机械设备达到报废年限的按规定进行报废处理； (4)按月完成机械设备租赁合同的结算工作	(1)未对机械设备进行日常检查,未及时进行维修保养,未留存相应记录每项扣3分；未留存机械设备运转记录扣每项3分； (2)机械设备故障造成进度延后每次扣5分,一次影响超过3天扣10分； (3)继续使用报废机械扣10分,未按规定处理每次扣5分； (4)按合同结算时间拖延一天扣2分,扣完为止	安全环保部		
2.3	人力资源保障情况	40	(1)确保分包单位不发生劳务纠纷； (2)分包单位进场后必须建立施工人员花名册,并及时对花名册进行更新,花名册与现场人员应一致；按月留存考勤表和工资发放表；确保施工现场施工人员稳定； (3)分包单位负责人与管理人员全部持证上岗,且与投标时一致； (4)甲方直接分包队伍进场后应及时签订现场管理协议； (5)项目经理部必须履行总承包管理,对业主或项目公司直接分包单位的施工进度、质量、安全文明施工负责； (6)分包单位按月进行评估,评估记录真实有效	(1)发生分包单位聚众闹事被媒体曝光或被政府部门通报批评的,进度绩效考核指标否决,发生群体性事件未被曝光的进度指标中本项不得分； (2)每家分包单位进场后花名册未建立扣10分,未及时对花名册进行更新每次扣5分。现场抽检3人,与花名册不符合每人扣5分,未留存考勤表和工资表每次扣5分。工人流动性超过5%扣2分,超过10%扣5分,超过15%扣10分； (3)分包单位负责人和管理人员不在现场每人次扣5分,与投标不一致扣3分； (4)甲方直接分包单位进场后未签订现场管理协议扣10分； (5)甲方直接分包队伍不能满足现场施工需要,项目未有处理措施扣10分,有免责条款的除外； (6)缺少一次评估扣5分	合约计划部		

续上表

序号	考核内容	分值	绩效标准	考评标准和方法	考核部门	得分扣分	得分实得
2.4	现场保障情况	30	(1)现场周围封闭,围挡材质符合政府规定;"四区"(施工区、加工区、办公区和生活区)有条件分离的必须分离; (2)现场主要道路必须进行硬化,排水通畅,材料码垛有序; (3)楼内施工现场工完场清,垃圾集中分拣,现场设垃圾站; (4)项目经理部每周对现场检查并留存记录,检查有问题记录,有整改措施及责任人和效果反馈; (5)现场成品保护与方案一致; (6)现场标识标牌、中国交建手册; (7)临水、临电保障现场施工需求; (8)生活区管理满足项目公司、市地铁集团劳务管理相关规定	(1)现场周围没有封闭扣10分,材质不满足政府规定扣5分;"四区"有条件分离而没有分离扣10分; (2)现场没有排水措施扣5分,主要道路没有完全硬化扣5分,现场给水没有及时清理扣3分,材料码垛混乱每处扣3分; (3)楼内每处垃圾没有集中清理扣5分,没有工完场清每处扣5分,现场没有垃圾站扣10分; (4)每周现场检查记录缺少一次扣5分,记录没有整改措施、责任人和效果反馈的每项扣2分; (5)现场有一处成品保护不到位的扣3分; (6)与中国交建手册一处不符合扣5分; (7)临水、临电不能满足施工需求每项扣10分; (8)发现一处不符合规定扣3分	工程管理部		
2.5	进度管理过程检查	30	(1)应有周计划和月计划执行情况分析,并在进度信息系统上报; (2)定期召开工程例会,对施工中存在的问题提出整改措施并落实; (3)每月26日前将计划于计价统计表(包括施工人员动态报表)报工程部;如在本期报表时不能报上月甲方签认的计价单应提前说明原因	(1)周计划和月计划未分析一次扣5分,未上报一次扣2分; (2)未建立工程例会制度扣10分,现场存在的问题没在例会中提出整改措施每项扣3分,制定措施没落实每项扣3分; (3)计划于计价统计表上报每延误一天扣3分,表示不全一项扣3分,内容不符合要求扣3分,未报上月甲方签认的计价单并未说明原因扣5分	工程管理部		
2.6	工期延误单签订情况	20	客观因素影响进度后再合同约定有效期内由项目部向甲方发文,有证明项目公司、市地铁集团签收文件的证明材料	客观因素影响进度后在有效期内项目部未向甲方发文或发文没有留存签收记录每次扣10分	工程管理部		
2.7	停工合规性情况	20	客观因素影响,工程需要停工的须报项目公司、市地铁集团审批后实施	未经审批私自停工扣20分	工程管理部		
2.8	项目部自我评价	10	项目经理部必须每月对进度指标进行自我评价,并留存评价记录	考核期内未进行自我评价扣10分,记录每缺少一个月扣5分	工程管理部		

3)进度绩效考核具体措施

(1)节点考核

①检查。

项目公司建立项目进度管理内部检查制度,工程管理部通过不定期现场巡查、月底专项检查等方式,随时了解各个参建单位的生产动态,必要时下发工作联系单或通报,责令限期整改。

项目公司及各标段项目经理部负责进度管理的人员应建立进度管理QQ群和微信群(QQ群上传电子文件,微信群通报日进度生产信息及实时信息),以形成工作上的集中管控。各标段设置专职人员负责每日、每周及每月进度的上报。

a. 进度日报包括各分部分项工程今日完成、开累完成、设计总量及影响生产的原因等内容。

b. 进度周报包括各分部分项工程本周计划、本周完成、完成比例、开累完成、设计总量及影响生产的原因等内容(统一表格)。

c. 进度月报包括各分部分项工程本月计划、本月完成、完成比例、开累完成、设计总量、下个月计划及影响生产的原因等内容(统一表格),月报须经项目公司总经理审核确认。

项目公司设置现场驻地代表,负责核实各标段施工进度报表的准确性。

②考核。

考核内容包括分部分项工程量和工期节点,不同时期侧重点不同。项目初期,重点考核设定的开工工期节点和主体工程主要分部分项工程量(例如,围护结构及基底加固等);项目中期,重点考核关键工期节点(例如,车站封顶、盾构始发及盾构接收等)和主体工程主要分部分项工程量(例如,车站结构及区间掘进长度等);项目后期,重点考核各专业接口交接节点(例如,设备房移交时间等)和附属工程分部分项工程量(例如,围护结构及结构板等)。

工程管理部根据标段上报的月报,汇总形成《月计划与完成情况对照表》。月底专项检查比对《月计划与完成情况对照表》,核查实物工程量作为最终的考核参考依据。

为检查考核数据中错误,进行月度完成及开累完成的综合统计,形成以册概算为基础的《产值统计表》。如出现偏差,以开累完成数量为确认数量,核减上月开累完成数量作为本月完成数量(即本月完成 = 本月开累 − 上月开累)。

(2)产值考核

①检查。

根据实际确认的本月完成数量,代入《产值统计表》,计算本月完成产值(本月完成产值 = 本月完成数量 / 设计数量 × 概算总价)。计划与完成考核标准及尺度保持一致。

②考核。

通过《产值统计表》中完成产值占计划产值的比例进行考核分级,考核分为 6 档:60%(不含)以下;60%(含)~80%(不含);80%(含)~90%(不含);90%(含)~100%(不含);100%(含)~120%(不含);120%(含)以上。

4)进度绩效考核综合反馈

绩效考核反馈是绩效管理的重要环节。在这一环节对考核有异议者可以做出书面报告,反馈至绩效考核小组,或者与绩效考核小组进行当面沟通。通过相互之间的有效沟通,绩效考核小组为被考核部门及个人指出工作中的不足并加以改进,形成对考核结果的一致认可,并且帮助部门及个人指明下步工作方向。

需要明确的是绩效反馈应该是经常性的,而不仅仅是阶段性的,或者流于形式的谈话,应该在绩效考核的周期内发现问题就可以与考核小组进行沟通反馈。为了体现考核的公平性,绩效反馈面谈时将谈话重心放在被考核部门及个人的工作绩效上,无关的话题如部门内部情况、员工个性习惯等不做过多提及。在考核中以工作绩效为基础,避免出现因人而异情况的出现。

自我反馈是绩效反馈中容易被忽略的一点。项目公司每一名员工都是福州地铁 2 号线项目的积极参与者与贡献者,是项目公司的主人翁,员工有权利将自己的疑惑、想法和意见充分表达出来,这将有效地发挥员工的主观能动性,减轻管理人员的工作负担。

5.2 成本管理

福州地铁 2 号线项目成本管理就是在保证满足工程质量及工期等合同要求的前提下,在项目实施过程中,项目公司通过计划、组织、控制和协调等活动实现预定的成本目标,并尽可能地降低成本费用的一种科学的管理活动。

成本管理目标的实现包括:①能够在既定的公司规模、技术条件及质量标准条件下,通过降低消耗、提高劳动生产率及合理的组织管理等措施降低项目公司的企业成本,增加企业效益;②在激烈市场竞争环境下,为取得竞争优势,中国交建要采取诸多的措施,这些措施通常需要成本管理予以配合,从而在实施企业战略的过程中引导企业走向成本最低化。

为实现福州地铁 2 号线项目成本管理目标,项目公司在不断摸索中付出了不懈努力。首先,通过银行贷款、政府沟通及项目融资等多渠道筹措资金,在保证资金正常运转的同时,以"两个中心"为支撑,实现资金使用的有效监督;其次,落实施工建设期间一体化成本管理模式,做好成本预算、成本计划、成本核算及成本考核等每一环节的工作,以阶段性目标的实现保证该模式的日趋完善;最后,规范财务审核与支付审核流程,明确资金动向,严格资金动态管控标准,使项目的财务系统更加透明、完善、规范。

5.2.1 成本筹措和监督方案

1)降低资金筹措成本的合理策略及有效途径

项目公司筹资成本的多元化进程决定了自身需要降低筹资成本。福州地铁 2 号线的施工建设资金来源不仅仅依靠项目公司本身,还需要福州市政府财政支持、银行贷款、项目融资等多渠道的资金保证。项目公司为提高施工效益,实现财务目标,必须以较低的成本来进行资金的筹集。因此,通过对筹资对象、筹资方法、筹资期限进行选择,从而降低资金筹措成本。

(1)通过成本预算,精确预测资金流量

中国交建在竞标福州地铁 2 号线项目之前,综合考虑其环境成本、社会成本及资金成本,并对比福州市已建及在建轨道交通项目资金投入,对福州地铁 2 号线项目资金流量作出准确预测。最终,中国交建中标福州地铁 2 号线项目,承担其土建、装饰装修和风水电安装等施工任务,合同额 71.1 亿元——这十分接近 73.5 亿元的预算目标。

(2)强化保障能力,多渠道筹措资金

中国交建通过"总经理部"形式有效运作,实际用 3 亿元解决 10 亿元资本金;与中交建融签订30亿元、中国建设银行福州分行签订10亿元、广发银行福州分行签订10亿元的融资授信协议(无担保);与国家开发银行采取"无追索权"保理融资模式,实现"表外融资",基准利率下浮9%;与广发银行福州分行合作,通过跨境直贷方式融入境外资金,基准利率下浮10%,实现降债(带息负债)降本。

(3)与政府积极沟通,获得财政支持

为推进轨道交通项目建设的顺利实施,保证轨道交通项目的资金需求,福州市政府设立轨道交通建设发展专项资金,对轨道交通项目施工企业给予财政支持。另外,根据轨道交通线路规划以及跨区域建设项目资金分摊机制,各县(市)区按各自境内里程数占比承担轨道交通建设、还本付息和运营补亏资金。

中国交建与福州市政府积极寻求合作,不断磋商,并签订了一系列战略框架协议。通过福州市政府专项资金与框架协议支持,福州地铁2号线项目总投资182.27亿元,其中,资本金75.1亿元,占总投资的41.2%,由福州市财政承担;从专项资金内拨款,用于中国交建支付福州地铁2号线项目资本金投入、项目建设支出、项目贷款还本付息等;福州市政府在法律法规及政策允许范围内,在税收减免等方面给予优惠和支持,具体可采取一事一议方式协商。福州市政府的财政支持,极大地缓解了中国交建资金筹措压力。

(4)合理进行税收筹划,减轻自身成本负担

在税务管理方面,不能仅依靠于福州市政府在税收方面给予的政策支持,中国交建从自身入手,着力做好税收筹划相关工作。例如,成立资金税务管理中心,提高税务人员的综合素质;建立健全风险管控机制,积极应对税务风险;聘请税务事务所,消除过去经营活动所隐藏的税务风险。

2)通过"两个中心",实现对使用方案的有效监督

"两个中心"是指资金税务管理中心与成本控制中心,这是中国交建基于最新大型项目管理理念"集中管控+穿透管理+信息化手段"搭建的项目管理平台中的两个部分。这两个中心负责中国交建资金管理、税务管理及成本控制等相关工作,协调各方利益,使中国交建资金整体运营效率提高,降低资金运行成本。通过产生协同化的整合效应及对使用方案的有效监督,使资金在中国交建业务范围内达到最优配置的目的,最终实现公司财务管理目标。

(1)资金税务管理中心

按照中国交建推进财务共享管理要求和布置,项目公司统筹做好将全线各单位会计核算纳入中国交建直属项目财务共享中心工作。纳入共享中心,一方面提升了福州地铁2号线项目标准化会计核算,降低了财务风险;另一方面增强了项目公司对全线的财务监控能力。目前中交总承包公司暨机电局成立福建财务共享管理中心,集中资源,进一步提升了福州地铁2号线项目财务管控能力。

(2)成本控制中心

按照中国交建统一安排,项目公司编制完成了项目标后预算,上报了2015年四季度、2016年上半年经营活动分析报告,并对全线钢材、商品混凝土、土方外运、地连墙分包及地

基加固等重点分项进行单价成本的综合监控。下一步将根据施工进展情况,适时分期进行有针对性的成本监控、预警;项目正按中国交建要求对项目总成本进行全面动态管控。

引进内部企业促进管片谈判,降低管片预期成本。项目公司组织各标段与招标文件中指定的当地两家管片厂进行了充分的对接、谈判,极大地降低了管片厂的预期价格。同时通过与市地铁集团的充分沟通,让中交三航局厦门管片厂参与了管片的生产供应,既引进了中交品牌,也打破了管片供应垄断,形成了良性竞争的局面,极大地降低了管片成本。

规范资金管理,防范资金风险,需要制定完善的资金管理制度。项目公司根据福州地铁2号线项目实际情况,在征求各参建单位意见的基础上,制定切实可行资金管理办法,并强化制度的执行力,提升资金管理绩效。同时细化标段工程款支付安排,包括工程预付款的支付及扣回。为提高资金使用效率,防止资金被挤占、挪用,项目公司依据资金管理办法,采取有效监管措施。除定期、不定期现场核查外,通过中国交建财务共享信息平台随时监控各标段资金流入流出情况。各标段资金集中支付上级公司相关款项,必须经由项目公司财务负责人签批同意。项目公司做好融资工作同时,加强工程款收取力度:一方面,积极与业主做好沟通对接,确保了每期工程款及资金成本及时到位;另一方面,借力融资合作行,加快工程款回收。

5.2.2 施工建设期的"全面成本控制"

施工建设期的全面成本控制是指项目公司在福州地铁2号线项目建设期间,所有过程中发生的全部成本、成本形成的全过程、企业内所有员工参与的成本控制。

项目公司围绕成本最小化这一目标,根据自身的具体实际和特点,建立了管理信息系统和成本控制模式,确定以成本控制方法、管理重点、组织结构、管理风格及奖惩办法等相结合的全面成本控制体系,实施目标管理与科学管理结合的全面成本控制制度。

1)明确成本囊括元素,成本组成一目了然

福州地铁2号线项目的整个施工建设周期成本由资金成本、环境成本及社会成本构成。对于此类城市交通项目,对生态环境和人文社会造成巨大的影响,必须把环境成本和社会成本摆在首要位置。

(1)环境成本

福州地铁2号线项目的建设必须遵循保护环境、与自然和谐相处的原则。《中华人民共和国环境保护法》《建设项目环境保护管理条例》《中华人民共和国环境影响评价法》等法律法规约束着项目的开发必须走可持续发展之路。这就从法律层面要求企业在进行项目开发建设时,需要分析、预测和评估项目对环境所造成的影响,制定相应的措施把对环境造成的负面影响降到最低并进行技术、经济论证,并对环境影响进行经济损益分析等内容。

(2)社会成本

社会成本是指福州地铁2号线项目从项目构思、建成投入使用至后期维护的全过程对社会的影响。根据社会成本的定义可知,这种影响具有两面性。一方面,如福州地铁2号线项目建设可以增加就业率,带动地方经济,创造税收,此为正面影响。另一方面,因施工建设导致大规模人员流动,增加社会的不安定因素,将增加社会成本,此为负面影响。

(3)资金成本

资金成本是指在福州地铁2号线项目整个生命周期内资金投入的总和。资金成本主要包括:购买工程建设各种设备的费用(盾构机、特种车辆及电器设备等)、用于支付施工人员劳动报酬的费用等,按照确定的建设规模、建设标准、使用要求、技术要求等全部建成并完成验收,最终交付使用所需的全部费用。

2)阐明成本失控隐患,及时发现问题根源

福州地铁2号线项目具有一次性投资大、运营维护成本高、社会效益好而自身经济效益差的特点。在中国交建首次开展地铁项目施工建设的背景下,进一步加强成本构成和计算模型的研究,提高投资决策的科学性,降低福州地铁2号线项目建设成本,已成为中国交建在面临诸多成本失控隐患的局势下而亟须考虑的问题。福州地铁2号线项目成本失控隐患主要有以下五点。

(1)缺乏地铁施工经验。

中国交建在港口、桥梁、公路等基础设施建设方面有着丰富的经验,创造了诸多世界"之最"工程,如杭州湾跨海大桥、上海洋山深水港及港珠澳大桥等。福州地铁2号线项目是中国交建在城市轨道交通项目建设方面的一次大胆尝试,诸多的地铁施工经验需要依靠自身的摸索与积累。另外,福州地铁2号线项目一线管理人员平均年龄28岁,不乏一些刚毕业的学生,其自身专业素质及地铁建设管理水平还有待提高。综合这两方面因素,如果不抓好成本管理工作,势必导致成本的失控。

(2)成本控制主动性不强。

中国交建对福州地铁2号线项目施工全过程的参与贯穿始终,然而在实际的成本控制过程中,福州地铁2号线项目实施的各个阶段内部不仅有多个部门的参与,外部还涉及设计、咨询、勘察及监理等诸多单位。部门与部门之间、单位与单位之间需要衔接的工作量大,再加上信息沟通流畅,很容易造成相互之间管理不协调,进而导致福州地铁2号线项目施工各阶段成本管理出现脱节的情况。

(3)成本控制的片面性。

在实际工程项目建设过程中,许多企业往往只关注施工阶段的成本控制,忽略了其他阶段成本控制的重要性。项目公司内部这种思想也普遍存在,而且把成本管控的重点集中于材料设备的采购和施工过程的安全管理,试图通过降低项目材料、设备的采购成本及完善施工流程来达到预期成本管理目的。这一做法可能会忽视优化施工方案、使用节能减排设备器械、处理好与利益相关者之间关系等方面的成本控制,造成成本控制的片面性与局限性。

(4)征地拆迁成本高。

随着我国法律体系的不断完善,对个人私有财产的保护力度加大,城市的拆迁难度越来越大,拆迁费用占据了福州地铁 2 号线项目建设成本的很大比例。福州地铁 2 号线西起闽侯县苏洋站,东至晋安鼓山风景区入口处的鼓山站,而后继续向南至洋里站。线路连接福州市主要文教科研区、主要工业区、历史文化发展中心及大型居住区,这更增加了土地征用、拆迁安置的费用。如果不能协助做好征地拆迁方面的工作,不仅会使市政府、业主承担高额费用,还会引发沿线居民、企业的抵制。

(5)设计深度不够导致变更较多。

福州地铁 2 号线项目审批周期比较长,审批下来之后,中国交建上下为较快进入施工阶段,会催促业主与设计单位完成其自身工作。这一做法难免会存在设计缺陷,如在施工建设时会发现图纸与实际不符,导致大量工程量变化调整、工程设计变更及零星工程增加等,以至于成本管理出入较大。另外,为加快实现福州地铁 2 号线项目施工进度,"边勘测,边设计,边施工"的"三边"工程出现,更加剧了整个项目的成本管理难度。

此外,为加快施工进度而增加的费用、物价上涨增加的费用及人工成本增加的费用等,都是项目公司实现福州地铁 2 号线项目预期成本管理目标而需要考虑的方面。

3)创新成本管控模式,彰显新理念优越性

(1)全面成本控制体系的构成

降低项目成本是福州地铁 2 号线工程项目进行成本控制的最终目的,也是整个项目管理过程中最不容忽视的环节。降低成本的目标并不是孤立存在的,它只有与质量目标、进度目标、效率、工作量要求及消耗等相结合才更能凸显其价值。项目公司所采用的"全面成本控制"理论,所涉及的范围、人员及过程等相较于传统成本控制理论有了很大改善。全面成本控制体系主要由以下三个方面组成。

①全部成本控制。

全部成本控制是指项目公司在福州地铁 2 号线项目施工建设过程中对所耗费的全部成本进行严格监督和控制,这不仅要对直接成本进行控制,同时也要对间接成本进行控制。

②全过程成本控制。

全过程成本控制是指项目公司及各标段项目经理部在福州地铁 2 号线项目建设过程中,对设备采购、材料选择、人力资源配置及施工方案优化等方面所产生的成本进行控制。从时间控制上看,可以把全过程成本控制分成事前控制、事中控制和事后控制三个阶段,事前控制是指通过对轨道交通项目建设的发展做出预测,整理收集信息,然后做出判断并制定目标和计划;事中控制是指在施工建设过程中对耗费的成本进行控制;事后控制是指把福州地铁 2 号线项目与福州市乃至全国范围内的地铁项目做对比,分析成本控制孰优孰劣,查找原因并纠正偏差的过程。事中控制是事前控制的具体实施行为,是对事前控制目标值的有效保证,事后控制既是对事中控制的综合反映,又是对事前控制目标值预测程度的检验,三者是相互联系、相互制约的有机控制整体,既要突出重点控制,又要狠抓全程控制,强化全过程控制的广度。

③全员成本控制。

全员成本控制是指发动项目公司各标段管理人员、分仓、班组、工人树立成本意识,参与成本的控制。成本是一项综合性的指标,涉及设计、技术、采购及管理等各项工作,项目公司认识到要真正达到成本控制的目的,必须调动和组织企业内部全体员工的积极性,为此建立了经济责任制,把企业的专业成本控制工作和群众性成本控制工作结合起来,上下联系,明确每个员工、每个部门在成本控制中的职责。各项费用定额、费用开支标准、成本目标和降低成本的措施,广泛发动全体员工讨论,使成本控制工作成为全体员工自己的工作职责,并付诸行动。

(2)全面成本控制理论的优越性

传统成本控制理论已不能很好地满足当代项目成本管理的需要,基于财务报告视角下的成本管理系统,对外财务报告需要遵循具有法律强制性的审计、会计、税务等制度约束,以至于成本信息的服务对象定位于外部使用者,而非内部管理者。内部管理者所建立的成本管理系统由于资源的限定,并不能全面地解读项目实施过程中的成本信息,难免会产生成本失控、决策失误的不良局面。基于市场、生产者生命周期视角下的项目成本控制,忽视了项目在移交后的运营和维护成本。

与传统成本管理观念相比,全面成本控制在深度、广度和指导思想等方面有了很大的改变:实行相对成本节约;扩大了成本控制的空间范围;增大了成本控制的时间跨度;充分发挥成本控制的效能。福州地铁2号线项目全面成本控制理论有以下特点。

①从时间角度的跨度看,全面成本控制要求从福州地铁2号线开工伊始就考虑成本问题,它覆盖的范围广、涉及的时间长,对于项目成本来说也就更合理。

②从投资决策科学性来看,全面成本控制指导项目公司自觉地、全面地从福州地铁2号线项目最主要的施工建设阶段出发。综合考虑项目的融资成本和建造成本,从多个可行性方案中,按照施工成本最小化的原则,选择最佳的投资方案,从而实现更为科学合理的投资决策。

③从工程项目实施的角度看,在全面成本控制理论和思想的指导下,可以使施工组织方案的评定、工程合同的总体策划和工程施工方案的最终确定等更加合理。

④从环保和生态的角度看,这一理论指导人们在福州地铁2号线项目施工建设的各个环节上,通过合理的设计,采用节能节水的设施和符合国家标准的节约型环保材料。在成本最小化的前提下,达到环保和生态的目的,提高工程项目建设的社会效益。

5.2.3 "全面——一体化"成本控制机制

中国交建凭借多年丰富工程项目管理经验,并针对福州地铁2号线项目特点,项目公司创新性地提出了"全面——一体化"成本管理机制,如图5-10所示,即围绕全面成本控制体系的内容,以成本预算—计划—控制—核算—分析—考核为主线,全方位、多覆盖、一体化地实行对福州地铁2号线项目施工建设期的成本控制,以强有力手段及科学方法实现项目成本管理目标。

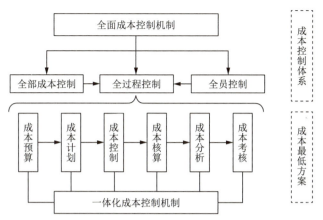

图 5-10 福州地铁 2 号线项目"全面——一体化"成本控制机制

1）成本预算是实现成本管理目标的基础

对于福州地铁 2 号线项目的成本预算是通过成本信息和施工项目的具体情况,运用定性分析和定量计算的方法,对未来的成本水平及其可能发展趋势做出科学的估算。进行成本预算,可以使项目公司及项目经理部明确管理目标,促使挖掘成本潜力,促使项目管理各环节积极参与,并在本环节实现自己的目标,履行自己的职责,为降低成本做出贡献。

（1）成本预算编制依据。

①《国家发展改革委关于福州市轨道交通 2 号线可行性研究报告的批复》（发改基础〔2012〕3532 号）；

②《城市轨道交通工程设计概预算编制办法》（建标〔2006〕279 号）；

③《城市轨道交通工程预算定额》（GCG 103—2008）（建标〔2008〕193 号）；

④《福建省建筑工程消耗量定额》2005 版（闽建筑〔2005〕16 号）；

⑤《福建省建筑装饰工程消耗量定额》2005 版（闽建筑〔2005〕17 号）；

⑥《福建省市政工程消耗量定额》2005 版（闽建筑〔2005〕18 号）；

⑦《全国统一安装工程预算定额福建省综合单价表》2002 版（闽建筑〔2002〕103 号）；

⑧《福建工程造价信息》2013 年 6 月；

⑨《福州市 2012 年建筑工程材料价格》《福州市 2012 年安装工程材料价格》；

⑩《2013 年第一季度福建省施工机械台班单价》；

⑪《福建省建筑安装工程费用定额》（2003 版）（闽建筑〔2004〕8 号）；

⑫《关于调整建设工程人工预算单价的通知》（闽建筑〔2011〕37 号）；

⑬《城市轨道交通工程费用取费标准（试行）》（闽建筑〔2010〕23 号）。

（2）成本预算要点。

在福州地铁 2 号线项目中,为避免把成本管理的重点过多放在施工阶段,而忽视了其他阶段的成本控制,中国交建从施工开始,从全局把握,全盘考虑,进行科学决策,从源头上控制福州地铁 2 号线项目成本。

①确定建设标准，节约建设成本。

福州地铁 2 号线项目的建设标准确定后，基本决定了整条线路的地铁建设规模、线路机电设备先进水平及车站装饰标准等，这对福州地铁 2 号线项目的成本管理起着决定性作用。

福州市政府及市地铁集团在确定建设标准时，紧密结合客流预测，根据合理的近期、远期客流预测结果进行决定；在满足功能要求的前提下尽量缩小车站规模，提高建设标准，不追求建造奇特；减少因沿线车站装修标准的改变给项目成本带来的不必要的负担，不追求奢华装饰；机电设备、通风系统、给排水系统及监控系统等以经济适用为原则。

最终，市政府、业主及规划部门确定福州地铁 2 号线项目全长 29.289km，均为地下敷设；共设车站 22 座，其中，6 座换乘车站；设区间 27 段，总长 23.639km，其中，明挖区间 4 段共 1.109km，暗挖区间 2 段共 1.095km，其余全部为盾构区间，共 21 个；设置竹岐停车场和下院车辆段。

②合理设计地铁线路，减少拆迁安置补偿、赔偿费用。

合理的线路走向，能够有效避免福州地铁 2 号线项目施工建设时产生的征地拆迁工作量及相应的拆迁补偿、赔偿费用。因此，选择合理的线路走向及线路敷设方式，确定车站分布及车站间距等，对降低福州地铁 2 号线项目成本具有重要作用。

项目公司协助业主、规划部门与设计、勘察及咨询等单位，对线路规划方案进行了细致分析，不断优化，确定了福州地铁 2 号线项目线路、车站分布及车站间距等。

2）成本计划是实现成本管理目标的重点

福州地铁 2 号线项目成本计划是以货币形式编制施工项目在计划期内的生产费用、成本水平、成本降低率以及为降低成本所采取的主要措施和规划的书面方案。成本计划建立于前期成本预算的基础之上，同时也是建立施工项目成本责任制、开展成本控制和核算的基础。成本计划一经批准，其各项指标就可以成为成本控制、成本分析和成本考核的依据。成本计划包括从开工到竣工所必需的施工成本，其工作重心集中于福州地铁 2 号线项目设计阶段与招投标阶段。

设计阶段，在业主的统一安排部署下，协调设计院通过优化设计方案与施工方案来控制成本是一个综合性问题。进行成本控制并不是要求中国交建减少融资，而是要依据项目的具体情况进行平衡和调节。以设计单位提供的工程初勘资料、施工图纸设计以及业主单位提出的要求等为依据，进一步优化福州地铁 2 号线项目建设标准、规模及功能，确定明挖、暗挖及盾构区间等，联合设计单位完善施工图设计等，为成本管理的顺利开展奠定基础。项目公司既鼓励采用先进的工艺和技术，又注重防止投资的扩大和超出，不能因为追求降低成本，而把新技术、新设备、新工艺在项目中的应用放在次要的位置。

福州地铁 2 号线项目属初步设计概算招标，在招投标阶段，招投标领导小组组织编制标书人员及相关专家，对此项目的地方环境、水文地质、技术标准、项目规模、概算水平及合同条件等因素进行了全面考察分析，重点对初步设计概算指标进行了分析，依据施工单位管理水平及人员设备的实际情况，对项目成本进行测算，并编制完成了此项目的成本计划报告，为项目公司部署下步工作提供了可靠的依据。

(1) 成本计划编制程序。

福州地铁 2 号线项目的成本计划先由项目部各部门提出部门成本计划,再由项目领导班子汇总,编制全项目的成本计划。项目成本计划的流程如图 5-11 所示。

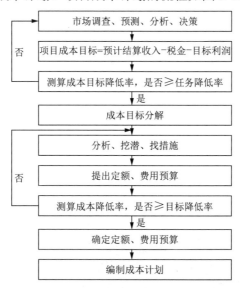

图 5-11　福州地铁 2 号线项目成本计划编制流程图

(2) 以施工预算法编制成本计划。

编制成本计划的关键是确定目标成本,这是成本计划的核心工作。福州地铁 2 号线项目不仅是一个大的工程产品,还可分为车站、区间工程及场段工程。其中,车站可分为主体结构、出入口及风道等多个单体工程。在对各分部工程进行目标分解后,在前期成本预算的基础上,初步确定福州地铁 2 号线项目成本计划。

施工预算法是按照施工图中的工程量,以施工定额为依据计算工料的消耗量,然后进行工料汇总,以货币形式确定工料成本。

3) 成本控制是实现成本管理目标的关键

作为福州地铁 2 号线项目成本控制的核心阶段,施工阶段成本控制体系的建立尤为重要。在招投标阶段报价工作的失误,可以通过施工阶段的成本控制管理得到调整改正,挽回损失。具体的成本控制措施如下:首先建立现场施工阶段成本体系,在制定好项目部成本控制整体目标后,下一步对成本目标进行分解,然后对项目成本费用各指标进行分析计算,落实到各个组织层次,明确各个部门的成本控制目标,各类指标分解到人。项目施工阶段成本控制体系如图 5-12 所示。

图 5-12　福州地铁 2 号线项目施工阶段成本控制体系

（1）施工方案的成本控制。

福州地铁2号线工程项目车站及区间多为地下工程,地质条件的复杂多变,给工程施工带来了不小的风险和难度。因此,在进行施工方案选择时,需要进行多方案比较、优化施工方案来达到缩短工期、节约成本、取得良好经济效益的目的。在此,以项目公司对福州地铁2号线项目地下车站施工方案的选择为例,来说明合理选择施工方案对成本控制的影响。

按照车站主体施工方式的不同,一般可分为明挖法和铺盖法。

①明挖法。

明挖法是直接在车站的外围先施作围护结构,然后直接进行开挖施工,如图5-13所示。明挖法适用于允许终端交通进行施工、周围场地足够大的情况。这种方法施工速度快、造价低,可以显著降低福州地铁2号线项目成本。

图5-13　明挖法施工现场

②铺盖法。

当车站位于比较繁忙而狭窄的繁华闹市区、跨越路口时,虽然无法提供明挖施工场地,但却允许短期中断路面交通时,铺盖法施工是一种有效方案,如图5-14所示。它能够保护周边环境、施工速度快、对路面交通干扰小,有效解决了在城市中心修建地铁车站的难题。同时,由于降低了环境成本,加快了施工进度,可以较好地完成成本控制工作。

图5-14　铺盖法施工现场

(2)人、材、机的成本控制。

①人工费控制。

项目公司认识到如果技术施工人员素质低、不能发挥主观能动性,那么观念上的落后会体现到施工过程中,从而导致劳动生产率低下,劳动力消耗增加,导致施工企业的效益降低。只有动员全体施工人员和管理人员树立竞争意识,提升工作效率,在项目施工过程中,才能为项目公司及各标段做好成本控制工作打下坚实的思想基础。

其次,从用工数量方面想办法,对劳动力费用实行量价分离,完成一个分部分项工程后,与清单报价中的预算用工数量进行比较,找出产生并分析偏差的原因,对劳动用工偏差加以调整。项目公司各施工阶段完成几个分部分项工程后,都同清单报价中的预算用工数量比较考核控制指标是否完成。对比节约用工数量,进而通过控制管理,降低了人工数量,以此降低了施工成本,增加了相应的效益。

②材料费用控制。

材料费用所占福州地铁2号线项目成本的比重最大,为65%~75%,材料费控制将直接影响整个项目的利润与项目成本。这就要求必须从材料价格、材料订购和材料用量等方面开展材料费用控制工作。

在材料订购时,采购部门会充分考虑资金的时间价值,使时间价值最大化,加快资金周转;合理确定进货批次和批量,尽可能降低库存。按照产品价格对材料进行ABC分类,对不同类型材料采用不同的采购方法和领料制度见表5-4。

材料种类划分表　　　　　　　　　　表5-4

管理分类	涉及物资	备注
A类	钢筋、型材、板材、管材及水泥等	
B类	锚具、支座、伸缩缝、防水材料、土工合成材料及装修材料等	根据实际情况,可增加纳入总经理部层级集采的物资,统一归入B类
C类	除以上A、B类以外的中国交建物资采购目录里的其他物资和集采目录外的物资	

项目公司为控制项目成本,在材料采购时,借助于发达的网络信息走向市场,对多家材料供货商的产品质量和价格进行比较。然后,建立合格供应商数据库,筛选出几家质优价廉的材料设备供应商,并保持长期友好合作关系。通过及时了解供应商设备、材料价格和种类的变化,做好成本控制应对策略。

项目公司在福州地铁2号线项目施工过程中认识到,材料用量的控制对成本控制具有十分明显的积极作用,为此,要求各标段着力做好以下工作:一是对班组实行限额领料制度,坚持按定额发放材料消费量,各班组只能在规定限额内分期分批领用,若超出限额领料,认真分析与定额的偏差,及时采取纠偏措施;二是在施工过程中提升现场管理水平,对材料运输进行科学管理,降低堆放、仓储、运输过程中的损耗,减少二次搬运,确保施工方案的合理性,把返工损失降到最低限度;三是在对工程进行功能分析、通过试验检测,某些材料可以进行相互替换,力求用价格低的材料代替价格高的材料;四是改进工艺工法,推广使用降低材料消耗的各种新技术、新材料、新设备及新工艺。

③机械设备费用控制。

项目公司根据工程量清单报价参考,定额计算出各类机械设备的使用数量,并编制使用计划,进行内部合理调度,力求提高机械利用率;在设备购买选型时,注重设备的功能多样化,减少设备配件的费用和设备维护保养的数量;由专门人员详细记录每天的机械设备使用情况、台班使用情况及维修保养情况等;根据工程量及进度,制订月初使用计划,并在月末把计划使用台数与实际使用台数进行对比。

(3)各项管理的成本控制。

项目公司认识到,仅仅做好技术方案、经济上的成本控制工作,还不足以完成施工阶段的成本控制工作,还要做好施工现场的管理,使"三驾马车"齐头并进。在组织上,以福州市政府、市地铁集团及项目公司为主导的政、企力量为项目"总指挥",六个管理中心为中坚力量,全面统筹施工阶段管理工作,通过精简机构控制成本;加强施工现场安全管理,完善安全管理体系,加强安全教育,避免因安全问题导致人员、财产损失;明确影响施工进度因素,合理安排施工进度,通过缩短福州地铁2号线项目施工周期来控制成本;严格合同管理,正确处理合同变更,注意合同管理的索赔与被索赔。

项目公司通过制定福州地铁2号线项目施工阶段成本控制体系,形成技术方案、经济、管理"三驾马车"齐头并进的局面,始终保持发挥施工方案最佳、融资成本最低、管理模式最好的成本控制策略的优越性,进而推动做好福州地铁2号线项目成本管理工作。

4)成本核算是成本控制效果的有效检验

成本核算是福州地铁2号线项目工程项目成本管理中一个很重要的子系统,也是其项目管理最根本的标志和主要内容之一。成本核算的目的是检验成本控制效果,离开了成本核算,就无法对成本控制进行有效分析。

对成本管理内容及成本控制的"三驾马车"做出了阐述,涉及了成本费用的分类和施工阶段成本控制的重点。具体来说,福州地铁2号线项目实际成本的归集包括以下几个方面。

①按照财务人员提供的当期完成工程量的价值,扣除上缴税费后,作为当期的工程实际收入。

②人工费按照劳动管理人员提供的自有工人考勤及劳务分包合同的履行情况,作为当期的实际人工费成本。

③材料费按照领料单和出库记录上的当期各分部分项工程对各种材料的消耗额和实际价格,作为实际材料费成本;周转材料按照当期的使用时间、数量、单价计算,作为实际材料费成本。

④自有机械费按照各分部分项工程当期使用台班、燃料费等实际损耗费用、保险费等分摊费用计算,作为实际机械费成本;租赁机械按照当期租赁费分摊、燃料费等实际损耗费用计算,作为实际机械费成本。其他直接费用按照当期核算资料计入实际其他直接费用成本。

⑤现场经费按照当期的实际支出凭证、发票等各种有关资料计入实际现场经费成本。

成本核算的内容要明确,要与成本计划、成本控制的内容统一匹配。成本核算反映了福州地铁2号线项目成本管理每一个环节、每一个班组、每一道工序及每一项内容。只有这样,才能做到成本核算的真实性和客观性,为下步成本分析及成本考核提供准确的第一手资料。为此,项目公司采用成本与进度集成核算法及表格核算法对福州地铁 2 号线项目施工阶段进行成本核算。

(1)成本与进度集成核算法。

在横道图计划中,将表示作业进度的横线划为两条,一条是计划线,一条是实际线,在两条线上下方分别标注该进度内的计划成本和实际成本。从这个计划与成本横道图中,可以直观地看出每道工序的计划成本与实际成本之比,以及对完成某一时期责任成本的影响。此外,还能了解每道工序施工进度的提前或延后对成本的影响程度,以及整个施工阶段的成本节超情况。

通过横道图,可以在施工的过程中,以计划成本控制实际成本,并且随着每道工序进度的变动,及时修改成本计划,对各工序的成本进行动态控制,以保证项目成本目标的实现。

(2)表格核算法。

表格核算法是建立在内部各项成本的核算基础上,依靠项目各个部门与核算单位定期采集相关信息,并按照相关规定和程序填制出一系列的表格,完成数据比较和考核的一种核算方法。

从核算表可以看出,一是运用表格核算法以成本进行核算,简洁明了,直观易懂;二是可以明晰地看出该项目当月的各项成本的盈亏情况,以便于对重点亏损项目进行分析并采取纠偏措施,加以防范。

通过实现这两种核算方法在福州地铁 2 号线项目的良好应用,项目公司在成本核算这一环节不仅积累了丰富经验,也进一步加强了项目的成本管理工作:

①通过成本核算,将各项生产费用按照其用途和相应程序,直接计入或分配计入各项工程,对比实际成本与预算成本,来检查预算成本的执行情况;

②通过成本核算,及时反映施工过程中人力、物力及财力的耗费,检查人工费、材料费、机械使用费的耗用情况和间接费用定额的执行情况;

③通过成本核算,计算出福州地铁 2 号线项目的经济效益和各项合同的盈亏,分清各个单位的成本责任;

④通过成本核算,积累经济技术资料,为施工建设过程中成本核算制度的不断完善提供了可靠依据。

5)成本分析是降低项目成本的重要一环

项目公司实施成本分析的目的就是要在成本核算的基础上,对每一个单项成本进行认真的分析,找到实际成本与计划成本之间的差距,分析出差距的真实原因,为下步提高项目成本管理水平奠定坚实的基础。由于地铁工程相关施工经验较少,各参建工程局在技术装备水平、专业化和协作的水平、员工的技术水平和操作的熟练程度等方面需要逐步提高,因此把成本分析的重点放在施工项目成本升降的内部因素上。

成本分析的方法有很多,包括比较法、因素分析法、差额计算法及比率法等。根据实际施工情况,项目公司在福州地铁 2 号线项目的成本分析中,采用了因素分析法。

因素分析法是指把项目施工成本综合指标分解为各个项目联系的原始因素,以确定引起指标变动的各个因素对施工成本影响程度的一种成本费用分析方法。分析时,先要假定在其他众多因素不变的前提下,其中一个因素发生了变化,再逐个替换,并分别对计算结果进行分析比较,以此来确定各个因素变化对成本影响的程度。

例如,在福州地铁2号线项目第五标段对桔园洲站钢筋进行成本分析时,采用了因素分析法。桔园洲站钢筋工程计划目标:2.5%的损耗,计划使用钢材5112t,单价为4020元/t;实际成本:损耗为2%,采购使用钢材数量5022t,单价为4046元/t。对比见表5-5。

钢筋目标成本与实际成本对比表　　　　　　　　　　　　　　　表5-5

项目	计划	实际	差额
用量(t)	5053	5022	-31
单价(元)	4020	4046	26
损耗率(%)	2.50	2	-0.5

通过使用因素分析法来求出各因素的变动对实际成本的影响,其具体形式见表5-6。

钢筋成本变动因素分析　　　　　　　　　　　　　　　　　　表5-6

顺序	循环替换计算	差异(元)	因素分析
计划数	5053×4020×1.025=20820886		
第一替换	5022×4020×1.025=20693151	-127735	由于材料用料减少31t,成本减少127735元
第二替换	5053×4046×1.025=20955548	134662	由于单价提高26元,成本增加134662元
第三替换	5053×4020×1.02=20719321	-101564	由于损耗降低0.5%,成本减少101564元
合计		-94637	

通过对影响钢筋成本的动因进行分析,发现对桔园洲站的钢筋工程而言,可以通过减少钢筋用量及降低材料损耗等措施来实现成本的节约。

通过对福州地铁2号线项目成本分析,项目公司实现了对目标成本的实际完成情况、成本计划和成本责任落实情况的有效控制。进一步分析确定导致成本目标、计划执行差距的原因,把握成本变动规律,总结经验教训,寻求降低成本的途径。另外,通过成本分析,使项目公司可从账本、报表反映的成本现象看清成本的实质,从而增强项目成本透明度和可控性,为加强成本控制、实现项目成本目标创造条件。

6)成本考核是激励员工进步的必要手段

在前期控制、核算、分析的结论基础上,项目公司通过成本考核将实际所发生的成本与计划的责任目标进行比较,根据成本管理取得的效果评定各个责任主体的业绩,并据此给予相应的经济奖励或惩罚。通过成本考核,在经济上及荣誉上有奖有罚,可以促使项目部每一个成本管理的责任主体积极地、主动地、自觉地完成目标成本。当每一个人都能够自觉自愿地开展成本管理,成本费用就能得到更多的节约,福州地铁2号线项目的利润也就能得到增加。

考核是为了进一步促使工作更有效果的继续开展,目标是确保最终所发生的实际总成本能够控制在最初的预算内。在福州地铁2号线项目中,项目公司对成本考核主要从两个层次出发,即项目公司层和各标段项目经理部。

（1）总承包分公司对项目总经理的考核。

①项目成本目标达成情况；②成本管理责任制落实情况；③项目成本计划的编制与落实情况；④总经理部对下属各部门、各标段的责任成本检查和考核的情况；⑤项目成本的管理过程中是否贯彻权责利相结合的原则。

（2）项目总经理对所属各部门、各标段的考核对项目部下属的各个部门目标成本的完成情况以及成本管理责任的执行情况。

福州地铁 2 号线项目信用评价见表 5-7。

福州地铁 2 号线项目信用评价　　　　　　表 5-7

2018 年福州地铁 2 号线上半年信用评价（合约）														
标段	物资设备管理10分	小计	合同管理10分	分包管理10分	计量支付10分	变更索赔5分	成本管理10分	定额测算5分	经营活动分析20分	小计	排名	效益20分	合计	总排名
1	8	8	9	8	10	4	8	5	19	63	3	18	89	3
2	9	9	9	9	10	4	8	5	19	64	2	18	91	1
3	8	8	9	8	10	5	8	5	19	64	2	18	90	2
4	8	8	9	9	10	5	8	5	19	65	1	18	91	1
5	8	8	9	8	10	5	8	5	19	64	2	18	90	2
6	9	9	9	8	10	5	8	5	19	64	2	16	89	3
7	8	8	9	8	10	4	8	5	19	63	3	18	89	3
8	8	8	9	9	10	5	8	5	19	65	1	18	91	1
9	9	9	9	8	10	4	9	5	19	64	2	18	91	1
10	8	8	9	8	10	5	8	5	19	64	2	18	90	2
11	8	8	9	8	10	5	8	5	19	64	2	18	90	2

实施成本考核是对每个成本责任单位和责任人，在降低成本方面所做的努力和贡献给予肯定。针对成本考核所实施的奖惩措施，一方面可以激励员工，提高员工工作积极性；另一方面通过处罚造成浪费的单位和个人，督促其改进成本控制的方法与措施。同时，以严格制度来保障奖惩措施的顺利施行，定期考核，奖罚分明，真正形成项目公司与各标段之间的经济责任监督与执行关系，以保证各项工程高质量、高效益地运行。

5.2.4　合理的财务审核和支付审核

1）福州地铁 2 号线项目财务审核

为强化财务管控，优化资源配置，提升财务信息质量，按照统一布置，项目公司及各标段项目部会计核算业务全部纳入中国交建财务共享服务中心，实行标准化管理。中国交建为加强福建区域各核算单位的财务管理，成立中国交建—福建财务共享管理中心，作为总承包公司财务部的派出机构，在财务部的业务管理与指导下，集中财务资源，全面提升对各核算单位的财务支撑能力。项目公司、各标段项目经理部相应财务管理业务（包括融资）纳入该中心实行统一管理，同时对福州地铁 2 号线项目各个标段项目部的财务管理承担引领、督导、协调及服务职责。

①项目公司财务管理业务：财务管理制度制定及宣传、融资管理、工程款收付、税务统筹规划及统一协调、成本费用核算及管控、经济活动分析、经济合同审核及财务报告编制。

②项目公司财务管理业务：工程计量结算审核、工程款收付、资金监管、纳税管理、财务单据录入及上传和相关报表编制。

③中国交建财务共享服务中心主要任务：为成员单位提供专业化、标准化的会计核算与报告服务；以法律法规及公司各项财务管理制度为依据监督成员单位的经济行为；通过共享服务中心平台为成员单位提供及时、准确、有效的会计信息，运用管理会计手段对成员单位财务数据进行对比分析，为各级管理层决策提供支持。

④中国交建—福建财务共享管理中心主要工作内容：投融资管理、资金管理、税务管理、全面预算、财务分析、未纳入中国交建财务共享服务中心单位的会计核算及报表编制等。

岗位设置如图 5-15 所示。

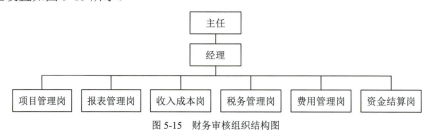

图 5-15 财务审核组织结构图

福州地铁 2 号线项目 BT 合同范围建设期间由中国交建承担全部融资职责。中国交建通过精心融资策划、创新融资工作并借助于跨境直贷，多渠道、全方位保障融资工作的顺利开展。

（1）项目公司融资策划。

根据福州地铁 2 号线项目支付方式及投资回报情况，项目公司提前策划，积极做好融资方案设计及产品配置。首先，认真分析当前国家经济形势及货币政策、整体融资环境、金融机构面临的问题、金融机构与中国交建（含所属单位）合作情况以及金融机构参与该项目的合作意愿等，进而筛选出融资合作单位，作为后续融资谈判、融资决策的基础；然后，项目公司根据投资建设合同的支付条件、业主支付能力分析、项目里程碑工期要求、施工生产安排、标段工程款支付计划等，建立融资测算模型，测算整个项目实施期间融资峰值及融资成本。经周密测算，该项目融资峰值约 30 亿元（最终与实际融资峰值基本接近）。以此为基础，项目公司进行具体融资安排：

①与中国交建内部金融机构中交建融商谈融资方案，及时落地融资协议，获得 30 亿元授信额度。这进一步增强了其他金融机构的合作意愿，促进融资条件优化。

②争取中国建设银行福建省分行给予 10 亿元综合授信，广东发展银行福州分行给予 10 亿元综合授信。所有融资授信皆采用信用担保方式。融资产品在初步配置方面，中国交

建融资采用应收账款保理,中国建设银行及广发银行采用流动资金贷款。

(2)业主资金来源。

①国家发改委《关于福州市轨道交通2号线可行性研究报告的批复》(发改基础〔2012〕3532号)中明确:福州地铁2号线项目总投资182.27亿元,其中,资本金75.1亿元,占总投资的41.2%,由福州市财政承担。资本金以外的资金利用国内银行贷款解决。

②福州市政府根据有关规定,设立轨道交通建设发展专项资金,用于项目资本金投入、项目建设支出、项目贷款还本付息等。专项资金来源构成及筹措方式按照相关文件精神执行。

③福州市政府根据轨道交通线路规划以及跨区域建设项目资金分摊机制,决定由各县(市)区按各自境内里程数占比承担轨道交通建设、还本付息和运营补亏资金。

④由国家开发银行福建省分行作为牵头行负责该项目融资,给予业主相应授信额度,并签订授信协议。

(3)融资创新工作。

在落地融资渠道,形成基本保障能力前提下,项目公司积极做好融资创新工作,有效降低带息负债及融资成本。

①在项目初期计划引入基金,形成表外融资,但考虑招标文件及合同条件限制(如需由中国交建以10亿元独资成立项目公司)、投资回报低(业主只以同期贷款基准利率承担资金成本)以及福州市政府及业主的态度,最终认定基金融资方式在该项目上不可行。

②初期资金保障方面,积极寻求中交建融的支持,及时取得"综合授信意向书",协助解决项目公司初期资金缺口。应收账款保理业务考虑业主确认影响,经融资设计,采取反保理方式解决。

③资产负债率及带息负债控制方面,与广发银行福州分行共同设计"应收账款下表"融资方案。考虑国家开发银行福建省分行是业主项目融资牵头行,根据投资建设合同约定的工程款支付方式,经与该行及业主沟通,获得无追索权保理融资支持。

④争取中国交建外部审计机构(如普华、安永会计师事务所)的确认,确保表外融资的有效性。

⑤资金成本控制方面,与中国银行首尔分行合作,采用跨境直贷方式从韩国低成本融入资金。

⑥内部单位资源利用方面,配合参建单位将其形成的应收账款向中交财务公司办理保理业务,项目公司(或项目总经理部)进行还款确认,并监控保理资金的合理使用。

⑦根据工程管理部提供的生产计划(按三个月滚动测算),科学安排融资,有效控制融资规模,减少资金大额沉淀。对于存量资金,与银行沟通,以协议存款或智能化存款等方式提高存量资金收益。

⑧鼓励各标段项目部使用商业承兑汇票及银行承兑汇票办理支付业务。

(4)通过跨境直贷,助力项目融资。

为把握与整体偿债能力相适应的跨境融资(境内机构从非居民融入本、外币资金的行为)水平,控制杠杆率,实现本外币一体化管理;进一步扩大实体企业和金融机构跨境融资空间,便利境内机构充分利用境外低成本资金,降低实体经济融资成本,中国人民银行先后于2016年4月下发《关于在全国范围内实施全口径跨境融资宏观审慎管理的通知》(银发〔2016〕132号文),2017年1月下发《关于全口径跨境融资宏观审慎管理有关事宜的通知》(银发〔2017〕9号文,同时"132号文"废止)。"9号文"是在对跨境融资宏观审慎管理政策实施情况进行全面评估的基础上,对政策框架进一步完善。跨境融资管理文件,尤其"9号文"的发布,是给境内企业(不含政府融资平台及房地产企业)一项重大利好政策。为境内企业进一步拓宽融资渠道,提升资金保障能力,降低融资成本,实现增信(如用跨境融资归还境内金融机构到期贷款)发挥积极作用。

基于以上国家利好政策,项目公司选择境内与广发银行福州分行合作洽谈跨境直贷业务,向福州外汇管理局申请介绍业务类型及资金投放情况,外管局批准后,广发银行寻找到境外合作银行——中国银行韩国首尔分行展开谈判,确立合作意向后项目公司与广发银行签订《开立保函/备用信用证合同》,由广发银行向中国银行首尔分行开具融资性保函,保函提交后签署《借款合同》,项目公司持《借款合同》及其他相关资料前往福州外汇管理局办理外债登记,同时在广发银行账户下增设外债专户,并向其提交《掉期交易申请书》以锁定远期汇率,避免了后期由于汇率上升造成资金成本增加。另外,项目公司通过与广发银行签署《资金交易授信额度合同》减免掉本应缴纳的5%部分的保证金,同时与广发银行签署《资金交易和相关服务主协议》来解释办理外汇汇率业务相关业务风险。

对于跨境直贷业务的涉税事项,项目公司在借款合同中明确了税负承担责任。一方面,明确利率含税;另一方面,进一步明确了承担条款,例如写入"如因借款人所在地的税法要求须对利息部分缴纳税金,则须由贷款人全额承担;如因贷款人所在地的税法要求缴纳的税金则由贷款人承担",这样在很大程度上降低了税务成本及涉税风险。同时,项目公司与福州税务部门进行沟通对接,告知跨境融资业务类型及特点,明确纳税流程,完善纳税备案登记。付息日,项目公司及时按借款合同及当地税务部门要求办理税款代收代缴工作,确保跨境直贷业务整体合规化,并做好纳税资料的保管。

项目公司先后共办理两笔跨境直贷业务,合计融入资金4887万美元(折合人民币33857.685万元),贷款年利率均为2.1%,远低于国内市场贷款利率,极大程度地节约了福州地铁2号线项目的融资成本。

2)福州地铁2号线项目支付审核

对于作为业主的市地铁集团和作为总承包商的中国交建来说,所追求的经济目标往往是矛盾的:市地铁集团希望在花费资金较少的情况下完成工程项目,而中国交建希望从业主那里获得尽可能多的报酬和利润,因此一切问题都与资金息息相关。工程支付对于福州地铁2号线项目的建设是一项非常重要的工作,在工程支付过程中,市地铁集团和中国交建的协调配合是极为关键的。

(1)工程支付控制。

福州地铁2号线项目工程支付主要包括清单费用和清单外费用,如图5-16所示。

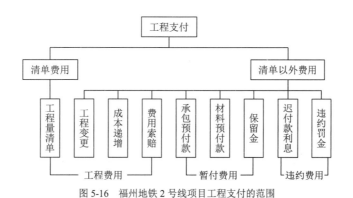

图 5-16　福州地铁 2 号线项目工程支付的范围

（2）验工计价。

验工计价单是福州地铁 2 号线项目工程支付的依据，验工计价是福州地铁 2 号线项目的重要程序之一，是验收已完工程数量和质量、核定完成价值及结算工程价款的一项管理制度，是业主拨付工程款的重要依据。

验工计价按时段分为月份验工计价、季度验工计价和末次验工计价。月份验工计价指按本月完成工程数量编制验工计价单；季度验工计价指按季度施工计划投资控制额内完成的工程数量编制验工计价单；末次验工计价指合同段工程在竣工时对计价内容进行全面清理，按承发包双方商定的工程数量、单价及包干款额进行末次验工计价，编制末次验工计价单，并附末次验工商谈纪要及有关文字说明。

福州地铁 2 号线工程项目的验工计价模式为分为月度和季度。月度计量由标段项目部在每月 25 日前按照业主规定的验工计价报表格式填报，交项目公司、监理单位、业主方代表、助审单位和市地铁集团合约法规部审核。

季度计量由项目公司在每季末按照业主规定的验工计价报表格式填报，由合约法规部审核出具审核汇总表后送市财政评审中心进行审核。福州地铁 2 号线项目验工计价制度是一套成功应用于实践的工程管理制度，在其各控制环节的有效运作中积累了许多丰富的经验并形成了一个操作性很强的控制理论体系。

（3）完备的验工计价依据与流程。

中国交建与市地铁集团为协调做好工程支付相关工作，在验工计价阶段，严格遵循各项计价依据，并制定了契合项目需要的计价流程。

①验工计价依据。

a. 列入验工计价的工程（款项）必须是已完工程且工程质量（成果、成品及隐蔽工程）已验收合格。

b. 概算包干项目的计量支付，须提供下列资料：经批准的开工报告（第一期支付）；验工计价报表，其中，工程数量计算书相关附件较多时，可仅附计算书，相关附件报监理、业代存档；施工图核算审批资料；分部分项工程检查证明及隐蔽工程检查证明；成品、半成品、设备及原材料出厂合格证、技术说明书；各种工程试验资料及必要的材料试验资料；已完单项合格工程的质量检验报告；业主或监理工程师认为需要提供的其他资料。

备注说明:上述第 4~7 项由监理确认并存档,中间验工计价时可附相关报验确认单(汇总)、月工程进度完成情况说明。

c. 关于 A 类变更、新增项目、人工和材料调差等还需要提供下列相应资料:A 类设计变更费用审批资料;新增项目审批资料;人工和材料调差的申报资料;有关的会议纪要、补充协议等;业主、助审、监理工程师认为需要补充的其他资料。

②验工计价流程。

a. 每月 25 日,各标段项目部在系统内提报验工计价至项目公司;

b. 项目公司 2 个工作日内完成审核后报送监理单位;

c. 监理单位 4 个工作日内完成审核后报送 2 号线工作部;

d. 市地铁集团地铁 2 号线项目部 2 个工作日内完成审核后提交市地铁集团合约法规部,同时提交经监理、业代审核签字确认过的验工计价基础性资料;

e. 合约法规部转交助审单位,助审单位 3 个工作日内完成审核后报合约法规部;

f. 合约法规部 2 个工作日内确认最终月验工计价结果并锁定计价程序;

g. 各标段根据锁定的结果生成并打印月验工计价报表。

③各标段/项目公司季度验工计价时限(4 个工作日)。

a. 每季末当月完成月份系统验工计价程序后,项目公司 2 个工作日内汇总各标段季度报表提报合约法规部;

b. 合约法规部 2 个工作日内确认标段季度验工计价结果并完成锁定系统季验工计价程序;

c. 根据各标段季度验工计价锁定情况,由项目公司汇总各标段计价金额后报合约法规部;

d. 由合约法规部生成相关审核汇总表。

(4)支付审核。

支付是合同管理中最重要的管理阶段之一,支付控制是投资控制的最后环节。在福州地铁 2 号线项目的整个支付管理控制系统中,合同费用的支付审核子系统又对整个支付控制系统起着决定性作用,进而影响到整个投资控制系统。

对于福州地铁 2 号线项目这样投资巨大又有影响的项目而言,投资控制的成功与否不仅关系到投资建设期的若干重大问题,甚至关系到运营阶段。因此,在相关合同形式的约束下发挥项目公司的主导作用是有积极意义的,支付控制系统中合同费用的支付审核子系统就体现了项目公司对工程价款支付的主动控制和动态控制的思想。

由于验工计价在支付系统中的核心地位,支付审核之前包括了验工计价的审核,如图 5-17 所示。

福州地铁 2 号线项目工程量大、工期长、专业繁杂的特点,是影响工程款支付系统的重要因素。这些不确定因素不仅包括工程中的不确定因素,还包括管理中的不确定因素,项目公司和市地铁集团在项目支付审核的控制过程中,通过动态控制的手段,避免了大型工程中常出现的重计、漏计及错计等中期支付问题,并保持了项目的连续性。通过对中期支付额和累计支付额的动态跟踪,项目公司可实现对工程款项支付审核的动态控制和管理,并为竣工计价及决算提供准确的依据。

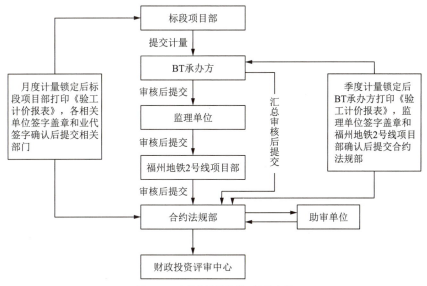

图 5-17 支付审核前的验工计价审核

5.3 质量管理

福州地铁 2 号线项目是中国交建第一条整线获取的地铁项目,此工程的建设质量对于中国交建在八闽大地叫响"中国交建"品牌,在行业内叫响"中交地铁"的品牌至关重要,为此中国交建实施了诸多举措,齐抓共管,面面俱到。

首先,树立福州市优质工程奖"榕城杯"、福建省优质工程奖"闽江杯"、中国建设工程"鲁班奖"等创优目标,激励全线参建者为实现预期目标而不断奋进;其次,项目团队"集众人之志,扬各方之长",组织引导各参建单位在工程建设上协同作战,构建优势互补、集约高效的协同建设机制,保证各参建单位牢记"百年大计,质量第一"的使命与嘱托;其次,把整个项目的质量管理工作细化分割,做好各阶段的质量管控工作;最后,运用科学手段——PDCA 循环法,了解分部分项工程质量管理现状,多措并举,督导检查,善于总结,从而保证质量善治并持续改进。

以上各质量管控举措、科学方法的一一落实与灵活运用使得福州地铁 2 号线项目始终朝着又好又快的方向发展。此外项目公司一贯坚持"现场标准高于规范标准"的内控目标,以工程质量创优共建助推提质增效活动。项目团队注重发挥群团组织力量,以 QC 活动、专利申请、文明工地科技进步奖、施工工艺、规范规程的编制等活动为抓手,使福州地铁 2 号线工程项目质量、文明施工、科技创新等成果得到社会各界广泛认可。

5.3.1 质量优化实现项目价值

中国交建用工匠精神建设优质工程,以推动质量品牌提升、助力福州地铁快速发展为目标,对轨道交通建设做出了系列部署。在福州地铁2号线项目建设中,按市委、市政府、市地铁集团要求,坚持以"质量第一"为价值导向,加强全面质量管理,通过推行先进质量管理,提高全员全过程全方位质量控制水平,弘扬工匠精神,有力推进福州地铁2号线项目创优。

争创优质工程,是中国交建自始至终的不懈追求,也是实现福州地铁2号线项目价值的最好体现。在国内已有许多工程获得国家级工程奖的背景下,全线建设者团结一心,精益求精,为实现福州地铁2号线项目创优目标而努力奋斗。

1)汲取创优经验,树立创优目标

随着国内经济的持续发展,城市轨道交通项目的施工建设在全国许多城市如火如荼。建设理念的不断提升及新技术、新工艺的创新应用为轨道交通项目申报优质工程奠定了良好基础,有多个城市轨道交通项目竣工通车运营后,申报并成功荣获国家级或省部级优质工程奖。

国内其他城市有部分轨道交通项目获得"鲁班奖""国优奖""詹天佑奖"等国家级工程奖。北京轨道交通5号线及重庆轨道交通10号线一期工程荣获"鲁班奖";无锡市轨道交通1号线、深圳市轨道交通7号线及南昌轨道交通1号线一期工程荣获"国家优质工程奖";上海轨道交通12号线、青岛轨道交通3号线及南京至高淳城际轨道南京南站至禄口机场段工程(S1线)荣获"詹天佑奖"。

质量创优及科技创新工作,成为轨道交通项目建设中的一项不可或缺的重要工作,这不仅对项目的全寿命周期管理及降低运营成本有着重大意义,也是顺应国家努力倡导推广的"工匠精神"的最好实践。项目公司在福州地铁2号线项目建设伊始,就以众多已获奖的轨道交通项目为榜样,激励自我不断奋斗。为此在市地铁集团与项目公司的策划与统筹下,福州地铁2号线项目树立了争创"中国交建杯"优质工程、"榕城杯""闽江杯"及"鲁班奖"的目标,这为实现福州地铁2号线创优目标指明了方向。

2)精心创优策划,完善体制机制

(1)明确创优路径,追求步步落实。

"优质工程奖"通常是逐级评审,可以由地方工程建设协会、行业协会或大型建筑类央企总部推荐至国优工程相关审批管理部门。福州地铁2号线项目创优路径为"榕城杯"(福州市优质工程奖)→"闽江杯"(福建省优质工程奖)→"鲁班奖"(国家优质工程奖)。

"榕城杯"是"闽江杯"的前置条件,是基础优质工程奖,原则上对申报项目的每个单位工程逐一核查,并于竣工1年后开专家评审会确定评选结果,由福州市建设工程质量协会负责评审。

"闽江杯"是鲁班奖的前置条件,福州市工程质量协会将对获"榕城杯"工程名录库中择优向福建省推荐闽江杯优质工程名额。"闽江杯"于竣工2年后开专家评审会确定评选结果,福建省建设工程质量安全协会负责评审。

"鲁班奖"的评选工作在住房和城乡建设部指导下由中国建筑业协会组织实施,评选结果报住房和城乡建设部。

(2)加强体制机制管理,完善组织机构。

由市地铁集团牵头成立综合创优工作小组,以确保福州地铁2号线项目创优工作有序、有力、有效地开展,规范全线各标段、各级优质工程评审活动程序,明确任务分工与责任落实。该小组由市地铁集团、全线代建方、施工(各专业)、监理、勘察、设计(含总体与工点院)、检测及监测单位主要负责人共同组成并明确主申报单位,确保工程质量创优组织架构的完整与运行高效。

综合创优小组组长由市地铁集团分管领导担任,常务副组长由市地铁集团部门经理负责牵头具体业务,并定期组织会议研讨创优工作事宜,进展及结果及时报送省、市相关部门及协会。综合创优小组组长、常务副组长及主申报单位主要人员负责与国家及省市相关部门、协会等单位开展沟通、对接工作,主申报单位负责具体任务实施,其他承建及参建单位协助、配合。

项目公司牵头组织各土建标段开展创优工作,创优具体工作由各标段负责落实完成(如汇报材料、现场实体工程质量核查、工程科技与技术创新及工程创优具体措施等)。

(3)明确任务清单,密切协同配合。

为使参与福州地铁2号线项目创优工作的各单位明确自身职责,量化考核依据,创优工作小组决定以"清单化"管理方法开展创优工作。通过列出任务清单,见表5-8,使各单位围绕创优总目标定期举行专题会,并及时解决创优过程中遇到的问题,相互之间紧密配合,确保创优总目标顺利实现。

福州地铁2号线项目创优工作任务清单　　　　　表5-8

任务单位	任务内容	备注	完成时限
建设单位	召开工程创优动员会	在福州市政府、市地铁指挥部等有关单位的指导下	项目正式开工
	成立创优综合工作小组	该小组由市地铁集团(牵头单位)、全线代建方、施工、监理、勘察、设计、检测、监测单位主要负责人	
	基建程序及建设设计标准	符合法定建设程序(国土、规划、施工许可等)、国家工程建设强制性标准、工程设计先进合理	创优全过程
	协调福建省、福州市住建部门,质安站,工程质量安全协会,中国建筑业协会等	明确城市轨道交通工程各级优质工程评审程序、标准、途径及"鲁班奖"申报名额来源等具体完整的创优工作方案	
	申报策划方案	申报范围、专业与功能、各级优质工程申报备案时间	项目正式开工3个月内,完成"闽江杯"申报及备案
	建设与运营期安全质量保证	建设与运营期须杜绝安全事故、质量问题投诉等负面事件	创优全过程
	明确申报主体及相关单位	申报方案中明确牵头单位、主申报单位、承建和参建单位名额	创优工作启动时
	创立工程创优工作机制	建立创优综合工作小组与相关政府部门、协会等沟通协调机制并组织会议,过程中及时解决存在的问题	

续上表

任务单位	任务内容	备注	完成时限
建设单位	工程结算及审计	在国优评审阶段,需要完成项目结算及审计工作	"鲁班奖"专家复查阶段(2021年6月—7月)
	安全质量证明文件	福建省、福州市住建部门出具工程安全质量证明文件	
	组织创"国优"培训	由于中建协每年3月份均组织创"国优鲁班奖"培训,对年度创优的最新要求做宣传,建设单位须组织主要创优人员参加	2021年3月
	组织现场迎检	组织全线相关单位迎接各级优质工程核算	(1)"榕城杯":结构核查:主体结构施工阶段;装修核查:装修完成阶段 (2)"闽江杯":2021年5月现场复查 (3)"鲁班奖":2021年6月—7月现场复查
	竣工验收及备案(协调住建、交通运营部门)	组织全线通过竣工验收及备案工作	2020年12月31日前(创优工程的竣工创优核查评审每年分两批次进行,上半年一次,下半年一次。原则上分别安排在7月31日之前和次年的1月15日之前。工程竣工时间要求:上半年为6月30日之前,下半年为12月31日之前)
项目公司及各施工单位	中国交建优质工程奖	根据各级优质工程评审办法,确保相应数量与级别	项目竣工1年后(2020年)申报,当年评审、评定
	安全文明标准化工地		项目建设全过程
	科学技术奖		
	优秀工法		
	专利		
	QC成果		
	工程实体质量达优、安全文明施工	建设期无安全事故、质量投诉等负面事件	
	落实现场迎检	落实迎接各级优质工程核算具体工作(业内、业外)	(1)"榕城杯":主体结构施工阶段进行结构核查;装修完成阶段进行装修核查 (2)"闽江杯":2021年5月现场复查 (3)"鲁班奖":2021年6月—7月现场复查
	相关文字、影像资料	主申报单位负责具体汇总、提炼及制作	"闽江杯"专家复查阶段:2021年5月;"鲁班奖"专家复查阶段:2021年6月—7月
设计单位	设计报奖	勘察设计获省部级及以上奖	鲁班奖申报阶段(申报当年3月份前)

3)优化项目质量,实现项目价值

福州地铁2号线项目的质量管理与一般工程项目的质量管理相比,有着复杂性、动态性及难以纠正性等难点。因此,项目公司针对福州地铁2号线项目这些难点,采用"三全管理"模式优化项目质量,推动福州地铁2号线项目质量管理及创优工作,进而实现项目价值。

(1)地铁2号线项目质量管理难点。

①复杂性。由于福州地铁2号线项目受地形地貌、投融资政策及政府决策等影响因素多,经历可行性研究、招标投标、施工建设及运营维护等环节多,涉及居民、企业、银行及政府等主体多,因此项目的质量管理具有复杂性。

②动态性。这种动态性主要体现在控制要素、控制手段及控制基准等方面。福州地铁2号线项目从研究决策至投入运营,乃至后期维修维护的全生命周期,由于不同阶段影响项

目质量的因素不同、质量管理的内容和目的不同、项目参与方不同等,因此,项目质量管理的侧重点和方法要随着阶段的不同而做出相应的调整。这种因果关系的不确定特性,使得项目的质量管理具有动态性。

③难以纠正性。福州地铁2号线项目具有"一次性"的特点,即如果没有采取有效措施对施工建设过程中产生的问题加以纠正,那么将会为福州地铁2号线项目的正常投入使用埋下巨大安全隐患。为避免造成无法挽回的损失,就要求施工方对项目的每一个环节、每一个要素予以高度重视,发现质量问题及时纠正,坚决遏制安全隐患。

(2)落实"三全管理",提高项目质量。

所谓"三全管理",即全过程、全员、全方位的管理模式。项目公司及各标段在福州地铁2号线项目的施工建设过程中,全面落实"三全管理"各项工作,以此进一步提高项目质量。

①全过程质量管理。

全过程是指福州地铁2号线项目交付物的质量产生、形成和实现的过程。福州地铁2号线项目质量是勘察设计质量、原材料与成品半成品质量、施工质量、使用维护质量的综合反映。为了保证和提高项目质量,质量管理不能仅仅局限于施工过程,同时也必须贯穿于项目的全生命周期,把所有影响过程质量的环节和因素控制起来。

②全员质量管理。

福州地铁2号线项目交付运营质量是项目各方面、各部门、各环节工作质量的集中反映。项目质量的提高不仅需要项目领导的高瞻远瞩、集中统一管理,还需要施工方、监理方基层员工发挥吃苦耐劳、爱岗敬业的精神。因此,福州地铁2号线项目质量管理必须把全体员工的积极性和创造性充分调动起来,形成人人关心项目质量,人人做好本职工作,全员参与质量管理的良好施工建设氛围。

③全方位质量管理。

福州地铁2号线工程项目的建设过程的质量管理工作无论是对内还是对外,需要多部门、多层次之间的协调配合。对内,不仅由质量管理和质量检验部门来承担,还必须由项目的其他部门参加;对外,项目公司也要通过自己的诚信行为和承担社会责任来树立良好形象,进而赢得居民、社会及政府的全力支持与配合。

5.3.2 质量管理制度及管控机制

1)严格落实制度,质量管理有理有据

为更好贯彻落实公司"百年大计,质量第一"的质量管理理念,项目公司坚持对福州地铁2号线项目这样的民生项目,以严格的质量管理制度来规范项目管理的业务流程、约束员工行为是实现质量管理目标并向政府、社会、市民交出满意答卷的最佳途径。为此,项目公司在组织机构建立、施工方案、质量标准等方面出台了一系列措施。

(1)项目质量管理体系及组织机构、质量责任制。

通过建立相应的质量管理体系,明确质量责任,使施工建设的质量管理有理可依、有据可循。项目公司、各标段项目部等都服务于质量管理,人员配备遵循优势互补和合作分工的原则,以提高组织的管理效率。项目公司要求不管是管理人员、技术人员还是施工人员,都必须对质量标准熟练掌握并严格按照要求进行质量管理。另外,虽然项目质量的最终责任人是备案的各标段项目经理,但项目公司通过业务培训、制度宣传把质量管理理念灌输到每一名员工内心深处,增强员工主人翁意识、责任意识,使每个人都认识到需要对自己负责的工作承担质量责任,如果出现质量问题,应该主动承担责任。

(2)施工方案选择和技术交底管理制度。

各标段项目经理部在每一个分部分项工程正式施工前都会制定多个施工方案,不同方案考虑不同的可能情况及侧重点,然后根据一定的标准通过技术手段选择最佳方案,以达到最优目标。技术交底是各分部分项工程施工技术质量管理的要求之一,保证工程设计与施工技术相匹配。项目公司根据福州地铁2号线项目的实际情况制定了施工方案管理办法和技术质量交底管理办法,以对施工方案管理和技术质量交底管理进行规范化和程序化。

(3)材料设备进场检验及维护保养制度。

项目公司要求各标段在所有材料、构配件在进场前进行严格的原材料试验检验,确定合格后才能组织进场。同时,组织检测复试工作,做好材料进场验收的认证监督工作。将材料设备的进场管理责任明确落实到具体负责人,由专人进行管理和保管,以确保材料设备的领用和存放按照要求进行。此外,物资设备部门的责任人还负责组织材料设备短缺时的及时补充和供给,定期对大型机械设备进行功能性检验,使机械设备始终保持正常的工作状态防止出现事故和不必要的损失。

(4)施工试验检测管理制度。

制定施工试验检测管理制度,严格按照制度规定开展施工试验和检验程序。福州地铁2号线项目每个分部分项工程都具有独特性,不可能完全复制已有相似工程项目的情况。在出现新情况时,项目公司委托的中心试验室及业主委托的第三方检测单位会在专门的试验场地并由专业的试验技术人员,对采取的措施进行先检再用,以检测该措施尤其是新的施工工艺和施工技术是否满足要求。

(5)分部分项工程质量自检制度。

各标段项目部根据工程特点及设计文件按照单位、分部分项工程的统一划分标准,将整体工程分为单位(子)工程、分部工程、分项工程并由不同的施工下级单位负责。为单位(子)工程、分部工程、分项工程建立质量自检制度,当工程完工后首先由该工程的项目或技术负责人组织质量检验人员和技术员进行自检,实行一票否决制,以保证分部分项工程的质量。只有工序及工艺质量达到质量标准后,才能进入下一道施工工序。

(6)隐蔽工程及关键部位质量检查制度。

隐蔽工程和关键工程项目的质量管理是施工质量管理的重点,也是难点之一,更应该分别进行质量预检和复检制度。对隐蔽工程的质量检验由专业的监理工程师组织进行,并且对检查结果记录和确认。关键工程项目可能是工程项目实体的重要组成部分,如深基坑和桩基施工、隧道施工等;也可能是技术难度大的工程,如盾构过江方案的实施及防水施工等。这些工程是实施质量管理的重点,应该有针对性地进行质量监控。

(7)质量日常巡查和定期检查制度。

项目部设置质检员在施工过程中对质量进行日常检查和定期抽查,做到全面实时质量监督管理,并采取措施及时对发现的问题进行整改。其中,日常检查一般包括施工队伍的自律性、施工进度控制及材料设备的质量缺陷等,定期抽查一般可以对施工方案的落实情况及施工技术的实施等方面进行检查,从而保障施工质量。

(8)成品保护制度。

对施工过程中建成的成品、半成品做好保护工作,减少产品返工率,以降低成本,提高施工效率。施工现场建立规范的成品、半成品保护制度以及质量检验程序,设专人负责成品和半成品的质量检验及保管,合理安排工序,加强监督检查工作。

(9)质量奖惩和质量责任追究制度。

根据定期、不定期的质量检查结果对各标段施工质检人员实施奖惩制度,追究不合格产品相关责任人的责任。分析出现质量问题的原因,判断是属于施工人员的操作水平不够还是施工人员责任心不强而导致的质量问题,并针对不同情况采取不同办法。另外,对严重的质量事故不单要追究直接负责人的责任,还要追究相关人员的责任,包括质量检查人员及相关管理人员。以此强化所有人员的质量意识,保证施工质量。

(10)教育培训制度。

对员工开展教育培训是提高其素质和技能的有效途径,可以很大程度上降低出现质量事故的风险。教育培训一般包括两方面,一方面是员工职业道德素养培训,另一方面是专业技术技能培训,争取让每个上岗参与施工的人都掌握一定的技能,并且对员工参加培训的情况进行考核,以督促他们不断学习和提高自身能力。这也是增强员工质量意识,促进施工质量的重要方式。

2)狠抓质量管控,质量管理从严从实

(1)工程首件验收。

为加强现场施工质量的管理,强化质量检查程序,规范作业人员的质量意识和行为,从施工源头上确保质量目标的实现,使工程施工质量管理工作能够有章、有序、有效地实施,履行合同质量目标,最终向业主交付优质工程,特制定首件验收制度。首件验收制度是对工程质量管理程序的进一步完善和加强,旨在以首件样本的标准在分项工程每一个检验批的施工过程中得以推广,认真落实质量控制程序,实现工序检查和中间验收标准化,统一操作规范和工作原则,从而带动工程整体质量水平的提高。

①验收过程执行的原则。

a. 对于涉及结构安全及使用功能的必须严格执行首件制度。对于各标段单位工程,将分部工程涉及的分项工程中关键工序(一般以第一个检验批)作为首件验收的对象。

b. 对虽划分为不同的分部工程,但属于相同分项工程的关键工序,只进行一次首件验收。

c. 对同一分项工程中包含的施工工序原则上应合并验收,因现场施工安排或是其他原因造成无法合并验收的,可分次验收,验收记录可分次进行,各方会签资料可在最后一次验收上形成。

d. 在未进行首件验收的分项工程,严禁大面积施工。

②首件验收项目。

主要包括钻孔灌注桩、地下连续墙(含钢筋笼、灌注混凝土)、防水工程(含卷材及涂膜防水)、喷射混凝土、主体结构钢筋、模板安装、混凝土工程、砌体结构各分项工程及机电安装装饰装修各分项工程及每项检验批。

③首件验收。

a. 验收组人员组成。

首件验收小组成员主要为参建各方人员,包括建设业主单位现场代表、建设单位(代建单位)相关部门(工程管理部、安质部及总工室)人员、设计单位专业负责人(总体院及工点院)、勘察单位负责人、总监理工程师、专业监理工程师、施工单位项目负责人、项目技术负责人及安全质量负责人等相关人员。特殊情况下根据需要,可通知第三方相关单位参加,必要时可邀请专家。

b. 首件验收程序。

首次验收的分项工程具备开工条件后,施工单位申请首件工程开工,由监理工程师针对分项工程首件施工,从施工前准备、技术质量交底、安全交底及文明施工交底,到中间工序检查至中间交工验收,参照施工方案确定的质量管理程序和监控要点逐一检查落实。

验收会议由监理单位组织,总监理工程师主持,在验收之前召开验收准备会议,内容包括准备检验资料、确定流程、验收方法、部位及数量等。

整个验收过程分内业和外业两方面,分别验收首件工程的内业资料,包括原材料、构配件及设备等的质量证明文件、质量合格证、规格、型号及性能检测报告,施工过程中关键工序的自检和交接检验记录,平行检测报告,见证取样检测报告和隐蔽工程验收记录,具有完整的施工依据,质量检验记录等。外业主要是实物检查,包括现场结构尺寸、强度、平面位置、外观及探测等。在整个验收过程中,须留有文字及影像资料。

现场验收后做会议总结,验收各方发表意见,由业主单位综合各方意见,给出结论。对通过验收的首件工程进行会签,并对同一分项其他部位或下一道工序提出施工和指导意见,指出大面积施工还应注意的事项,并批准展开大面积施工;施工单位对各方在验收时提出的意见和建议要引起重视,对产品的工程质量要精益求精,做好样板引路工作,形成流水作业,保证工程质量。通过首件验收的分项工程后,施工单位要严格要求管理人员、施工班组按照确定的施工工艺、施工参数、操作规程组织规模施工,推动施工过程中切实落实全面质量管理措施、层层分解落实质量目标、细化施工程序,实施工程质量精细化管理,以分项工程优质保证工程整体优质。监理单位要对此予以督促施工单位落实会议的要求与建议。

施工单位对未通过验收的工序,必须返工,并按各方提出的问题逐一进行整改,并对问题产生的原因进行分析,对相应的作业人员进行培训教育,提高其业务水平及质量意识,整改完成后重新验收,提高产品首件验收合格率,形成奖罚机制,首件验收制度流程如图 5-18 所示。

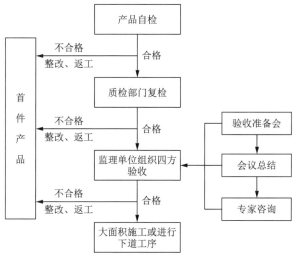

图 5-18 首件验收制度流程图

c. 首件验收的评定标准。

对产品进行首件验收主要从外观质量、材料试验检测、设计要求、验收标准、使用功能等方面进行,具体的评定标准为以下几个方面:工前现场准备工作是否充分、精细,工序检查申报、批准手续是否齐全、及时;施工操作是否规范,是否能达到相关施工规范及验收标准的要求;施工单位总结的施工工艺、施工参数、操作规程是否满足规模生产的要求;各项检测指标是否符合规范及设计要求;质量证明文件是否完整;工程外观是否合格无缺陷,尤其是将永久外露的部分;各项安全措施是否到位,是否有安全、质量隐患。

④资料整理。

首件验收完成后形成的相应资料主要有:会议纪要、首件工程报审表、首件验收记录表、检验批质量验收记录以及影像资料等。

(2)分项工程验收。

①分项工程的验收由监理单位组织,在专业监理工程师的主持下进行。

②分项工程质量应在班组自检的基础上,由施工单位项目技术负责人组织有关人员进行评定,专职质量检查员核定。监理单位对施工方核定的分项工程质量进行审查认可。

③分项工程经验收合格后方可移交下一工序施工。

(3)分部(子分部)工程验收。

①准备工作。

分部(子分部)工程完工后,在计划验收日期 10 个工作日内,施工单位应按照国家有关验收标准及规范,全面检查工程质量,整理工程技术资料,填写《分部(分项)工程质量验收申请表》一式六份,连同工程技术资料提交监理单位审核。

监理单位在 5 个工作日内对工程技术资料进行审核,并对工程实体进行检查。检查合格后,总监理工程师签署意见。

监理单位通知勘察单位(土建工程中的桩分项工程及地基基础分部、开挖初期支护分部工程验收时参加)、设计、施工、建设单位进行验收。

施工单位、监理单位在工程验收前还必须准备好分部(子分部)工程质量自评报告、分部(子分部)工程质量评估报告(文字),在验收会议时发放给各参加单位。

②验收组织。

组织:监理单位。

主持:总监理工程师。

参加单位:市地铁集团工程部(机电部)、安质部、监理单位(总监理工程师)、设计单位(工程项目负责人)、勘察单位(参加土建工程验收)及施工单位(项目经理和技术、质量负责人)等。在装修、机电安装及系统机电安装的分部工程验收时还需通知运营公司参加。

③验收程序。

施工单位做分部(子分部)工程质量自评报告,简单介绍工程概况、工程实体及资料整理完成情况、质量控制、分部(子分部)工程及各分项工程的自检、自评情况、目前遗留的工程、问题等。

监理单位做分部(子分部)工程质量评估报告,介绍工程监理情况、质量控制以及分部(子分部)工程质量验收核定情况和目前遗留的问题等。

检查施工过程形成的工程资料,同时对现场实体进行观感质量检查,必要时进行现场实测实量。

设计单位介绍设计和施工配合情况,指出施工单位的施工是否满足设计要求及仍存在的问题,并对该分部(子分部)工程的质量是否通过验收提出意见。

各单位负责人汇报情况,指出必须整改的问题,监理单位安排专人做记录,整理后将意见填写在《工程验收记录表》。

土建工程的地基与基础分部工程验收时还需要勘察单位介绍工程施工中地质变化情况,阐明实际地质情况与原地质报告的描述是否一致,持力层承载力是否满足要求等,并对该分部(子分部)工程的质量是否通过验收提出意见。

主持人综合各检查组意见,对工程质量和各管理环节等方面做出全面评价。如能达成统一意见,验收人员共同签署分部分项工程质量验收记录,建设单位由业主代表签字,施工单位由项目经理签认,有分包单位的,分包单位也必须签认其分包的分部(子分部)工程,由分包项目经理亲自签认,监理单位由总监理工程师签认,设计、勘察单位由项目负责人亲自签认,验收记录和验收纪要等表格建设各方所盖印章应为法人单位章。若参与验收的各方不能形成一致意见时,应协商提出解决方法,待意见一致后,重新组织验收。

监理单位负责编写验收会议纪要,将要求整改的问题记录在案,负责整改问题的跟踪检查。分部(子分部)工程经验收:原则上要待单位(子单位)工程竣工验收合格后,以单位(子单位)工程为整体办理工程实体移交手续,但单位(子单位)工程未全部竣工验收,而后续工程需要进场施工的,验收合格的分部(子分部)工程可由项目部组织双方确认后提前移交给后续工程承包单位,以便后续工程的施工。

(4)(子)单位工程预验收。

施工单位对单位工程质量自验合格后,总监理工程师应组织专业监理工程师,依据有关法律、法规、工程建设强制性标准、设计文件及施工合同,对施工单位报送的验收资料进行审查后,组织单位工程预验收。

①准备工作。

单位(子单位)工程完工后,在计划验收日期前30个工作日内,施工单位应按照国家有关验收标准及规范全面检查工程质量,整理工程技术资料及施工安全管理资料,向监理申请预验收,填写《单位(子单位)工程质量控制资料核查记录》《单位(子单位)工程安全和功能检验资料核查及主要功能抽查记录》及《单位(子单位)工程观感质量核查记录》各一式6份,连同工程技术资料及安全资料提交监理单位审核。

监理单位在5个工作日内对工程技术资料、安全资料及重要分部(子分部)工程的中间验收登记手续完成情况进行审核,并对工程实体进行检查。检查合格后,总监理工程师签署同意预验收意见。

②预验收的组织。

组织:监理单位。

主持:市地铁集团。

参加单位:市地铁质量安全监督站、市地铁集团相关部室[安质部、第一项目部、机电部(参加机电验收)、总工室、办公室(档案管理)]、项目公司、勘察单位(参加土建工程验收)、总体设计、工点设计、施工单位及监理单位等各参建单位。

③预验收的程序。

施工单位介绍工程概况、单位(子单位)工程实体及资料整理完成情况、分部工程验收后遗留问题的整改情况、目前遗留的工程问题、竣工资料整理存在的问题等。

监理单位介绍工程监理情况、工程实体及资料的整改完成情况、重要分部工程中间验收登记完成情况、工程验收执行政府备案制度的准备情况及目前遗留的问题等。

与会人员分组检查(各检查组由主持人指定专人负责):a.工程实体组按不同专业分组,现场检查工程实体完成情况及整改情况;b.文件资料组(包括竣工档案、声像、电子、档案)由市地铁集团牵头,对施工单位提交的竣工资料进行检查;c.各检查组须安排专人记录,将意见整理填写在《工程验收检查记录表》上。

设计单位应明确指出施工单位的施工是否满足设计要求和仍存在的问题。对设计变更手续是否完善、完成,有无遗留工程等做出说明。勘察单位(土建)对实际地质情况与勘察报告的差异等发表意见。

各检查组负责人汇报小组检查情况,指出该单位(子单位)工程须整改问题。

主持人综合检查组的意见,落实竣工验收前的工程实体、资料整改的范围和完成时间,对工程是否可以申报单位工程验收提出意见。

监理单位负责编写会议纪要,将检查要求整改的问题记录在案,负责整改问题的跟踪检查。

(5)(子)单位工程质量验收。

单位工程预验合格、遗留问题整改完毕后,施工单位应向建设单位提交单位工程验收报告,正式申请单位工程竣工验收。验收报告须经该总监理工程师签署意见。

①准备工作。

监理单位应具备完整的监理资料,并对监理的工程质量进行评估,编写《工程质量评估报告》(一式6份),经总监理工程师和法人代表审核签名并加盖公章和监理注册章后提交施工单位汇总。

勘察、设计单位对勘察、设计文件及施工过程中由设计单位签署的设计变更通知单进行检查,编写《工程勘察文件质量检查报告》及《工程设计文件质量检查报告》。质量检查报告应经该项目勘察、设计单位负责人审核签名并加盖公章后一式6份提交施工单位汇总。

施工单位应对预验收提出的问题整改完毕,并经监理单位检查合格。施工单位将《工程质量验收申请表》(一式6份)连同整改好的技术资料提交监理单位审核。

监理单位在5个工作日内对工程技术资料及安全资料的整改进行审核,并对工程实体进行检查。检查合格后,总监理工程师签署意见,承包商将一份经总监理工程师批准的《工程质量验收申请表》《单位(子单位)工程质量控制资料核查记录》《单位(子单位)工程安全和功能检验资料核查及主要功能抽查记录》《单位(子单位)工程观感质量核查记录》《工程质量评估报告》《工程勘察文件质量检查报告》《工程设计文件质量检查报告》和工程技术资料在单位工程验收10个工作日前报建设单位。经审核后,在单位工程验收7个工作日前,由建设单位将验收的时间、地点及验收方案书面报送工程质量监督机构。

施工单位应完成移交工程范围内的设备清点工作,准备好供设备维修用的专用工器具、随箱的备品备件和移交的房间钥匙等。

施工单位应准备好三套完整的竣工档案供验收检查(包括声像、电子文件档案),按验收备案制度准备并填写好有关验收备案表格。

施工单位负责布置会场、书写条幅等会务工作,并在正式验交会议开始前按正常运营状态启动所有设备、系统。

②验收组织。

组织:市地铁集团。

主持:市地铁集团。

参加单位:市地铁质量安全监督站、市地铁集团相关部门[安质部、第一项目部、机电部(参加机电验收)、总工室、办公室(档案管理)]、勘察单位(参加地基与基础工程验收)、设计单位、施工单位、监理单位及项目公司等各参建单位。

③验收程序。

施工单位做单位(子单位)工程质量自评报告,介绍工程概况、单位工程预验收检查问题的整改情况、自检自评质量情况、目前遗留工程情况、本次验交工作要移交的工程实体范围和设备清单以及施工合同履行情况。

设计单位做设计工作质量报告,明确施工单位的施工是否满足设计要求、存在的问题、设计变更手续是否完善、设计合同履行情况及对照初步设计的未完工程等。

监理单位做单位(子单位)工程质量评估报告,介绍工程监理情况、整改问题复查情况、质量等级核定情况、目前遗留问题及监理合同履行情况。

土建单位(子单位)工程验收时,勘察单位做勘察工作质量报告,介绍工程施工中地质变化情况,阐明实际地质情况与原地质报告的差异,工程施工对持力层是否满足要求等。

市地铁集团业主代表做工程合同完成情况报告(附书面报告)。

与会人员分组检查(各检查组由主持人指定专人负责):

a. 工程实体组:按土建结构、装修及风、水、电等专业分组现场检查,主要检查初验时提出整改问题的整改完成情况,并对工程实体进行观感质量检查,必要时进行现场实测实量;

b. 文件资料组:由市地铁集团牵头,工程部(机电部)、项目公司、安质部、监理单位、施工单位、设计单位及勘察单位参加,对竣工资料进行检查验收。

5.3.3 重视阶段性验收

福州地铁2号线项目工程质量的形成过程是一个多阶段控制过程,同时也是一个与时间有关的最优化问题。它包含若干个相互联系的阶段(前期准备阶段、施工阶段、竣工验收阶段),在每一个阶段均需做好质量管理工作。同时,一个阶段的控制除影响到该阶段自身以外,还会关系到下一个阶段的发展,以至影响到整个过程以后的进程。

1)项目准备阶段质量管理

在前期准备阶段,测量工作是关键。测量工作是整个项目顺利施工建设最基础的工作,其重要性不言而喻。测量工作贯穿于各个环节,从最初的带状地形图测量到运行期间的变形监测,测量起到了至关重要的作用。为确保全线建筑物、构筑物、设备及管线安装按设计准确就位,避免因施工控制测量、放样测量超差而造成重大设计变更和工程事故,必须把测量工作视为福州地铁2号线项目这一工程的"眼睛",以此作为工程质量控制的重要环节。地铁工程各阶段的测量工作如图5-19所示,而建设期主要以土建施工阶段与轨道铺设、设备安装阶段的测量任务为主,见图中红色框部分。

(1)福州地铁2号线测量特点。

福州地铁2号线由于施工环境的复杂性以及福州市富水复合地质环境,测量工作有其特殊要求。其中包括:

①城市环境作业,对施工环境安全要求高,施工建设不能影响正常社会活动(施工受干扰大);

②建筑物稠密、地下管线繁多、在极限条件下进行线路设计,调整余地小;

③限界要求严;

④政府和公众关注程度高,社会影响大;

⑤测量作业干扰大,往往夜间施工多;

⑥线路相关的调查、测量内容多(细部测量内容多);

⑦外路作业量大,交通安全问题突出;

⑧测量精度要求高;

⑨作业时间受限制,不同部位温、湿度差别大,测量条件差,测量成果误差大;

⑩要求测量方法可靠、快捷,适应施工节奏要求;

⑪统一全线精度;

⑫交叉工序多,现场成品保护难度大,控制点易破坏。

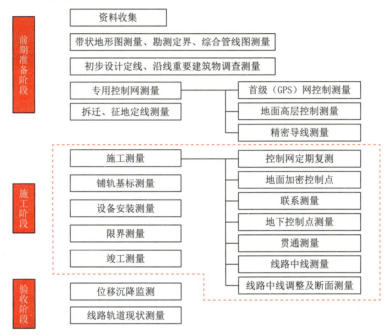

图 5-19　城市轨道交通工程各阶段的测量工作任务图

（2）福州地铁 2 号线项目测量管理模式。

福州地铁 2 号线项目其施工测量由承建的各标段土建施工单位项目部负责具体实施。由市地铁集团安全质量监督部与项目公司安全质量监督部分别设专职工程师负责组织监督管理,并引进第三方测量单位福州市勘测院（市地铁集团委托）承担测量成果的校核与日常业务的指导与管理,项目测量组织架构如图 5-20 所示。

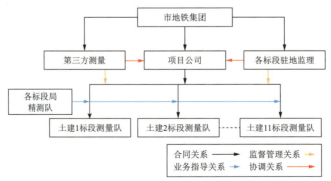

图 5-20　福州地铁 2 号线项目测量组织架构图

各标段施工测量工作同时接受业主、项目公司、现场监理及第三方测量的监督与管理。同时,为提高重要部位工程施测精度与量测成果质量,项目公司要求在区间盾构掘进过程中,各参建局所属精测队须按设计及规范要求的里程范围提供现场复核服务,作为项目公司提高测量管理水平与工程质量一项有力保障。

(3)福州地铁2号线项目建设期主要测量项目。

对于地铁工程来说,地面控制测量分为地面平面控制测量和地面高程控制测量,一般情况下,地面平面控制网分两级布设,首级为全球定位系统(Global Positioning System,GPS)控制网,二级为精密导线网。在众多测量项目中,交接桩位复核、加密导线及高程控制等是重要测量内容。

①交接桩位复核。

复核根据业主提供的导线控制点进行。通常使用全站仪及配套光学对中觇牌,外业要求水平角观测四测回,每测回间较差小于3′,距离正倒镜往返观测。设置已知点测算其余未知点坐标。经复核计算,复测值与已知值之差小于规范要求的最小误差,符合规范要求,可以使用。

②加密导线。

地面施工加密控制点是直接用于车站、车辆段、地面线路和施工竖井的施工放样及联系测量等工程而进行的加密测量控制点。因此,其点位必须可靠,且要有足够的精度储备,以满足各项测量工作需要。

结合工程实际情况,布置施工加密控制点时,在施工车站或竖井周围布置3~4个平面及高程加密控制点,为车站建设、施工竖井定位、联系测量和隧道开挖施工测量奠定基础。地面加密控制网包括加密平面控制网和加密高程控制网。

按《城市轨道交通工程测量规范》(GB 50308—2008)精密导线测量的技术要求作业。使用Ⅰ级全站仪测角四测回(左、右角各两测回),左右角平均值之和与360°的较差小于4″。边长往返观测,内业数据处理经各项改正后采用严密平差,其最弱点的点位中误差≤±10mm。

③高程控制。

利用施工区域附近已知的高级水准点,布设二等水准路线,将高程引测至车站基坑现场,并布设施工高程控制网。

车站工程测量任务和盾构区间测量任务见表5-9和表5-10。

车站工程测量工作任务 表5-9

序号	测量项目名称	测量内容
1	交接桩位复核	复核业主提供的导线控制点
2	加密导线	利用平面控制网测设精密导线及地面趋近导线
3	高程控制测量	利用已知的高级水准点将高程引测至基坑,并布设高程控制网
4	围护桩(墙)测量	围护桩位(桩中心)及地连墙中心线
5	车站主体结构	平面与高程放样
6	工程安装、装修施工测量	中线、二次结构边线、30控制线、门窗洞口线、高程50线、吊顶线及龙骨线
7	竣工测量	主体结构及附属结构的平面位置、横断面、高程及结构尺寸等
8	地面和地下平面、高程控制点的复测	地面精密导线点和水准点,每月根据业主提供的高级控制点复测一次

盾构区间工程(含联络通道)测量工作任务　　表 5-10

序号	测量项目名称	测量内容
1	地面控制测量	平面及高程控制测量
2	联系测量	将地面控制测量数据传递到隧道内
3	隧道内控制测量	洞内平面及高程控制测量
4	盾构施工测量	盾构机始发前的安装调试测量、盾构掘进过程中的测量
5	联络通道施工测量	联络通道的开挖中心线和起拱线
6	隧道贯通测量	隧道贯通前约 1000m 时需增加施工导线测量及盾构机姿态的测量,并进行控制导线的全线复测,包括地面、地下控制导线点和联系测量以及对盾构机姿态的复测,确保隧道贯通
7	竣工测量	线路中线点恢复测量、隧道净空断面测量

(4)平面联系测量要点。

联系测量的目的是通过一定的测量手段和方法,将地面的坐标、高程以及方位传递至地下,为隧道的掘进提供测量依据。

①联系测量的作用。

在地铁施工中,联系测量是为暗挖隧道传递方向、坐标及高程的测量方式,一般在竖井内进行。联系测量包括明挖工程投点、定向;暗挖工程竖井投点、定向;向地下传递高程。联系测量所传递的方向、坐标及高程均是暗挖隧道的施工的基本依据,联系测量的质量好坏将直接关系到隧道的贯通质量,是隧道贯通的基础,也属于施工测量的关键环节,需要进行 100% 的检测和复核。

②联系测量的内容。

平面联系测量主要包括地面近井导线、投点与定向(联系测量)和地下近井导线三部分,测量的方法分别有投点仪 + 陀螺仪定向、一井定向、两井定向及导线定向等,高程联系测量的方法有悬吊钢丝及悬吊钢尺等。

a. 一井定向(图 5-21)。

采用一井定向方法时,地面、地下近井导线测量观测技术要求同精密导线。在同一竖井内悬挂两根钢丝组成联系三角形,如有条件时,悬挂三根钢丝组成双联系三角形。每次定向应独立进行三次,取三次平均值作为定向成果。井上、井下联系三角形应满足测量规范要求。

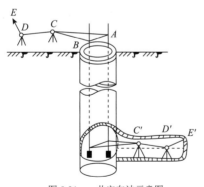

图 5-21　一井定向法示意图
$A\sim E$、$C'\sim E'$— 导线观测点

b. 两井定向(图 5-22)。

当车站具备两井定向条件时,采用两井定向方法,此时在投点或悬挂钢丝的两竖井中(相距不小于 30m)各投测一个坐标点,井上井下将投点用导线连接,构成两井定向图形。连接导线测量观测技术要求同精密导线。

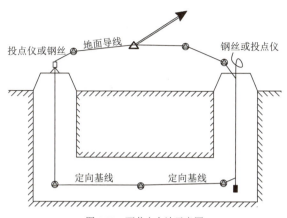

图 5-22 两井定向法示意图

c. 铅垂仪(钢丝)+陀螺经纬仪组合定向法(图 5-23)。

铅垂仪(钢丝)+陀螺经纬仪组合定向时,地面、地下近井线测量观测技术要求同精密导线。

投点测量使用不低于(2″,2mm+2ppm)的全站仪水平角三测回,边长两测回,两次投点误差不大于 ±3mm,传递到隧道内坐标误差相对于地面近井点不大于 ±5mm。

悬吊钢丝测量在竖井口悬吊两根钢丝,井上、井下同时对钢丝进行观测。全站仪水平角观测四测回,边长三测回。

陀螺经纬仪定向测量,测前测后在地面已知边上各测定三测回陀螺常数,在竖井内定向边上进行六测回定向测量(如有两条定向边时,每边各定向三测回;一条边时对向各定向三测回)。

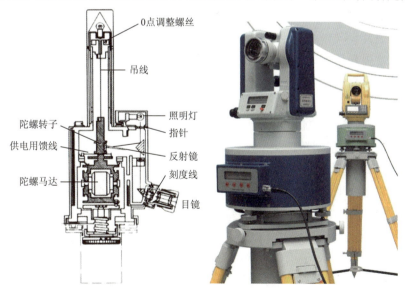

图 5-23 铅垂仪(钢丝)+陀螺经纬仪组合定向法

③平面联系测量的频率。

测量次数应根据竖井所处位置、基线边长短及隧道贯通距离长短的实际情况确定,一般情况下基线边较长时隧道施工到 50m、100~150m、贯通前 100~150m 处,在同一条基线边上各进行一次联系测量,共检测三次,取各次平均值作为隧道施工及贯通的基线(起始)方向,指导隧道施工和贯通。当隧道贯通距离大于1km时,应根据误差估算结果确定联系测量次数,并适当增加一至两次,以保证隧道贯通达到预期目的。

(5)高程联系测量要点。

高程联系测量主要包括地面近井水准、高程传递和地下近井水准三部分,如图5-24所示。

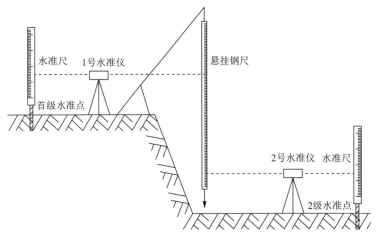

图5-24 高程联系测量检测示意图

①地面近井水准。

地面近井水准形成附合水准路线,当井下水准基点与高程传递所悬挂钢尺之间只测一站水准时,已满足高程导入的需求,不进行近井水准测量。

②高程传递。

高程传递常用悬吊钢尺和钢丝等方法进行,地铁竖井一般较浅,故高程传递检测均采用悬吊钢尺方法传递高程。

③地下近井水准。

当竖井距正线隧道较远时,应从竖井的近井水准点布设地下近井水准路线,其水准测量方法和精度与地下控制水准测量相同。

④高程联系测量频率。

高程联系测量同平面联系测量一样,在一个车站或竖井内至少进行三次,但在个别隧道贯通距离较长时,根据具体情况,通过误差估算适当增加联系测量次数。

(6)测量分级管理与复核制度。

地铁工程规模巨大,测量工作贯穿始终且内容繁多,除了要求测量人员有细致认真的工作态度之外,还需要建立严格和科学的管理制度,才能保证测量工作的质量。借鉴北京、上海及广州等城市轨道交通工程建设的经验,福州地铁2号线项目建立多级测量复核体系,第三方测量代表业主进行控制测量复核。

①多级复核的必要性。

多级测量复核是指由施工承包商、监理单位以及代表业主的专业测量单位对施工单位的测量成果进行多级复核,这里的复核是指复测或者复算。

一方面,多次测量是提高测量精度的有效途径;另一方面,由不同的单位以不同的方法进行测量复核,可以避免测量工作中的误差累计和错误。

②向第三方测量单位报验制度。

为防止施工测量差错导致的施工质量问题,第三方测量单位的技术支持、保障及监督管理,确保测量质量达到地铁工程要求。经与第三方测量单位福州市勘测院的沟通、协调,各标段在以下工序作业前,须提前报验第三方测量单位,复核通过后方可进行后续工作,分级管理任务清单见表 5-11。

福州地铁 2 号线项目分级管理任务清单表　　　　表 5-11

分级管理单位	测量任务分工内容
各作业队测量组	复核项目部测量队交给的测量桩
	施工控制桩放样并将放样结果上报项目部测量队复核测量
	在施工控制桩复核测量确认无误后加密放样,以满足施工需要
	在放样过程中,应特别注意各预留端口、折点、曲线部位放样的准确性
项目部测量队	首级控制网测量
	施工加密控制网测量
	结构轴线、中线控制桩放样
	施工控制点、重要轴线点及工程重点部位放样桩点的复核测量
	各作业队之间交接区桩点的复核测量
	远期复测首级及加密控制网
	复核各作业队测量组的放样
	抽查检验施工放样桩点
工程局精测队	控制点复测(隧道掘进过程中)
第三方测量及报验(业主委托)	各自标段内整体控制网(一年 2 次)
	施工期间加密控制网(一年 4 次)
	车辆段、车站、竖井导墙及围护桩等(拐角点、特征点)
	地下控制点
	盾构钢环安装
	车站土建竣工测量
	联系测量(盾构始发前 100m、300m,距贯通面 100~200m,隧道长度超过 1500m 加测)
	洞内加密控制网导线水准(隧道 1/3 处,2/3 处)
	施工断面检测[包括管片姿态(100 环,剩下每 300 环左右测一次)和矿山法施工]
	贯通测量
	贯通后洞内加密控制网(做控制基标前做)
	控制基标检测(抽检 30%)
	竣工控制基标检测(具备测量条件时测)
	车辆段加密控制(基线)检测
	车站结构(底板、中板及立柱位置)放样检测
	其他关键结构部位的检测(必要时)

（7）陀螺定向测量技术在地铁区间工程的应用。

根据国家测量规范要求，地铁一个区间工程单线长度≥1500m时，该段区间贯通后，左、右线均须采用陀螺定向复测隧道内控制点。以福州地铁2号线项目四标厚庭站~桔园洲站区间为例，陀螺定向按相关要求执行，外业在已知边和待定向边分别观测6个测回，测定陀螺仪常数及测线陀螺方位角。由于目前国内技术水平限制，民用陀螺的精度有限，福州地铁2号线项目采用的陀螺仪标称精度15″，陀螺观测的成果主要用于检验地下导线的方位粗差，分析导线测量的精度与陀螺定向测量的精度，按权分配，最终确定导线的方位，然后对导线数据进行平差。左右线陀螺定向测量报告如图5-25所示。

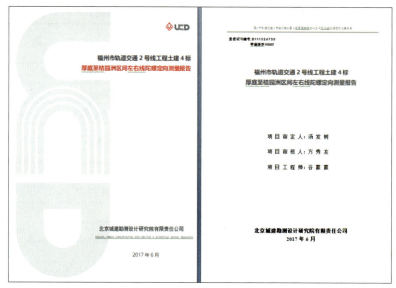

图5-25　左右线陀螺定向测量报告

陀螺定向的限差要求：①同一条边各测回测量结果最大互差不得超过15″；②两次地面控制边测量结果均值之差不得大于15″。

2）项目施工阶段质量管理

福州地铁2号线项目施工阶段是项目实体最终形成的阶段，也是项目质量和使用价值最终形成和实现的阶段。做好此阶段的质量管理工作意义重大，这对实现福州地铁2号线项目最终质量管理目标起着决定性作用。具体来说，此阶段包括前期准备阶段、施工过程阶段、形成最终项目实体阶段三个环节。

（1）施工准备阶段的质量控制。

施工准备是福州地铁2号线项目施工过程的开始，只有做好施工准备的基础性工作，才能为加速施工进度、提高工程质量提供可靠保证。项目公司组织各标段施工准备阶段的主要工作内容是：编制施工组织计划、图纸审核、落实质量责任主体、组织技术交底及筹划成立QC小组等。

①编制施工组织计划。

在施工前要对施工全过程和各项活动做出整体性规划和合理性安排，这就是施工组织设计,施工建设在其指导下有条理地进行。当然,施工组织设计要根据福州地铁2号线项目的施工特点而设计,并严格按照总体施工组织设计手册执行(图5-26),从而提高施工效率并取得良好的经济效益。

图 5-26 中国交建总体施工组织设计手册

在具体施工组织设计中,首先,项目公司通过对福州地铁2号线项目概况和线路环境的了解,对施工方案做出整体部署,包括进度控制、工程分项及成本控制等;然后,制定详细的施工安排,包括技术标准、施工应急救援预案及施工技术方案等基本内容。施工组织设计由项目负责人编制,且需要审批通过。

②审核图纸。

在正式施工前有一项非常重要的工作就是进行图纸会审,使施工人员进一步熟悉图纸设计,了解对关键施工项目的技术要求。另外,图纸会审还可以作为对施工设计的最后一步检查检验程序,一旦发现错误马上修正,防止让错误进入施工阶段造成更严重的损失。福州地铁2号线项目施工图纸审核的具体过程如下:施工设计图纸由专业设计研究院负责,然后项目公司组织各标段技术人员对该图纸进行审查并学习,查看关键点的技术参数是否准确,设计意图是否符合合同要求,为正式开工做好充分的技术准备。

③根据质量保证体系,落实质量责任。

福州地铁2号线项目的质量保证体系由经济保证、控制保证、技术保证及组织保证等方面组成,每个方面管理的重点不同,每个方面都设置相应的职能部门并负有质量责任,从项目总经理到总工程师、生产经理,再具体到各标段、各部门,最后落实到现场员工,实行分级质量管理制度。质量保证体系分别从成本控制以提高经济效益、质量控制和技术控制以保证施工质量及组织保证和思想保证以提高工作效率和员工的质量意识三方面,保证施工质量。施工质量保证体系是质量管理的重要组成环节,与质量管理相互渗透、相互影响,有效的质量保证体系可以在保证质量的前提下减少质量管理的工作量,从而使项目公司获得更多的经济收益。以厚庭站~桔园洲站区间施工为例,其项目质量保证体系如图5-27所示。

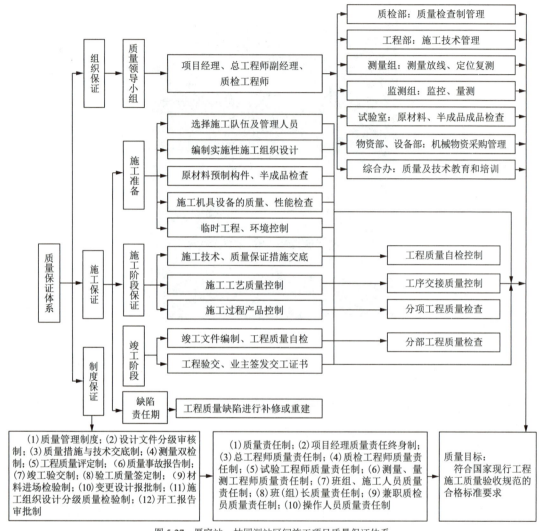

图5-27 厚庭站~桔园洲站区间施工项目质量保证体系

④组织技术交底。

在福州地铁2号线项目开工前,项目公司总工程师组织技术部门向所有参与建设的人员提供技术培训和指导,培训与施工技术和施工工艺相关的内容,包括工程施工的特点、施工过程中可能遇到的问题及解决对策、应对突发状况所采取的安全防护措施等。

分项工程和分部工程开工前也会组织技术交底,以保证科学合理的组织施工,降低发生质量事故的风险。技术交底的内容最主要的是向施工人员详细解释施工图纸的设计,对重点分项工程如桩基础施工、盾构施工及现场围护施工等按照行业标准和建设经验做出总体部署。

另外,还要对施工现场和环境保护采取的方案进行最后商定,并且对协商结果予以记录。根据施工具体情况做好技术交底人员的技能培训和考核工作,采取会议形式组织技术交底并形成交底记录。

⑤筹划成立 QC 小组。

为了加强施工管理,实现项目质量目标,项目公司根据所有相关方的要求筹划建立 QC 小组,进行全过程质量管理。各标段项目经理负责 QC 小组的构建,每个小组由 8~10 人组成,组建原则首先是自愿组合,保证每个小组都包括领导人员、技术人员和施工人员,如果自愿组合的结果不满足该要求,则由项目经理进行分配调整。尽量使小组成员形成优势互补,提高工作效率。每个 QC 小组的组长应该选择具有一定领导能力和组织能力的人担任,对小组工作能够起到带头作用,可以为小组成员分工,并且监督小组成员的工作成果。

(2)施工过程的质量控制。

施工准备完成之后,进入正式动工阶段。施工阶段是将施工设计付诸实践形成项目实体的过程,同时也是形成项目质量的过程。根据施工质量计划、质量管理体系和质量保证体系,施工阶段按照分项工程、分部工程以施工工序为基本单位对其进行质量监管。由 QC 小组对质量责任进行明确划分,在第三方监管单位的监督下实行项目自检和复检制度。

项目公司在施工阶段的质量管理主要从施工队伍建设、施工工艺及材料设备等方面制定具体的管理措施,此外还包括在信息管理和施工流程交接等方面进行施工质量重点管理。

①加强人员教育,树立质量管理理念。

优秀的施工队伍是保证质量目标实现的基础,优秀的施工队伍不仅仅是施工技术水平高的员工,还要具备较高的质量意识。因此,项目公司一方面,对人员开展质量意识宣传教育和技能培训,另一方面,还将质量责任落实到个人,实施相应的奖惩制度,明确质量责任和权限。对一些重点岗位进行资格认证,只有取得资格之后才能上岗工作。

②加强机械设备管理,做到物尽其用。

施工机械设备是实现施工机械化的重要物质基础,对福州地铁 2 号线项目的进度、质量及成本等均有直接影响。"工欲善其事,必先利其器",项目公司在对设备选用时,充分考虑施工现场条件、地下工程结构性质、机械设备性能、施工工艺与方法及施工组织与管理等各种因素,充分发挥器械设备的效能,做到物尽其用、物善其用。

项目公司结合实际情况,制定了适合于福州地铁 2 号线项目施工设备与机具的工作制度和各类设备的操作维修标准,逐步使设备、机具管理工作标准化、制度化、流程化。同时,积极开展技术教育培训工作,建立了技术考核制度,不断提高各标段的设备管理水平及技术人员的设备操作水平。

③加强工程材料质量控制,从源头杜绝质量问题。

材料的质量是项目质量的基础,材料不合格,项目的质量就不可能得到保证,这是毋庸置疑的事实,所以加强材料的质量保证是提高项目质量的重要保障,也是正常创造施工条件的前提。为此,项目公司针对福州地铁 2 号线项目的特点,从材料的性能、使用范围及施工要求等方面进行综合考虑,慎重选择和使用材料。

掌握材料信息,优选供货厂家。掌握材料质量、价格及供货能力的信息,选择好供货厂家,获得质量好、售价低的材料资源,从而确保项目质量,降低工程造价。同时,这也是项目公司控制企业成本、提高市场竞争力的重要因素。

合理组织材料供应,确保施工正常进行。科学合理地组织材料的采购、加工、储备及运输,建立严密的计划、调度体系,加快材料的周转。保质保量地满足项目建设需求是提高供应效益、保证正常施工的关键。

限额组织材料的使用,减少材料损失。按定额计划正确使用材料,加强运输、仓库及保管工作,加强材料限额管理和发放工作,健全现场购料管理制度,避免材料的损失、变质,这是确保材料质量、节约材料成本的重要措施。

加强材料检查验收,严把材料质量关。材料质量检验的目的是通过一系列的检测手段,将所取得的材料数据与材料的质量标准相比较,借以判断材料质量的可靠性。

重视材料的使用认证,谨防错用残次材料。材料使用前,中国交建会仔细核对其品种、规格、型号及性能等是否符合福州地铁2号线项目的规范和设计要求。

④加强施工工艺管理,创新质量提升方法。

完善的工艺控制,可以从根本上减少或避免施工质量缺陷,提高项目质量的稳定性。项目公司通过加强工艺管理,督促检查已制定的施工工艺文件执行情况,确保福州地铁2号线项目施工严格遵守操作规程,落实各项施工工艺。

福州地区富水复合地质层,部分项目需穿过含水量大、压缩性大、强度低、灵敏度高易触变等特点的淤泥、冲洪积淤泥质土层,这些不良地层的施工难度非常大:过度降水、对软土的加固处理不当或地面超载等可能存在地面沉降或塌陷等安全隐患,质量也难以保证。为确保工程质量及施工过程安全,项目部精心组织,统筹各方资源,针对各类施工难题进行专项施工工艺攻关。

根据不同地质,在地连墙两侧各1m范围内采用密布式水泥搅拌桩对软土地层进行加固,采用地连墙槽壁对软土地基进行加固处理,全过程把控设备通行安全。为严格质量控制,实地取样进行配比、反复验证,达到最优配合比进行施工,并用自动化搅拌设备及浆液流量计进行控制,最大程度确保地连墙基槽两侧土体稳定,降低施工风险,保证工程质量。

为有效解决钻孔灌注桩穿透深厚软弱土层的施工质量问题,技术人员集思广益,优化施工工艺,采用逐桩钢护筒辅助施工措施,钢护筒穿透淤泥地层进入黏土层或砂层不小于1m,确保成孔质量,避免软弱土层塌孔风险及灌筑过程中的质量风险,最终,钻孔灌注桩检测合格率100%。

在降水施工过程中,充分考虑淤泥土层透水性差特点,采用真空降水施工工艺,通过井孔内负压加速淤泥地层的排水、固结,为开挖工序创造了有利施工条件,确保地基荷载满足设计及规范要求。

⑤加强QC小组组织管理,完善质量保证体系。

每个QC小组的主要工作是根据事先制订的质量计划,对每项活动进行过程质量管理,即进行完整的PDCA循环。由于每个QC小组专门负责不同的工作,并且每个小组的人数不多,便于开展工作进行灵活应变。这也是QC质量小组的优势所在,在这个质量管理过程中能做到将事前计划、事中行动和检查、事后改进相结合,使质量管理得到持续改进,从而取得事半功倍的效果。为确保QC小组工作的有序开展,项目公司制定了三条基本的QC小组活动规章制度:a. 每周二和周五召开小组内部会议,期间如果遇到重大问题,则召集成员开展临时碰头会,采取措施,并作好会议记录;b. 按照PDCA循环持续改进,逐步提高质量管理效率;c. 定期检查QC小组的实施情况,开展座谈会讨论存在的缺陷及问题,采取措施进行改进,不断完善QC小组活动。

按照施工质量保证体系,QC小组根据施工实际情况对主要问题和关键控制点进行分组管理,例如,提高小组成员技能、质量重视程度、安全生产和保护环境意识等。将质量责任落实到每个QC小组成员上,做到权责对等,责任明确;针对不同的质量问题建立相应的质量管理改进措施,以提高QC小组的工作效率;将质量检验制度进行细分,确保整个QC小组能按照PDCA循环进行全过程质量管理。实践证明QC小组工作的有序开展对于充分发挥人员的潜能、实现全员参与、及时预防质量问题并进行改进等有着重大积极影响。

⑥落实试验检查、测量检查和验收检查。

试验检查的中心任务是对原材料、混合料的试验和检查。如对工艺过程的试验、检验,对结构物强度、盾构管片的完好性检查。测量检查的基本任务是保证结构物的几何尺寸和构筑物几何要素完全符合合同、图纸和规范精度的要求。验收检查是对项目施工的单个工程、构件或结构物的某一独立部分或某一部分的检查,如隐蔽工程、墙身、梁等。落实试验检查、测量检查与验收检查,使各项工艺、技术、参数等符合质量标准,对不符合质量标准的问题及时纠正,确保质量管理万无一失。

3)项目验收阶段质量管理

福州地铁2号线项目竣工验收交付使用,是项目周期的最后一个程序。它是项目公司全面检验项目目标实现程度的过程,是工程投资、进度和质量进行审查认可的过程,也是过程项目从实施到投入运行使用的衔接转换阶段。

福州地铁2号线项目建设完工后并没有结束对其的质量管理,在项目按照合同约定移交给市地铁集团之前,中国交建都要承担相应的合同内质量责任。项目完工之后首先由各标段组织自检,质量检查合格之后向监理单位申请专业审查,监理单位受到委托后安排监理工程师检查工程质量是否合格,对结果形成验收报告。如果验收不合格,各标段会查明原因并及时整改,如果验收合格,则准备正式移交工程。

(1)完工自检。

项目完工自检是质量保证体系的重要部分,主要从工程质量控制方面进行全面评估,查看工程建设的质量目标是否实现,是否符合合同要求。项目自检是施工质量的最后一道保障措施,使质量问题可以在正式竣工由监理单位验收前被发现,采取一切可能的措施补救,将损失降到最低。只有自检合格,福州地铁2号线项目才能申请监理单位竣工验收,经过监理工程师专业检验合格后再准备移交手续。自检过程发现的质量问题,项目公司及各标段会追溯到负责该项目的质量责任人和质量检查人员,追究其直接质量责任。

(2)工程验收及评定。

项目公司根据福州地铁2号线项目施工的实际情况,实行单位工程分部分项工程的验收方法。按照相关统一验收标准,具体措施主要包括:将检验结果形成分部分项工程验收记录;根据工程评定标准和验收结果,对工程项目的质量等级做出估计,并完成鉴定书等相关文件的编制。

(3)工程保护。

在福州地铁2号线项目竣工完成之后,各标段采取措施来保护工程实体,确保在正式移交之前福州地铁2号线项目质量完好。成品保护不仅包括在整个工程项目完成后所采取的措施,还应该包括在施工建设过程中。在福州地铁2号线项目建设中,建立了相应的半成品和成品保护制度,全过程进行工程质量保护。项目完成后,主要采取遮挡、围护、保养及封盖等保护措施,既是项目文明施工的需要,也是项目质量管理的需要。

(4)编制工程验收档案。

福州地铁2号线项目竣工验收合格后,项目公司组织各标段安排专人对项目建设过程中的文档资料进行分类编辑、整理归档,以便保存和日后检查使用。福州地铁2号线项目建设过程的许多重要事件都是通过文档资料呈现出来的,例如项目策划书、工程设计图纸、进度计划书及质量检测资料,还包括发现的施工质量问题及解决办法、重要会议记录等。这些资料为以后对福州地铁2号线项目的进一步运营维护提供了重要的参考。对于不同的项目资料,项目公司会分门别类的收集,并保存一定的年限,设立文档保存制度,防止资料被随意篡改,以保证资料的真实性和准确性。

5.3.4 PDCA 保证质量善治并持续改进

为全面提升福州地铁2号线项目质量并持续改进,项目公司通过运用PDCA这一质量善治方法,综合运用管理、技术等定性、定量的科学手段,把质量管理过程划分为P(Plan)—D(Do)—C(Check)—A(Action),即计划—执行—检查—处理四个阶段,在实现每一阶段目标的基础上,最终完成对福州地铁2号线项目质量的有效管控。PDCA循环流程如图5-28所示。

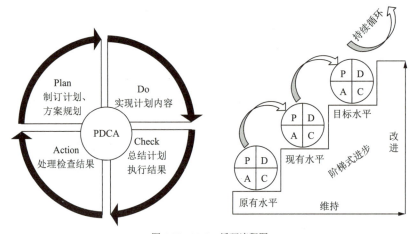

图5-28 PDCA循环流程图

从质量管理的角度来讲,影响福州地铁 2 号线项目的因素主要有五个方面,即人员素质(Manpower)、材料(Material)、设备(Machine)、程序方法(Method)和环境因素(Environment),即 4M1E。项目公司针对这些影响项目质量的因素,对症下药、循序渐进,保证 PDCA 循环顺利运作,最终达到质量提升目标。本节以福州地铁 2 号线项目厚庭站为例,来说明 PDCA 在保证质量善治及持续改进方面所发挥的作用。

1) 了解现状,做好质量管理准备工作("P"阶段)

中国交建是一家各项组织完善、规章制度明确的大型建筑集团公司,为福州地铁 2 号线项目建设所投入的设备、人员以及所采用的技术、工艺都是公司的最强力量。但是由于所建项目施工条件复杂、参与单位多及建设周期长等特点,项目公司在项目质量管理方面难免有疏忽之处。因此,做好厚庭站前期施工调整及质量管理策划工作,做好计划安排,可以为项目质量改进奠定基础。

"P"阶段是质量提升体系建设的第一步,也是最为重要困难的一步。所谓万事开头难,在 PDCA 循环的起始不仅需要进行大量客观准确的调研,还要做好计划安排,为"D"阶段工作的实施做好各项筹划。

(1) 明确人员职责,控制人员数量,坚实质量管理基础工作。

根据合同要求,市地铁集团、项目公司要求成立以项目经理、生产经理及项目总工程师等为实施主体的组织机构;落实项目质量责任,明确责任到位、奖惩分明的原则;做好人力资源计划安排,合理节约人力资本。厚庭站各岗位职责见表 5-12,围护结构阶段人力资源需求见表 5-13。

厚庭站各岗位职责   表 5-12

序号	职务	人数	负责内容
1	项目负责人	1	项目主管、协调各项工作
2	生产经理	1	项目现场主管、协调现场施工生产及安全
3	总工程师	1	分管施工技术、质量
4	合约经理	1	分管成本控制
5	技术员	4	现场技术、测量工作、质量监督及资料整理,安排班组施工,落实安全、质量和进度
6	质检员	1	各工序各班组质量检查
7	安全员	2	现场施工安全、消防监督
8	材料员	1	材料购置、验收
9	试验员	1	试验的取样、试验、见证试验及相关试验材料

人力资源需求表(围护结构阶段)   表 5-13

序号	类别	人数	工作内容
1	挖掘机司机	6	挖掘机驾驶
2	履带式起重机司机	4	施工测量
3	起重指挥	2	机械指挥
4	电焊工	6	钢筋电焊操作
5	修理、电工	1	机械维修、用电操作
6	普工	10	其他配合工作
7	保洁工	6	场地保洁、文明施工

续上表

序号	类别	人数	工作内容
8	钢筋工	8	钢筋绑扎
9	架子工	8	脚手架安装
10	土方作业人员	7	土方作业
11	钢支撑作业人员	10	钢支撑作业
	共计	68	

(2)建立完整材料管理体系,确保施工材料质量过硬。

项目经理部在厚庭站施工准备阶段,组织协调生产部门、预算部门、物资设备部门、器材部门和技术部门工作,明确材料计划、货源选择、材料选型定样、订货、运输及验收检验做到三级审核,在确保物资数量的同时也要保障其规格、性能等技术质量指标的合格。对于一些实际操作性比较复杂的材料在要求的时间内,提前将样品及有关资料报监理工程师审批。做好材料数量及成本的预算,在保证厚庭站材料需求的基础上,严控材料成本。厚庭站车站材料需求见表5-14。

厚庭站车站材料需求表(围护结构阶段)　　　　　表5-14

序号	项目	单位	数量
1	地连墙C35混凝土	m^3	37205
2	导墙C20混凝土	m^3	2267
3	钢筋	t	5307
4	接头H型钢	t	872

建立取样和送检制度,如图5-29所示,明确需要进行见证取样和送检的项目及部位,按设计方案及技术要求的有关规定,相关部门要全程监督施工现场,对用于施工的物资应当检验其是否合格,是否存在违规材料,对于不合格的材料应当及时退场处理,并上报给上级部门,提醒物资采购部门在材料的购买过程中应当事先了解情况,避免不达标的产品再次出现。

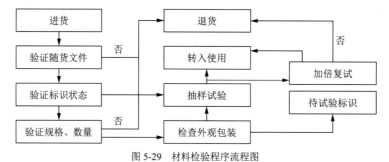

图5-29 材料检验程序流程图

注:未标注的箭头方向均为合格状态。

(3)合理选择机械设备,以机械化、技术化、高效化保证厚庭站质量。

大型机械设备(包括材料加工设备和施工设备)状况良好,满足体系要求。对于一般的地铁工程所需的施工机械,现场技术人员、操作人员都已经十分熟悉其机械构造及操作方法,只要按照规范操作、检查和保养,加强日常监管,一般的安全及质量上的隐患就能受控。

为了更好地把控所用设备的安全使用状态,更高地提升厚庭车站施工质量,追求项目施工机械化、技术化、高效化,项目公司设立专门机械设备专业部门来管理,保证所购买的设备符合厚庭车站施工要求,其设备安装及保养维护都有严格的计划和流程,保障设备人员根据计划及时进行机械的维护保养,不会受到来自项目部工期等外界因素的干扰。车站施工机械设备需求见表5-15。

厚庭站机械设备需求表(维护结构阶段)　　　　　　　表5-15

序号	名称	数量	型号	设备状态
1	挖掘机	1	CAT320	良好
2	50t履带式起重机	2	徐工	良好
3	深井泵	35	100JC	良好
4	污水泵	5	Z-1/2PW	良好
5	交流弧焊机	6	BX-200	良好
6	长臂挖掘机	2	SYJ330C	良好
7	履带式小挖掘机	2	120	良好
8	自卸汽车	20	CA3278P1K2BT1	良好
9	钻机	1	PJ70-160	良好
10	钻机	2	GPS-10	良好
11	抓斗	1	MDG630	良好

(4)着手建立质量管理程序,有序开展各项工作。

项目经理部通过内部组织强化车站施工主体责任,但对于整个车站的质量管理工作来说,仅仅依靠项目公司一家的力量是不够的,还需要借助于外部单位的监督、审查,才能保证厚庭站质量目标的实现。因此,需要建立一个完整的质量管理程序并不断完善,协调施工、监理、设计、业主及质监站等各单位之间的关系,有序开展质量管理工作。

(5)初步了解施工环境,做好地质勘查、应急救援预案编制等工作,严控质量管理外部隐患。

厚庭站位于福州市高新区海西科技园内40m宽的科技东路地下,沿科技东路东西向布置,横跨侯官大道,为地下二层岛式车站。车站起点里程为右YDK17+419.722,终点里程为右YDK17+908.272,车站总长为488.55m,主体结构标准段宽为21.9m,端头段宽度26.0m,标准段基坑深度19.3m,端头井段基坑深度约为21.4m,采用明挖顺作施工。主体围护形式采用地下连续墙,共188幅。

标准段地下连续墙嵌固深度不小于21.5m(局部22.0~23.5m),大里程端盾构井端头地下连续墙嵌固深度不小于22m,小里程端盾构井端头地下连续墙嵌固深度不小于21.3m。

车站主体围护结构采用地下连续墙加内支撑、在支撑中部设格构柱的形式。厚庭站主体围护结构采用800mm厚地下连续墙,连续墙采用水下C35混凝土。车站端头井和标准段均采用两道钢筋混凝土支撑加3道钢管支撑结构形式。在地连墙顶端设置钢筋混凝土冠梁,混凝土冠梁截面为800 mm×900mm。

本站基坑安全等级为一级,变形控制保护等级为1级,即围护最大水平位移≤0.25%H;且≤30mm;地面最大沉降量≤1.5‰H(H为基坑最终开挖深度)。

车站周边为海西高新技术园区,主要规划为居住、办公及商业用地,周边建筑大部分为新建或在建,建筑年代新,质量好。科技东路南北两侧主要建筑为海西科技园安置房小区单元楼(在建)、创业大厦、中青大厦、建平110kV变电站、中科院海西研究分院办公楼(新建)、福汽戴姆勒研发中心办公楼(新建)及世纪财富中心办公楼(在建)。车站主体边界与周边最近建筑(福汽研发中心)距离为25m。

本站施工的质量管理措施主要有以下几个方面。

第一,建立质量保证体系,落实组织机构人员。成立以项目经理为组长,总工程师为副组长的质量管理领导小组,明确规定质量管理工作的具体任务、责任和权力。

第二,项目的管理人员,须取得相应的专业技术职称,受过专业技术培训,并具有一定的施工经验。

第三,施工人员上岗前对其进行岗前培训,考核合格后方能上岗。专业工种人员按照国家有关规定的要求进行培训考核,获取上岗证书及相应技术等级,持证上岗,未经过专业技术培训考核不准上岗。施工中,采用新工艺、新技术、新设备及新材料前组织专业技术人员对操作者培训。

第四,根据本单位质量方针和目标制定实现方针和目标的措施办法。将方针目标层层分解,定期对方针目标的执行情况进行检查评比,用百分制衡量工作标准和分部分项工程的质量标准。工作标准与奖金挂钩,质量标准与验工计价挂钩。

第五,按专业班组和关键工序成立 QC 小组,并开展活动,研究改进工程质量的建议及措施,全面提高工程质量,确保工程一次成优。

2)多措并举,强化质量管理执行力度("D"阶段)

"D"阶段是多措并举,各项质量管理方法逐步落实的阶段,是质量管理力度不断强化的阶段。这一阶段各项工作的开展,使"P"阶段所作的计划安排得到一一落实与验证,并通过细化质量管理方法、手段,抓好质量管理的重点、难点,使得厚庭站质量大幅度提升。

(1)加强人员培训,落实人员需求计划,以施工力量保施工质量。

为了加强项目部质量管理人员、施工人员对于厚庭站结构施工的知识体系,进一步提高人员素质,保证施工质量,项目公司及各标段拟定了培训计划,施行定期培训的措施。为使培训计划更具针对性,对管理人员和施工人员的培训区别对待。

项目部每月都会举行内部考试,由总工出题,根据所从事的工作领取不同的试卷,并对考取第一的员工采取现金奖励的方式促使大家不断地学习专业知识;项目部还会不定期地组织到本公司其他项目部或者外单位优秀项目工地去观摩学习。

操作人员的数量和能力是保证工程合格和进展顺利的首要条件。劳动力数量的确定往往不能简单的通过计算确定,特别是某个时间段内的人数是否满足工期节点与施工质量的要求,需要综合考虑各种因素来确定。项目公司提前预估和判断,预留出一定的周转时间,对工期节点造成不利的各种因素认真分析,合理安排人员配置;及时制定应急方案,加强对人数的清点及每日工程量的合计,及时反馈变化的信息,确保工程质量。

(2)做好基础材料、基础工程质量管控,细化管控措施。

对于主体结构来讲,做好钢筋、混凝土等基础材料以及模板工程、屋面工程和砌筑工程等基础工程的质量管控至关重要,厚庭站的施工建设也是如此。在厚庭站的施工过程中,项目经理部加强对基础材料、基础工程的管控力度,及时发现问题,并针对问题一一落实具体管控措施。各工程保证措施见表 5-16~ 表 5-20。

钢筋工程质量保证措施 表 5-16

序号	项目	质量保证措施
1	钢筋制作	(1)对钢筋的配料方案进行仔细的审查,配料单的填写人员必须经验丰富,相应部门(如质量管理部)的检查工作落实到底,并由专人进行复核,以保证施工过程中钢筋的尺寸符合规范。 (2)对钢筋的制作过程进行严格控制,钢筋的配料加工应设置专门场地进行,钢筋加工的方式为机械加工,程序包括调直、切断及弯曲等基本工序。 (3)由专人负责管理加工场地,确保钢筋成型后使用部位完好及钢筋的基本信息如出厂时间、批次及编号等完整无损,并负责钢筋的发放工作。 钢筋制作过程中弯钩角度、制作方法与成品、半成品的码如下图所示 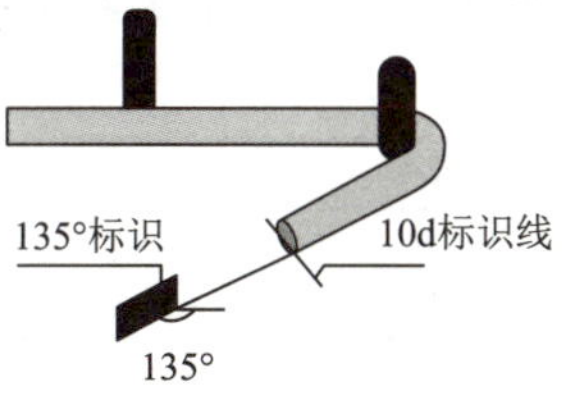  钢筋制作   钢筋码放
2	钢筋定位及保护层控制	(1)墙、柱主筋间距控制:柱主筋间距采用定距框控制。墙主筋采用梯子筋固定,墙、柱主筋定距框如下图所示。   墙、柱主筋定距框 (2)板筋控制:除用马凳筋外,在板筋绑扎的过程中,设置供行走用的跳板马道,绑扎板筋前进行弹线,如下图所示。  钢筋绑扎前弹线

续上表

序号	项目	质量保证措施
2	钢筋定位及保护层控制	（3）梁筋控制：主要是对易坠落的负筋二排筋的控制及对厚度不均的梁侧保护层的控制。操作时梁的上部和下部 2 排或 3 排时，沿梁长在各排间设置短钢筋，以便分开各排钢筋。梁底垫块应交错布置，并在两侧加垫块（塑料环圈），设置成梅花形。 梁筋间距控制如下图所示。 梁筋间距控制准确 （4）保护层控制：绝大多数钢筋保护层依靠塑料环圈进行控制，当然，基础底板除外

模板工程质量保证措施 表 5-17

序号	控制项目	质量保证措施
1	木模体系安装质量	（1）模板施工前首先要根据各部位的具体情况进行针对性设计、并验算其刚度、强度和稳定性。 （2）梁、板模板施工时，首先用仪器测定柱和梁的中心线、梁底高程及板底高程。 （3）支撑体系采用碗扣架，上设有螺旋式可调支托，并且支托螺杆伸出长度不得大于 200mm，主龙骨放置顶托中心位置。 （4）为防止拉螺栓配套使用的"3"形件或山形件被拉断及螺母受力后滑丝，框架柱及墙体模板底部严格要求在同一个紧固点上都放两个卡件。 （5）为保证地下室外墙、框柱模板底部在混凝土浇筑过程不位移，可在底板或楼板混凝土浇筑过程中预埋短钢筋做地锚。 （6）为方便施工，后浇带单独设置模板支撑系统，后浇带混凝土强度达到设计强度的 100% 后方可拆除模板及支撑架，如下图所示 后浇带单独支撑系统　　模板拼缝严密
2	底板后浇带模板	（1）支撑系统及附件安装必须牢固，无松动现象，快易收口网及钢丝网封闭严密，应不漏浆、不胀模，且无跑模现象。 （2）快易收口网、成品对拉螺栓等重要材料进场时应用游标卡尺对其厚度和直径检查验收。 （3）为防止多排钢筋之间的快易收口网在底板混凝土浇筑时因变形过大出现漏浆，在底板下皮钢筋之间的快易收口网安装完毕后，在底板钢筋空格中、紧贴快易收口网外侧插入 $\phi12$ 短钢筋，短钢筋与底板钢筋焊接牢固。 （4）施工过程中发现快易收口网如有残缺、破损、接缝不严密，应采用镀锌钢丝网补眼封堵，确保不漏浆。 （5）对拉螺栓与底板钢筋焊接以及螺栓与替代连接钢筋焊接，其焊接长度 $\geq 10d$（d 为螺栓直径），焊缝要均匀饱满，确保混凝土浇筑时焊点不开焊。 （6）快易收口网钢筋支架的立筋上、下端与底板钢筋连接要焊接牢固，若立筋与底板钢筋未顶牢，可以在与底板钢筋交接处再增加一根通长水平钢筋（同底板钢筋）与立筋外侧顶牢

混凝土工程质量控制措施　　　　表 5-18

序号	控制项目	质量保证措施
1	分层厚度控制	墙柱混凝土的浇筑严格按每 50cm 一层,采用测杆及专用料斗配合,对下料混凝土分层厚度的检验
2	测温与养护	常温养护:采用综合蓄热法
3	成品保护	楼梯踏步采用废旧的竹胶板保护,门窗洞口、墙体及柱阳角采用废旧的竹胶板制作护角保护,如下图所示
4	施工缝的留设位置和方法	柱、墙体施工缝均留设在梁底面上 1cm,板和墙接触处,施工缝留置在板底以上 1cm,以便能彻底清除浮浆,如下图所示 柱脚保护措施　　　梁柱节点
5	现场试验室管理	(1)现场建立标准养护室,采用温湿自控仪,并在室内挂温湿度计,保证养护室的养护温度。 (2)混凝土试块必须在浇筑口取样。同条件试块注明时间、部位、强度等级后用钢筋笼笼锁在代表部位。 (3)现场拆模根据气候采用拆模试块压的办法
6	后浇带混凝土	后浇带混凝土浇筑前,将结合部位剔凿至密实处,如下图所示 后浇带处混凝土剔槽　　　后浇带浇筑完成情况

砌筑工程质量控制　　　　表 5-19

序号	通病项目	可能原因及分析	防范措施
1	墙身轴线位移	(1)没有仔细检查砌筑过程中砌体的轴线与边缘是否合适。 (2)挂准线长短不合适。 (3)挂准线不平直,导致墙身位移	严格查看砌筑过程中砌体轴线与边缘是否准确、平直,挂准线时小心谨慎
2	水平灰缝厚薄不均	(1)在立皮数杆未正确高程,导致高度不一致。 (2)砌砖盘角时灰缝控制不均匀。 (3)砌筑准线拉得不紧	在立皮数杆高程须保持一致,严格控制。砌砖盘角的每道灰缝的缝隙大小,确保均匀,切记要拉紧砌筑准线

续上表

序号	通病项目	可能原因及分析	防范措施
3	同一砌筑层，高程相差较大	（1）砌筑前，基础顶面或楼板面高程偏差大，没有找平顺，导致皮数杆与砖层嵌合度低。 （2）砌筑时，没有控制好砖的皮数	砌筑前，用砂浆找平顺基础顶面、楼板面高程偏差大的部位，使其吻合度高；砌筑时，严格控制每一皮砖的数量
4	构造柱砌筑不合理	（1）构造柱两侧墙没砌成马牙槎。 （2）没设置好拉结筋，从柱脚开始先退后进。 （3）没打扫干净落入构造柱内的地灰、砖渣杂物	构造柱两侧墙严格按设计规范和图纸砌成马牙槎，并且从柱脚开始先退后进，设置好拉结筋，及时清理落入构造柱内的杂物（地灰、砖渣等）
5	砂浆黏结不牢	砌筑砂浆没有按照配合比拌制，强度达不到设计要求，或砌块过于干燥，砌筑前没有洒水湿润	砌筑砂浆按照配合比拌制，保证强度达到设计要求，砌筑前必须浇洒水湿润

防水工程质量控制措施　　　　　　　　　　　　　　　　　表5-20

序号	通病项目	原因分析	质量保证措施
1	混凝土结构渗漏	对混凝土原材料、搅拌和浇筑质量控制不严格，振捣不充分	地下室结构混凝土控制收缩开裂
2	水池渗漏	防水材料不合格、细部节点渗漏、管根渗漏	（1）防水材料的质量、技术性能必须符合设计要求和施工验收规范的规定。 （2）基层处理：首先进行垫层及基层修补，将凸出物铲掉，凿除空鼓及开裂处，并及时打扫干净、修补平顺。并将阴阳角处处理成圆弧形钝角，施工前基层保持干燥，要求含水率不大于8%。 （3）细部节点处理：对变形大或容易破坏、老化的部位增铺附加层作加强处理
3	屋面防水卷材开裂、空鼓、松动黏结不牢	材料不合格、基层未清理干净、施工操作时密封不严，搭接长度不够等	（1）防水材料分批进场后必须按批量要求进行抽样试验，监理认可后下道工序施工。 （2）卷材防水层的基层应牢固，基面应洁净、平顺，不得有以下现象，如空鼓、松动、起砂和脱皮等；基层阴阳角处应尽早将其处理成圆弧形

（3）落实机械设备管理制度，以"三化"高标准提升施工质量。

严格落实现场机械设备管理制度，落实机械设备管理人员岗位责任制，使采购、租赁机械设备能够为车站施工提供较好服务。为此，各标段项目部制定了一系列管理制度：

①施工机械有详细使用、检测记录，并有定期检查方案；

②所有操作手具备相关机械操作资格证，无证禁止操作机械；

③操作手对机械进行操作和维护后，必须进行操作维护记录，在每日工作完毕换班时，需要进行交班记录；

④机械设备管理人员会对操作手的工作进行安全检查，并且做好笔录；

⑤记录必须规范和标准，同时符合机械操作制度的要求，具备一定的规章制度；

⑥为保证机械正常运转，配置专业的工作人员对各种现场机械进行定期的检查、润滑、维护；

⑦现场机械的整洁得到重视，各种防护、防水、接零设备全部配置齐全；

⑧项目部会对各工种进行管理和检查，保证机械的优良性，对项目整体严格把关。

（4）建立健全质量管理程序，划分各单位职权、职责。

厚庭站的质量管理由业主、施工标段、设计、监理、项目公司、质检站、人防及消防等多个单位参与，施工标段项目部对施工环节质量管理负有主要责任。为了使各单位更好地履行自身责任，明确在质量管理流程中所扮演的角色，需要建立健全厚庭站质量管理流程，划分参建单位职权、职责,从而使各单位有权所用、有责所担,按流程开展自身工作。厚庭站质量管理程序如图 5-30 所示。

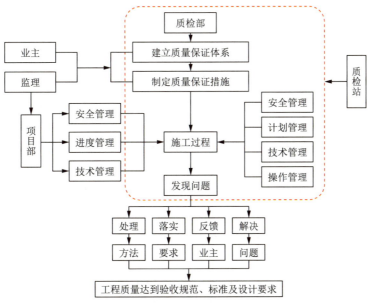

图 5-30 厚庭站质量管理程序图

(5)熟悉施工环境,重点做好地质测量基础工作。

可以说厚庭站测量工作,是质量管理中最基础的部分,厚庭站的工程质量都是建立在高质量的测量工作之上的。为此,项目部在测量工作人员配置、仪器选用及操作方法等方面制定了一系列举措,为厚庭站后续施工建设提供准确、可靠数据,进而提高厚庭站建设质量,厚庭站测量工作质量控制措施见表 5-21。

施工测量质量控制措施 表 5-21

序号	项目	内容
1	测量人员	为厚庭车站选择和配备数量足够优秀的测量人员,并对测量人员进行岗前培训,培训内容主要是先进仪器的管理、使用和维护。保证测量人员操作准确无误,并且使其具有更高的专业素质来应对工程施工的要求
2	测量仪器	(1)测量仪器必须具备高精准度,有专业人员进行定期的管理、操作和维护,以保证测量结果的准确性。 (2)现场使用的测量仪器设备必须根据规范的要求来校正、检查和维护,并及时做好相关记录,确保仪器完好无损
3	测量操作方法	(1)测量工作必须严格遵守操作要求和相关规定,确保结果的精准度。 (2)完善和改进复合制度,并设置专人管理检查每道工序;保证施工手段合法、科学和先进,使测量放线工作能有效进行。 (3)测量人员在测量放线时,对结果必须先进行自我复测,然后由测量工程师和负责人对其工作进行复查和审核,严格遵守"三检制"规定。报监理单位验收后再施工
4	季节测量措施	(1)除非遇到特殊情况,下雨天应该减少测量作业,若必须测量,则应打伞保护仪器的主机和棱镜,避免仪器淋雨受到损坏。 (2)夏季空气潮湿,备好防潮箱;减少地面蒸汽对测量结果的干扰,特别是在进行二等水准测量等精确测量时,更应选择蒸汽量小的时间段来进行测量。 (3)测量仪器容易受到温度的影响,因此在高温天气需要避免仪器暴晒。 (4)在温度较低的环境中作业时,应先将仪器进行预热至于外界环境一致的温度。 (5)仪器的测量精准度也会受到风力的影响,因此风力级数超过三级时不应进行作业

续上表

序号	项目	内　容
5	其余保障方法	（1）平面基准是以激光铅直仪投测的方式进行传递的。 （2）定期复核坐标基准和控制网。测量措施应该与各项施工项目同步进行，由于测量与施工之间紧密相连，因此在多项分工中各项目的工作人员要相互配合。 （3）测量应尽量选择在良好的气候条件下进行，并在同一时间进行，以保证测量的精度

3）三级检查，确保质量管理工作落实（"C"阶段）

为了更好地了解"D"阶段质量管理执行情况与各项举措落实情况，需要在此阶段对前期工作进行检查。各标段项目部通过自检互检、专业班组自检、公司级别质量大检查三级检查程序，严格实施对厚庭车站各工序的检查，从而保证工程质量。

（1）自检互检。

项目部要求各类工种作业人员要按照公司的质量管理规定和质量检验标准对每一道工序实施自检、互检，确保每一道工序质量满足规范要求，然后再进入一下道工序。如果发现质量问题，及时自我整改，或者监督其他班组进行整改，直到满足质量标准为止。

（2）专业班组自检。

厚庭站项目质量管理制度规定，每完成一项分项工程，就必须由各专业班组长协同项目施工质量检查小组对每一项分部分项工程进行自检，并填写专业班组自检表格。此外，还必须对检查的结果进行整理分析，对班组自检结果资料进行存档。

（3）公司级别的质量大检查。

项目公司每月组织一次质量大检查，这是一项综合性工程质量检查工作。由公司技术质量部组织按照不同工种、不同专业分别进行检查，中心试验室严格按照ISO9001和公司质量管理规定进行质量检查、打分，并进行汇总分析。

4）善于总结，推动质量管理持续改进（"A"阶段）

总结就是指总结经验，肯定成绩，纠正错误，以利再战，这是PDCA能够上升的关键所在。如果只有"P""D""C"三个阶段，没有将成功的经验和失败的教训纳入有关的规章制度之中，就不能巩固成绩，吸取教训，也就不能防止同类问题的再次发生。因此，项目公司在推动PDCA循环过程中，对"A"阶段工作做出了妥善安排，以此提升厚庭站项目质量管理持续改进。

项目部在这一阶段所做的主要工作是建立了跟踪记录的机制。在施工过程中，确定重点跟踪记录的重点部位，建立工程质量数字图文记录制度。厚庭站主体结构施工时，其主要的钢筋、水泥、防水和混凝土工程等施工过程和隐蔽工程隐蔽验收阶段，在监理单位见证下拍摄不少于一张照片留存于施工技术资料中。拍摄的照片标明拍摄时刻、拍摄人、拍摄地点、所检验的是工程的哪一部分和审查的批次。

在施工过程中，质量检验部门会对施工地址前的原状、施工的关键、特殊工序以及具有隐蔽性的工程进行拍照存档。获得照片之后，对照片进行相关的信息编辑并进行文字说明，内容包括拍摄的时间和地点等关键信息。

在厚庭站施工的整个过程中，项目部不仅会对施工过程收集音像资料进行存档，对会议、活动也会进行音像记录，并会在这些资料上附带文字内容。各阶段主要照相和录像计划见表5-23。

厚庭站施工各阶段主要的照相和录像计划表　　　　表 5-22

序号	施工阶段	音像记录内容
1	围护结构施工阶段	(1)地基、钢筋结构及混凝土的建设和连接。 (2)地下室的修建,包括钢筋、混凝土和框架的建设。 (3)地下室整体框架的重建,包括支撑和封顶部分
2	主体结构施工阶段	(1)底层钢筋结构、支模及混凝土浇筑。 (2)地上部分结构验收(施工过程中对新的建设方法、材料和技术的记录)。 (3)绑扎钢筋
3	砌筑及装饰装修阶段	(1)建筑外饰:外部墙面的加工。 (2)建筑内饰:内部门窗、地面和顶部的基本装修。 (3)房屋内部地面的修整
4	基本室内设施安装	基本用电设施,如插座、避雷设施及灯具等的施工与安装
5	水、气、通风设施的安装	水电气基本管道的安装,如开关、接头等;通风设施的安装,如风口的设置及空调管道预留等

PDCA 是一个不断学习与改进的循环,与质量管理工作的实际需要十分契合,为项目公司有效地进行质量管理工作提供新的思路。同时,在 PDCA 循环过程中,促进了员工、管理者及工程项目的全面发展。

对于员工来讲,在 PDCA 构建过程中,员工并不仅仅是处于管理或监控的状态,而且还参与质量管理循环系统的建立与运行。通过系统的动态循环,发展领导者与员工之间建设性的开放关系,给员工提供展示自我、实现自我的舞台,同时有助于提高他们的荣誉感、归属感及满意度。

对于管理者来讲,PDCA 循环作为一种科学系统的思维方法,为项目公司及各标段的项目部质量领导者提供更加有效的管理战略与战术,促进理念的发散、思维的拓展及方法的多维化,进而以更加积极、科学的态度改进质量管理流程。

对于工程项目来讲,项目公司通过运用 PDCA 循环保证质量善治并持续改进,探索出了更具有效性的质量管理模式,提高了企业竞争力,有力促进了企业的长久发展。

5.4 全面风险管理

在福州地铁 2 号线项目的整个生命周期内风险无处不在,比如安全风险、融资风险、质量风险及合同风险等。如何加强风险管理,妥善应对这些风险所带来的挑战,把风险对福州地铁 2 号线项目造成的影响与损失降到最低,是项目公司在项目建设过程中一直思考的问题。

项目公司以"六个中心"为依托,建立健全风险管控流程与机制,通过风险识别、风险预估和风险评价等来分析福州地铁 2 号线项目中存在的风险。并以此为基础,利用多种方法和手段对项目活动涉及的风险实施有效控制,尽量扩大风险事件的有利结果,妥善处理风险事件造成的不利结果。通过一系列风险管控举措的落实,以及更加科学化、合理化的风险管理,保障了福州地铁 2 号线项目的顺利实施。

5.4.1 风险管控工作流程与机制

为加强项目公司的风险管理工作,提高风险防范能力,保证项目各项工作稳步发展,项目公司以成立的"六个中心"为依托,进一步健全了风险管控工作流程,并对其机制进行深度剖析。

1)健全风险管控流程,风险管控有章可循

风险管理目标是实现项目管理目标、风险和内控的有机结合,确保有效规章制度和重大经营管理措施的贯彻执行,保障经营管理的效果与效率。并确保把风险控制在项目可承受范围之内。

项目公司风险管理基本流程是以现有的流程和规章制度为基础,通过评估风险,对控制措施缺失和薄弱的环节予以补充和改进,使风险管控体系更加完善,从而有效防范各类风险。具体流程主要包括:①收集风险管理初始信息;②进行风险识别和评估;③制定风险管理策略;④提出和实施风险管理应对措施;⑤风险管理监督与改进。

项目风险管理工作流程见表5-23。

2)阐明风险管控机制,风险管控深度剖析

风险管理在福州地铁2号线项目建设中相当重要,在风险管控工作开展之前,通过阐明风险管控机制,运用科学的管理办法,主动控制风险的产生条件,尽可能做到防患于未然。项目公司全面风险管理机制主要体现在四个方面。

(1)风险收集。合约与物设部于每年第四季度组织各部门完成集中收集、更新、汇总项目管理各个环节的内、外部初始信息。各部门在日常工作中应随时收集风险信息,并及时报合约与物设部汇总。

(2)风险识别。风险识别是指发现、确认和描述风险的过程。针对福州地铁2号线项目特点,风险识别采用流程分析法、头脑风暴法和财务报表分析法等方法,必要时结合其他方法。风险识别主要体现为牵头部门收到上级公司要求,组织各部门识别、更新风险并形成本部门风险清单。

各部门风险责任人组织各岗位责任人将识别、更新的风险信息归入收集表中,风险管理员汇总后,由风险责任人组织内部讨论,按照头脑风暴法对该表进行全面讨论修订,经风险责任人最终审核确认后汇总上报。

(3)风险分析。各部门根据已识别的风险清单,对本部门职责范围内的风险进行分析,风险分析包括了解风险的性质、种类,并确定风险大小的过程。风险分析可使用各种风险分析评估技术,形式可采用小组讨论、访谈及问卷调查等方法。

(4)风险评价。各部门按照相应的判定标准,对本部门职责范围内的风险因素进行分析自评。自评由风险责任人组织相关岗位责任人(不少于3人),对比国家法律法规、行业规定及公司相关规定、制度、风险管理要求,依据该风险因素发生的可能性及风险因素后果严重程度进行打分评价。通过打分评价得出本部门的重大、较大和一般的风险,由风险责任人组织内部讨论,对重大、较大和一般风险进行排序,形成风险因素评价信息表并上报公司。

项目风险管理工作流程　　　　　　　　　　　表 5-23

流程名称	流程输入 A	各参建单位 B	项目经理部 C	分公司商务法律部 D	分公司其他职能部门 E	分公司商务法律部分管领导 F	流程输出 G
1	中国交建总承包公司全面风险管理办法		项目风险信息收集	风险分类			
2		配合	项目风险识别	组织指导			项目风险信息收集表
3		配合	项目风险分析	组织指导			
4		配合	项目风险评价	组织指导			项目风险因素评价记录表
5		分解	项目风险应对	组织指导	审核		项目风险信息收集表（含项目风险等级及应对措施）
6		落实风险应对措施	完善项目风险应对措施	组织指导		指导	项目风险管控清单
7		报告	项目重大风险监控提示预警	组织核查 编写并下发风险管控报告	核实、查证、提出管控要求，监督指导		项目季度重大风险预警监控报表
8		落实应对措施	制定并落实项目重大风险管控方案				项目重大风险管控方案
9		配合	项目风险管理自查报告、年度报告	项目风险管理检查、绩效考核			项目风险管理自查报告、年度报告

在健全风险管控流程、阐明风险管控机制的基础上，项目公司进一步强化了项目风险管控的实施和操作的力度，同时加强实施过程中的跟踪和监控力度，确保各项制度不会流于形式。若只是为了完成风险报表的上报而收集风险，缺乏对风险过程的监控，将达不到风险监控的实际效果。

另外，在项目初始阶段，项目公司在完成对风险进行收集归档之后，根据项目管理体系确定风险责任人，明确风险主管领导，把相关部门专业管理范围纳入风险管控体系，实现无缝衔接，避免管理资源的浪费。

5.4.2 风险因素及关键点识别

本质上讲，风险是一种不确定性，这种不确定性的发生所带来的后果往往是恶性的。福州地铁2号线项目风险是指影响项目实现目标的任何可能的潜在因素，是不确定性的一种状态。状态的不确定性就是说，不知道这些潜在因素引发的风险何时发生、何地发生、何种形式发生及后果如何等。在福州地铁2号线项目风险管理过程中，项目公司及各标段所做的工作就是经过风险识别、风险估计、风险评价、风险应对和风险监控等，以最低的成本代价消除潜在因素，保持风险处于稳定状态，最大限度地实现项目目标。

福州地铁2号线项目施工方面风险因素种类繁多，如何对其风险关键点有效识别、加强风险薄弱点控制，是项目公司在项目实施全过程不断思考的问题。为此，针对福州地铁2号线项目的地质条件、周边环境以及地下情况等特点，以及结合自身多年施工经验及项目管理经验，项目公司及各标段项目经理部通过邀请多位工程项目风险管理专家、国内著名大学相关专业教授，借助于头脑风暴法完成了福州地铁2号线项目的风险关键点识别工作，风险关键点清单见表5-24。

福州地铁2号线项目风险关键点清单 表5-24

福州地铁2号线项目分解		风险关键点
项目前期工作	资料收集、地质情况掌握	(1)国内、外资料收集不够彻底。 (2)对福州地质、水文条件掌握不准确、不清楚
	施工总承包合同评审、签订	(1)项目总承包合同内容不够具体。 (2)项目总承包合同评审拖延滞后
	项目组织结构、人员分配	(1)项目成立的机构部门职责不明确。 (2)项目部门主要管理人员安排与投标人员有差异。 (3)项目各部门任务分配模糊、重叠。 (4)项目人员到位有滞后
	办理项目法定审批程序	(1)项目消防报审备案欠缺。 (2)项目质量安全报监欠缺。 (3)项目环境卫生备案欠缺。 (4)项目施工许可备案拖延
	项目施工场地协调准备	(1)施工用地范围不够。 (2)房屋拆迁工作滞后。 (3)树木伐移工作不到位。 (4)施工用水、用电存在问题

续上表

福州地铁2号线项目分解		风险关键点
项目前期工作	项目分包、招投标及合同	(1)劳务分包单位工作不利。 (2)各专业单位分包工作不利
	施工材料及设备准备	(1)消防、供电设备准备不够用。 (2)防汛物资、应急物资准备不足。 (3)主要施工材料进场较慢
	施工图纸及方案设计准备	(1)施工图纸设计不完善,出图速度慢。 (2)设计方案不完善、变更多。 (3)施工组织设计编写以及审批拖延滞后
项目实施工作	项目进度控制	(1)月度、年度计划分解不具体。 (2)进度计划实施与监督跟不上。 (3)日常进度计划巡查不力。 (4)项目进度计划编制、审批不严格
	项目质量控制	(1)项目质量标准确定不统一。 (2)日常例行质量巡查不深入。 (3)设备、原材料的进场验收不严格。 (4)施工验收、竣工验收不严格、不规范。 (5)质量事故处理、索赔不及时
	项目成本控制	(1)项目成本预算不准确。 (2)设计变更、签证不及时。 (3)项目成本分析不严谨。 (4)项目竣工结算进度慢
	项目工程合同	(1)分包合同、材料合同不严格。 (2)施工合同的履行不佳、不严格。 (3)合同的变更问题
	项目信息资料	(1)图纸资料的管理不严格。 (2)技术文件资料的管理不完善、缺项多。 (3)工程项目规范、标准以及政府文件的管理不严格、不规范。 (4)项目对外公函及影像资料的管理不够严格、不规范
	各车站主体及内部结构施工	(1)围护结构。 (2)地基加固。 (3)主体结构。 (4)站台板施工问题。 (5)混凝土结构缺陷治理
	各换乘站主体及内部结构施工	(1)电梯施工问题。 (2)站台施工问题。 (3)出入口施工问题。 (4)混凝土支撑梁施工问题
项目竣工验收	消防工程验收	
	人防工程验收	
	项目工程实体验收	
	项目城建档案验收	
	项目竣工、验收资料存档登记	

对风险关键点进行进一步的简化和整理,可将福州地铁2号线项目不同阶段的风险关键点大致归纳为31项。按照这些风险的来源以及属性,可将它们分为环境、技术、资源以及管理4大类风险,进而也就形成了风险关键点分类清单,见表5-25。

福州地铁 2 号线项目风险关键点分类清单 表 5-25

序号	风险类别	风险关键点
1	A_1 环境条件风险	B_1 高温、暴雨、台风等恶劣天气
		B_2 不确定的水文等地质环境条件
		B_3 环境卫生不合格、安全状况不合格
2	A_2 项目技术风险	B_4 施工人员技术欠佳
		B_5 施工方案不合理
		B_6 施工质量存在严重的缺陷
		B_7 施工路段建构筑物、管线分布处理存在风险
		B_8 施工巡查人员水平与经验不够,不能及时发现潜在风险
		B_9 施工风险预警控制系统不完善
		B_{10} 施工路段文物保护及商业区处理风险
		B_{11} 施工应急措施不完善、不恰当
		B_{12} 风险识别专家识别不准确
		B_{13} 工程变更不及时、不严格、不准确
3	A_3 项目资源风险	B_{14} 施工人员和机械设备数量准备不足
		B_{15} 项目融资受阻
		B_{16} 施工应急备用资源不充分
		B_{17} 施工物料预备不足
		B_{18} 业主拆迁、征地进度缓慢
4	A_4 项目管理风险	B_{19} 组织结构风险
		B_{20} 管理者综合素质较差
		B_{21} 价格竞争、市场管理不完善
		B_{22} 财务管理风险
		B_{23} 政治、经济及政策调控不协调、不合理
		B_{24} 承包合同及分包合同不够具体、不够规范
		B_{25} 人力资源管理存在问题
		B_{26} 项目争议诉讼风险
		B_{27} 业主干扰、变更及违约风险
		B_{28} 项目进度管理风险
		B_{29} 项目职业健康、环境管理风险
		B_{30} 项目信息管理与沟通管理风险
		B_{31} 项目竣工验收风险
		B_{32} 施工单位自身技术管理水平风险
		B_{33} 风险监控不利

5.4.3 全面风险评估与动态管理

1)全面风险评估,动态管理项目风险

在形成风险关键点分类清单的基础上,项目公司牵头各标段通过专家调查法,邀请涉及风险管理研究领域的学者和专家采取独立打分的方式,对该项目已经识别出的 33 项风险,分别进行风险发生的概率估计打分。各位专家进行概率估计的依据主要有有关标准规范、福州地铁2号线项目初步设计文件及以往类似项目的经验资料等。

（1）风险发生可能性评估。

对于已识别出的33项风险，由专家对其发生的可能性进行评估，评估调查见表5-26。

福州地铁2号线项目风险关键点概率估计调查表　　　　表5-26

概率P	专家1	专家2	专家3	专家4	专家5	专家6	专家7	专家8	专家9	专家10
风险B_1	0.01	0.02	0.06	0.01	0.03	0.05	0.03	0.06	0.01	0.03
风险B_2	0.07	0.07	0.06	0.03	0.06	0.07	0.06	0.05	0.02	0.07
风险B_3	0.06	0.07	0.04	0.05	0.05	0.05	0.04	0.04	0.06	0.05
风险B_4	0.03	0.06	0.10	0.03	0.05	0.05	0.03	0.03	0.04	0.03
风险B_5	0.16	0.15	0.30	0.17	0.20	0.15	0.16	0.15	0.14	0.15
风险B_6	0.07	0.06	0.10	0.12	0.07	0.07	0.10	0.06	0.10	0.08
风险B_7	0.10	0.07	0.07	0.13	0.08	0.12	0.07	0.14	0.08	0.06
风险B_8	0.17	0.16	0.30	0.30	0.17	0.22	0.23	0.18	0.18	0.31
风险B_9	0.30	0.31	0.21	0.17	0.22	0.20	0.18	0.18	0.18	0.21
风险B_{10}	0.28	0.23	0.18	0.18	0.21	0.16	0.21	0.17	0.30	0.16
风险B_{11}	0.17	0.17	0.22	0.16	0.21	0.23	0.22	0.21	0.18	0.23
风险B_{12}	0.13	0.14	0.12	0.12	0.14	0.14	0.12	0.13	0.15	0.12
风险B_{13}	0.16	0.16	0.17	0.13	0.20	0.15	0.20	0.16	0.20	0.15
风险B_{14}	0.30	0.30	0.28	0.29	0.29	0.28	0.30	0.26	0.30	0.31
风险B_{15}	0.05	0.06	0.06	0.05	0.11	0.20	0.07	0.07	0.08	0.07
风险B_{16}	0.22	0.17	0.20	0.20	0.18	0.21	0.33	0.21	0.20	0.18
风险B_{17}	0.16	0.13	0.15	0.16	0.22	0.16	0.17	0.15	0.21	0.16
风险B_{18}	0.30	0.31	0.29	0.32	0.31	0.30	0.32	0.30	0.30	0.28
风险B_{19}	0.35	0.38	0.34	0.35	0.35	0.35	0.36	0.37	0.35	0.33
风险B_{20}	0.11	0.18	0.22	0.21	0.18	0.22	0.24	0.18	0.10	0.22
风险B_{21}	0.13	0.15	0.22	0.15	0.15	0.14	0.20	0.11	0.15	0.20
风险B_{22}	0.21	0.15	0.16	0.16	0.20	0.10	0.21	0.18	0.15	0.16
风险B_{23}	0.15	0.16	0.12	0.21	0.15	0.20	0.22	0.10	0.21	0.15
风险B_{24}	0.22	0.21	0.23	0.15	0.18	0.20	0.23	0.21	0.22	0.20
风险B_{25}	0.12	0.15	0.15	0.14	0.21	0.31	0.22	0.13	0.15	0.15
风险B_{26}	0.22	0.18	0.16	0.17	0.15	0.15	0.16	0.19	0.23	0.20
风险B_{27}	0.23	0.21	0.18	0.19	0.15	0.26	0.23	0.21	0.22	0.15
风险B_{28}	0.36	0.32	0.33	0.33	0.30	0.36	0.30	0.31	0.31	0.31
风险B_{29}	0.16	0.11	0.16	0.14	0.10	0.16	0.14	0.14	0.16	0.16
风险B_{30}	0.13	0.11	0.13	0.15	0.13	0.16	0.13	0.11	0.13	0.13
风险B_{31}	0.15	0.15	0.20	0.21	0.19	0.15	0.16	0.16	0.15	0.14
风险B_{32}	0.21	0.30	0.22	0.22	0.22	0.21	0.15	0.21	0.22	0.26
风险B_{33}	0.10	0.08	0.15	0.10	0.12	0.15	0.15	0.21	0.14	0.14

针对福州地铁 2 号线项目风险发生的概率进行估计、评估,并对项目风险发生的概率计算它们的平均值,从而可以得到福州地铁 2 号线项目中各风险因素的平均发生概率,见表 5-27。

福州地铁 2 号线项目风险发生概率统计表　　　　　　　表 5-27

序号	风险关键点	平均概率
1	B_1 高温、暴雨、台风等恶劣天气	0.31
2	B_2 不确定的水文等地质环境条件	0.56
3	B_3 环境卫生不合格、安全状况不合格	0.51
4	B_4 施工人员技术欠佳	0.45
5	B_5 施工方案设计不合理	1.73
6	B_6 施工质量存在严重的缺陷	0.83
7	B_7 施工路段建筑物、管线分布处理存在风险	0.92
8	B_8 施工巡查人员技术与经验不足,不能及时发现潜在风险	2.22
9	B_9 施工风险预警控制系统不完善	2.16
10	B_{10} 施工路段文物保护及商业区处理风险	2.08
11	B_{11} 施工应急措施不完善、不恰当	1.98
12	B_{12} 风险识别专家识别不准确	1.31
13	B_{13} 工程变更不及时、不严格、不准确	1.68
14	B_{14} 施工人员和机械设备数量准备不足	2.91
15	B_{15} 项目融资受阻	0.82
16	B_{16} 施工应急备用资源不充分	2.1
17	B_{17} 施工物料预备不足	1.67
18	B_{18} 业主拆迁、征地进度缓慢	3.03
19	B_{19} 组织结构风险	3.53
20	B_{20} 管理者综合素质较差	1.86
21	B_{21} 价格竞争、市场管理不完善	1.6
22	B_{22} 财务管理风险	1.68
23	B_{23} 政治、经济及政策调控不协调、不合理	1.57
24	B_{24} 承包合同及分包合同不够具体、不够规范	2.05
25	B_{25} 人力资源管理存在问题	1.73
26	B_{26} 项目争议诉讼风险	1.81
27	B_{27} 业主干扰、变更及违约风险	2.03
28	B_{28} 项目进度管理风险	3.23
29	B_{29} 项目职业健康、环境管理风险	1.43
30	B_{30} 项目信息管理与沟通管理风险	1.31
31	B_{31} 项目竣工验收风险	1.66
32	B_{32} 施工单位自身技术管理水平风险	2.22
33	B_{33} 风险监控不利	1.34

(2)风险重要性评估。

①明确问题,建立层次结构。

为了简化对问题的分析,对福州地铁 2 号线项目 WBS 结构中的环境、管理、资源以及技术四大类存在的不同层次、不同类型的风险,相对于三期工程项目风险系统的重要性进行详细讨论和分析,其中,每类风险下面的子风险因素分别采用与上一层风险相同的重要性权值。则构造出问题的层次结构,如图 5-31 所示。

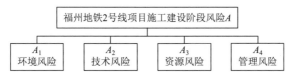

图 5-31　福州地铁 2 号线项目风险重要性分析层次图

②利用德尔菲技术对福州地铁 2 号线项目风险相对重要性进行评估,构建判断矩阵。

针对福州地铁 2 号线项目工程实际,项目公司通过邀请做过相关研究或有相关经验的专家作为调查对象,针对福州地铁 2 号线项目共计进行了三轮的调查咨询。咨询的主要内容是:请各位专家对福州地铁 2 号线项目的四大类风险进行两两比较分析,预测出四大风险中两两之间对于福州地铁 2 号线项目的影响程度,最终做出风险相对重要性判断,并构建了判断矩阵如图 5-32 所示。

G_K	A_1	A_2	A_3	A_4
A_1	1	1/7	1/3	1/6
A_2	7	1	5	3
A_3	3	1/5	1	1/5
A_4	6	1/3	5	1

图 5-32　福州地铁 2 号线项目风险重要性判断矩阵

规定用 1、3、5、7、9 及其倒数作为标度来表示风险 A_i 和风险 A_j 相比较,对整个福州地铁 2 号线项目影响的重要程度,含义见表 5-28,2、4、6、8 为上述相邻判断的中值。

标 度 的 含 义　　　　　　　　　　　　　　　表 5-28

标度	标度的含义
1	表示两种风险相比,具有同样重要性
3	表示两种风险相比,一种风险比另一种风险稍微重要
5	表示两种风险相比,一种风险比另一种风险明显重要
7	表示两种风险相比,一种风险比另一种风险强烈重要
9	表示两种风险相比,一种风险比另一种风险极端重要

③计算单一准则下风险的相对重要性。

这一步要根据判断矩阵,计算对于目标元素而言各风险的相对重要性次序的权值。计算判断矩阵 A 的最大特征根 $\lambda_{\max}$ 和其对应的经归一化后的特征向量 $W = [w_1 w_2 w_3 w_4]^T$。即首先对于判断矩阵 A 求解最大特征根问题:

$$AW = \lambda_{\max} W$$

得特征向量 W 并将其归一化,将归一化后所得到的特征向量 $W = [w_1 w_2 w_3 w_4]^T$ 作为风险 A_1、A_2、A_3、A_4 对于目标元素 C_K 的排序权值。

计算 λ_{max} 和 W 一般采用近似计算的方根法,步骤如下:

a. 将判断矩阵 A 中元素按行相乘,即 $\prod_{j=1}^{n} A_{ij}$($i=1,2,3,4$)。

b. 计算 $\overline{w_i} = \sqrt[4]{\prod_{j=1}^{n} A_{ij}}$,计算得 $\overline{w_1} = 0.298$,$\overline{w_2} = 2.893$,$\overline{w_3} = 0.589$,$\overline{w_4} = 1.968$。

c. 将 $\overline{w_i}$ 归一化得 $w_i = \dfrac{\overline{w_i}}{\sum_{j=1}^{n} \overline{w_j}}$,$W = [w_1 w_2 w_3 w_4]^T$ 为所求特征向量。计算得 $w_1=0.052$,$w_2=0.053$,$w_3=0.103$,$w_4=0.0342$,即特征向量 $W = [0.052\ 0.503\ 0.103\ 0.342]^T$。

d. 计算最大特征根 $\lambda_{max} = \sum_{i=1}^{n} \dfrac{(AW)_i}{nw_i}$,其中,$(AW)_i$ 表示向量 AW 的第 i 个元素,计算得 $\lambda_{max} = 4.139$。

④单层次判断矩阵 A 的一致性检验。

由于客观事物的复杂性和人们的偏爱不同,判断矩阵很难有严格的一致性,但应该要求有大致的一致性。因此,在得到 λ_{max} 后,还需对判断矩阵的一致性进行检验。

a. 计算一致性指标。

$$C.I. = \dfrac{\lambda_{max} - n}{n - 1}$$

式中,n 为判断矩阵的阶数,计算得 $C.I. = 0.046$。

b. 计算平均随机一致性指标 R.I.。它是多次重复进行随机判断矩阵特征值的计算后取得算数平均数得到的。查文献可知,当 $n=4$ 时,R.I.=0.89。

c. 计算一致性比例。

$$C.R. = \dfrac{C.I.}{R.I.}$$

当 C.R. < 0.1 时,可认为判断矩阵的一致性是可以接受的,否则应修改矩阵使之符合一致性要求。在节文中,计算得 C.R.=0.052 < 0.1,因此,该判断矩阵的构建是合理的。各风险因素权重值见表5-29。

各风险因素权重值　　　　　表5-29

风险因素	权重值
A_1 环境风险	0.052
A_2 技术风险	0.503
A_3 资源风险	0.103
A_4 管理风险	0.342

由计算结果可知,技术风险是所有风险因素中对福州地铁2号线项目潜在威胁最大的风险源,其次是管理风险,资源风险的威胁也不容忽视。经过对风险关键点归类、分析、计算等,使得项目公司对福州地铁2号线项目的风险因素有了定量的把握,对福州地铁2号线项目重难点风险的防范提供了科学依据,这将进一步保证福州地铁2号线项目的顺利建设。

2)采取应对措施,稳定控制项目风险

在福州地铁 2 号线项目建设过程中,无论项目进展到哪个阶段,其环境风险、技术风险、资源风险、管理风险都是客观存在的。虽然无法避免风险所带来的系列挑战,但项目公司通过创新项目风险管理方法、制定风险管理方案、编制应急救援预案等手段,把项目风险稳定控制在可接受范围内,从而确保了福州地铁 2 号线项目的顺利开展。

(1)项目自然风险的应对。

自然风险在福州地铁 2 号线项目建设实施阶段,是不以人的意志为转移的,是不可避免的。福州地区的自然风险主要有高温、暴雨恶劣天气以及复杂的地质条件等,项目公司及各标段项目部通过提前掌握详细的地质条件、水文气象预报信息,并预测其程度大小,把风险损失降到可接受范围内。

应对方法:风险接受、风险减轻及风险保险。

应对措施如下所述。

①加强水文气象条件的监测和预报预警,提前掌握施工时间的水文气象条件,从而为恶劣的气候条件做好充分准备,减低恶劣气候条件造成的危害。

②雨季施工风险防范和应对措施:做好项目工程施工便道的排水工作,设置相应的积水排水沟,将所积雨水进行集中排放;对施工人员、施工设备、施工原料以及电气设备应做好防水防雨工作,保证雨天正常施工。

③夏季施工风险防范措施:福州地处中国南方,夏季天气炎热,钢材直接接触皮肤的话很有可能会被烫伤。项目部在项目施工中通过调整工作时间、为员工配发劳保护具等措施,严防员工中暑,出现安全事故,保障员工人身安全。

④修订和完善各种应急救援预案,加强项目风险的预警工作。在福州地铁 2 号线项目施工过程中,遇到紧急风险事故,严格按照《中华人民共和国突发事件应对法》《福州市地铁施工突发险情应急预案》等应急救援预案进行执行。

⑤与保险公司签订保险合同,当项目建设过程中风险事故发生时,可以向投保的保险公司申请相应的补偿。

(2)项目技术风险应对。

福州地铁 2 号线项目技术风险主要包括项目设计内容不全、设计存在缺陷、设计出图速度慢、设计应用规范不标准、未充分考虑工程所处的地质条件、未充分考虑施工安全性、未充分考虑施工的可能性、施工工艺技术落后、施工技术和方案不够合理等内容。

应对方法:风险保险、风险接受及风险分摊。

应对措施如下所述。

①选择有弹性的、抗风险能力强的技术方案,进行预先的模拟试验,采用可靠的保护和安全措施。对福州地铁 2 号线项目管理选择有丰富经验的技术和管理人员,采取适应性建设如"大部制""指挥部"的管理模式,并在全过程中进行严格的巡查和控制。

②在项目建设中充分发挥技术人员的技术专长,实现优化调度,科学施工,提高施工指挥的准确性和可行性。预测预报、制定调度方案及风险应对措施等有关技术问题,由各专业

技术人员负责,建立技术责任制。项目建设中,重大的技术决策须组织相关专家及主要技术骨干进行咨询讨论,广泛听取大家的意见,避免工作中的决策失误。

③技术设计风险:福州地铁2号线项目设计是一项多专业合成的系统性工作,技术的专业性和复杂程度较高决定了技术设计的高风险性。技术设计的高风险性主要是由于对工程项目资料掌握不准、不详以及技术规范存在的风险造成的。因此,项目公司协调业主要求设计人员不能一味地套用技术规范,还要详细掌握和了解施工地段的基础资料及工程勘察文件,严格根据施工地段实际情况,进行满足设计要求的技术设计,避免工程重大风险。

④地质勘探技术风险:施工前项目公司协调业主组织技术人员对地质进行详细勘探,做好复杂地形重点勘探工作,并借助于先进机械设备来保证勘探数据准确、可靠,进而降低项目设计、施工及运营带来的风险。

⑤施工路段文物保护及商业区处理风险:针对福州地铁2号线项目施工沿线路段的文物古迹以及繁华的商业区,全线制定了专门的施工方案,以保护福州市著名文物古迹不被破坏,而且保证商业区的施工安全,进而避免施工过程中产生风险。

项目公司制定相关管理办法如下所述。

a. 要求各施工标段项目部成立以项目经理为组长,项目副经理、总工程师为副组长,以工程管理部门、技术质量部门、安全环保部及其他有关部门负责人为文物保护领导小组。施工前应和当地文物保护部门联系,取得现场施工工地的文物分布情况。在施工中将严格按照《文物保护法》及当地政府文物主管部门有关文物保护的规定做好文物保护工作,如出现违规行为,将按照国家规定给予当事人处罚。

b. 在有文物的地段中施工时,要取得当地文物管理部门同意并要求文物部门派专人来施工现场指导对文物进行保护。对保护区范围内的地区要防震、防毁和避让,不污染和破坏文物,不危及文物安全。

c. 在施工中发现文物或有考古、地质研究价值的物品时,文物保护领导小组及时采取保护措施,防止施工人员哄抢文物,并尽快报告业主和当地文物管理部门,积极协助配合好文物部门的工作。对施工队伍进行文物保护法的宣传活动,禁止施工队伍私自盗挖古墓及文物。

d. 文物保护领导小组分工负责文物保护工作,工班设文物保护员。认真组织工区全体施工人员深入学习国家《文物保护法》及当地政府对文物保护的有关规定,增强文物保护意识,提高自觉保护文物意识。

e. 安全环保监督部为项目经理部文物保护领导小组的常设机构(办公室),负责文物保护日常工作,对项目经理部所属工程的文物负有监督、检查、管理和上报的责任。

f. 及时排查安全隐患,切实加强人员管理。对所承担的工程现场进行安全隐患排查工作,对发现的问题立即解决、处理;现场管理应符合《文物保护工程管理办法》等相关规定,建立严格的工地管理制度,并在工地醒目的位置悬挂警示牌。加强人员管理,采取措施确保不发生违法、违规等事件。

g. 本着既对工程建设负责又对文物保护负责的原则,在施工中发掘和发现的所有化石、钱币、有价值的物品或文物、古建筑结构以及有地质或考古价值的其他遗物时,立即停止施工,并迅速向监理、业主及当地文物保护主管部门报告所发现的情况,采取有效措施保护现场,绝不允许人员移动及损坏任何这类物品。还要在施工现场设置专职的安全保卫人员,值班人数不少于两人,24小时负责安全保卫工作,严禁空岗、漏岗、赌博及酗酒滋事现象的发生;在发生突发事件时应按照预案及时采取措施并通报。

⑥市地铁集团根据我国有关法律要求与保险经纪有限公司签订保险合同,当项目建设过程中风险事故发生时,向投保的保险公司申请相应的补偿。

(3)项目资源风险应对。

福州地铁2号线项目资源主要包括原材料资料、项目资金费用以及施工人员和机械设备等,所需原料质量规格不准确、类型不配套、设备供货不足、施工过程中机械设备故障以及安装调试失误等产生的资源风险,都会对项目建设带来不必要的风险。

应对方法:风险接受、风险减轻及风险保险。

应对措施如下所述。

①多渠道筹措资金,确保项目资金充分,保障项目正常施工建设。加强与国家开发银行、中国建设银行及广发银行的沟通和交流,取得银行信任和支持;利用跨境直贷,借助于外国资本进行融资操作,以保证项目资金充分。

②选择好供货厂家,获得质量好、售价低的材料资源,确保项目质量;科学合理地组织材料的采购、加工、储备及运输,建立严密的计划、调度体系,加快材料的周转。

③应急备用资源准备充分,积极应对施工过程中出现的突发情况。

④项目公司及各标段在选用施工装备及机具时,充分考虑施工现场条件、地铁结构性质、机械设备性能、施工工艺与方法及施工组织与管理等各种因素,充分发挥装备机具的效能,提高施工效率,降低施工风险。

⑤根据我国有关法律要求与保险公司签订保险合同,当项目建设过程中风险事故发生时,向投保的保险公司申请相应的补偿。

(4)项目管理风险应对。

福州地铁2号线项目实施以前,如果管理机构能力不强、对问题的严重程度认识不足或者缺乏对建设规律的认识等都会导致风险事件频发。

应对方法:风险接受、风险减轻及风险保险。

应对措施如下所述。

①项目公司通过调研,策划制定工程总体实施工筹、技术方案及应急救援预案,明确以项目策划和城市规划、道路功能定位以及市政配套设施的水平和质量为全局性关键控制点,落实项目实施目标、责任分工、施工步骤以及质量控制关键节点,建立以质量为核心的四大管理与监控体系,并做到奖惩分明的项目科学管理。

②设立项目管理制度,编制对应的项目管理手册,明确工作主体,工作流程、分工联络以及信息管理等制度,建立现代化的项目管理信息平台,保证各级管理者能够及时准确掌握工程进度及质量等目标控制情况,降低成本,提高效率。

③强化福州地铁2号线项目指挥调度体系,项目公司每月召开一次全线安全质量例会,

项目部每周召开一次质量安全调度会,并通过常规性的巡查、现场会及发布通告等,定期调度、检查测评,严控安全质量与工程进度,强化质量责任意识。

④采取追踪、监督和巡查制度,控制造价、保证质量,努力实现从"榕城杯"到"闽江杯"再到国家优质工程"鲁班奖"的创优目标。

⑤项目施工过程中,建立完善的日常巡查、登记制度,安排经验丰富的值班人员,不间断对施工现场进行定期巡查,做好登记记录,以便及时找出和发现施工过程中存在的潜在风险,将风险扼杀在摇篮之中。

⑥全面抓好档案管理,建立施工过程中的管理与控制,设立档案管理系统,委派专人日常及时收集、整理相关管理信息,制定技术档案编制规范和相关整理办法,从而达到标准化、规模化、系统化。

⑦合同管理风险:合同条款签订以后,如要有所变更,必须经过双方协商同意。严防因组织安排不当延长工期,如设计缺陷、施工设备未能按时到位、周转资金不能及时到位以及不可预见的抗力等。

⑧签订保险合同:根据我国有关法律要求与保险公司签订保险合同,当项目建设过程中风险事故发生时,向投保的保险公司申请相应的补偿。

⑨社会风险应对:福州地铁2号线项目规划后,项目公司联合市地铁集团及时向福州市政府及业主进行沟通,协调推动征地拆迁工作,保护社会民众的切身利益。这进一步营造了福州地铁2号线项目良好的社会公众形象,为项目顺利建设奠定了群众基础。

5.4.4 风险管控的重难点突破

1)抓好时间管理,降低进度风险

福州地铁2号线项目投资巨大,对专业人员、各种原材料和机械设备的需求都比较大。同时,受复杂自然和社会环境影响,福州地铁2号线项目作为一个复杂的系统,在项目实施过程中会存在各种风险因素。进度目标是福州地铁2号线项目主要控制目标之一,它还会直接影响到成本目标和质量目标。一旦出现进度风险后,项目经理部必将采取增加人力、物力的方式赶进度,项目费用增加不说,还会埋下质量隐患。更有甚者,进度风险失控,导致工期大幅拖延,地铁不能按照预期时间通车,那么项目公司不仅要向业主支付工期延误的违约赔偿费,而且会严重影响公司信誉。抓好时间管理,降低进度风险是项目公司及各标段亟须解决的问题,为此项目公司及各标段为降低及规避进度风险进行了一系列的体制改革并采取措施进行完善。

首先,针对福州地铁2号线项目特点及环境特点,找出影响进度的具体因素,如人员因素、材料设备因素、资金因素及气候因素等。在这些因素的约束下,确定项目里程碑事件,对项目的整体进度安排有清晰的轮廓。

其次,把"大部制"这一广泛应用于政府部门的制度,引入福州地铁2号线项目进度管理工作中来,将那些职能相近的部门、业务范围趋同的事项集中起来,由一个部门统一管理,最大限度地避免出现职能交叉、政出多门、混乱管理的局面,从而提高行政效率,从组织上为进度风险的管控提供保障。

然后,项目公司通过成立生产调度指挥中心,创新"一岗多责""齐抓共管"的指挥部总控模式,形成统一领导、统一组织、统一协调的时间管理局面,使中国交建对于福州地铁2号线项目进度管理体现出应有的统一、高效及精简的本质特点,进一步降低了进度风险发生的概率。

最后,项目公司成立进度绩效考核领导小组,全权负责项目进度绩效考核工作。组长由项目总经理担任,组员由合约计划部、技术质量部、办公室、财务会计部、安全环保监督部及工程管理部等部门组成。通过进度绩效考核,不仅能够"激励先进,处罚落后",而且能够把进度管理理念植根于公司员工内心深处,员工会出于自身与公司长远发展考虑,自觉规避进度风险。

2)创新管控机制,弱化成本风险

福州地铁2号线项目成本管理的内容很广泛,贯穿于项目管理活动的全过程和每个方面。从福州地铁2号线项目中标签约到施工准备、现场施工直至竣工验收,每个环节都离不开成本管理工作。如何形成目标明确、重点突破、切实有效的成本控制机制来弱化成本风险,对于项目公司实现项目管理目标及提高项目综合效益至关重要。

福州地铁2号线项目的全生命周期的成本管理是一个有机整体,主要包括项目决策阶段、设计阶段、招投标阶段、施工阶段及运营维护阶段五个环节。每一个环节对应着成本预测、成本计划、成本控制及成本考核等需要重点把握的工作,只有对每一个环节采取有效的成本控制,福州地铁2号线项目全生命周期成本管理目标才能得以最终实现,成本风险也就能够有效规避。

成本预算是福州地铁2号线项目决策阶段的重点工作之一,更是实现成本管理目标的基本工作。精准的成本预算要以事实情况为依据,理论知识为支撑,定性、定量方法为工具。福州地铁2号线项目成本预算以项目的可行性研究报告、设计报告、福州市及国务院颁布下发的各种工程预算基价文件等资料为第一手预算资源,牢牢把握这一成本预算的重点工作,如客流量的精确预测、建设标准的有效衡量及地铁线路的科学规划等。最后制定福州地铁2号线项目成本预算书,在今后的施工过程中,以预算书为重要参考,开源节流,奠定成本风险控制基础工作。

成本计划是通过完善流程和科学方法对成本预算的进一步延深,它是福州地铁2号线项目设计阶段和招投标阶段一个重要工作内容。项目设计阶段的主要工作如施工方案的设计、车站规模设计及图纸审核等,招投标阶段的主要工作如施工材料的招标、设备的招标及分包项目的招投标等。针对这两个阶段复杂的工作内容与庞大的工作量,项目公司制定了详细的成本计划编制流程,以成本预算法为成本计划编制理论依据,并参考福州市其他地铁项目对材料、设备的需求而编制本项目的材料、设备需求计划表,种种措施的落实使成本计划编制工作顺利开展,这就相应地降低了成本风险发生的概率。

福州地铁2号线项目施工阶段的成本管理是整个项目成本管控的核心。这一阶段的成本管理内容有成本控制、成本核算、成本分析及成本考核。成本控制作为施工阶段成本管理的首要环节,项目公司建立了技术、经济及组织"三驾马车"齐头并进的成本控制体系。技术上对车站主体施工方案进行优化;经济上实现对材料费、设备费、人工费等费用的开源节流;组织上以公司成立的"六个中心"为支撑,精兵简政,简化流程,构建全新成本管理模式。"三驾马车"齐头并进的成本控制体系,使成本风险管控的局面更加开阔,范围更加集中。

成本核算是对成本计划、成本控制效果的综合检验。成本核算的内容要与成本计划、成本控制的内容统一匹配,客观、真实地反映福州地铁 2 号线项目的每一阶段、每一环节甚至每一班组的成本管理成效。为此,项目公司首先列出了成本归集,明确了成本核算的重点;然后,采取成本与进度集成核算法与表格核算法,并促进二者协调互补,使得成本核算进一步规范、科学;最后,项目公司通过成本核算积累的经验,把它应用到下一阶段的工作中,使成本核算工作更加完善。这种"三步走"的策略,不仅为成本核算工作制定了详细流程,也为成本风险管控工作指明了方向。

成本分析的目的就是要在成本核算的基础上,对每一个单项成本进行认真的分析,找到实际成本与计划成本之间的差距,分析出差距的真实原因,为下步提高项目成本管理水平奠定坚实的基础。成本分析的方法有多种,项目公司对比方法的优劣,采用的因素分析法,即在其他因素不变的前提下,对其中一个因素检验,再逐个替换并分别对计算结果进行分析比较,以此来确定各个因素变化对成本影响的程度。这种方法一方面找出了影响成本的因素,另一方面也对成本风险因素进行了筛选,为成本风险精准控制提供了思路。

成本考核是一体化成本管理机制的最后一个环节,它是以成本核算、成本分析等为基础,通过考核形式,在经济上或荣誉上有奖有惩,促使项目部每一个成本管理的责任主体积极、主动地完成目标成本。在成本考核的过程中,促使员工对于规避成本风险有更加理性的认识,在工作中为自身前途考虑,自觉采取措施规避成本风险。

3)规范施工措施,严控质量风险

"百年大计,质量第一",这是中国交建在建设任何项目工程时始终坚持的原则。在福州地铁 2 号线项目的施工过程中,随着一系列施工工艺、方法的创新与成功应用,项目公司在质量风险控制方面交出了令人满意的答卷。本节以盾构施工为例,阐述项目公司在施工质量风险控制方面所做出的努力。

(1)主体结构防水、防裂的应对措施。

①结构防水施工的应对措施。

a. 加强混凝土自防水:优选混凝土配合比,采用级配优良的粗细骨料;通过混凝土在浇筑过程中加强振捣的方式来增加混凝土的自密性,浇筑混凝土的自落高度保持 2m 以下;分层浇筑时,每层厚度保持 0.5m 以下。混凝土浇筑后需及时养护,保水养护时间为 10 天;混凝土的整个养护时间应不少于 14 天。

b. 做好防水抗渗工作首先对结构外包防水的质量严加控制,其次,选用专业的防水队伍,最后,派专人对搭接、施工缝等特殊部位加大检查力度。

c. 为了防止出现塌孔、桩体胀肚等现象,在钻孔桩成孔、清底及灌注混凝土的过程中严加控制。

d. 加强管片防水质量:控制盾构掘进参数及管片拼装质量,防止管片出现错台、裂缝,防止止水条的损坏,导致管片渗漏;同步注浆结合补强注浆进行,防止管片变形。

②结构防裂施工的应对措施。

a. 选用低水化热水泥,掺粉煤灰或磨细矿粉外掺料,为降低水化热,缩减水泥用量;使用缓凝剂,延迟水泥水化热峰值;尽量不使用新出厂的水泥,而且在水泥储存罐上遮盖防晒网;注重对混凝土在生产及浇筑过程中相关设备的遮阳和冷却。

b. 内部各测点温度变化可以经监测来把握,实时调整养护措施,保证混凝土内外温差不大于20℃,防止混凝土开裂。

c. 浇筑混凝土采用斜面推进的方法,且分层厚度保持30cm以下。为防止出现施工缝,混凝土需分层间隔浇筑,且时间不超出混凝土初凝时间。

d. 及时覆盖浇筑完的混凝土,既保温养护,又要保湿养护,添加缓凝剂,增强施工中的温度监管,实时调整养护措施。

(2)深基坑开挖稳定及安全的应对措施。

①针对降水做出专项方案,经专家审核通过后再实施。根据降水情况,在综合考虑的基础上对井点进行加密布设,确保每个降水井影响范围不超过150m²。

②基坑开挖严格按照"时空效应"理论,并遵循"分层分段、先撑后控、严禁超挖、对称限时"的原则,其挖土方法和支撑顺序应符合设计要求。开挖之前,混凝土支撑强度应满足设计要求,纵向要按规定长度逐段开挖。

③基坑纵向放坡不大于安全坡度,并进行必要的人工修坡。对暴露时间较长或可能受暴雨冲刷的纵坡采用坡面保护措施,严防纵向滑坡。

④加强对基坑及周边环境的监测,并根据监测信息及时调整开挖方案,实施信息化的动态施工。

⑤重点跟踪监测离基坑较近的建筑物,一旦发现异常,实时采取加固处理措施。

(3)地表沉降控制的应对措施。

①车站施工的专项方案经过专家论证后实施,同时,注意基坑外降水对地表和周边建筑物的影响。

②盾构作业过程中控制土压,严禁超挖。

③同步注浆是控制地表沉降的关键工序。由于背后注浆不到位、掘进过程中地层局部沉降形成地层内局部空洞等原因,在盾构通过一定距离后,可能会产生地面沉降过大甚至坍陷。因此,应该在盾构通过地段进行地层空洞的探测和处理。

(4)下穿建筑物的应对措施。

①准备措施。

a. 盾构施工之前,要积极与相关部门配合,对标段建筑物现状、实际结构情况进行详细调查、记录。

b. 距离建筑30m左右要检查维修盾构机、门式起重机等设备。

c. 全面检查刀具和刀盘，发现过度磨损必须及时更换刀具和维修刀盘。

d. 施工前编制完善的监测方案，并完成各监测点的埋设。

②掘进施工措施。

a. 确定合理土压力：施工前通过监测和模型计算，设定合理土压力值，施工过程中，根据地表沉降和建筑沉降进行调整。

b. 根据掘进速度严格限制出土量，调节好螺旋输送机转速，始终确保盾构机在土压平衡掘进状态。

c. 盾构掘进时应控制姿态，推进轴线应与隧道轴线保持一致，减少纠偏。实施纠偏应逐环、少量纠偏，严禁过量纠偏扰动周围地层，应防止盾构长时间停机。

d. 对穿越期间建筑物变形强化监测和分析，将地表沉降隆起的监管和检测反馈给施工；严格规范盾构掘进机工作状态的选择、转换和操作控制，按时注浆填补环形间隙，降低地层损失程度，控制地层沉降隆起。

e. 对地面沉降和建筑物变形实行密切监测，加大倾角进行监测，同时实时跟踪分析，把握施工现场的一举一动。这样可以实时根据所测数据修改地表沉降和建筑物变形的预测数据，将可以引起地面沉降或建筑物变形的隐患进行控制或排除，并做出一些相应的措施，然后确定预先设计的方案是否可行。

③掘进通过后加固措施。

a. 掘进通过后对已掘进地段要进行后期补浆加固。根据掘进施工记录、地面监测记录、建筑物监测记录和注浆加固记录选择地层松散地带进行后期注浆补强，加固潜在的沉降地段。

b. 为了保证盾构快速通过建筑物，在地层应力未重新分布前同步注浆，及时将开挖后的松散体填充固结。

c. 盾构下穿既有建筑物时，应加强既有建筑物的沉降、倾斜观测。当发现有沉降、倾斜趋势时，应及时加固处理。

d. 盾构通过前，对所过建筑群进行充分考察分析，并且将相关事宜通知建筑物的所属单位和所有者。掘进时，专门派人驻守在地面现场进行巡视，并做好全程监测监控。

（5）盾构穿越富水地层发生喷涌、塌方的应对措施。

盾构区间穿越强风化砂岩时，在富水地层掘进时刀盘扰动，土体在水力作用下易发生迅速坍塌，从而使开挖面的土体呈流塑状涌入土仓，导致出渣口喷涌、流沙。一旦发生喷涌、塌方，将极大影响盾构施工成品质量，引起地面沉降和塌陷，并且在盾尾处还会形成积水沉渣，影响正常施工工序，乃至造成停工。其应对措施如下：

①根据地质资料作好"预判"工作：实际掘进施工中，必须依据掌握的地质资料对下一阶段施工地质情况进行判断和分析，提前优化作业方案，掌握主动权。地质资料来源主要为地质勘探报告、地层加固记录、现阶段施工地质评估总结及地表情况调查总结。

②根据"预判"做好下穿前后的各类辅助工作：根据对前面地质的解析，做好应对，提前调整好盾构机下穿前的工作状态，保证盾构下穿时处于良好的连续掘进状态；在线路上方地

面做好测量监控,按时汇总相应的路面沉降资料,及时反馈到地下施工一线;选择适当的土体改良添加剂,调整土体的可塑状态,防止渣土含水量过大而产生喷涌风险;操作螺旋输送机等渣土输送设备时,开口速率应稳定而平缓地增加,不能猛开猛关。

4)成立管理中心,规避合同风险

合同界定了签订双方基本义务与权利的关系,以法律形式保障了双方权益。合同管理作为项目管理的核心内容之一,项目公司在福州地铁2号线项目合同管理中面临着诸多难题:合同项目多,包括承包合同、采购合同、分包合同、保险合同等;合同内容复杂,与不同单位签订不同合同,合同内容囊括着不同的双方权利、义务及责任,不仅十分烦琐,而且一旦签订即产生法律效用,后期变更颇为困难。因此,如何破解这些难题,规避合同风险对于项目公司来说,是对其项目管理能力的一大考验。

按照中国交建打造四个管理中心的思路,项目公司成立了由项目公司合约与物设部和标段总经济师、合约部负责人及合同主管工程师共同组成的合同管理中心,日常管理工作由项目公司合约与物设部负责。在合同管理中,明确管理中心与各标段职责使得合同管理工作有序开展。

合同管理中心主要有以下几项职责:一是,负责建立健全项目公司合同管理体系,制定规章制度,规范合同签订审批流程;二是,对于合同管理中心统一招标的项目,合同管理中心负责编制招标文件、指导价及强制性合同条款(如:履约担保、当事人的基本信息、履行期限、损耗、相关承诺书、质量保证金、安全文明施工保证金、农民工保证金、违约责任、解决争议的方法、合同生效条件、第三方责任排除、法人或经授权的代理人签字、盖有效公章及盖骑缝章等);三是,负责完善对上验工计价、对下支付合法合规性手续;四是,组织各标段对合同风险、变更索赔、保险理赔进行识别,配合成本管理中心建立管控清单,建立对接管理人员名录;五是,负责对合同分类管理,对项目部组织招标的合同,指导各标段合同签订,对标段管控的合同要求在合同管理中心备案,统一建立合同管理台账。

各标段主要有以下几项职责:一是,标段是合同实施的责任主体,对合同范围内履约负全责;二是,负责制定本标段合同管理实施细则、规章制度,规范合同签订审批流程,建立、更新管理台账,负责收集、复核投标人基础信息法律效应;三是,服从项目部管理,执行合同管理中心下发的强制性条款,对本标段合同管理工作存在问题进行分析、上报;四是,负责权限内劳务合同招标及签订工作,根据项目公司管理要求及时将合同在合同管理中心备案;五是,负责权限内合同结算、申请支付工作,配合合同管理中心交叉复核其他参建单位的结算申请资料且负连带责任。

中国交建在中标福州地铁2号线项目后,各级领导给予了高度重视,并由项目公司起草了合同谈判策划方案,召开了全线主合同谈判动员交底会和合同谈判预备会,确立了合同谈判的基本思路,即服从原则,服务项目;充分探讨,梳理思路;尊重实际,借鉴经验;抓大放小,求同存异。在确立了合同谈判基本思路的同时,建立了合同谈判的工作机制,即建立组织,明确目标;专业分工,专项对接;专项问题,专题讨论。并且适时成立了合同谈判小组,专门负责合同谈判。不管是在与业主的合同签订还是与设计、咨询单位的合同签订,项目公司始终坚持这一合同谈判的基本思路与工作机制,从而保证了各项合同的谈判思路清晰,机制鲜明,合同风险大大降低。

5.4.5 税务风险管理

当前的经济形势让项目公司认识到,若想在严峻的经济环境及激烈的市场竞争中谋求自身生存和发展的机会,关键在于企业是否具备能够及时应对各种环境突变的能力,能否快速察觉到企业发展所面临的风险。在众多的风险管理工作中,有一个非常重要的环节,那就是税务风险管理——它直接影响到中国交建的战略规划和经营决策,影响中国交建能否正常运营下去。

福州地铁2号线项目是中国交建第一条整线城市轨道交通建设项目,由所属9个工程局承建。项目公司代表中国交建履行融资和建设管理工作。在税务管理方面,遵循利益最大化、风险最小化原则,对外统一协调、统一沟通对接,确保口径一致、纳税工作一致。为此,项目公司针对福州地铁2号线项目不遗余力地构建了一个科学、合理、可行的税务管理体系,在充分认识到税务风险管理的重要性和必要性的前提下,采取相应的措施进行税务风险的有效预防和处理,从而保证企业能够获得一定的市场竞争优势与长期稳定发展。

针对福州地铁2号线项目实际情况,在前期准备工作中,项目公司积极与福州市财政局、国地税部门沟通,统一税收征管部门,解决相关征管问题。结合中国交建与福州市政府签订的新一轮合作框架协议(例如:福州市人民政府在法律法规及政策允许范围内,在税收减免等方面给予优惠和支持,具体可采取一事一议方式协商),力争减免相关税费。同时,不定期组织各标段参加纳税研讨会,邀请税务部门相关人员到项目公司讲解税务政策,风险防控措施。另外,为保证税务工作合法合规,每年聘请当地税务师事务所对公司进行税审,出具税审报告,确保日常税务管理工作依法开展。

1)税务风险识别,风险问题精准分析

对福州地铁2号线项目的税务风险进行有效识别,从众多风险中发现问题根源,对风险问题精准分析,才能使项目公司在下步工作中切中风险问题要害,从而对症下药。

(1)进项抵扣难取得。

①难以取得可抵扣增值税发票。福州地铁2号线项目具有施工流动性大、施工区域广泛、建筑用材料品种丰富等特点,许多建筑材料都是就地取材,而且某些环节经常存在区域垄断经营的状况,这些供应商很多都是个体户、小规模纳税人,他们甚至于不能出具合法的票据,因此会导致项目公司无法取得有效的可抵扣的增值税专用发票。

②专用发票抵扣不及时。增值税法规定,凭票抵扣的增值税进项税额,抵扣期最多不得超过180天。但在实际施工中,由于材料供应商、设备租赁商会偶有拖欠货款的问题,导致货款的结算期难以把握,无法及时取得可抵扣增值税专用发票。

③人工成本,融资产生的利息等不能抵扣进项税额。福州地铁2号线项目的成本构成中人工成本占整个工程的20%~30%,同时保证金、押金等带资垫资融资产生的利息、融资顾

问费、手续费及咨询费等费用不能抵扣,这些将影响项目公司税负。

(2) 计税方法难选择。

增值税的计税方法有简易计税方法和一般计税方法。小规模纳税人使用简易计税方法(征收率3%);一般纳税人一般适用一般计税方法(税率11%)。但财税36号文对于建筑业有三种情况可以选择简易计税方法,即以清包工方式提供建筑服务、为甲方工程提供建筑服务以及为建筑工程老项目提供建筑服务。规定采用了"可以"字眼,可以选择简易计税,也可以不选择。选择简易计税,其税负比较低但因减少甲方的抵扣与甲方会产生分歧,对老项目来讲几乎都会采取简易计税方法,但对前期几乎未发生购进或极少购进时选择简易计税方法的税负不一定就低于一般计税方法的税负。

(3) 管理风险难控制。

"营改增"顾名思义,指的是把过去缴纳营业税的应税项目改为缴纳增值税,自2016年5月1日起,政府开始将建筑业、房地产业纳入营改增试点。营改增以后企业缴纳增值税可有效避免过去阶段中重复纳税的问题,从而减小纳税负担,释放企业资金,为自身发展带来一定促进作用。但这也让项目公司认识到,"营改增"改变的不仅是交税方式和财务核算,而是从招投标、采购及财务等各环节对福州地铁2号线项目产生一系列的连锁影响。

营改增后项目公司在进行纳税申报时,财务人员面临着新旧税制的可靠衔接、税收政策的最新变化、业务的细化处理和税务核算的正确转化等难题。财务人员业务素质的参差不齐,可能会对税收政策的理解、相关业务的会计核算、税收的申报缴纳等产生偏差,很有可能因业务素质和职业操守的原因造成财务核算不合规、纳税申报不准确等风险。

2) 税务风险管控,风险问题有效预防

在明确了税务风险问题根源之后,项目公司以资金税务管理中心为福州地铁2号线项目税务管理的核心部门,对风险问题加强管理,通过一系列举措使税务风险得到有效管控。

(1) 建立健全税务风险管理机制与流程。

项目公司认识到,对于福州地铁2号线项目这样一个事关民生的项目,若想构建良好的税务风险管理体系就必须成立专业部门来管理涉税事务。为此在"六个中心"的战略部署中,成立资金税务管理中心,专门负责资金、财务及税务等专业工作,以更有效地进行整体税务风险活动的流程控制。

对资金税务管理中心内部进一步细化,落实特定业务专人负责规定,严禁部门职能交叉现象,即涉税事务由专业税务人员负责,审计事务由专业审计人员负责,资金事务由专业会计人员负责等,防止部门人员业务兼任。

资金税务管理中心主要负责在企业总体战略目标的指引之下进行具体税务风险管理工作的实施,在审计部门的监督之下对来源于财务部门的每一笔涉税事件所包含的数据进行处理,发现可能存在的税务问题,及时寻找源头,合理控制。随时观察与反馈原有税务管理措施的实施情况,做好归纳整理工作,为今后事项的再次发生提供借鉴。

在建立涉税事务管理中心的前提下,需要健全涉税事务流程,使税务人员能更直观了解税务风险管理的制度化、体系化。税务风险管理流程如图5-33所示。

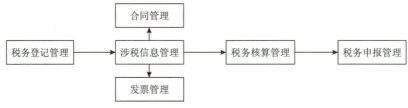

图 5-33　税务风险管理流程

项目公司通过健全税务风险管理流程,不仅能提升会计核算的效率和效果,还能巩固涉税业务处理的基础。项目公司以营改增税制改革为契机,在优化税务风险管理流程中,深入探索增值税相关业务的处理,对业务进行科学划分,对部门岗位进行科学设置,加强全面预算的推行,科学合理的业绩考核,确保企业体制机制能适应营改增的税务管理要求。

(2)建立税务风险识别与评估体系。

①建立税务风险识别体系。

中国交建在现有管理体系之下建立了税务风险识别体系,对应的税务风险识别工作主要应由资金税务管理中心进行负责,相关职能部门进行协助工作的实施,从而识别相关税务风险,定期向管理层及有关负责人提交税务风险识别报告,适应企业税务风险管理需求。

资金税务管理中心设定相应的税务风险识别体系,会及时对房地产行业相关税收法规的变动、监管政策的改动、经济形势状况和产业政策以及市场竞争等定期进行分析,深入了解,并且随时根据环境变化进行企业内部主要税务风险因素的识别活动,对中国交建经营活动中涉及的发展战略、业务流程、经营成果、财务数据及项目执行等进行检查,识别相应税务风险,提交税务风险分析报告。

②进行税务风险评估。

在识别税务风险的基础上,项目公司开展了对应的税务风险评估活动。资金税务管理中心充分利用税务风险识别报告,结合相应的纳税评估指标,对其结果进行评估,得出风险的分析结果。纳税评估指标是一种加强税收征管的有力手段,之前颁布的《纳税评估管理办法》中列示的众多指标可以帮助中国交建有效地衡量税务风险,中国交建可在税务风险管理活动中有效地利用这些纳税评估指标,对自身业务情况进行评估,从而减少纳税活动中存在的问题,降低税务风险。同时,借助税务风险评估对企业的税务风险施行动态管理,随时评价税务风险对企业日常业务的影响程度,从而更好地确定税务风险管理的相应措施。

(3)提升员工税务风险知识培训力度。

定期知识培训可以强化员工对于税务风险的认知程度,并随时了解政府在建筑业税收政策变化,从而有效减少公司不必要的税负重担。具体而言,项目公司税务风险方面的知识培训从以下几个方面实施:

①积极组织福州市税务部门机关工作人员来公司进行税法工作的宣传活动。通过实地宣传,税务机关人员能够结合项目公司的实际情况,宣传与之对口的税法知识及有关政策。在此过程中,项目公司员工针对税务风险方面的疑问也可以得到及时的解答,从而尽可能地规避税务风险的发生。

②定期组织税务管理人员外出培训。借助外出培训的方式,可以提升税务管理人员对于税务知识的了解程度。在外出培训过程中,公司税务管理人员也可以通过与同行的交流,及时了解其他企业在经营过程所经历或所面临的税务风险,并从中学习其他企业在防控税务风险方面的经验及教训,从而对项目公司税务风险管理工作提供有意义的参考。

③加大公司内部的税务风险知识宣传培训。中国交建认识到税务风险的防范不仅仅只与税务管理人员相关,还需要公司全体部门员工的共同参与,特别是研发部门的参与。借助在公司内部的税务风险知识宣传培训,可以加深公司员工总体对于该风险严重性的认知,同时,充分调动公司全员的税务风险防范积极性,从而降低公司在税务方面发生风险的可能性。

3)精心筹划税务,风险管控固本强基

在税法规范的前提下,项目公司往往面对着多个纳税方案的选择,不同的方案,税负的轻重程度往往不同。如何使企业的纳税行为既符合政府税收政策的导向,又能使自己的税负最轻,做出于国于民于己都得利的选择,于是便产生了税务筹划。

项目公司借助于税务筹划,在税法规定许可的范围内,充分利用税法规定的优惠政策,对经营、投资及理财等活动的事先筹划和安排,采取合法的手段,最大限度地采用优惠条款,在达到延缓税负或减轻税负目的的同时,也进一步夯实了风险管控工作。

(1)与偷税、避税划清界限,使税务筹划得到正确认识。

在现实中,不少人认为税收筹划就是一种变相的偷税或避税行为,常常遭到不明事理的人的抵触。为了税收筹划能够顺利在福州地铁 2 号线项目中实施并得到大家认可,必须把税收筹划与偷税、避税行为划清界限。

首先,税务筹划与偷税相比:税务筹划是纳税人在符合国家法律即税收法规的前提下,按照税法规定和政策导向进行的事前筹划行为,是法律允许的一种合法行为;偷税则是纳税人采取伪造、编造、隐匿、擅自销毁账簿及记账凭证,在账簿上多列支出或者不列、少列收入,或者进行虚假的纳税申报的手段,不缴或少缴应纳税款的行为,是法律禁止的非法行为。

其次,税务筹划与避税相比:税务筹划所作出的经营、投资、理财选择,是按照税法予以鼓励或扶持发展的政策导向来筹划的,它是符合国家立法意图的;避税行为是纳税人钻税法漏洞,通过人为安排以改变应税事实而达到少缴或免缴税款的行为。虽然它没有违反法律,具有一定的合法性,但是却有悖于政府的立法意图,是政府不愿意看到的。

(2)税务筹划具体措施。

①利用税收政策。

福州地铁 2 号线项目于 2016 年 5 月 1 日以前开工,根据《财政部国家税务总局关于全面推开营业税改征增值税试点的通知》财税〔2016〕36 号附件 2 规定,一般纳税人为建筑工程老项目提供的建筑服务,可以选择适用简易计税方法依照 3% 的征收率计税,通过建模测算,采取简易计税对项目公司有利,从而选择了简易计税方法计税。

②利用企业组织形式。

福州地铁 2 号线项目采用"融资+施工总承包"的模式,项目公司为履行合同约定,以中国交建名义成立了福州地铁 2 号线项目总经理部。根据有关规定,建筑企业所属二级或二级以下分支机构直接管理的项目部(包括与项目部性质相同的工程指挥部及合同段等,下同)不就地预缴企业所得税,其经营收入、职工工资和资产总额应汇总到二级分支机构统一核算,由二级分支机构按照国税发〔2008〕28号文件规定的办法预缴企业所得税,福州地铁2号线项目总经理部属于建筑企业所属二级或二级以下分支机构直接管理的项目部,故没有在福州当地预缴千分之二企业所得税,采取汇总回集团缴纳,从而达到延迟纳税。

③利用纳税时间。

市地铁集团与项目公司实行次年支付工程款结算的模式,但福州地铁2号线项目总经理部与各标段项目经理部是按月支付工程款,各项目经理部须按时将发票交至项目总经理部,相当于次年项目公司进行办理收工程款时,可差额递减部分大于应开票金额,从而达到延迟纳税。

第6章

施工环境与安全管理

/ 6.1 施工安全管理体系的建立与实施　/ 6.2 施工安全监控量测的实施与风险预警
/ 6.3 施工安全应急救援预案的编制与管理　/ 6.4 安全体验馆规划设计与建造
/ 6.5 施工安全预警与信息化系统对接　/ 6.6 安全培训与安全文化建设对接

在地铁工程施工阶段,工程的安全管理工作是顺利开展施工的重要保障。在福州地铁2号线工程项目施工中,项目公司凭借高效的管理办法来保障施工过程中各项工作的安全,首先,建立了福州地铁2号线工程项目的施工安全管理体系,配备相关的组织人员,落实入职培训、安全监控等施工安全管理工作;其次,在地铁施工过程中对施工安全的重点环节进行监检监测,重点预防,做到安全管理工作全面覆盖,又突出重点;最后,根据项目的具体情况编制施工安全预案,为工程实施过程中的安全管理做好准备和指导。本项目在安全管理上的一大创新和亮点就是建立了一座实景式安全教育体验馆,可以让员工对施工过程的各个环节身临其境地进行安全体验从而提高员工的安全意识。同时,还建立了施工安全预警系统,对施工过程中的风险进行检测预警的信息化管理;施工安全管理应该渗透到每个员工日常工作之中,因此福州地铁项目十分重视对员工的安全培训与安全教育,重视并加强企业的安全文化建设。

6.1 施工安全管理体系的建立与实施

6.1.1 施工安全管理体系的建立

首先,建立健全施工安全管理体系的组织机构。根据国家《安全生产法》和中国交建及总承包分公司有关管理制度,项目公司成立了安委会,总经理任安委会主任,其他班子成员任副组长,各部门部长任组员,安委会办公室安全质量环保部(以下简称:安质部),统管福州地铁2号线项目安全、质量及环保等工作。为应对地铁施工中的突发险情,能够提供及时有效地救援,全线设立了应急救援抢险队。项目公司设专职安全总监一名,分管安质部和应急救援抢险队。参建各标段均要求设置了一名专职安全总监,并成立安质部或安全环保部,工程部及技术质量部,根据工程施工进展情况,配备足够数量的专职安全质量管理人员。为牢固树立"党政同责,一岗双责"的安全管理理念,结合中国交建"管生产必须管安全,管生产经营必须管安全,管业务必须管安全"的要求,项目公司开展了施工安全管理体系建立和建设的有关工作。

其次,建立健全安全管理规章制度,明确主要负责人的安全管理职责。由项目负责人牵头组织制定安全生产责任制和安全生产规章制度,制定完善操作规程,并对每个员工进行宣贯交底,并严格按照规章制度执行,每年进行一次制度修订完善,形成良性循环,不断完善安全管理体系。确定主要负责人的安全管理职责如下。

(1)建立健全本单位安全生产责任制。
(2)组织制定本单位安全生产规章制度和操作规程。
(3)保证本单位安全生产投入的有效实施。
(4)督促、检查本单位的安全生产工作,及时消除生产安全事故隐患。

(5)组织制定并实施本单位的生产安全事故应急救援预案。
(6)及时、如实报告生产安全事故。
(7)组织制定并实施本单位安全生产教育和培训计划。
(8)组织和参与拟定本单位安全生产规章制度、操作规程和生产安全事故应急救援预案。
(9)组织或者参与本单位安全生产教育和培训,如实记录安全生产教育和培训情况。
(10)督促落实本单位重大危险源的安全管理措施。
(11)组织或参与本单位应急救援演练。
(12)检查本单位的安全生产状况,及时排查生产安全事故隐患,提出改进安全生产管理的建议。
(13)制止和纠正违章指挥、强令冒险作业及违反操作规程的行为。
(14)督促落实本单位安全生产整改措施。

6.1.2　施工安全管理体系的实施

制度先行,合法依规管理。根据国家《安全生产法》和中国交建有关文件,结合市地铁集团的要求,先后制定并审核发布了《项目公司安全质量环保管理制度汇编》《市政道路及设施维护管理办法》《安全质量管理办法》《驻地业代管理办法》《工程备案管理制度》《工程验收管理制度》《属地管理办法》《轨行区管理办法》《事故应急救援管理办法》《管线迁改动土审批制度》《大型设备一机一档管理制度》等各类安全质量环保方面的规章制度,并在制定过程中,结合国家法律法规和上级要求,及时完善修订了相关制度。确保制度先行,合法依规管理。

细化目标,责任分解落实。为全面落实安全责任,实现全员安全生产责任制的目标,项目公司根据总承包分公司的安全责任目标,进行了细化分解,与分管领导、部门领导及标段领导层层签订安全责任书,领导分级牵头落实安全责任,主管部门落实各项管理措施,每年度年初签订安全环保职业健康责任书和质量责任书,实行责任目标与年度评优评先,绩效挂钩考核,督促激励员工安全质量管理认真履职。

领导挂点,压紧压实安全责任。为进一步加强现场管控措施,项目公司实行了领导分标段挂点带班制度,安质部工程师分标段主管、项目公司驻地代表每日巡视,排查日常隐患,检查标段领导带班制度落实情况,并在工作微信群内拍照反馈重大危险施工,如盾构吊装、开仓换刀、门式起重机及冷冻法联络通道开挖等,遇到违章违规行为,现场制止,并作出处罚。遇重大险情,可以直接向安质部及分管或挂点领导汇报。

入职培训,强化体验式教育。项目公司始终以"安全培训不到位,就是最大的安全隐患"为管理理念,针对以往安全教育培训模式较为单一枯燥的问题,建立了安全教育体验中心,着力打造成福建省、中国交建及市地铁集团安全教育示范基地。通过标准化施工展示和安全体验模式,提升福州地铁安全质量管控水平。要求所有入职福州地铁2号线项目的员工都要到体验馆安全体验,并经过安全教育培训,考核合格后,颁发上岗证,进行实名制管理。

属地管理,推行站长负责制。地铁施工牵涉到的施工作业队伍多、专业多、交叉施工多,为便于沟通协调,本公司制定了属地管理办法,以各地铁车站为单位,全线推行站长负责制,由副经理或安全总监班子副职担任站长,全面负责该车站的生产进度、安全、质量、环水保及文明施工等管理工作,协调机电、消防、装修、信号及铺轨等各专业现场施工各项工作。

各方共管,轨行区联合执法。在地铁施工中轨行区作业安全管理历来是重中之重,铺轨单位进场施工后,制定了《轨行区作业管理办法》,要求各土建标段,机电标段指定专职请销点人员,每天到铺轨单位进行请销点,坚决杜绝无令作业的行为。每周召开轨行区调度例会,协调解决轨行区施工各类问题,通报一周内轨行区作业安全管理,文明施工管理情况,并将下周轨行区作业请点情况进行汇总。每月由项目公司安监部、铺轨单位及各土建标段站长等组成轨行区联合执法检查组,进行轨行区专项检查,排查作业过程中的各个安全隐患,确保轨行区作业安全。

风险识别,关注重大危险源。项目公司每月组织召开专项会议,梳理辨析全线各标段危险源,并对危险源进行分级,组建危险源微信群,要求各标段安全员全程监督施工过程,重要标段领导带班,每天到施工现场检查安全生产情况,并拍照发到危险源微信工作群进行反馈。

岗前体验,注重班前教育。工人上岗时,先刷卡进入大门,穿戴好劳保防护用品,并佩戴好工卡,手机放入手机柜存储,走平衡木体验,爬楼梯,通过限高杆体验,发现身体不适的,当班作业不得上岗。身体健康良好的,到班前教育讲评台前集合,由当班带班领导(站长、副经理及安全总监等)进行班前教育,布置当班任务,告知当班作业风险点、安全注意事项、应急情况如何处置等,并书面交底,当班工人签字确认。

动土审批,注重过程控制。各标段在进行动土作业前,首先要联系产权单位进行管线调查,摸清楚动土范围管线分布情况,并按照规定办理动土审批手续,经各级管理人员签字确认后,现场设置警戒,并开挖探槽,遇到管线及时联系相关产权单位进行现场确认,并按照方案改移。确认各种管线迁移完成后,才能进行下一道工序施工,从管理流程上进行规范,确保管线施工安全。

方案评审,确保本质安全。根据住建部危大工程管理办法和市地铁集团有关要求,对施工方案先进行项目公司层面的审核,对超过一定规模的高支模、盾构进出洞及深基坑开挖等危大工程,邀请外部行业专家进行评审,评审通过后按方案严格执行,确保工程建设本质安全。

首件验收,推行样板引路。在各工序按照施工方案时候后,以子单位工程为单位,参建各方施工、监理、设计、勘查、监测、风险咨询及市地铁集团等对首道工序进行验收,如围护结构施工、主体钢筋施工、防水施工及盾构掘进百环等,验收合格后,以此为样板,后续该工序按此组织施工,从标准上减少了质量缺陷的产生。

一机一档,规范设备管理。地铁施工,设备众多,为加强安全管控,规范设备管理,建立了一机一档制度,要求履带式起重机、门式起重机、塔式起重机、三轴搅拌机、旋挖钻机及槽壁机等设备建立独立档案。档案内包含设备出厂合格证、检测报告、安装拆除方案、安装告知、验收合格使用登记证、设备履历及操作人员特种证件等资料。

监控预警,及时消除险情。对基坑及盾构区间隧道,按方案埋设沉降观测点、水平位移观测点、测斜及水位监测管等各类观测点。按规定的频率进行数据采集,并适时上传至风险监控平台,设定不同的预警阈值,超限后及时预警,并召集各方开会讨论,必要时召开专家咨询会,采取有力措施,消除险情,确保安全。

视频监控,提升管理信息化水平。在各标段大门口、场地内、基坑内及车站站台站厅等场所,安装了监控系统,在监控中心就对各标段施工进行实时监控。每台盾构机的现场数据也接入了监控中心,盾构姿态、进度及掘进参数都可以调阅查看,实现施工过程信息化。

条件验收,严把关键环节。对车站及附属出入口开挖前、重大风险施工的盾构进出洞、盾构机开仓换刀及大型设备安装拆除等关键节点,实行条件验收制度,参建各方到现场实地查勘,符合方案和相关要求后才准予施工。

安全经费,保障足额投入。要求各标段编制安全经费使用计划,购置合格的劳动防护用品,安全生产经费建立台账,并每月到项目公司安质部审批,经批准同意后才能到合约部计量。安全经费投入所占建安完成产值比例不足的部门将不予计价。

隐患治理,关注重复出现问题。每月综合检查,对各标段重复出现的隐患,约谈标段主要管理人员,要求标段说明原因,并制定针对性整改措施,对该问题开展培训教育,确保同类隐患不重复出现。

开展QC活动,争创优质工程。开工以来,编制了《福州地铁2号线创优规划》,制定了确保"榕城杯"和"闽江杯"、力争国家"鲁班奖"的创优目标,并在日常质量管理中,多措并举,广泛开展QC活动和"五小"创新活动,大胆采用四新技术,如克泥效、深基坑水下封底、钢套筒盾构接收及BIM技术等。

隐患排查,分析治理制度化。通过日常巡查、专项检查、季节性检查及月度综合检查等方式进行日常隐患排查,及时发现现场存在的隐患,根据隐患级别不同,按照立即停工整改、限期整改等进行处置。每月月末召开隐患分析会,对存在的安全质量问题,进行分析通报,对解决措施和下月度管控重点进行提醒。建立隐患排查系统,参建各方(施工、监理及业主等)及不同层级,对应有隐患排查的频次,现场发现问题即可手机APP上传,对应的隐患整改有时限要求,整改后上传,职责负责人审核后关闭。

开展各类培训,提升员工综合素质。每月按照培训计划,开展各类安全质量培训,采用内部标段加项目部师资培训及邀请外部专家培训相结合的方式,对施工现场常见事故类型和常见质量通病,根据工程进展进行有针对性分阶段的培训。并结合国内外地铁建设过程中出现的各类事故进行案例分析,使员工接受教育的同时,提升自身的项目管理水平和综合素质。

应急演练,强化应急处置能力。根据年度演练计划,每年组织多次桌面推演,防台防汛等专项应急演练,并组织一次大型综合应急演练,邀请市政府、市地铁集团、住建局、安监局、消防、公安、燃气、电力及医院等市安委会各成员单位参加。通过演练,锻炼各参与单位的协同作战能力,提高参建单位应急反应意识,提升参建单位险情发生后的应急处置能力。

防台防汛,标准流程保平安。福建地处沿海,每年台风和雨水众多,为此,投入了一套视频会议系统。市地铁集团、各标段均设置了视频终端,并建立了防台防汛QQ群,专人负责发布恶劣天气信息。在台风到来之前,可通过群内通知,视频部署召开紧急会议等快速传达到各标段,并按照防台防汛的标准化要求,在台风到来之前全部实施到位,如库房应急物资(沙袋、水泵、电线及发电机)、门式起重机夹轨器、缆风绳、彩钢房顶部加钢管及缆风绳固定、基坑四周挡土墙及缺口沙袋堆码等,并在到来后,巡视,遇突发状况,抢险队出动,各标段联动。

突发险情,应急救援做保障。城市地铁施工,由于交通道改、管线迁改难度大及外围环境复杂,基坑开挖过程中,极易出现涌水涌砂险情,盾构施工也容易出现路面沉降塌陷等险情。为此,项目公司组建了应急救援队,一旦遇到突发险情,立即启动应急救援预案,确保救援队第一时间能将救援设备布置好、救援人员赶赴现场,开展救援,避免加大损失和社会影响。

事故调查,严肃追责。对于施工过程中的各类安全事故,成立调查组,按照事故原因未查清不放过、责任人员未处理不放过、责任人和群众未受教育不放过、整改措施未落实不放过的"四不放过"原则,查明事故原因,严肃责任追究有关人员,并召开专门会议,让涉事单位进行专题汇报,通过培训教育,警示全线参建员工。

6.2 施工安全监控量测的实施与风险预警

福州地铁2号线项目由与相关单位不存在隶属关系及利益关系的第三方单位根据设计及规范对工程安全进行监测、交接桩、工程测量成果复核及测量管理工作,工程原材料及实体质量检测试验进行核验校对及抽检工作,充分保障工程质量与安全,承担第三方管理责任。

城市轨道交通建设,途经中心城区的地下线,因涉及大量的地下空间开发与施工,工程地质、水文地质及周边环境的不同且复杂,尤其福州地区富水淤泥质地层(部分存在承压水),高压缩性与敏感度的地层变形对工程本体及周围环境的影响愈发凸显,给工程建设带来极大的困难与挑战。故此,地下工程施工中,信息化手段的运用及监控量测须严格推行落实,作为施工的眼睛,做好预测预判预控,并对变形趋势做出分析研究,为现场采取的风险管控措施提供科学依据,确保现场安全受控。

6.2.1 监控量测数据的报送流程

福州地铁 2 号线工程项目建设伊始,即认识到监控量测的重要性,为确保监控量测严谨规范、正常顺利地开展,在分包管理上,全线监测任务采取由项目公司统一招标,从各施工标段主合同中剥离开来,全线范围内委托中交公路规划设计院有限公司实施,避免由各标段自行招标。为防止赶进度忽视安全风险,规避监测数据造假使监测工作流于形式,无法对现场安全风险管控提供有力支撑,中国公路规划设计院有限公司作为实施单位需向项目公司提供监测服务及必要的工作配合,项目公司安质部设专职工程师负责监测管理工作并向安全总监汇报工作情况。地铁监控量测数据报送流程如图 6-1 所示。

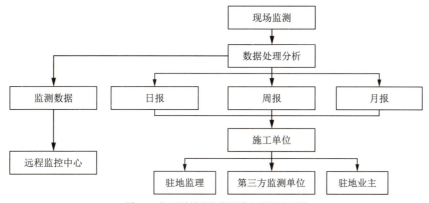

图 6-1 福州地铁监控量测数据报送流程图

地下工程安全风险大、不可控及不可预见因素多,监控量测作为一个重要的手段可预测安全风险点的受控状态及变化趋势,对现场安全风险与技术风险管理而言相当重要。故此,监控量测有标准又严格的要求,人员与仪器、工作开展程序、成果报送及应急管理、与土建等单位配合协作等均在国家、地方规范规程层面及现场实施的方案层面上做了全面、明确又有针对性的要求。监控量测方案实施过程包括监测等级划分、监测对象、监测范围、测点初始值获取及报备、监测频率、特殊情况下(如应急抢险)的监测频率、监测控制指标及预警值、监测周期、停测标准与程序、消警处理、测点布设及保护、测点现场实施、监测变形及计算、监测数据成果报送流程、现场巡视及应急响应等。监控量测方案及第三方监测方案实施前须结合危大工程的安全专项方案与安全应急救援预案同时进行专家评审工作,确保监测开展具有针对性、安全及高效。

6.2.2 监控量测的主要施工项目

城市轨道交通监测工作通常按站点或工点开展,特别是地下线、车站(明挖或暗挖)、区间、中间风井、斜井、盾构始发或接收井、出入场线、联络通道及部分场站工程(地下部分)等达到监测要求的,均须按规范及设计要求开展监控量测。福州地铁 2 号线项目明挖车站及盾构区间典型性监测项目及技术要求见表 6-1~ 表 6-3。

车站主要监测项及技术参数一览表　　　　　表 6-1

序号	监测项目	位置和监测对象	仪器监测精度	测点布置	监测控制值
1	围护墙顶水平位移、竖向位移	围护结构顶	1mm	标准段测点间距20m,端头段间距10m	水平位移:30mm,±3mm/d;竖向位移:20mm,±2mm/d
2	围护结构变形	围护结构内	1mm	测点间距30m,同一孔间距0.5m	30mm,±3mm/d
3	土体侧向变形	靠近围护结构周边的土体	1mm	测点间距30m,同一孔间距0.5m	30mm,±3mm/d
4	支撑轴力	支撑端部或中部	≤100(F·s)	每层均设置支撑	—
5	立柱沉降	支撑立柱顶	1mm	共5个	±20mm,±2mm/d
6	建筑物沉降、倾斜	需保护的建筑物	1mm	间距15m	±20mm,±2mm/d
7	建筑物裂缝宽度	施工影响范围内的建筑物	0.05mm	根据建筑物调查情况布设	1.5-3mm,持续发展
8	地下水位	周边上层滞水	5mm	测点间距30m	±1000mm,500mm/d
9	地下管线沉降和位移	基坑周边一倍基坑深度范围	1mm	沿管线间距10m一个点	±20mm,±2mm/d
10	基底回弹	基底开挖面	1mm	基坑内横向间距30m,竖向间距10m	40mm
11	地面沉降	周围地表	1mm	标准段测点间距20m,端头段间距10m	±30mm,±3mm/d
12	承压水位	周边承压水层	5mm	测点间距30m	±1000mm,500mm/d

标准盾构区间主要监测项及技术参数一览表　　　　　表 6-2

序号	监测项目名称	方法及工具	测点布置	监测频率
1	地表沉降	水准仪	隧道纵向监测点数(5m一点);隧道横断面监测点数(50m一处横断面,每个断面点数一般为7~11个,埋深较大区间视情况增加)	掘进前后小于50m时,测1~2次/d;掘进前后大于50m时,变形速率大于5mm/d,测2次/d;变形速率小于0.5mm/d,测1次/周或更长
2	隧道隆陷竖向位移	水准仪、钢尺	10环设一断面	
3	建、构筑物	水准仪、游标卡尺	施工影响区域	
4	地下管线	水准仪	施工影响区域	
5	净空收敛	收敛计	10环设一断面	

标准区间联络通道主要监测项及技术参数一览表　　　　　表 6-3

序号	监测类别	监测项目	测点位置	监测频率
1	必测项目	地质和支护状况观察	每一开挖环	每次开挖后立即进行
2		初期支护的周边位移和拱顶下沉	每5m一个断面,每个联络通道不少于2个断面,废水泵站不少于1个断面	开挖面距量测断面前后小于B时,1~2次/d;开挖面距量测断面前后大于B时,1次/2d
3		地表及邻近建(构)筑物沉降、管线沉降	每10m一个断面,且不少于2个断面	
4		地下水位	根据现场施工条件,在联络通道两侧的冷冻加固区外,距联络通道200m范围内各布置2个观测孔	1次/(1~2d)
5	选测项目	围岩压力	较差围岩代表性地段布设1个断面,每断面3~5个测点	开挖面距量测断面前后小于B时,1~2次/d;开挖面距量测断面前后大于B时,1次/2d
6		衬砌格栅应力	每5m布设1个断面,每断面4对测点	
7		二次衬砌主筋应力	每5m布设1个断面,每断面4个测点	
8		建筑物倾斜	隧道附近建筑物,测点间距15~20m	

第 6 章 施工环境与安全管理

为保证地铁施工过程中周边及沿线的管线安全,避免管线破损出现事故,须严密跟踪、监测管线的变形趋势及其安全状态,及时提供管线准确的量化变形值,按要求做监控量测。

管线沉降监测点的布设形式主要有直接法与间接法。直接法主要采用抱箍法和套筒法。间接法主要有管线顶部土体监测和管线底部土体监测,包括管线的绝对沉降和差异沉降,而管线的差异沉降的重要性更为突出与重要。理论上管线沉降布设直接点更可靠,实际上操作难度高、风险大。

福州地铁 2 号线项目在市地铁集团的组织领导下,经设计、施工、监理与施工监测及第三方监测等单位共同研究决定,对车站基坑及区间附近有监测要求的带压管线(燃气、给水)及污水管采用直接法进行监测,监测点布设在每节管线的接头处(有压管线只会在接头处出现安全问题),布点形式采用抱箍法,监测方法用几何水准测量,数据处理后重点分析管线每个接头处的差异沉降,如图 6-2 所示。

图 6-2 燃气管线直接监测

无压硬质管线(雨水)采用间接法,监测点布设按纵向间距要求布设在管线底部土体中(无压硬质管线一般为混凝土结构,每节管规格相同,接头处的安全问题不大),布点形式可以和地表沉降点相同,只是埋设深度要确保在管线底部土体位置,监测方法用几何水准测量,数据处理后重点关注管线的绝对沉降量。

无压软质管线(电力、通信及有线电视)采用间接法,监测点布设按纵向间距要求布设在管线上方的土体中(施工过程中造成的地表沉降对软质管线影响非常小,可以忽略不计,软质管线竖向变形允许量一般都在 10cm 以上),布点形式可以和地表沉降点相同,埋设时确保管线的安全,监测方法用几何水准测量,数据处理后重点关注管线的绝对沉降量。

6.2.3 监控量测主要项目的技术要求

当风险工程施工结束,如基坑封顶、盾构区间贯通或联络通道二次衬砌封闭并完成融沉注浆后,影响施工安全风险的因素基本消除。当监测对象变形趋于稳定后,监测数据变形情况在设计规定的工后变形监测周期结束时仍未超限,施工监测可向第三方监测及监理提交停测申请,经第三方监测、监理、现场业主代表、风险咨询单位及业主监测主管工程师审批同意后方可停止相应的监测工作。

福州地铁2号线监控量测工作执行的程序为监理召集相关参建单位商定,通过比对施工监测与第三方监测的数据并结合有关参建单位的意见后,作出停测决定并形成议要。监控量测的标准主要依据现行的监测规范、设计说明及现场实际进行评估后确定,车站、区间及联络通道应区别对待。福州地铁2号线项目属富水软土地层或粉细砂地层,具有高压缩性及水压下易流动的特点,停测技术参数见下。

车站工程:车站主体封顶后2个月,车站周边建(构)筑物数据变化及地表沉降速率≤1mm/30d且构筑物沉降速率≤1~4mm/100d时,即可判定监测变形趋于稳定,可申请停止监测。

区间盾构工程:盾构隧道监测宜延续至隧道结构贯通后3~6个月,当隧道两相邻测点(间隔5环)不均匀沉降≤0.5mm/半年时,认为隧道结构基本稳定,可申请停止监测。

暗挖隧道工程:对环境影响监测宜延续至隧道贯通后不少于3个月。当影响范围内重要建(构)筑物最后100天沉降速率≤0.025mm/d时,认为建(构)筑物基本稳定,可停止监测。

联络通道(冻结法+矿山法)工程:联络通道二次衬砌封闭并完成融沉注浆后连续监测,当设计监测周期最后一至三个月内变形速率≤0.05mm/d时,可申请停止监测。

6.2.4 监控量测的实时预警及风险控制

福州地铁2号线项目开工建设时,从设计阶段即提出监测预警、报警的控制要求,并根据国家标准《城市轨道交通工程监测技术规范》(GB 50911—2013),将监测预警状态分为不同的预警等级。同时,福州地铁2号线项目监控量测管理引入华东院安全风险评估与健康管理系统,辅助项目开展监测与安全风险管控,确保安全生产。关于安全风险评估与健康管理系统的相关具体内容,将在第9章信息管理及创新中具体介绍。

6.3 施工安全应急救援预案的编制与管理

在施工过程中不稳定安全因素越来越多,如何做到事前控制、防患于未然是每个施工单位都在努力实现的工作,而完善的施工安全预案可以有效地解决这个问题。在福州地铁2号线项目的施工过程中,项目公司制定相关的应急救援预案及处置方案,形成应急救援预案库,为突发事故做好应急准备。对于风险性较大的分部分项工程,各标段项目部应当编制专项应急救援预案,完善应急救援体系,建立应急物资仓库,定期组织开展专项应急演练,不断完善应急救援预案和救援流程。

6.3.1 施工安全预案的管理意义

城市地铁施工由于施工环境的特殊性及施工技术的难度大,以至于施工的危险性大,如坍塌事故、地下管线沉降及支撑体系不稳等多种灾害事故随时可能发生。目前的工程技术水平有限,无法精准的预警到每一个事故灾害,因此建立预案机制提前预防非常有必要。若提前制定了预案则可让相关部门组织各有关单位各司其职,按照预案的要求对事故做好预防准备,采取措施及应急处置办法等,从而降低事故率,提高工作人员的安全度。地铁施工各企业在业余时间还需不断加强培训演练,一旦事故真的发生,施工人员才能应对自如。具体说来应急救援预案是为了保证抢险救灾工作更好的执行,在救援的过程中应该做到以下几点。

(1)组织救援人员。地铁施工灾害事故具有突发性、影响范围大及传播速度快等特点。因此,如何快速发现事故,并组织相关人员救援现场,降低伤亡率是救援人员的首要任务。

(2)及时控制事故,避免恶化。在发现事故的第一时间,需找到危险源,立即采取措施进行控制,启动应急救援预案,对危险源进行监控,并对已经扩散开的事故组织救援人员进行拯救,防止事故扩大化。

(3)清理事故现场,减轻事故后果。若发现事故灾害发生后对施工人员的健康或者对施工环境等因素造成了一定的影响,则需要及时采取措施清理事故现场,消除有毒有害的物质,以免对人体健康和环境安全造成影响。

(4)调查事故原因。当危险事故处理后,还要对事故的原因进行追究,对事故责任人做出相应的处罚。

6.3.2 施工安全预案的编制原则

以人为本的原则,这是在施工安全管理应急救援预案制定时必须要遵从的基本原则。人是事故发生的核心,因此项目公司应坚持以人为本的原则,使各部门各司其职、服从指挥、快速反应、积极配合。在处置地铁施工安全工作上,应把保障人民群众的生命作为应急管理工作的基本点,减少施工过程中的不安全施工行为,安全管理工作能够更加科学合理,从而最大限度地降低事故率。

制度化原则。地铁施工预案执行的好坏直接关系到地铁施工企业的安全程度,因此在执行过程中应制定相应的制度来确保地铁施工安全管理应急救援预案的执行,使其深入组织发展中,这也是实现应急救援预案长期性、实践性、系统性的重要手段。地铁施工事故一旦发生将会严重影响到整个企业的利益,因此安全管理应急救援预案的重要性不言而喻,应站在企业战略高度,覆盖项目全局和全过程来制定应急救援预案,将预案的制定列入企业的基本制度中来保证其战略性的地位,将预案制定制度化,保障预案能够长期执行,进而保障地铁施工的安全。

部门成员各司其职的原则。由于事故发生的突发性,也就使得预案的执行具有紧迫性,事故一旦发生,都处于失控状态,因此在预案中规定好各部门的权力与任务相当重要,这样才能使人们在遇到灾害事故时,按部就班,不慌不忙,井然有序的执行任务,从而快速解决问题。事故具有突发性,因此时间是救援时的大难题,这就需要统一指挥,快速响应,及时处理事故,减少事故的影响,降低损失,避免多头领导的混乱,也可以节约资源,以免多个指挥部门同时在解决一个问题实现分工明确、责权到位、处理事件流程顺畅。

危机分级原则。地铁施工灾害中的危险事故,有轻重缓急之分,在面临不同的施工灾害时,需要采取的措施并不相同,以免造成资源的浪费,故须不同层级及不同指挥部门进行协调,共同处理危险事故,而这些都需要在预案中明确界定,这种界定的过程就是对危机分级。项目监理部在对危机分级时,需要对危险事故的发生的类型、影响的范围、最后造成后果的大小及解决的难易程度等方面去分析,并根据以往事故灾害的解决经验,结合事故的复杂程度及企业的人力、物力资源的多少从而分配不同级别、不同部门的专业范围,规定参与危险事故处理的人员配备情况以及采用的技术手段和处理方法,这就是预案分级所实现的功能,以在事故发生时迅速选择不同危机等级配备的应急救援预案。由于危险事故的不确定性,在分级标准的确认方面、级别指标体系方面及级别调整程序方面根据实际情况进行及时调整,以做出最正确的决定。

快速反应原则。地铁施工事故蔓延快影响明显,在施工灾害管理时,往往对事故的起因及结果都存在信息不对称的情况。因此,在事故的发生时都具有风险性及危险性等特征,危机事故的这种特征造成了地铁施工企业的相关部门无法按章办事。若危机需要快速做出决策,靠临时反应肯定不行,需要加强对员工的培训与演练。将各管理指挥者、小组长等训练成在短时间内用有限的物力和人力资源解决危险事故的能力。危机越早发现,越早解决其危害的范围越小,因此危机的处理其实也是一场时间战,需要决策领导者快速反应。

6.3.3　施工安全预案的编制步骤

1)成立预案编制小组

由于地铁施工灾害中的预案起着至关重要的作用,因此项目实施过程中认定编制预案的专门人员,或者组建编制小组,或设立对口的编制预案的职能部门。直接参与编制人员必须是会受到事故影响的人,或者能够有助于编制预案的人。

2)资料收集与事故识别

确定编制预案的人员后,需要收集对预案编制有用的数据。例如相关法律法规,规范标准、业主有关的要求、国内外地铁施工灾害事故统计资料及本单位发生的地铁施工灾害事故统计。再从这些事故中总结出规律,对事故发生的原因、性质及发生的条件等进行分类从而确定预案的对象。

3)应急资源评估

预案的编制人员需要评估项目部在紧急情况下可以利用的资源,如人力、物力及财力,当然还包括指挥部及项目公司等资源。从内部资源配备来看,主要有地铁施工灾害的救援人员及设备等;外部资源包括消防队、医疗队、公安、交警及管道产权单位等。事故灾害的救援必须基于地铁施工企业能够利用的资源,所以在建立预案时进行资源评估非常重要。

4)救援人员的责权利分配

由于地铁施工灾害事故发生的复杂性,现场的混乱性,在事前安排各人员的职责,才能做到尽然有序、临危不乱。应急救援的队伍最好是由有过相关的现场经验,并且经历过系统专业培训的人员组成。

5)应急反应组织的建立

在确定了预案编制人员以及救援人员后,编制成员应考虑建立应急反应组织,并在事故发生的紧急情况下以最短的时间建立完毕。在预案中,需建立 4 个组织,它们分别是最初反应组织、全体反应组织、指挥中心及其办公室和指挥中心总指挥。

6)形成具体预案

上述工作都是建立预案的过程,其内容最终都会成为总预案的一部分,最终完整的预案一般包括以下内容:

(1)制定的目的,即该预案的编制最终能实现什么样的效果。

(2)适用范围,该预案要对所涉及的所有事故进行调查分析。

(3)操作过程,预案应包括整个预案中所需要的部门、人员及操作步骤。

(4)工作原则,即为救援所需坚持的指导思想。

6.3.4 施工安全预案的框架结构

安全预案是施工企业在项目管理中非常重要的一部分安全文件,因此项目公司牵头各标段项目经理部不断加强预案编制的标准化、规范化及操作程序的规律化等。项目在制定预案时一般会参考有关固定的标准文本文件,并且附与该预案相关的文件,故预案通常会包括三大模块,它们分别为基本预案、应急功能及附件文件,如图 6-3 所示。

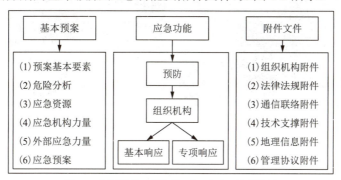

图 6-3 福州地铁 2 号线项目施工安全预案模块图

从图中可以看出基本预案起着纲领性作用,主要概括了预案的机构、预案的思路及预案资源力量的分布等,同时规定了各部门在应急行动中的任务,以及各部门的管理工作。而应急功能设置主要包括报警信息、通信联络及疏散安排等,它的主要作用是明确了各机构的责任、操作程序及行动目标等。附件文件主要内容包括对危险事故抢救时所需的附表和附图文件等资料。

预案的基本框架主要包含预案中所需的项目和文本要素,通常被当作预案编制的模板文件,在编制预案前需研究预案的基本框架。其主要框架内容见表 6-4。

预案基本框架表　　　　　　　　　　　　表 6-4

序号	框架名称	预案编制内容
1	总则	编制目的、适用范围、依据、原则
2	危险程度分析	相关单位基本情况、危险源
3	救援各小组设置与职责	应急处置小组、各小组的职责
4	预警	信息监测、预警发布、预警行动
5	应急响应	分级响应的标准、程序
6	后期处置	善后处置、事故调查
7	应急保障	人力、物力、财力及技术等资源保障
8	教育培训	宣传教育、演练培训
9	附则	预案管理及更新原则、制定部门

6.4 安全体验馆规划设计与建造

进入新时代,我国综合国力与科技进步发展势如破竹,传统行业与新兴行业跨界融合发展越发明显、紧密。在这种背景下,改变过去传统的安全生产与安全培训教育模式,利用新理念、新思维、新技术、新产品及新方法教育提升施工人员安全意识,进一步提升现场施工安全管理水平,显得十分必要,安全体验馆应运而生,如图 6-4 所示。

a)

b)

图 6-4　福州地铁 2 号线项目安全体验馆

6.4.1　安全体验馆的起源发展

安全体验馆最早起源于韩国,2010 年前后引入国内并迅速发展,在国内多个行业与领域得到广泛推广应用,并且能根据国内的现状与发展的新需求不断改进、优化与升级。

安全体验馆是一个物理场所,体验人员在该场所中通过内部所配置的设备设施、器材或显示仪器亲身体验,以学习、体会、感知并最终获取所需要的知识与能力。工程建设类安全体验馆建设以实地体验项目为主,模拟现场施工环境,针对容易出现安全问题的地方进行现实演示,体验人员通过自身参与,了解安全问题的重要性。随着经济社会及行业不断发展,城市的安全管理以及行业的安全质量管理,尤其是涉及重大安全风险领域的危险性较大且易造成不良影响的行业,已经上升至党的方针与国家的战略高度,促使安全教育培训的理念、内容及形式不断新颖化、多样化,专业化,以适应新时期国家、地区及行业发展的安全与稳定的需要。

国内安全体验馆从场馆内容上主要由体验部分与展示部分组成,其中,展示部分通常为企业发展与安全文化建设,从形式上主要由实物体验与VR(虚拟现实技术)体验组成。安全体验馆可以由上述几种载体单一(小规模安全体验馆)或融合(大规模或综合性安全体验馆)开发建设。据不完全统计,现阶段国内已发展有建筑工程安全体验馆、地铁工程施工安全体验馆、公路工程施工安全体验馆、钢结构安全教育体验馆、铁路安全体验馆、安全科学知识普及体验馆、公共安全体验馆(石家庄市公共安全体验馆如图6-5所示)、地震安全体验馆、台风安全体验馆、消防安全体验馆、安全教育体验馆、小学生安全体验馆、VR安全体验馆、校内生命安全体验馆及儿童交通安全体验馆(图6-6)等。

a)

b)

图6-5 公共安全体验馆

a)

b)

图6-6 交通安全体验馆

其中,社会科普类的安全体验馆诸如安全科学知识普及体验馆是由居家安全体验区、公共场所安全体验区、消防安全体验区、交通安全体验区、出行安全体验区、多功能报告厅等多个体验单元组成,真实体验并学习掌握居家与社会公共安全知识及应对的必要技能。专业化体验馆诸如地震体验馆是由多个地震屋组成,屋内是对家庭房屋中厨房和卫生间的真实模拟,所有物品和家居均是1:1的比例构成,体验地震来临时建筑物内人、建筑与物品发生的震动、倾斜甚至倒塌的真实感受,掌握逃生的基本常识。

为满足社会与各行各业安全教育与培训的需要,安全体验馆在规划设计时,体验项的设置与体验内容开发也亦须随着不同发展阶段的安全条件的需要进行创新与更新迭代,并向精细化、专业化、多样化的趋势不断发展。

现阶段工程建设行业体验馆主要有安全鞋撞击体验、消防柜展示、VR蛋椅体验馆、VR安全体验馆、挡土墙倾斜体验、安全带使用体验、安全帽的撞击体验、安全急救体验、吊运作业体验、平衡木体验、人字梯体验、有限空间体验、密闭空间体验、洞口坠落体验、隧道逃生体验、隧道塌方体验、重物搬运体验、劳保用品及着装展示、移动平台倾斜体验、钢丝绳展示、通道对比体验、爬梯对比体验、防护栏推到体验、综合用电体验及消防灭火器体验等。不同的体验项亦有不同的培训目的,有的体验项是针对提高施工人员的安全意识,有的体验项是培训应急救援能力,有的体验项是提升安全操作与防护的技能,有的体验项是模拟体验事故与灾难,触发敬畏安全事故的潜意识。力争通过多样化、高科技及全覆盖式的体验安全教育培训模式,达到教育培训效果的强化升级,并在工人一线作业时显示成效。

6.4.2 安全体验馆的规划设计

福州地铁2号线项目安全教育体验中心位于福州市晋安区福马路南侧,新建廨院小学北侧。体验中心占地南北向长54m,东西向宽26m,展馆面积约1404m²,体验馆场内"三区一馆"规划布局,设有4个展示区,分别为模拟基坑及工序标准化展示区、盾构隧道展示区、安全体验区及安全教育体验中心。福州地铁安全体验中心总平面图如图6-7所示。

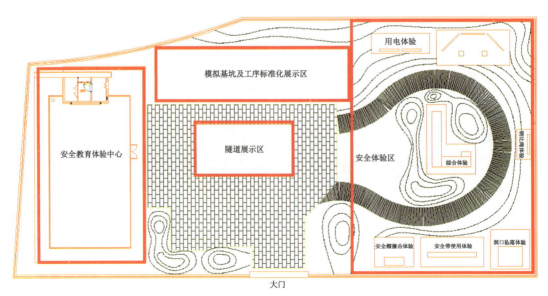

图6-7 福州地铁安全体验中心总平面图

模拟基坑及工序标准化体验展示区详细介绍了采用明挖工法施工的地下车站的土方支护工程、主体现浇钢筋结构工程、防水工程及模板工程等工艺、工序的标准化做法;隧道展示区详细介绍了盾构工法施工的地下隧道管片的拼装及隧道洞内的安全、质量标准化的做法;安全体验区详细介绍了安全帽撞击、安全带体验、洞口体验、防护体验、钢丝绳体验、应急体验、消防体验及用电体验项目。该模拟体验项基本涵盖了地铁工程施工现场易于发生安全事故的危险源,以实景模拟、图文及视频展示、案例警示及亲身体验等直观方式,将施工现场常见的危险源及危险行为与事故类型具体化、实物化。施工人员可通过真实或模拟环境中的具体活动亲身体验施工现场危险行为的发生过程和后果,反思或获得与安全工作有关的知识、技能、态度及行为,提高安全生产意识和防范水平。

安全教育培训中心建设为多媒体影音教室+企业文化宣传展板,构建日常安全教育培训、工程管理培训交流及企业文化与安全文化展示的平台。结合上述体验式培训教育课程,打造新型安全培训与安全文化的学习教育基地,为福州地铁2号线项目建设提供必要的安全条件。

1)模拟明挖基坑及工序标准化体验展示区

该体验区占地面积100m², 高2.5m。通过模拟基坑(图6-8)及标准化工序展示,向参观者展示地下车站的土方支护工程、主体现浇钢筋结构工程、防水工程及模板工程等工艺、工序的标准化做法。

预期体验效果:让体验者了解并掌握地铁地下车站明挖工法标准化施工方法,施工过程安全注意事项及工序质量控制要点等,有力地指导和规范全线明挖法车站工艺、工序的标准化施工,并提供样板。

图6-8 模拟基坑

2)盾构隧道展示区

该体验区占地面积42m²(长9m,宽6m),盾构隧道标准段建设长度为6环(环宽1.2m,共7.2m,内径5.5m,外径6.2m)。

预期体验效果:盾构隧道展示区详细介绍了盾构工法施工的地下隧道管片的拼装、隧道洞内的安全及质量标准化的做法,预期让参观者了解并掌握地铁盾构隧道区间工法管片标准化施工方法及工序质量控制要点等,有力地指导和规范全线区间隧道盾构施工工艺、工序与文明施工的标准化,并提供样板。模拟盾构隧道的情况如图6-9所示。

a)

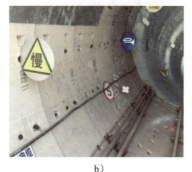
b)

图6-9 模拟盾构隧道

3)安全体验区所包含的项目

(1)安全帽撞击:安全帽体验区如图 6-10 所示,占地面积 12m²,体验目的是熟知安全帽的正确佩戴方法以及佩戴安全帽的重要性和必要性,体验佩戴安全帽对物体打击所减轻的效果。

体验项目明细:箱体由方钢铁皮拼装,撞击小钢球由箱子顶部的气泵液压杆带动。尺寸:长 3.3m,高 3m,深 1m,小钢球自由坠落高度为 50cm。

(2)安全带体验区如图 6-11 所示,占地 13.5m²,目的是让学员体验安全带的正确使用及无安全措施情况下坠落后人体对地面撞击的片刻感受。

体验项目明细:材料采用方钢组合焊接,铁皮包裹,1 台 1kW 气泵为牵引。尺寸:柱体长、宽均为 0.5m,高 5.4m,跨度为 3.5m,三根牵引绳。

图 6-10　安全帽体验区

图 6-11　安全带体验区

(3)洞口坠落体验区如图 6-12 所示,占地面积 16m²,体验目的是了解开口部的危险性与施工环境、施工特点、行为能力紧密相连。

体验项目明细:钢结构及铁皮房。尺寸:长 2.5m,宽 2.5m,顶棚高 4.5m。

(4)综合体验区如图 6-13 所示,占地面积 35 m²,体验移动跳板及倾翻护栏。

体验项目明细:坡道及台阶的安全防护做法展示及新型模板钢管架的展示。新型架子管架体长 5.4m,宽 3.6m,高 4.5m。架子管搭设立杆间距 1.2m,步距 1.2m。

图 6-12　洞口坠落体验区

图 6-13　综合体验区

(5)钢丝绳体验区如图 6-14 所示,占地面积 4.5 m²,体验目的是让体验者掌握钢丝绳的正确使用方法并意识到错误使用带来的危害,可以拓展展示钢丝绳报废标准。

体验项目明细:高清喷绘布、钢结构龙骨。铁皮拼装组合尺寸:背板长 2.4 m,宽 1.2m,

总高度 1.8m。

（6）消防体验区如图 6-15 所示，占地面积 26.5m²，体验目的是发生火灾时如何正确使用消防器材及应急处置的有效措施。培训灭火器的种类及管理方法，教育发生火灾时即时灭火的处事方法，熟知灭火器的正确使用及喷射方法。

体验项目明细：3 块独立的展示板，广告喷绘布、铁皮拼装。每块展示板尺寸背景牌长 1m，宽 0.3m，高 2m。设置两个灭火坑道。

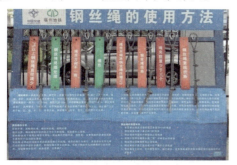
图 6-14 钢丝绳体验区

图 6-15 消防体验区

（7）用电体验区如图 6-16 所示，占地面积 26.5m²，体验目的是学习各开关、开关箱、各种灯具及各种电线的规格说明使用方法，正确引导学习安全用电的知识。

体验项目明细：材综合用电体验棚为两块棚，长 4m，高 2.8m，进深 0.4m，设置配电箱及开关等。

4）安全教育中心

安全中心如图 6-17 所示，占地长 19.65m，宽 13.5m，占地面积 120m²。设计为筏板基础上起钢结构主体，玻璃幕外墙及混凝土屋面，层高 5.5m。最多可容纳 80 人的多媒体影音教室。

图 6-16 用电体验区

图 6-17 安全培训室

6.4.3 安全体验馆的建设成果

安全体验中心秉承"体验于行，安全于心"的设计理念和建设思路，着力打造成为一个具有视、听、体验功能相结合，集"科普性、仿真性、交互性、趣味性于一体"的综合实体化安全教育基地。安全体验中心的应用,能改变传统的安全教育模式,开启"了解事故、体验事故"的三维立体"心体验",成为中国交建和市地铁集团安全教育的重要平台和窗口,也成为全线地铁施工人员安全教育基地、农民工学校及福州市学校安全教育教育基地,意义重大、深远,且由于创新的理念与突破性建造方案,成功获得1个国家发明专利与7个实用新型专利,广受赞誉。

1)隧道模拟体验项基础设计

盾构隧道体验项建成使用半年后,运维人员发现隧道不均匀沉降大,产生轻微的变形与倾斜,故造成管片接缝处混凝土面层开裂。经研究分析,发现是当初地基处理的方案存在问题,级配砂石基层压实度不够,且压实不匀称,后期在雨水浸润、土体自重及上部非均匀荷载的作用下,级配砂石固结产生差异沉降。

目前国内其他城市实施地铁盾构隧道体验区,采用在混凝土结构刚性面层上安放型钢定制的半环形基座,将成环盾构管片整体放在尺寸与弧度匹配的基座上,如图6-18所示,保证盾构管片结构的安全与稳定,以有利于建成后维保工作。

图6-18 模拟盾构隧道

2)隧道模拟体验项视觉提升——隧道的无限延伸的应用

镜面空间,虚实结合,利用两面镜子及镜子中间的光源,反射后即可使物体产生延伸现象,即镜子中的镜子是镜子的虚像。这种物理光学效果可以用在隧道中,使有限的隧道长度,产生无限长度的虚像的体验感。即在盾构管片端头设置经计算符合安全受力及功能要求的两面镜及光源,产生隧道无线延伸的感觉,来提升盾构隧道体验的效果,如图6-19所示。

3)地铁安全体验馆与地铁博物馆"一体化"建设的思考

现阶段,国内地铁发展较快的上海及广州已经率先建设地铁博物馆,如图6-20、图6-21所示,用以展示该地区地铁建设过程中历史、现在以及未来。例如,中国第一家地铁专业博物馆是上海地铁博物馆,以"安全地铁、科技地铁、绿色地铁、人文地铁"为主题,沿着地铁轨迹,分别以地铁发展历史、地铁功能、地铁文化、地铁安全及世界地铁等几大板块进行布展和展示。如果改变现有地铁线路建成后需拆除体验馆的惯例,造成国家资源浪费,而将地铁安全体验馆纳入地铁博物馆建设范畴中成为永久性的场所,不断积累、提升地铁安全教育的资源与设施设备,让全社会体验并了解地铁建设安全的重要性,对促进该地区公共安全意识与安全文化有着积极的作用。

图 6-19　无限延伸效果

图 6-20　上海地铁博物馆

图 6-21　广州地铁博物馆

安全体验馆是实地体验项目,通过模拟现场施工环境,针对容易出现安全问题的地方进行现实演示,体验人员通过自身参与,了解安全问题的重要性。让安全防护培训更有针对性,不再进行"纸上谈兵"的安全教育,告别说教,让施工人员亲身体验。建筑安全培训体验馆以"体验式"培训,代替传统的"读规章制度、看事故视频及签名"老三样教育方式,将施工现场常见的危险源、危险行为与事故类型具体化、实物化。

6.5 施工安全预警与信息化系统对接

地铁工程系统复杂、牵涉面大、管理困难,地铁建设、调试和运营均存在较大的安全风险,安全事故屡有发生。地铁安全形势严峻并且地铁深埋地下,环境封闭,人员密集,复杂且流动性大,其通风排烟和人员疏散受到很大制约,一旦发生事故和突发事件,将会造成人员伤亡和巨大的经济财产损失,故此项目公司非常重视地铁安全监测和预警,实现施工安全预警与信息化系统的对接。

6.5.1 建立地铁安全监测与预警平台

对地铁安全事故前期征兆的反应迟缓、处理不当,是诱发事故的关键因素之一。一套有效准确的地铁安全环境监测与预警系统软件,可以防止由于各类地铁突发事件导致的经济财产损失以及人员伤亡,确保地铁能够安全的运营,提高地铁突发事件的应急能力,使得地铁能够在系统化、信息化以及规范下进行管理。该软件系统能够通过合理的对地铁环境进行监测,及时获取节点周边环境的现场真实数据,结合视频监控、预警系统和实际科学分析总结,能够在许多事故萌芽阶段就被发现和解决。福州地铁 2 号线项目所采用的安全检测与预警平台组成及流程如图 6-22 所示。

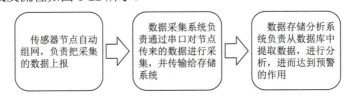

图 6-22 安全检测与预警平台组成及流程图

1)数据采集系统

传感器节点主要负责对分布在地铁中区域的信息进行采集,并将数据汇聚到路由节点,再由路由节点传送给协调器,最终通过串口使数据传输到主机数据库中。数据采集系统通过串口将采集来的数据在本地数据库中进行存储,为此便于查看。同时根据需要可以将数据上传到 WEB 数据库服务器中,便于数据的共享,用户可以查看所有区域的信息。 2)数据存储系统

数据存储系统负责将传感器节点采集来的数据存储在 SQL Server 数据库中,中心系统采用 C/S 结合方式,管理人员可以随时对数据进行访问。数据存储系统主要分为以下两大模块。

(1)数据采集系统的保护模块:使用 NET Web Service 技术,与数据采集系统能够进行交互,接收数据采集系统上传的数据,再通过运用 ADO NET 技术将采集来的数据存储到相应的数据库表中。

(2)数据分析系统的服务程序:主要负责数据库中数据的查询和上报给数据分析系统。

3)数据分析系统

数据分析系统主要功能是对数据库中的数据进行分析,确定地铁环境是否为安全状态,同时可以提供对未来地铁安全环境的预警功能,为地铁安全环境监测系统的核心。主要包括两大模块:①数据分析运算模块;②分析结果反馈模块。主要负责分析采集的数据,对结果进行反馈,若某些监测数值超标或者此数据反映出某些地铁环境的安全隐患,则可通过管理人员用于监控的主机进行提示,发出警报并且以更直接方式(如短信)通知安全管理人员,为管理人员采取措施并解决问题排除隐患争取时间,能够在许多事故的萌芽阶段就被发现和解决。

6.5.2 安全监测与预警平台的作用及功能

1)实时地监测地铁环境状况

对地铁环境进行监测的主要因素包括:空气中的烟雾、有毒气体(瓦斯等)、可燃气体(乙醇及丁烷等)、温湿度、光强度、雨滴、大气压力、土壤湿度及地质震动。

2)地铁环境现场设备的监控

根据对地铁安全环境监测设备采集到的数据,由地铁安全环境监测系统软件对现场布置的各个传感器的可用性进行判断并控制启停,以此来对地铁安全环境进行监测,对安全隐患启动应急方案,从而达到对地铁安全环境进行预警的效果。

3)采集信息的管理功能

地铁安全环境监测系统还应该能够对布置的各个节点传感器所采集的数据进行记录,形成记录和报表。通过地铁安全环境监测系统中各个子系统之间的联合运作,为地铁安全环境管理人员提供对地铁安全环境进行预警预测积累的数据,为尽早发现隐患启动应急措施提供分析和决策的可靠的数据依据。

监测中心是地铁安全环境监测系统进行数据处理的核心部分,对采集来的数据和历史数据进行集中的处理和分析。地铁安全环境监测系统综合利用了串口通信、协议解析、计算机软件、Super Map、数据表打印、视频监控及数据库等多项技术,实现了对传感器的数据接收,地图的查询,各节点数据的查询,数据库查询,数据图形显示,地铁安全的预警、报警及显示地点信息功能。该软件系统通过合理的监测,第一时间获取主体和周边环境的真实变化数据,结合风险巡视和实际科学分析总结,能够在许多事故的萌芽阶段就被发现和解决。

该系统的应用,可以对地铁安全事故进行有效的预警,可以防止各类地铁突发事所造成的人身伤亡和经济损失,保障地铁安全运营,增强地铁突发事件应急处理能力,促进地铁安全管理的规范化、系统化和信息化。对地铁环境进行合理的监测,第一时间获取主体和周边环境的真实变化数据,预警平台基于粒计算理论对数据进行分析预测,能够在许多事故的萌芽阶段就被发现和解决。在技术应用中应采用和先进性相互结合的方式,应更加注重方法和理论的通用性,使结论和方法应该能够适用于地铁环境空间监测预警。在实际工作中,盾构作业的管理制度与规范相对健全,但信息化的管理仍需进一步完善,实现盾构机设备运行信息的自动采集及运行状态的统计处理,同时提供安全预警、数据分析及辅助决策等功能,提升项目建设的全过程安全管理水平。

6.6 安全培训与安全文化建设对接

所谓安全文化建设,就是把安全目标、安全宗旨、安全理念、安全管理哲学和安全价值等安全要素在实践过程中升华、扩散及渗透,为广大员工所认识、认知、认同和接受,并化为全体员工遵章守法、按章作业的自觉行动,在企业单位形成遵章守法、关爱生命的浓厚氛围,指导、约束和规范全体员工的安全行为,努力实现安全工作的持久稳定。

项目公司始终以"安全培训不到位,就是最大的安全隐患"为管理理念,确立安全培训指导思想,制定安全培训实施计划,对安全教育的结果进行测试和考核,并针对以往的较为单一枯燥的安全教育培训模式,建立了安全教育体验中心,并着力打造成福建省安全教育示范基地。通过标准化施工展示和安全体验模式,提升福州地铁安全质量管控水平,加快企业安全文化氛围的形成。全体员工安全素质的提高并不是一朝一夕就可以形成的,项目公司长期不断地坚持开展安全教育培训。定期组织开展安全会议,典型案例分析学习,创造性地开展专题专栏,并持续不断的组织丰富多彩的安全理念渗透活动,实现安全培训与安全文化的对接。

6.6.1 确立安全培训指导思想

中国交建在制定职业健康安全方针时,首先确定安全培训"以人为本"的指导思想,这是开展企业职业健康安全教育主动与否的关键,也是实现企业职业健康安全方针的基础工作之一。安全教育与培训工作是一个系统工程,其中涉及计划、实施、检查与评估及改进等诸多环节,项目公司确定了与企业职业健康安全方针相一致的安全教育与培训的指导思想,确保安全教育和培训体系的有效运行。在保证企业安全教育与培训工作的有效性的前提下,企业的职业健康安全方针才能得以顺利的实现,使"责任重于泰山"的安全意识深入人心,提高人的安全意识,增强安全素质,保障企业的安全生产,做到人人重视安全,人人懂得安全,真正地提高企业的安全管理水平。

6.6.2 制订符合安全培训指导思想的培训计划

确定了与企业职业健康安全方针一致的安全培训指导思想后,企业依据年度承接任务的情况编制企业的安全教育与培训计划,主要的内容应涉及以下几个方面:

(1)通用安全知识培训:安全基础知识培训,建筑施工主要安全法律、法规、规章和标准及企业安全生产规章制度和操作规程培训及同行业或本企业历史事故的培训;

(2)专项安全知识培训:岗位安全培训,分阶段的危险源专项培训内容确定后,应确定培训的对象和时间,培训对象主要分为管理人员、特殊工种人员及一般性操作工人;培训的时间可分为定期(如管理人员和特殊工种人员的年度培训)和不定期培训(如一般性操作工人的安全基础知识培训、企业安全生产规章制度和操作规程培训、分阶段的危险源专项培训等)。

培训的内容、对象和时间确定后,安全教育和培训计划对培训的经费做出概算,为确保安全教育和培训计划的实施提供物质保障,最后确定培训所需的师资以及培训的形式。

在福州地铁2号线项目安全教育的培训过程中,除了沿袭传统的"教师讲,学员听"的课堂教学方法,还积极推广交互式教学等现代培训方法,即组织有丰富实践经验的管理人员相互交流。特别是对于一般性操作工人的安全基础知识培训,遵循易懂、易记、易操作、有趣味性的原则,采用发放图文并茂的安全知识小手册,播放安全教育多媒体教程的方式增加培训效果。

除了对地铁施工日常生产的安全培训,还针对地铁建设过程中的项目危险源进行专项的安全教育,分阶段的专项培训主要按建筑工程的施工程序作业活动来进行分类,一般分为围护结构阶段、主体阶段、装饰装修阶段及竣工通车试运营阶段。在工程开工前针对作业流程和危险源类别对整个项目涉及的危险源进行评价,确定重大危险源,并制定重大危险源的控制方案和一般危险源的控制措施,针对重大危险源和一般危险的分布制订培训计划。

6.6.3 安全教育培训与考核

考核是评价培训效果的重要环节,依据考核结果,可以评定员工接受培训的认知程度和采用的教育与培训方式的适宜程度,也是改进安全与培训效果的重要输入信息,可以作为改进培训工作的重要依据,也是保障培训质量的监督性指标之一。在进行安全教育培训之后,及时对受训者的培训质量和学习水平做出判断,找出问题,进而有针对性地改进培训工作。一般性理论教育评价调查可以从试卷的答题情况得出结论,根据参加培训考核人员的成绩测评以及施工生产过程中出现的违章情况和发生事故以后的频次来确定安全培训的效果,哪种方法容易使员工接受并有持续的教育效果及哪种培训教育效果不好,分析原因,在以后的安全教育培训中进行改进,调整培训方案。

安全教育培训的考核根据培训方案自行组织,把员工平时考核成绩与工作实践操作分别按40%和50%折合后为安全教育培训考核总成绩,并建立安全教育培训学习档案。实行员工继续教育网上课程管理和学分登记、验证、审核制度,并逐步从纸质文本管理向电子文本远程管理过渡。在整体上对培训的人员的安全素质做必要的跟踪和综合评估。在招聘员工时可以与历史数据进行比对,比对的结果可以作为是否录用或发放安全上岗证的重要依据。培训档案可以使用计算机程序进行管理,并通过该程序完成以下功能:个人培训档案录入、个人培训档案查询、个人安全素质评价、企业安全教育及培训综合评价。

  项目公司以安全教育培训为基础,加强建筑施工企业安全生产文化建设,并将安全生产文化建设与安全生产管理结合起来,运用于企业安全生产活动当中,构建符合现代建筑施工企业的安全生产模式,提高建筑施工企业综合实力和核心竞争力,提高企业经济及社会效益。

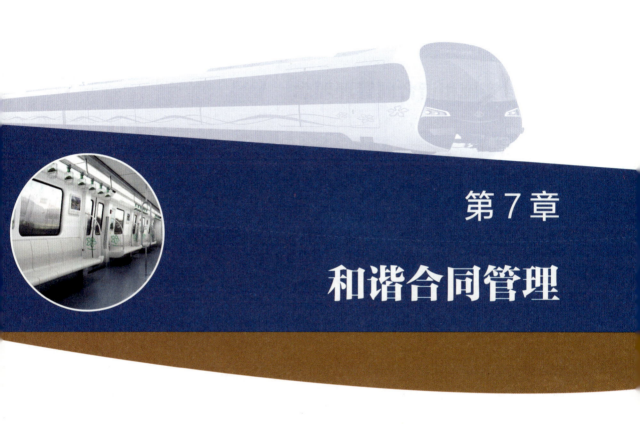

第7章

和谐合同管理

/ 7.1 实施和谐合同管理理念 / 7.2 建立和谐的合同管理共赢机制
/ 7.3 招标采购和谐管理 / 7.4 周期性和谐合同管理

福州地铁2号线工程项目作为大型复杂项目有多方面利益相关者的参与,为解决利益相关者的冲突问题,就必须着手于解决组织间的契约问题。建立清晰明了的合同架构,明确组织间的责、权、利,并通过合同的严格执行,充分运用合同条款来调节各个组织间的责任和经济利益关系。为了解决各方组织中存在的问题,项目公司采用了和谐化合同管理的方式。

7.1 实施和谐合同管理理念

由于管理的有限性,项目公司考虑到如果延续使用只是对宏观目标做出的硬性规定及相关专业技术规范,而没有就建设项目的管理细节做出严格规定的一般性合同条款,基于不同利益相关者的经济利益的不一致,在项目建设过程中很容易产生冲突和争执。如若出现这种现象,不仅会加大项目公司作为施工总承包方的工作量,增加对工程的协调难度,也会影响协同各方组织的工作效率,甚至直接威胁组织和谐目标的实现。

和谐合同管理以事前控制为理念,明确在建设管理过程中协同组织各方的责任和义务,制定详细规范的管理办法,并在合同专用条款中列出,将详尽的管理办法作为合同内容的重要组成部分,对建设过程中可能出现的各种混乱因素事先进行约束,从而避免管理过程中可能出现的各种冲突和争执,保障执行控制的有效运行。由于福州地铁2号线项目规模大、周期长、涉及重大工程技术的攻关、参与工程建设的单位多、人员广、建设环境复杂,合同关系也相当复杂。因而,和谐合同管理使得福州地铁2号线项目管理更加有序、明确、高效。

7.1.1 和谐合同管理依据

(1)合同——项目管理的核心。

任何一个建设项目的实施,都是通过签订一系列的承发包合同来实现的,通过对承包内容、范围、价款、工期和质量标准等合同条款的制定和履行,市地铁集团和中国交建可以在合同的约束下调整福州地铁2号线项目实施的运行状态。通过对合同管理目标责任的分解,可以规范项目管理机构的内部职能,紧密围绕合同条款开展项目管理工作。因此,无论是对项目公司的管理,还是对市地铁集团本身的内部管理,合同始终是福州地铁2号线项目管理的核心。

(2)合同——承发包双方履行义务、享有权利的法律基础。

为保证福州地铁2号线项目的顺利实施,通过明确承发包双方的职责、权利和义务,可以合理分摊承发包双方的责任风险。建设工程合同通常界定了承发包双方基本的权利义务关系,如发包方必须按时支付工程进度款,及时参加隐蔽工程验收和中间验收,及时组织工程竣工验收和办理竣工结算等;承包方则必须按施工图纸和批准的施工组织设计组织施工,向业主提供符合约定质量标准的建筑产品等。合同中明确约定的各项权利和义务是承发包双方的最高行为准则是双方履行义务、享有权利的基础。

(3)合同——项目实施过程中处理争执和纠纷的法律依据。

由于福州地铁 2 号线项目建设周期长、合同金额大、参建单位众多和项目之间接口管理复杂等特点,在合同履行过程中,业主与承包商之间、不同承包商之间、承包商与分包商之间以及业主与材料供应商之间不可避免地产生各种争执和纠纷。而调处这些争执与纠纷的主要依据是承发包双方在合同中事先做出的各种约定,如合同地索赔与反索赔条款、不可抗力条款、合同价款调整变更条款等。作为合同的一种特定类型,建设工程合同同样具有一经签订即具有法律效力的属性。所以,合同是处理福州地铁 2 号线项目实施过程中各种争执和纠纷的最主要的法律依据。

7.1.2　和谐合同管理目标

合同是当事人或当事人双方之间设立、变更及终止民事关系的协议,其本质在于规范项目交易、节约交易费用。一系列工程合同确定了福州地铁 2 号线项目的成本、工期、质量、安全和环境等总体目标,规定和明确了利益相关者各方的权利、义务和责任,并且与其他管理职能相辅相成,共同构成了福州地铁 2 号线项目的管理系统。

和谐合同管理作为福州地铁 2 号线项目管理的重要组成部分,必须融合于福州地铁 2 号线项目的建设周期。要实现福州地铁 2 号线项目的预期管理目标,必须对合同项目、项目实施的全过程和各个环节、项目的所有工程活动实施有效的和谐合同管理。因此实施和谐合同管理的目标就是对项目实施过程中对整个项目的成本、安全、质量及工期等目标的实现起到控制和保证作用。

7.1.3　和谐合同管理特点

福州地铁 2 号线项目的合同主要分为工程施工主合同、物资采购合同及咨询服务合同三类,和谐合同管理主要有以下六方面的特点。

(1)合同管理周期长。相比于其他合同,福州地铁 2 号线项目的合同周期较长,在合同履行过程中,可能出现一些原先订立合同时未能预料的情况,为及时、妥善地解决可能出现的问题,采用和谐合同管理理念长期跟踪、管理合同,并对任何合同的修改、补充等情况做好记录和管理。

(2)合同管理效益显著。在福州地铁 2 号线工程项目合同长期履行过程中,有效地管理和谐合同可以帮助发现、预见并设法解决可能出现的问题,避免纠纷的产生,从而节约不必要的诉讼费用,同时通过有效地变更索赔程序,合法、正当地获取应得利益。

(3)合同变更频繁。由于福州地铁 2 号线工程项目合同周期长、合同价款高、技术复杂及条件不确定等因素,导致合同变更频繁,因此有必要依据和谐合同管理理念对投资项目的合同进行动态、及时和全面的管理，根据工程变更对合同的履约管理进行及时调整。

（4）合同管理系统性强。福州地铁2号线项目签订的合同涉及业主、承包商等众多责任主体，合同种类繁杂多样，和谐合同管理可以处理好技术、经济、财务及法律等各方面关系，通过合理的、系统化的管理模式分门别类地管理合同。

（5）合同管理法律要求高。和谐合同管理不仅要求管理者熟悉一般性法律法规，还必须熟知工程建设专业法律法规。建设领域的法律、法规、标准、规范和合同文本众多，且在不断更新和增加，因此，要求合同管理人员必须在充分、及时地学习最新法律法规的前提下结合项目的实际情况开展才有效。

（6）合同管理信息化要求高。合同管理涉及大量信息，需要及时收集、整理、处理和利用，建立和谐合同管理的信息记录，可以有效地开展合同管理。

7.1.4 和谐合同管理原则

（1）明确和谐合同管理的核心地位。

加强和谐合同管理是进行有效项目管理的需要。任何建设工程项目的实施都是以签订系列承发包合同为前提的，忽视了合同管理就意味着无法对项目目标进行有效控制，更勿谈及对人力资源、工作沟通及工程风险等进行综合管理。项目公司通过抓住和谐合同管理这个核心，才确保统筹整个承包工程项目的管理状态，实现项目的和谐建设。

（2）确保和谐合同管理的规范执行。

福州地铁2号线项目合同充分界定了协同组织各方的基本权利与义务关系，明确协同组织各方履行义务、享有权利的法律基础，为正确处理工程项目实施过程当中出现的各种争执与纠纷提供法律依据。纵观目前我国建筑市场的经济活动及交易行为，所出现的诚信危机、不正当竞争多与建设主体法制观念淡薄及合同管理意识薄弱有关。项目公司通过加强和谐合同管理，督促各标段按照合同约定履行义务并处理所出现的争执与纠纷，能够起到规范建设主体行为的积极作用。

综上所述，项目公司应加强制度建设，建立"合理规范，归口管理，逐级审查、审批"的和谐合同管理体系；加强团队合作，提高合同管理人员综合业务素质；完善监督机制，依法签订合同、切实履行合同，及时处理合同纠纷。

7.1.5 和谐合同管理内容

（1）合同订立前的管理。

合同签订意味着合同生效和全面履行，所以必须采取谨慎、严肃、认真的态度，做好签订前的准备工作。具体内容包括：对拟签约对象主体资格审查和履约能力评估、立项招商、招标、投标、开标、评标、定标或立项选商、议标及谈判。具备招标条件的应采取招投标方式，并严格按照招投标的有关规定操作。招投标应公平、公正、公开地进行，定标时要综合评价投标人的报价、工期及施工方案等,择优确定中标人。

(2)合同订立时的管理。

合同订立阶段,意味着当事人双方经过工程招标投标活动,充分酝酿、协商一致,从而建立起工程合同法律关系。订立合同是一种法律行为,双方应当认真、严肃拟定合同文本,做到合同合法、公平、有效。合同条款约定必须明确,同时应当将详细的细节管理编制成协议作为合同附件实施,以免给合同履行和纠纷解决带来困难,否则一旦发生纠纷既影响工程建设,又造成经济损失。

(3)合同履行中的管理。

合同依法订立后,当事人应认真做好履行过程中的组织和管理工作,严格按照合同条款,享有权利和承担义务。

(4)合同发生纠纷时的管理。

在合同履行时,当事人之间有可能发生纠纷,当争议纠纷出现时,有关双方首先应从整体、全局利益的目标出发,做好有关的合同管理工作,以利纠纷的解决。

7.1.6 和谐合同管理措施

(1)提高合同管理人员素质。

提高合同管理人员素质是福州地铁2号线项目合同化管理的首要任务,又是当前的迫切需要,可从下述几方面着手。

①选好人员。可依照合同管理人员应具有的素质条件,选择优秀人才担任合同管理人员,也可以通过公开考评和竞争招聘方式选拔人员。在使用过程中坚持优胜劣汰的原则,把优秀人才放在这个岗位上。

②组织学习。可根据实际,组织合同管理人员在职学习。方式方法可以多种多样:布置学习任务,定期检查;进行短期培训;结合实际进行正反两方面的事例分析总结;听网课讲座、参加法律专业或经济管理专业的考试。同时,必须进行职业道德教育。

③建立岗位责任制。对合同管理人员必须实行岗位责任制,明确他们的责、权、利,建立竞争机制,对有贡献的合同管理人员给予奖励。

(2)大力推行工程建设施工合同示范文本。

履约率与合同的质量有很大关系,好的合同文本有利于履约。项目公司通过推行合同示范文本,明确各方关系,提高合同执行效率,减少利益纠纷。

(3)建立和健全和谐合同管理体系。

建立和健全和谐合同管理体系主要是建立和健全项目公司及各标段合同管理的组织网络和制度网络。

①组织网络,是指项目组织核心主体要由上而下地建立和健全合同的管理机构,使合同管理覆盖每个层次,延伸到各个角落。

②制度网络,一是,要就合同管理全过程的每个环节,建立和健全具体的可操作的制度,

使合同管理有章可循。这些环节包括：合同的洽谈、草拟、评审、签订、下达、交底、学习、责任分解、履约跟踪、变更、中止、解除及终止等。二是，项目各组织都应有自己的合同管理制度，要建立和健全总的合同管理制度，根据自身的需要补充自己的合同管理制度，对合同管理体系进行动态控制，及时调整，不断完善。

（4）争取政府部门的指导和支持。

政府部门负责合同的监督管理，争取指导和支持，不但有利于协同组织宏观合同管理，还可以从微观上防止无效合同和诈骗行为的发生，有利于协调协同组织主体之间的关系，提高履约率。

7.2 建立和谐的合同管理共赢机制

1）完善合同管理工作，创造合同共赢效益

合同生命期从签订之日起到双方权利义务履行完毕而自然终止。对于福州地铁2号线项目来说，实施和谐合同管理主要是对合同策划、招标采购、合同签订和合同履行等阶段进行管理。

（1）合同策划阶段。

合同策划是在项目实施过程前对整个项目合同管理方案预先作出科学合理的安排和设计，以保证项目所有合同的圆满履行，减少合同争议和纠纷，从而保证项目目标的实现。该阶段合同管理内容主要包括以下方面。

①合同管理组织机构的设置及专业合同管理人员的配置。

②合同管理责任及其分解体系。

③项目采购模式和合同类型的选择和确定。

④项目结构分解体系和合同结构体系设计，包括合同打包、分解、合同标段划分等。

⑤业主的投标文件。

⑥合同文件和主要内容设计。

⑦主要合同流程设计，包括投资控制、进度控制、质量控制、设计变更、支付与结算、竣工验收、合同索赔和争议处理等内容。

（2）招标采购阶段。

招投标过程中形成的文件均为合同文件的组成部分。在招标采购阶段应保证合同条件的完整性、准确性、严格性、合理性和可行性。在此阶段该项目采用邀请谈判的模式进行合同磋商，其工作的主要内容是组织合同谈判、合同审查和合同签订，充分体现了合同双方的合作、和谐和共赢。

（3）合同履行阶段。

合同履行是合同管理的重要阶段，主要内容有：

①合同总体分析与结构分解；

②合同管理责任体系及其分解；

③合同工作分析和合同交底；

④合同进度控制、质量控制及安全、健康、环境管理等；

⑤合同计量支付管理；

⑥合同变更索赔管理；

⑦主要争议管理。

（4）合同归档保管。

①合同正副本份数根据需要签订。

②合同签订后，合同正本应由合约部门及时归档保管，合同副本由相关部门分别保管。

③合同履约完成后，合同正本及相关文件由合约部门及相关部门归档保管。

（5）合同争议解决。

①合同发生争议时，合同经办人员要及时向合约部经理及项目总经济师报告，在合约部门的协助下与对方协商解决。

②如无法通过协商解决合同争议，可采取仲裁及诉讼的方式解决；合同中有约定或事后协商形成约定的，按约定方式解决。

③向仲裁机构或人民法院提交的仲裁申请书、起诉书及答辩状等文件，必须经过项目公司总经理的审阅批准。

2）合同履行阶段管理，实现和谐管理理念

（1）合同计量支付管理。

合同计量支付流程如图 7-1 所示。

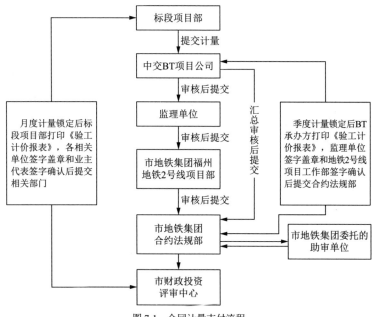

图 7-1　合同计量支付流程

①施工总承包单位职责。

各标段项目部应按合同文件、施工图纸、变更通知等资料的要求申报计量与支付。申报时，应按规定格式计算各项目的工程数量（经确认的项目工程数量是计量支付的限值）。如为隐蔽工程、变更工程及监理工程师指示的工程，承包商应按合同规定及时办理签证（应注明发生计量的时间和原因）和申报。

各标段项目部应遵循合同原则，对合同中原有项目的综合单价继续沿用于变更中相同的项目，新增项目单价应按合同规定编制；对于合同外承包商自购材料中费用较大的或质量要求较高的关键材料，承包商应事先申报《承包商选材申报表》，经项目公司及市地铁集团审批后方可订货，否则不予认可。

计量支付表及变更报审表等应按合同原则，并在规定的时间内申报。

②供货商、服务商职责。

供货商、服务商应按照合同条款、技术规范、设计图纸及合同清单等资料申报计量支付。

③监理单位职责。

监理单位是现场工程量的第一核查者，应具有高度的责任心，认真核实承包商、供货商及服务商提交的工程量计算单，并对工程量计算正确与否负责。监理应对现场发生的所有工程量做好记录，认真审理每一项签证内容，并对签证的及时性和准确性负责，同时督促承包商、供货商及服务商及时办理签证手续，杜绝事隔多日后补办现象。

按照合同原则，对承包商、供货商及服务商计量支付申请中合同清单的单价及新增项目单价进行审核，并参与合同外自购材料、设备的选型定价及监督管理工作。

经批准立项的工程变更，监理应督促承包商、供货商及服务商按规定及时申报各种资料进行计量支付，防止少做多报、超支现象的发生。

④项目公司职责。

a. 项目公司计划合约部职责。

工程管理部是工程具体组织、管理和实施的责任部门。在计量与支付中主要根据合同约定对承包申报的合同清单工程量、变更工程量及暂计量进行审核，并对工程量计算的正确与否负责，审查临时性的或项目公司额外委托的非主体工程项目签证的合理性、数量的准确性。对合同中没有的项目或采用新工艺及新材料且无定额可查的项目，应要求承包商及监理在现场施工中完善工、料、机消耗等统计分析基础资料，并核查其真实性与准确性。

工程管理部在计量与支付中主要根据采购合同的规定负责对阶段性支付进行审核，工程变更的合理性和费用进行审查，并办理相关的变更审批手续，作为费用支付的依据。

计划合约部是合同管理和工程造价管理的归口部门，负责工程预结算及计量与支付管理，在项目成本控制上把关。对计量与支付中的工程量进行校核，对价格进行审核，负责综合审查计量与支付的正确性。及时扣除或扣留各种应扣款，在支付控制上把关。

按合同约定，参与审查工程变更和现场签证的合理性，审定变更单价。对已含在综合单价或合价包干项目中的工程量不得重复支付。对变更或签证工程量有异议时，应与工程部门、物资部门及监理沟通核实，差异较大时，可要求承包商重新计算再核。

按合同约定,审定甲控、乙供及关键乙供设备、材料的选型定价,协同工程部门或物资部门审定工程中主材型号、规格、品种发生变化时的新增材料单价和设备系统设计联络、设备制造、安装及调试过程中工程变更费用。

根据合同原则,审查供货商、服务商计量与支付的准确性和合同变更的合理性,审定变更单价。

b. 物资设备部职责。

物资设备部是甲供材料组织、供应、管理的责任部门。每期须向合约部门和财务部门提交当期甲供材料的支付和扣款资料,工程竣工时应负责甲供材料决算的审核工作,若发生材料价格波动且合同中规定可以调价的情况时,由物资设备部按变更程序执行调价手续,并应按价格波动期分列供应量。

物资设备部参与对甲控乙供及关键乙供设备、材料选型后的定价工作,在技术标准上把关,并协同计划合约部确定所选材料、设备的价格。

c. 项目公司财务部门职责。

财务部门是资金筹措、使用、调度及财务核算的责任部门。根据相关法律、法规并依据合同、相关财务管理办法,监督计量与支付程序,审核资金使用与支付情况,做好资金管理和会计核算工作。审核过程中须及时与工程管理部门、物资设备部门、计划合约部门及技术质量部门沟通对接。

参与计量支付的各方在审核计量支付过程中,对原报送的资料进行修改时,应在修改处签章。

d. 公司领导职责。

对计量支付进行最终审核。

（2）合同变更索赔管理。

合同变更流程见图 7-2。

①监理单位职责。

监理工程师应按合同原则和相应的规定,及时审核,签认承包商报送的计量支付资料;负责审核承包商或供货商报送的变更工程的项目及数量;监督承包高或供货商严格执行项目规定,防止出现超验、超计的情况,并对审核的工程量计量的准确性承担监理工程师相应的责任;按规定及时指示变更工作,督促承包商或供货商按规定报告变更情况,按工程变更程序参加变更处理会议,审核相应报告,提出意见。

②设计单位职责。

负责对变更的必要性、可行性进行审查;负责对变更的实能方案进行设计或设计确认。

③项目公司职责。

a. 项目公司技术质量部职责。

负责对各标段提出的工程变更进行立项审查;根据批准的工程变更组织施工;负责核定工程变更所发生的工程量,对合同变更的必要性、合理性、真实性、及时性及完整性进行审查。

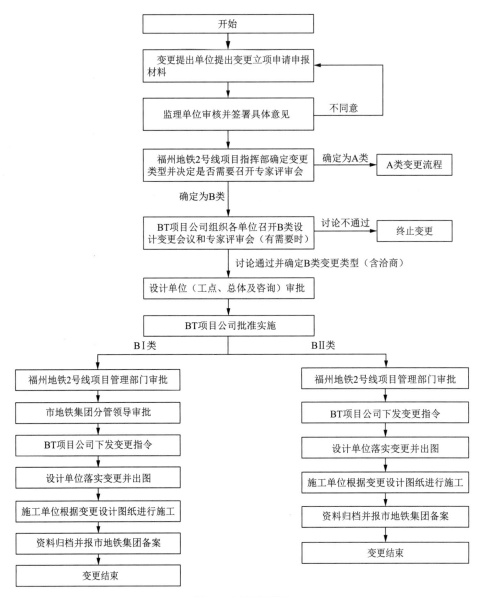

图 7-2 合同变更流程

b. 项目公司计划合约部职责。

参与工程变更立项的审查,并根据合同变更的合法性与完整性,负责工程变更支付及变更新增项目单价的审核和台账管理。

c. 公司领导职责。

对工程变更进行审核,并报市地铁集团。

(3) 合同成本控制管理。

合同制定对工程投资和成本控制等有较大影响,合同条款内容直接界定了合同双方的职责权利,所以在制定合同时应对各种条款字斟句酌、仔细推敲。项目合同制定主要表现在:

①在合同中约定工程计量的相关规定,明确工程量清单中各项目的计量规定及所包含的工作内容;

②对新增工程项目价格的确定,严格按照投标报价时所采用的定额、取费标准以及优惠承诺定价;

③一般对有可能发生变更的项目,要求多方案报价,力求使合同在执行过程中避免或减少争议,从而起到控制工程投资的作用;

④合同执行过程中项目公司通过制定、变更、计量、支付等一系列管理办法,使合同变更、计量、支付等工作严格按照有关规定执行。另外,对合同进行动态管理,在合同执行过程中发现的问题应及时反馈和处理,如合同内容不完整、合同条款有歧义以及清单提价显示不合理等;

⑤严格审查工程计量与工程款的支付,通过监理、项目公司相关部门层层把关,及时发现和处理工程实施过程中存在的管理和技术问题,确保工程变更、计量与工程款支付准确无误。

3)全面指导统筹引领,策略推进概算评审

本项目的约定合同价款包括:工程费用、管迁、便道及交通疏解等前期工程费用、合同价调整、风险包干费用和资金成本。其中,工程费用:以经政府行政主管部门批复的初步设计概算中投资范围内对应的工程费用、经福州市财政投资评审中心评审及双方认可后的金额为基数,按乙方投标承诺的概算下浮率计算合同价,包干使用;前期工程费用:雨污水及综合管沟管线迁改、交通疏解、临时占道及市政道路破复结算费用按经福州市财政投资评审中心评审后的结算价下浮15%据实结算。其中,劳保费按福建省住建厅有关规定计取。甲方根据合同应支付给乙方的合同价款最终以福州市财政投资评审中心审定结果为准。

当地由财政投资的项目都需经过福州市财政评审中心评审后才能确定最终结算价。通常是由项目业主委托财审中心进行评审,以项目送审概算作为收费基数,计算出基础审价费,并按照审减的比例给予审减奖励金,审减金额越多,奖励金额越大。这种评审模式对业主和财审中心都有利,是一种双赢,但对于项目承包商有着巨大的负面影响。

项目评审周期较长。当地财政投资项目主要以施工承包模式为主,模式在当地出现的时间不长,近些年又被PPP模式占据主导,故在当地的项目不多,市财审中心对地铁项目的评审经验较少。经验的缺乏导致财审中心对项目的评审通常处于进度缓慢的状态,整个评审周期时间跨度很大。

4)实施分包合同管理,协同组织衔接关系

(1)分包管理的原则。

分包是指建筑业企业将其所承包的地铁工程中的非主体、关键结构工程或者劳务作业发包给其他建筑业企业完成的活动。建设工程施工分包分为专业工程分包和劳务作业分包。对于福州地铁2号线项目,专业分包是合同中约定的盾构推进消防、人防、机电工程、车站装修、降水、土石方及支护工程,其余工作都是劳务分包。

在地铁建设工程施工分包活动中,禁止下列转包、违法分包活动:

①工程发包人未履行项目经营承包协议书约定,将其承包的全部工程发包给他人的;

②工程发包人将其承包的工程分解后以分包的名义发包给他人的;

③工程发包人将工程分包后,未在施工现场设立项目管理机构和派驻相应人员,并未对该工程的施工活动进行组织管理的;

④工程发包人虽然未将其承包的工程进行分包,但其施工现场的项目管理机构的组成人员,是与本单位没有合法劳动和社会保险关系的人员的;

⑤工程发包人将专业工程或者劳务作业分包给不具备相应资质条件的分包工程承包人的;

⑥经营承包协议书中未有约定,又未经建设单位认可,分包工程发包人将承包工程中部分专业工程分包给他人的;

⑦总承包、专业承包单位直接雇用劳务人员,未签订劳动合同的或者未办理养老、工伤、医疗等社会保险的;

⑧总承包、专业承包单位直接与个人签订劳务作业承包合同的;

⑨法规规定的其他违法行为。

(2)分包管理的职责划分。

福州地铁2号线项目的分包管理分为项目公司及总经理部、标段两个层面。

项目公司及总经理部层面,其主要职责:一是,复核各标段制定的分包人需求计划,指导标段对分包人进行资格预审;二是,指导标段编制招标文件,指导标段公开招标的组织,指导并监督标段组织评标,指导并监督标段签订分包合同等;三是,参与指导各标段确定潜在专业承包商名单,参与指导各标段编制招标文件中的工程管理要求等;四是,负责指导各标段对分包招标文件中技术规范和技术要求进行审查,负责指导各标段对分包人投标文件中的技术方案进行评审;五是,负责指导各标段对承包商的资信和财务状况进行合格性评审,对招标文件及合同中支付条款进行评审确认。

标段层面,其主要职责:一是,作为分包管理的责任主体,具体负责分包的招标、合同签订及过程管理等工作;二是,在招标文件中明确与分包人的工作界面及管理接口,各标段项目经理应履行合同内要求土建标段施工承包单位对专业工程的配合、管理等责任;三是,负责分包的招标工作,包括需求计划制定、潜在专业承包商名单的确定、招标文件的起草、招标的组织、开标及评标的组织工作等;四是,负责分包合同签订工作,包括分包合同起草、评审及签订工作;五是,负责分包工程管理及验收工作;六是,开展分包工程招标前,将招标文件报送至项目公司及总经理部备案,分包合同副本在签订及生效后15日内报至项目公司合约与物设部备案。

(3)分包管理的工作机制。

各标段单位根据所属工程局及项目公司的要求组织公开招标前的预招标工作,组织考察筛选潜在合格分包人,进行初步商务条款协商,并拟定招标文件。按照主合同项目承包协议及福州市建设主管部门相关规定需要公开招标的分包工程,必须进行公开招标。

签订分包合同要遵循一定的原则,一是,工程分包合同必须符合与业主签订的主合同及当地政府的有关规定要求;二是,工程分包合同应在施工前签订,若因特殊情况需先行进场施工,则必须签订前期进场协议;三是,签订分包合同除特殊情况,必须使用标准文本,标段所属工程局有工程分包合同标准文本的,使用其文本,各标段所属工程局没有标准文本的,参考相关政府部门制定的标准文本;四是,不能将分包工程的合同价款化整为零,分包范围本着尽量细化原则;五是,工程分包合同谈判要做好谈判记录,与合同评审材料一并保存;六是,分包合同的签订必须符合标段所属工程局、项目公司的相关管理规定;七是,分包合同签订必须在授权范围内进行。

在实施的过程中,项目公司对各标段分包管理进行监控,包括对各标段分包过程进行监督、管理,预防分包过程中违法违规行为;检查各标段分包过程资料、分包合同等商务资料是否齐全、评审是否规范及资料是否完备;建立商务资料系统,收集各标段分包资料,对各标段分包信息进行集中汇总;督促并落实各标段的分包资料备案;对标段付款进行监控和资金监管。

在实施的过程中,各标段按照各参建施工单位的相关制度制定评价办法进行分包商定期评价,将评价结果报送项目公司及总经理部备案。

5) 贯彻合同风险管理,防微杜渐消除隐患

(1) 项目支付风险管理。

在实践中,工程项目风险之一是支付,一项工程不论完成的如何成功,如果不能取得预期的工程款支付,则此工程的承包商不能达到预期的目的。因此,项目公司以审慎而严格严谨的态度对待项目的支付风险,以此来实现合同管理工作和谐进行。融资项目支付问题的焦点在于合同价款、支付币种和支付方式等。一是,汇率和汇兑的风险,关于支付币种,投融资项目采用的货币是人民币,不论是国际采购还是国内采购,这样不会存在严重的汇率和汇兑风险;二是,支付款项与进度不符的风险,融资项目采用监理、项目公司各部门层层把关的方式进行控制,在承包商提出支付时,对承包商要求的支付进度和现场实际的工程进度相比较进行有效控制。

(2) 变更索赔风险管理。

变更索赔风险主要分为两方面,一是,违约索赔风险,即承包商未能完成合同约定的工作给业主方造成的风险,福州地铁2号线项目采用扣除履约保函及后续付款的金额的方式来进行控制;二是,变更风险,即在合同执行过程中不可避免地发生变更,变更又往往涉及费用和工期的变化,给福州地铁2号线项目带来损失和风险,项目公司根据合同约定和变更管理办法来规范变更流程,由项目公司各部门对变更进行审核,尽量减少和控制变更数量。

7.3 招标采购和谐管理

7.3.1 招标采购和谐管理流程

招标采购过程涉及招标人、监督部门、纪检监察机构、地方招标办及项目公司等多个机构部门。不同机构及部门在不同的阶段所负有的责任和义务也不尽相同,因此招标采购的管理就要协调各方的工作,推动招标采购顺利完成。

招标监督部门、纪检监察机构、地方招标办要全过程参与并进行监督，项目公司负责招标采购具体工作实施，招标采购管理流程如图7-3所示。

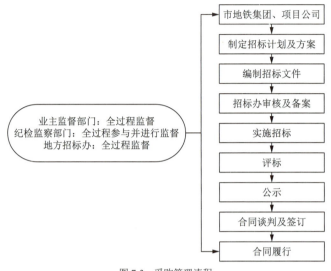

图7-3 采购管理流程

7.3.2 招标采购组织与职责

（1）地方政府招标投标管理部门。

作为招标投标活动的监督执法部门，负责并受理对招标投标过程（包括招标、投标、开标、评标及中标）进行监督、检查和处罚。

依法对投资项目公开招标的设备、材料、工程及服务等项目的招标投标活动进行监督、检查和处罚。

（2）公证处。

投资项目的公开招标接受项目所在地公证处的法律监督及法律咨询，并对招标投标全过程及中标后的合同进行公证。

通过公证处的参与，可以对招投标活动的真实性、合法性予以证明，对招标方和中标方之间签订合同行为的真实性、合法性进行证明。招标投标全过程包括从招标项目经立项审批后招标公告的发布，到资格预审、招标文件的发售、开标及评标全过程。

（3）招标代理机构。

招标分国内招标和国际招标两种，投资项目的招标一般由项目公司委托招标代理机构，采用委托招标的方式。

（4）社会第三方评价。

社会第三方评价在评价过程中，可为投资项目各分项内容的招标公告、资格预审文件及招标文件等招标基础文件的编制工作提供专业咨询，同时将在参加开标、评标活动过程中针对一些具体问题提供解决建议。

(5)招标委员会。

福州地铁2号线项目招标采购委员会由项目公司总经理任组长,成员为副总经理及相关部门负责人。招标采购委员会主要职责包括:

①审定项目公司招标采购管理实施细则;

②审定项目公司招标采购总体策划;

③审核批准招标项目的招标方案;

④听取资格预审情况汇报并确定资格预审入围单位;

⑤批准招标文件主要内容和评标办法;

⑥听取评标情况汇报并确认中标单位;

⑦领导和协调各职能部门,对招标采购项目实施全过程监管;

⑧负责向招标人上报招标采购的各项资料。

(6)项目公司招标职能部门。

招标职能部门为计划合约部门牵头,物资与设备部及工程管理部配合。计划合约部门是招投标业务的归口管理部门,工程管理部、物资与设备部是主要参与部门。招标职能部门主要职责包括:

①贯彻执行国家有关工程招标投标的法律、法规和方针、政策,负责制定总承包项目的招标采购管理办法,建立健全招标采购组织机构。

②负责与招标人及项目公司相关部门、招投标行政主管部门及招标主管部门的联系,协调项目公司向政府招标办、交易中心办理相关招标投标活动的手续,监管招标投标过程中与投标人、招标代理等单位的联络。

③负责编制招标专业策划和阶段性计划。

④组织招标项目的招标活动,具体包括:

a. 组织资格预审,负责资格预审文件编制,发布公告,负责向招标采购小组汇报投资入围情况;

b. 负责招标文件及招标答疑、补充通知等文件编制;

c. 组织开标会议;

d. 组织清标工作(如需要),负责向招标采购委员会汇报清标情况;

e. 组织评标工作,负责抽取评标专家、向招标采购委员会汇报评标情况;

f. 组织授标前澄清、合同谈判工作;

g. 负责招标项目备案、招标档案管理工作;

h. 负责协调设计单位、监理单位、造价咨询单位参与项目公司的招标工作。

(7)监标。

为保证招标工作的顺利进行,接受政府及招标人纪检监察机构的进驻和全过程参与项目公司的招标与采购。

项目公司成立相应的纪检与监察部门,全程监管招标采购工作并积极配合政府及招标人的纪检、监察活动,该工作由项目书记牵头,办公室为归口管理部门。

(8)设计单位。

设计单位是负责福州地铁2号线项目施工图设计的单位。设计单位应及时提供满足工程实施需要的图纸及相关设计资料,解答、澄清关于设计方面的质疑和问题。

(9)造价咨询单位。

造价咨询单位受委托,主要职责包括参与经济澄清、参与编制合同清单等。

7.3.3 工程投标总体施工组织设计

项目中标后,项目公司组织相关人员,在项目策划的基础上,增加了工期安排、安全、质量及环保等方面的要求及人员和项目组织机构,形成了总体施工组织设计。组织各标段项目经理部主要领导,同时邀请上级相关部门及专家对总体施工组织设计进行评审,并根据评审意见对施工组织设计进行了修改和完善,使之更好的指导现场的总体施工。

(1)施工组织设计的编制主体是各项目经理部。施工组织设计编制前由项目经理组织项目相关人员进行方案讨论,确定基本方案后由项目技术负责人具体负责编制完成后经项目经理审阅并签字后报中国交建总工程师及业主审批。项目公司技术负责人负责指导施工组织设计的编制。

(2)项目公司技术质量部是具体编制总体施工组织设计的部门。

(3)内容、程序和时间。

各标段实施性施工组织设计应以单位工程或单项工程为对象,一切从实际出发,做好人力、物力的综合平衡,均衡地组织施工。主要内容为:

①编制依据、原则和范围;

②工程概况,包含工程位置、地质和水文情况、工程数量、技术标准、周边环境等;

③施工总体计划,包含施工进度计划安排,质量、安全和文明施工目标,各种工、料、机计划,总体施工方案和顺序,施工现场平面布置图,施工组织机构等;

④施工重难点及应对措施;

⑤施工技术方案,包括施工顺序,交通疏解方案,施工工艺和方法,主要技术措施,详细施工安排,重要工序的安全质量控制措施,通过图、文、表的形式予以详细说明;

⑥施工测量与监测方案;

⑦质量保证体系与措施;

⑧安全技术措施及施工现场临时用电管理方案;

⑨施工风险预测与防范、应急救援预案;

⑩文明施工与环境保护体系和措施;消防、保卫和健康保护体系与措施;冬季、雨季施工措施及采用的新技术、新工艺、新材料等;施工协调管理措施。

施工组织设计内容的表述方式应符合下列规定:

①文字用词规范,语言表述标准,概念逻辑清晰;

②依据的法律、法规、文件和标准应写出全称、文件号和发布日期;

③图表设计合理、清晰、格式全文统一；

④引用文件或标准的有关内容替代施工组织设计的相关内容时，应注明该内容在文件或标准中的具体位置(页码)。

(4)施工组织设计编制完成后首先应当由各项目经理部组织管理技术、安全环保、质量及计划合约等相关部门的专业技术人员进行审核。在项目公司相关管理人员审核后，报总承包公司及中交集团审查，并根据审查意见对专项方案进行修改完善。总承包公司及中交集团审核通过并签字完成后报监理单位，由项目总监理工程师审核签字，再报业主单位审批。

(5)施工组织设计的实施、修改、检查。

①施工组织设计审批通过后，项目公司应由总经理组织方案交底会，具体由项目总工程师进行交底。项目经理应组织项目公司管理人员认真按施工组织设计的要求组织施工，不允许擅自变更。

若确系客观原因要求变更者，应先提出修改方案，经审批后在实施。

②经修改的施工组织设计应按原审批程序进行审批。

③在施工组织设计实施过程中，项目公司均应对其进行检查。检查内容主要为：

a. 项目经理部是否按施工组织设计要求组织施工；

b. 若有修改，是否有经审批程序；

c. 实施过程中出现的问题及解决结果。

施工组织设计的实施检查工作由公司执行。发现不按施工组织设计执行情况较严重者，责令其立即停工并作出相应的处理。

7.3.4 标后技术文件实施策划

(1)标段项目经理部均应通过调查研究和搜集资料，在充分占有信息的基础上，针对项目的实施，或实施中的某个问题，进行组织、管理、经济、安全、质量、合同、技术和风险等方面的科学分析和论证，为项目建设的决策和实施增值。

(2)项目实施策划应针对项目的实际情况，依据合同和公司管理的要求，明确项目目标、范围，分析项目的风险以及采取的应对措施，确定项目管理的各项原则要求、措施和进程，在此基础上编制《项目策划实施文件》。

(3)项目公司、总承包公司在收到《项目策划指导文件》30日内，组织策划并完成《项目策划实施文件》的编写，报公司项目管理部；项目管理部组织审核。《项目策划实施文件》经会审后，由项目管理部分管领导签批。

(4)《项目策划实施文件》的编制依据如下所述。

①《项目策划指导文件》；

②工程合同及设计文件；

③工程规模、工程特点；

④现行国家及地方法律法规；
⑤项目公司各项制度。

(5)《项目策划实施文件》的修订程序。

当发生合同更改、施工条件变化、施工工艺更改等情况时，由项目公司将修改意见书面上报总承包公司项目管理部，经总承包公司各部门会审、项目管理部分管领导批准后，由项目管理部通知项目公司按修改意见执行，项目管理部应保存签批意见原件。未经同意，项目公司不得自行修改《项目策划实施文件》。

7.3.5 物资集采和谐管理

1) 物资集采原则及基本目标

福州地铁2号线项目的物资设备集中采购招标工作，按照"统一领导、主线集中、分级管理"的原则，甲控和中国交建指定的物资由项目公司组织招标，各标段分别签订采购合同的方式，其他物资由各标段项目经理部自行招标采购。

根据相关制度和工作需要，项目公司成立了采购招标领导小组，对项目物资设备集中采购工作进行宏观控制和总体部署，对物资设备集中采购重大事项进行决策；各标段项目经理部也建立了物资设备集中采购组织管理机构，负责其采购权限范围内物资设备的集中采购招标工作，规范采购程序和行为，施行科学管理。

2) 物资集采工作的职责划分

物资集中招标采购划分为两个层面。

（1）项目公司层面，其主要职责如下。

①负责对福州地铁2号线项目物资集中招标采购工作的领导，按照国家招投标的法律、法规及中国交建以及业主招投标的相关规定，组织物资采购招投标工作。

②负责审批项目物资设备集中采购招标项目、招标原则和招标计划。

③负责审批评标委员会提出的书面评标报告，推荐中标人候选人报上级公司审批，并报业主单位核准。

④负责指导各标段组织的物资招投标工作。

⑤在上级公司主管部门的领导和监督下，负责组织开展权限范围内的物资设备集中采购招标管理工作。

⑥负责进行物资市场资源调查、对生产厂家考察、与潜在供应商谈判、拟订采购供应方案、上报上级单位审查。

⑦负责对各标段项目公司上报的物资设备需用计划审核、汇总。组织编制本项目的物资设备集中采购招标的分标规划，并报上级招标委员会审批；对重要甲控物资的采购招标计划，还需报业主单位等相关部门审批。

⑧负责与上级招标委员会、设备物资采购中心、监察部门和相关部门联系办理文件报批（审）和相关招标活动手续，包括提交各项文表，发布招标公告及发出招标邀请等。

⑨负责组织起草资格预审文件、招标文件及评标办法,负责审批资格预审工作,办理招标文件的会签和报批。

⑩负责物资设备采购招标会议的筹备和组织,并参与招标及评标工作,主持或参与招标文件的答疑。

⑪负责招标、评标成果资料的整理、统计、报送和归档。

⑫协助和配合监督、监察和审计部门对招标活动的监督、监察和审计。

⑬根据核准的评标报告发出中标通知书,协助合同谈判及签订工作。

⑭负责采购招标文件、资料收集归档和管理工作,负责采购招标日常事务。

(2)标段层面,其主要职责如下。

①负责做好当地资源和市场行情信息收集,及时报项目公司及所属上级公司。

②负责编制并向项目公司上报本标段的物资设备集中采购招标计划。

③根据需要积极配合或参与项目公司组织的物资设备集中采购招标相关工作,对采购招标实施方案和招标、评标文件提出合理化建议和改进措施。

④在项目公司采购招标领导小组的领导和监督下,负责组织开展本标段自购物资设备的采购招标及管理工作,负责制定本标段物资设备集中采购招标管理办法及相关规章制度。

⑤负责组织编写本标段自购物资设备采购招标资格预审文件和招标文件,提出评标办法,办理招标相关文件、资料和合同文件的会签和报批。

⑥负责组织本标段自购物资设备招标、评标、定标、合同谈判、合同签订及资料整理归档工作。

7.3.6 招标文件概算问题

由于工程的复杂性,工程变更的可能性始终存在,由此引起工程概算发生变化也是必然的。因此,为了能够更好地界定合同双方的责任和权利,均衡各方利益,有利于合同结算和避免合同纠纷的发生,项目公司作出了以下规定。

(1)因前期工作(包括征地拆迁、管线改移、交通疏解及绿化迁移等)或采购工作延误影响、施工条件的限制、福州地铁2号线项目内部或与其他工程接口协调导致的项目停、窝工费用(180天内)以及由此为保证各标段里程碑工期目标和福州地铁2号线项目里程碑工期目标的实现而产生的赶工费用由乙方承担。

(2)非乙方原因造成的暂时停工,且停工时间不超过180天时的停工和窝工费用由乙方承担。

(3)土石方或工程中其他所需使用的材料、物质、设备,因运距、运输方式、运输途径等变化所引起的增加费用由乙方承担。

(4)总承包服务费由乙方承担,包括乙方对分包人的选择与管理、人员工资、场地设施、为完成工程所需与非本公司承包的范围工程接口的协调管理、施工图设计配合与管理及所需总承包管理的一切费用。

（5）甲方对以上设备材料的采购进行监控，甲方将根据工程进展向乙方提供上述设备、材料的品牌清单（原则上不少于3种品牌），乙方原则上应从甲方提供的品牌清单中选择1种或多种设备材料进行采购。

（6）鉴于福州本地已有管片生产基地，为避免资源浪费，管片应采购本地现有管片生产企业的产品，管片供应价格由中标人与管片生产企业协商。

（7）中标人应从招标人提供的合格承包商名录库中选择福州地铁2号线项目交通导改项目的具体施工单位。

7.3.7 招标采购风险管理

招标采购的风险始终贯穿招标工作的全过程，从招标策划阶段、实施阶段到最终签订合同后均存在不同的风险，本部分重点介绍招标实施阶段各过程的风险管控。

1）资格预审阶段风险管理

对于潜在投标人较多的项目一般进行资格预审，对参加投标企业的资质提出明确而合理的要求，确保入围的企业都是资质较高、信誉优良、业绩突出的企业，在理论上先排除投标企业采取不正当竞争行为的隐患。对于公开招标方式，应严格对投标单位进行资格预审，认真考虑投标人的技术、经济和管理等综合实力，侧重于其总体能力是否适合招标工程的要求。目前企业挂靠等情况比比皆是，因此加强对这种情况的监督管理，对企业提出更高的资质、法律及经济要求，严加约束，对项目经理到场率、更换条件等提出更加严格的标准，辅以适当的经济处罚手段。

2）招标实施阶段风险管理

投融资项目应充分根据工程规模、工程特点和工程性质等以及项目公司自身招投标管理能力，主要是有相关技术、经济、管理人员的专业技能和编制招标文件、审查投标单位资质、组织开标、评标及定标的能力，合理确定招标范围和招标方式。根据工程规模、工程特点和工程性质、合同管理能力以及工程管理能力，确定工程发包方式。

招标文件对招标内容的描述应做到严密、完整，特别是项目之间的接口界面要规定清楚，一般这些环节容易出现争议和索赔。承包商在确定投标报价时会十分关注工程图纸和说明的准确程度，因为工程图纸和说明是描述工程性质和工程量的重要文件，对投标人的报价将产生重要影响，对工期、质量以及现场的管理都带来了或多或少的困难。招标文件中明确工程项目的技术要求、验收规范、工期要求及延期条件及移交手续等主要内容，明确招标人、投标人应承担的责任和义务，以保证项目公司在合同谈判、合同签订以及合同执行过程中最大限度地减小风险。

3）评标阶段风险管理

评标是对投标的评价和比较，一般采用综合评分法，分为商务和技术两部分。通过分值项目的设定、各项分值及扣分比例的确定来调整综合评分法向哪个极端靠近，以使评标方法更加灵活,有利于通过招标评选出符合要求的承包商。评标的项目很多,但主要考虑四个方面并且以百分制计分:业绩和信誉、施工管理能力或技术能力、施工组织设计或供货能力及投标报价。评标原则通常会随招标文件一起发售。当存在串标的可能性时,一般在招标文件中设定最高限价,当投标人的投标报价高于最高限价时以废标处理。

4)合同主要条款对风险的管控

合同主要条款随标书一起发售,有利于合同谈判和合同签订工作的开展,也有利于招标人掌握合同谈判和合同签订的主动权。

(1)在主要条款起草过程中应当做到对合同中关键词语的定义解释要严密,不留漏洞,明确双方权利、责任及义务关系。

(2)明确合同款支付方式,对施工企业及项目经理的特殊要求,尽量规避一些可能引起索赔的条款以及硬性规定招标人单方面义务的条款。

(3)明确不可预见事件发生时的处理方案,合同发生争议时的解决办法和诉讼或仲裁的地点。

5)履约担保对风险的管控

(1)履约担保是非强制性的。根据我国《招标投标法》的规定,是否采用履约保证金制度,应在招标文件中明确规定,如果没有规定则不能要求投标人提供。但是如果招标项目使用的是财政性资金,那么它与社会公共利益相关,必须确保合同能顺利履行,法律应规定采取强制性的履约担保制度。

(2)履约担保的金额。履约担保的金额应取决于招标项目的类型与规模,总体应足以抵偿中标人违约时招标人遭受的损失。但此金额不宜设定过高并应符合国家有关规定,否则将加重中标人的负担,甚至把一些潜在的投标人排除在外,造成不公平竞争。

(3)履约担保的期限及方式。一般来说履约担保在合同履行期间采用履约保证金形式,质保期采用质量保证金形式。在整个合同的履行期限内,履约担保都应当有效,合同履行完毕,担保终止。对于保修期内出现的质量问题,可以通过保修期内质量保证金的途径解决。

(4)法律责任方面。承包商如果不提供履约担保将丧失签订合同的资格而且将承担缔约责任。合同签订后,如果不履行合同或履行不当,招标人可以对履约担保行使权利,如果履约担保不足以弥补采购人的损失,按照合同约定投标人还应继续承担责任。合同履行完毕,并符合工程要求,履约担保终止,如采用保证金的形式,招标人应将保证金退还投标人。

6)风险点的防范及管控措施

(1)合同谈判风险的防范。

福州地铁2号线项目自中标以来项目公司就进行了有效的风险识别,鉴于福州地铁项目实施环境的严峻,项目公司积极地进行合同谈判策略,争取通过多次合同谈判对风险点进行规避和转移。

项目公司组织全线各标段进行主合同的交底,策划谈判方案,并调派各标段骨干力量对合同谈判进行明确的分工,通过全面考量形成完整的合同谈判意见进行上报。并促成合同双方谈判综合对接会,对各项专业问题进行对接交流,形成多次意见上报市地铁集团征询意见。最终结合中国交建、总承包分公司、福州市政府、市地铁集团的多方力量洽商,形成与主合同有同等效力的合同谈判会议纪要。其中,合同谈判会议纪要对合同模式、合同价格、概算评审原则、概率问题、管片问题、前期工程问题、验工计价具体办法、技术管理、工程范围调整、甲控设备材料品牌、竣工结算和项目审计等十七项主要问题进行补充说明。合同谈判补充协议对概算编制依据、概算编制原则进行了详细的补充说明,同意将合同谈判纪要中确定的概算编制依据和原则作为双方下一步确定合同价格的依据。

合同谈判会议纪要是福州地铁项目合同谈判的重要成果,为后期项目实施过程中涉及的相关问题提供了重要的依据。

(2)合同计价风险的管控。

合同计价风险来自计价基准和计价模式的选择。从风险管控的角度上来说,一是,要认真观察材料价格的波动,明确概算基价做好概算;二是,要深入研究施工图纸和施工方案,把握好措施费的报价。福州地铁2号线项目由项目公司紧紧围绕这两个方面积极采取措施管控合同价格风险,收到明显的效果。

首先,在合同谈判阶段根据EI市场信息价格,对施工方案尚不确定的标段,采用其概算编制按稳定时期的价格编制,调整概算,并上报批复,确定合同基价;其次,对可压缩造价的环节和关键点进行最低价格测算,以确保在价格波动时通过合理优化保证合同价格不超过合同总价;再则,在合同谈判中充分利用可能出现的不平衡报价机会把握住制定合同基价的主动权。

除了上述风险管控措施之外,站在与业主风险共担的角度,作为承包商一方,项目公司做了大量以和谐项目管理为理念的风险管理工作。一是,认真进行总承包合同分析,做好费用测算,合理报价;二是,帮助业主确定项目实施方案和战略占位,协助业主报批初步设计概算,严格控制超概;三是,积极协调设计单位,严格在初步设计上进行施工图设计,明确各措施项目和措施费,减少因施工图设计与初步设计之间的误差而造成的措施费的大幅度变更,降低合同计价风险。对于材料价差风险,一方面,在合同中应明确采用合同签订时期当地材料信息价,对钢筋、水泥等主要材料价格波动一定程度时要进行调差,波动幅度应在合同中明确规定,材料结算价格应明确规定为验工计价之前的某一时点上的材料市场信息价,减少部分材料价差风险;另一方面,各标段加强材料的市场调查,采取与主合同材料价格捆绑采购模式,与材料供应商签订材料供应合同,把材料价差风险转移部分给材料供应商。

(3)合同变更风险的应对。

一方面通过合同明确A类变更单独计价支付,对于超出包干费的部分由业主支付,降低变更造成的成本超支风险;变更影响到工期的,则应按变更工程的工期相应延迟完工时间,降低完工风险。另一方面,标段应加强与设计单位沟通,强化初步设计,尽量减少施工图设计时变更补强,减少B类变更;同时加强沿线地质调查,合理利用围岩的自稳能力和特性,沟通协调设计、监理单位,优化设计及施工方案,通过变更减少措施费用。

7.4 周期性和谐合同管理

7.4.1 前期合同谈判背景

2014年1月17日,中国交建与福州市人民政府签订新一轮合作框架协议,达成合作项目7项,意向总投资约635.5亿元。福州地铁2号线项目是其中一项,总投资180亿元。其中,福州地铁2号线项目土建施工投资约80亿元,2014年4月16日福州地铁2号线项目作为合作框架协议下的第一个项目顺利中标。

该项目是中国交建海西区域总部为了拓宽新领域、拓展新市场,通过做出较大让步与竞争对手竞争获得的项目,同时也是中国交建为了积累轨道交通业绩推动资质升级的战略进军项目,其重要意义自然不言而喻。

根据招标文件的要求和投标文件的承诺,福州地铁2号线项目初步设计概算总额为196.22亿元,BT合同范围内合同价71.05亿元。结算价为财审下浮概算+风险包干费+材料和人工调差+A类变更+资金成本(同期银行一年期贷款基准利率)。A类变更和前期工程费不计资金成本。价款支付方式是按月度计量,延期一年支付。

福州地铁2号线项目作为福州市第一个采用BT模式发包的地铁项目,其自身具有许多待完善之处。招标文件中有许多没有明确的地方,这些没有明确的内容都可能会对日后的合同签订、项目实施及最终结算带来麻烦,也可能带来损失以及潜在的风险。为此,在合同签订前,项目公司组织开展合同谈判,将一些约定不清楚的内容明确下来,将一些对中国交建不利的地方转变为有利,将一些潜在的风险进行化解,从而为合同的执行降低风险,提升项目的效益。

7.4.2 谈判侧重点及风险应对策略

项目中标以后,中国交建、海西区域总部和总承包公司各级领导给予了高度重视。在上级领导的指导下,项目公司起草了合同谈判策划方案,召开了全线主合同谈判动员交底会和合同谈判预备会,确立了合同谈判的基本思路,即"服从原则,服务项目;充分探讨,梳理思路;尊重实际,借鉴经验;抓大放小,求同存异"。在确立了合同谈判基本思路的同时,建立了合同谈判的工作机制,即"建立组织,明确目标;专业分工,专项对接;专项问题,专题讨论",并且适时成立了合同谈判小组,专门负责合同谈判。

在工作机制的框架内,按照合同谈判策划确立的工作思路,谈判小组紧紧抓住概算需双方认可有利条款,以没有明确、意思不清、前后矛盾或过于地方保护主义的条款作为突破点。

一方面,向内部借力,通过中国交建的力量高端对接,促使当地政府、业主重视起合同谈判,另一方面,向外部扩展,借助政府专题会议和领导高端对接会,重复汇报,一再强调,将项目与其他城市已有的、成熟的同类项目横向对比,用客观事实传递理念。同时,谈判小组带领各标段及其上级单位共同制定更详细的合同谈判策划方案,组织全线各标段学习和研究招投标文件、图纸和概算,讨论确定合同谈判问题清单和对应策略。全面梳理概算存在问题,连续召开专题会,梳理出19类、44个方面的合同谈判策略方案。过程中分步骤、分专业(综合组、经济组、土建组、机电组及设计组)逐步深入谈判。

7.4.3 合同谈判成果

因为招标文件一经发售便具有了法律效力,虽然招标文件中存在诸多问题,但一些问题无法在合同中直接修改,需后续补充协议进一步明确。为此,谈判小组充分利用合同谈判,持续推进商务策划,巧妙地进行组合,合法签订。同时将一些招标文件中模糊不清、没有明确及可能存在风险的问题通过合同谈判纪要的方式明确下来。作为合同的组成文件,除了合同协议书,通用条款及专用条款等,双方有关洽商、变更等书面协议及合同谈判会议纪要或文件同样视为合同协议书组成部分,具有同等法律效应,是双方必须遵守的约定。

经过多轮谈判,最后在中国交建总承包公司的策划和带领下,合同双方就重大问题达成初步共识十七条,共同签认合同谈判会议纪要,经初步分析,为减少风险,增加收益创造一定条件。

紧随其后,项目公司与市地铁集团,进行了多次深入对接和谈判,双方达成较大的共识,进一步细化了招标文件中没有阐述清楚的问题,确定了概算编制原则和依据,减少合同风险。

7.4.4 合同管理中心的定位与职责

按照中国交建打造四个管理中心的思路,项目建立了合同管理中心。该中心由项目公司总经济师、合约与物设部和标段总经济师、合约部负责人、合同主管工程师共同组成,日常管理工作由项目公司合约与物设部负责。

在合同管理工作中,合同管理中心主要有以下几项职责:一是,负责建立健全项目公司合同管理体系,制定规章制度,规范合同签订审批流程;二是,对于合同管理中心统一招标的项目,合同管理中心负责编制招标文件、指导价及强制性合同条款(如:履约担保、当事人的基本信息、履行期限、损耗、相关承诺书、质量保证金、安全文明施工保证金、农民工保证金、违约责任、解决争议的方法、合同生效条件、第三方责任排除、法人或经授权的代理人签字、盖有效公章及盖骑缝章等);三是,负责完善对上验工计价、对下支付合法合规性手续;四是,组织各标段对合同风险、变更索赔及保险理赔进行识别,配合成本管理中心建立管控清单,建立对接管理人员名录;五是,负责对合同分类管理,对项目公司组织招标的合同,指导各标段合同签订,对标段管控的合同要求在合同管理中心备案,统一建立合同管理台账。

各标段主要有以下几项职责:一是,多标段是合同实施的责任主体,对承包合同范围内合同履行负全责;二是,负责制定本标段合同管理实施细则、规章制度,规范合同签订审批流程,建立、更新管理台账,负责收集、复核投标人基础信息法律效应;三是,服从项目公司管理,执行总承包合同管理中心下发的强制性条款,对本标段合同管理工作存在问题进行分析、上报;四是,负责权限内劳务合同招标及签订工作,根据项目公司管理要求及时将合同在合同管理中心备案;五是,负责权限内合同结算、申请支付工作,配合合同管理中心交叉复核其他参建单位的结算申请资料且负连带责任。

7.4.5 合同分类与管理工作机制

为优化合同管理流程,建立完善的合同管理体系,将合同分为 A、B 类物资采购合同、劳务分包合同,按照类别界定见表 7-1。

合同分类表 表 7-1

合同类别	管控范围	
	采购	招标负责人
A 类	钢材、水泥、钢筋、角钢、镀锌钢管	项目公司负责招标
B 类	钢绞线、锚具、支座、装修主材	项目公司负责招标
其他	《物资集中采购目录》除 A、B 其他物资采购	各标段组织招标
劳务分包合同	与各劳务分包单位签订的劳务合同	各标段组织招标

A、B 类物资采购合同由项目公司组织招标或合同管理中心制定指导价,各标段完善上级管理单位的合法合规程序,报合同管理中心审查后完成分签工作。其他物资采购由标段组织招标,执行合同管理中心限价,标段完善审批手续、签订,报合同管理中心备案。

各标段根据《中国交通建设股份有限公司劳务分包管理暂行规定》《中国交通建设股份有限公司劳务分包商资格管理办法》组织劳务分包的采购招标,并签订劳务分包合同,各标段选择劳务分包队伍应当从本单位合格劳务分包商名册中选取。劳务分包企业应当具有年检合格的《建筑业企业资质证书》《安全生产证》,且在其资质等级许可的范围内从事劳务分包作业。签订的劳务分包合同报合同管理中心备案。

7.4.6 合同管理工作情况与成果

在合同集中管理的工作思路的指引下,自 2014 年中标并签订主合同后,项目公司经过与市地铁集团反复协商和充分沟通,新签补充协议九个,新增合同额约 11.7 亿元。分合同签订方面,项目公司分签合同 39 个,总经理部分签合同 17 个。落实合同备案制度,对标段严格执行合同备案制度,各标段共备案各类合同 300 余份,并对标段备案的合同进行梳理,重点整理汇总合同中的工程量清单项,为进一步的成本监控和对比分析打下基础。

7.4.7 集中和谐管理重难点分析

合同集中管理的重点,在于对合同的分类管理与管理层次的划分。对项目合同进行分类管理,对各标段项目经理部签订的分合同电子版进行监督备案管理。根据合同的分类,参与项目总经理部管控的合同招标、签订或授权各标段项目经理部签订对外合同。对各标段项目经理部管控的专业分包合同进行审查,并对有违规行为的合同具有否决权,对劳务分包合同进行备案监管。

如项目实际情况有条件进行大宗物资设备集中招标采购,且集中招标采购确实能够降低采购成本,项目总经理部应当对大宗物资设备采用"集采分签分供"的模式集中招标采购,各标段项目经理部签订采购合同前,报项目总经理部审查。对分包合同和设备物资租赁合同,各标段项目经理部应在签订后3日内将上述合同文本、合同审批单及分包单位营业执照、资质证书等文件报项目总经理部备案。项目总经理部对各标段项目经理部分包合同备案资料进行审核,如发现存在违规分包的情形,项目总经理部有权要求进行整改并对其予以处罚。

合同集中管理的关键在于分清合同管理的层次。标段是合同实施的责任主体,对管辖范围内合同履行负全责,总经理部计划合约部作为合同管理的归口管理部门,对合同管理负监管责任。合同的签订是工程实施的基础和先决条件,与工程各方面利益息息相关,标段作为工程实施的责任主体,必须是合同实施的责任主体,总经理部作为监管机构,不能代替标段成为合同的实施主体,不能代替标段实施合同的招标、谈判、审批及签订等一系列工作,应当作为管理部门实施监督、指导及总体管理,各司其职,分清层次,共同做好合同的集中管理工作。

成本集中管理的重点在于源头控制与过程监控。影响工程施工主要的成本就是分包和材料,源头控制就是在分包合同签订前,材料采购前就要做好市场比对,掌握行情动态,并通过招标、谈判等方法降低成本。过程中监控方式主要包括成本的动态监控和经济分析活动。源头把控住了,过程中要及时监控,动态掌握成本运行的情况,对偏离合理成本区间的行为及时预警、反馈及调整,使成本管控不发生较大的偏离。

(1)合同集中管理取得的经验成果。

按照合同集中管理的要求,合同集中管理中心与项目公司、各标段一同开展了大量的合同管理工作。对外方面,与市地铁集团反复协商和充分沟通,新签补充协议九个,新增合同额约11.7亿元,不断开源,增加合同效益。对内方面,以项目公司的名义分签合同39个,以总经理部的名义分签合同17个。落实合同备案制度,共备案各类合同300余份,对标段备案的合同进行梳理,重点整理汇总合同中的工程量清单项,为进一步的成本监控和对比分析打下基础。

(2)完善合同管理措施。

①加强合同管理体系和制度建设。

加强合同管理体系和制度建设。项目建设各方要重视合同管理机构设置、合同归口管理工作。做好合同签订、合同审查、合同授权、合同公正及合同履行的监督管理。建立健全合同管理制度,严格按照规定程序进行操作,以提高合同管理水平。

②加强对承包商的资质管理。

通过严把承包商资质管理工作,从总量上控制建筑施工队伍的规模,解决目前建筑市场上供求失衡与过度竞争问题,从根本上杜绝压级压价的行为。同时,协调各级建设行政主管部门要加强对承包商与市场行为的监督管理,对承包商的违法行为要严肃处理,维护正常的建设市场环境,确保建筑市场规范、健康发展。

③推行合同管理人员持证上岗制度。

着重加强福州地铁 2 号线项目合同管理队伍建设,加强合同管理人才的培养,实行合同管理人员持证上岗制度,亦是提高福州地铁 2 号线项目合同管理效果的重要举措。随着我国正式推行注册造价工程师制度,造价工程师的一项重要职责就是搞好建设项目的投资控制和合同管理。因此,在福州地铁 2 号线项目管理机构中设置注册造价工程师岗位,专司合同管理职责。

④行政部门加大合同管理力度。

加大合同管理力度,保证施工合同全面履约。为保证施工合同全面履约,建设行政管理部门把施工合同管理工作列为整顿、规范市场工作的重点。在严把审核关的基础上,加大合同履约管理力度。行政主管部门对资金不到位的项目不予办理工程报建手续,不得组织招投标,不予办理施工许可;坚决取缔垫资、带资施工现象,努力净化市场,进一步维护承包商的合法利益。

⑤加强合同意识,减少合同纠纷的产生。

加强合同意识,减少合同纠纷的产生。在签订合同时,对其中合同条款往往未做详细推敲和认真约定,即草率签订,特别是对违约责任,违约条件未做具体约定,都直接导致了工程合同纠纷的产生。因此,在签订合同过程中,项目公司对合同合法性、严密性进行认真审查,减少签订合同时产生纠纷的因素,把合同纠纷控制在最低范围内,以保证合同的全面履行。

⑥加强合同及相关文件归档管理工作。

加强合同及相关文件归档管理工作,为合同顺利履行创造条件。合同文本及相关资料同属重要法律文件,合同在签订之后应及时建账并妥善保存。重视合同文本而不重视相关资料归档的情况在建设领域普遍存在。由于福州地铁 2 号线项目施工周期长、涉及专业多、面临情况复杂,在经过一个长期时间的建设过程之后,很多具体问题要依靠相应资料予以解决。项目公司高度重视合同资料归档工作。为此,安排专人负责文件归档管理工作。同时,不断加快合同管理信息化步伐,深入学习先进管理手段,改善合同管理条件,持续提高管理水平。

(3)成本集中管理取得的经验成果。

通过成本集中管理,成本管理中心对全线成本实施动态成本监控,根据工程进度不定期地开展工作,深入一线实地核查成本情况,对各标段的成本进行全线指标对比分析,对偏离合理成本区间的情况及时做出预警,组织该标段的相关人员对该指标进行分析,找出偏差的具体原因并做出盈亏分析。对全线钢材、商品混凝土、土方外运、地连墙分包、高压旋喷桩、三轴搅拌桩等单项进行三期单价成本的综合监控,并现场进行逐一核实,对发现的问题及时进行了反馈。

(4)合同与成本集中管理存在的不足与建议。

福州地铁 2 号线项目作为中国交建第一条整线获取的地铁项目,实施时间较早,某种程度上有作为开路者的探索意义,集中管理实施的较晚,与项目前中期的管理模式有较大差异,管理模式的转变难免有不能完全衔接的情况存在,给管理带来了一定的不便与困难,但这些都是管理模式探索中会出现的正常情况。集中管理作为新的市场环境下一种创新的管理模式,建议要结合项目实际情况具体执行,把集中管理的理念与项目自身和所处市场环境有机结合才能发挥最大效用。

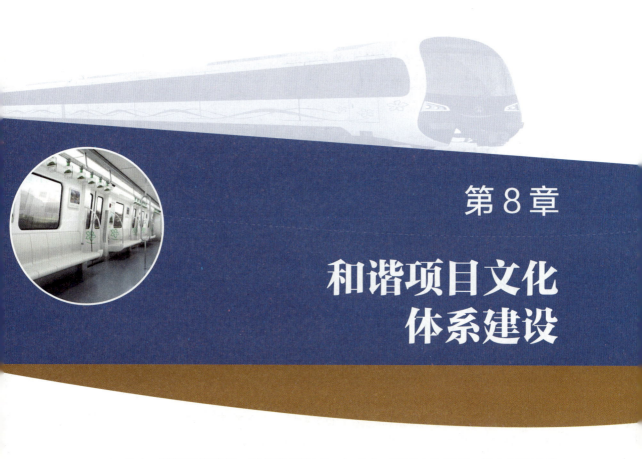

第 8 章

和谐项目文化体系建设

/ 8.1 项目文化建设,践行实施重点 / 8.2 项目文化建设,助力工程建设
/ 8.3 党建活动促进文化体系建设和文明施工 / 8.4 人文关怀激发工作热情
/ 8.5 企业文化继续建设的借鉴经验

福州地铁2号线项目作为中国交建直属项目,是企业文化建设的"窗口"和企业形象的"缩影",代表着企业的施工软实力,影响着企业市场竞争力,折射出企业文化建设的水平和层次,而且也是企业文化落地生根并发挥作用的关键。

中国交建通过多年施工经验累积形成了一整套富有自身特点的核心价值理念,借助企业先进的文化,把企业发展愿景转化为广大员工的共同理想和事业追求,把企业精神转化为广大员工的自觉行动,把职业道德转化为广大员工的行为规范,从而充分调动广大员工的积极性、主动性和创造性,使优秀的企业的文化带动提升企业的核心竞争力,让企业在激烈的市场竞争中始终立于不败之地。

8.1 项目文化建设,践行实施重点

福州地铁2号线项目是中国交建第一条整线获取的地铁项目,实行大兵团作战和全产业链模式。项目从组建伊始就紧紧围绕贯彻中国交建企业文化理念,做"中交梦"和"中国梦"的忠实执行者和践行者;坚持文化引领,加强文化统一,大力开展特色企业文化活动,打造企业文化基因,探索中国交建地铁品牌;创新提出"专注地铁、不断超越"的发展理念和奋斗目标,积极探索"大型项目管理+地铁"管理模式,以"引领、督导、协调、服务"为总的管理思路,围绕着"抓管理、提质效,抓党建、聚合力"的工作重点,精心谋划,创新工作,克难攻坚,充分发挥集团作战优势;加强文明施工和施工标准化,努力建设品牌工程,打造品牌团队,培育品牌员工,塑造提升品牌形象。

(1)加强工程项目文化建设,是提高工程项目管理水平的有效途径。

文化管理是企业管理的最高层次,工程项目是企业管理工作的基础,是企业经济效益的源泉。加强福州地铁2号线工程项目文化建设,是中国交建以企业核心价值理念凝聚员工力量、鼓舞员工士气、推动工程项目建设的需要;是以先进的文化理念,优化项目资源配置,促进项目施工生产,安全质量和成本管理,推动项目管理向集约化管理转变的需要;是以科学的制度规范项目管理行为、提高团队执行力,挖掘项目管理潜力,推进项目管理向精细化转变的需要。

(2)加强工程项目文化建设,是推动企业文化在生产一线落地生根的重要举措。

福州地铁2号线工程项目是中国交建企业文化建设的着力点和落脚点,企业文化建设的主要阵地。中国交建企业文化发展战略必须融入福州地铁2号线项目管理才能充分发挥作用,必须要通过施工一线广大员工的实践才能得到落实。中国交建企业文化建设的主要对象是福州地铁2号线项目的参建者,企业的文化价值理念只有被广大一线员工所接受,并成为员工的自觉行为,才能成为企业的主导意识;企业文化建设的价值体现在工程项目,只有通过建设一项工程,开拓一方市场,培育一支队伍,树立一座丰碑,才能将企业文化的价值

转化为经济效益。

（3）加强工程项目文化建设，是增强企业核心竞争力的基础工程。

企业的文化也是市场竞争力。工程项目是市场竞争的前沿阵地，中国交建要想在激烈的市场竞争中立于不败之地，就必须通过加强项目文化建设，紧密围绕工程项目建设工期、安全、质量、效益等目标，以"铸魂、育人、塑形"为主线，以企业价值体系为核心，以项目精神文化、行为文化、制度文化、物质文化建设为重点，使企业文化在福州地铁2号线工程项目广大员工中内化于心、固化于制，外化于行，推动企业文化在生产一线落地生根，推动工程项目管理水平不断提升，为实现企业又好又快发展提供文化支撑。

（4）加强工程项目文化建设，是打好施工生产攻坚战的迫切需要。

集中精力打好施工生产攻坚战，既是贯彻落实国家加快基础设施建设，扩内需、保增长，保稳定战略部署的重大政治责任，也是中国交建抓住机遇、迎接挑战、加快发展的客观要求。加强福州地铁2号线工程项目文化建设，对于进一步形成抓基层，抓项目，抓现场，抓管理的强大合力，对于高起点、高标准、高质量地推进重点工程建设，对于进一步营造大干氛围，激发广大员工保工期、保安全、创优质、增效益的大干热情，全力打好施工生产攻坚战，实现福州地铁2号线项目生产经营各项管理目标具有重要的推动作用。

项目公司坚持企业文化是企业灵魂的理念，是构成企业核心竞争力的关键所在，是企业发展的源动力。在福州地铁2号线项目的建设中，调动各种元素，多维度地建构企业文化宣传，使企业文化的触角在企业生产经营的全过程中实现全覆盖，让全员自觉成为企业文化的忠实执行者和践行者，创新开展丰富多彩的企业文化活动，打造企业文化基因，提升核心竞争力，实现从优秀到卓越的新跨越。

8.1.1 特色项目文化建设实践

1）加强文化引领和文化统一，推行标准管理，打造中国交建地铁品牌

（1）建立发言人制度，企业文化宣传"六统一"。

通过建立新闻发言人制度，实行全线"统一宣传，统一形象，统一对外"，展示中国交建良好的对外形象和品牌实力。福州地铁2号线项目不仅在福州唱响了中国交建的品牌，也在行业内叫响了中国交建地铁的品牌。

宣传工作历来与生产活动密不可分，工程建设无小事，项目公司和各参建标段都十分重视，从不同侧面展示中国交建的品牌形象。作为中国交建直属项目，项目公司坚决贯彻关于直属项目要作为"中国交建文化传播媒介"和企业文化执行者的要求。

为了加强文化引领和文化统一，实现文化认同，彰显中国交建的企业文化和品牌形象，福州地铁2号线项目全线实行"六统一"，如图8-1所示，即统一中国交建项目名称、统一驻地现场标志标识、统一现场七牌一图、统一对外新闻宣传、统一工作服安全帽、统一围挡文化业绩展示。

图 8-1 "六统一"展示

办公区和工地宣传区通常是企业文化最好的展示区,如图 8-2 所示。福州地铁 2 号线项目公司除让会议室、办公室、大厅、走廊成为中国交建企业文化的集中宣传地以外,特别是职工之家集图书阅读、文体娱乐、食堂于一体,成为企业文化的亮点。

a) b)

图 8-2 中国交建福州地铁 2 号线项目公司及总经理部

尤其全线 6000 多块围挡的文化业绩形象展示,极大地彰显了中国交建大兵团作战和集团全产业链优势。

(2)抓管理提质增效,促进文明施工标准化。

严格按照集团最新《VI 手册》制作现场、驻地的标志标识,七牌一图等,统一以中国交建的名义对外展示形象。

项目公司组织编制地铁车站施工标准化作业手册、安全文明施工标准化手册以及盾构施工标准化施工手册,为全线现场标准化建设提供技术指导。

项目公司还牵头与市地铁集团、设计院、各标段施工单位联合编制了《地铁施工标准化图集》（图8-3）作为目前福州地铁施工的标准规范，为下一步盾构区间标准化建设做好准备，同时也为后续地铁项目的标准化施工积累了资料和经验。

项目公司联合市地铁集团共同出资建立了视、听、体验于一体的安全教育体验中心（图8-4），秉承"体验于心、安全于心"的理念，把"科普性、仿真性、交互性、趣味性"融为一体，开启"了解事故，体验事故"三维"心体验"，通过盾构施工标准化展示和车站施工标准化展示，进一步展示中国交建品牌和形象。

图8-3 《地铁施工标准化图集》

图8-4 安全教育体验中心

2）推行党支部的标准化建设，创新工作机制，引领企业文化建设

（1）推行党支部标准化，助力管理不断提升。

进一步提高基层党支部的创造力、凝聚力、战斗力，认真落实好全面从严治党各项要求，创新党建工作机制，使党的领导、党的建设同企业改革同步加强，使党的核心优势助推企业快速发展。

党建工作的深入开展，必须依托一个强大的抓手，也就是党支部标准化建设。党支部工作标准化建设就是对党建工作制度、程序进行优化设计，以形成最佳的工作秩序，以提高党建工作效率和质量，保证企业、项目党组织充分发挥政治核心作用，为企业的科学发展、项目的高效平稳推进，提供坚实的组织保障、思想动力和智力支持。

项目公司推行项目管理标准化是提升项目建设管理水平的重要前提，而基层党支部标准化建设正是实现项目管理标准化的重要组成和保障。通过党支部工作标准化建设，促进基层党支部实现"工作内容落实、工作流程规范、过程控制有效、水平得到提升"的目标，逐步形成高效的党支部管理机制，全面夯实党建工作基础，从而在壮大党员队伍的同时使地铁项目的人才团队的稳定性以及项目管理水平得到保障。

福州地铁2号线项目以大项目管理标准化为切入点，积极组织全员、全过程、全方位参与项目日常管理工作，推进了项目管理标准化建设。

在开展安全质量生产和文明施工标准化的同时，在全线统一开展党支部标准化建设，包括组织设置标准化、制度建设标准化、主题活动标准化、项目文化标准化、基础资料标准化及文明施工标准化等（图8-5）。从标准化中要动力、要效率，充分发挥基层党支部的战斗堡垒作用和党员的先锋模范作用，把党的思想、组织和作风转化为竞争优势和创新优势，有助于加强地铁建设管理。

a)　　　　　　　　　　　　b)

图 8-5　党员深入一线,争创安全文明示范先锋岗

(2)"一岗双责,党政同责",发挥先锋模范作用。

一个坚强的党支部,就是一个无坚不摧的战斗堡垒,项目公司党组织从加强党组织建设、铸就坚强的战斗堡垒、打造高素质的党员队伍入手,积极探索、创新思路,融入项目中心抓管理,逐渐形成了党建工作的新合力。党支部的坚强,源于组织与制度的标准化。

抓组织,层层落实,层层狠抓,凝聚力量,形成战斗力。组织必须建在项目上,还要实现全覆盖。既可以做项目推进的"导航仪",确保党和国家的方针政策、中国交建的集团战略和决策在项目得到全面落实,也可以充当项目顺利完成的"推进器",激发党员干部干事创业的热情和智慧,推动项目建设。

坚持"一岗双责,党政同责"。党建工作与项目管理同步部署,党组织把党建标准化融入项目管理之中,做到同步策划、同步实施、同步检查、同步奖惩、相互促进及共同发展。并自觉做到"两手抓,两手都要硬",确保项目党支部标准化有效开展。全线党员人数 160 余人,项目公司各个标段配备了专职项目书记。

抓制度,以制度抓党建、以制度促党建,使党组织的凝聚力和战斗力进一步增强,党员的先锋模范作用得到较好发挥。项目公司党工委高度重视党建制度建设,始终强调制度设计必须结合企业实际,体现政策性、实用性、创新性、便捷性、可操作性。项目公司建立健全"三重一大"集体决策制度及"三会一课"制度,全线各标段项目经理部须配备"三图两栏"(三图:党支部标准化建设制度、党员誓词及权利与义务;三会一课制度。两栏:党建学习宣传栏、共建活动宣传栏)。标准化、制度化,让每一个党支部、每一位党员都知道要做什么、怎么做。

项目公司每年度开展评比和表彰一批优秀项目书记、优秀共产党员及先进基层党支部。树立典型,表彰先进,激励广大党员和全体员工的责任感和荣誉感,如图 8-6 所示。

(3)开展深入一线活动,助力穿透管理落地。

习近平总书记在全国国有企业党的建设工作会议上指出:"坚持党的领导、加强党的建设,是我国国有企业的光荣传统,是国有企业的'根'和'魂',是我国国有企业的独特优势。"

刘起涛董事长在中国交建 2018 年党建工作会上的工作报告中要求:建立公司党委常委党建工作联系点机制,每人确定两家二级单位或两个特大型项目作为党建工作联系点,发挥调查研究传家宝作用。围绕创建"有合力、有活力、有动力、有效力"的"四力型"党组织目标,大力打造"中交蓝,党旗红"党建活动品牌。为响应党中央"加强国有企业党建工作,发挥党组织的战斗堡垒作用"的号召,落实集团党委"引导党员在岗位上做示范,在工作上当先锋,形成迎难而上、战无不胜的强大动力"的要求,项目公司党工委在深入调查研究并广泛征求意见的基础上,按照"深入一线、服务一线、带动一片"的总体要求,积极开展了"党员深入一线、争创安全文明示范先锋岗"活动,如图 8-7、图 8-8 所示。

图 8-6 共青团先锋岗

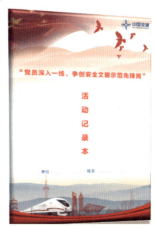

图 8-7 活动记录本

a)

b)

图 8-8 "党员深入一线、争创安全文明示范先锋岗"会议通知

活动把项目公司和各标段项目部的每位党员分工挂点到基层的施工班组,要求每周至少两次深入施工一线,与一线工人做面对面的交流。挂点党员必须了解所挂点班组的分包合同、施工进度、当前进度与进度计划是否相符、工人数量与人员结构及工人工资发放情况,关注员工的身心健康及家庭状况。重点解决施工过程中遇到的各种问题,确保挂点班组按时完成施工节点目标,为中国交建推行穿透管理的有效落实奠定了坚实基础。

3)开展"企地共建"特色活动,打造文化基因,立体开展企业文化建设

(1)创新开展共建活动、社会认同喜结硕果。

①创新活动载体,树立中国交建好品牌。

项目公司党工委始终坚持党建带工建、党建促团建,注重把工会、团委建设作为一项基础工作来抓,作为党建重要内容来抓,不断加强工会、团委的组织建设和队伍建设。

创新开展以"让奉献成为自觉,让标准成为习惯"为主题的党工团共建系列活动。与福州市总工会、团市委、市地铁集团党委开展的党工团共建活动喜结硕果——通过"当好工人主力军,打好百日攻坚战""重大项目百场示范性劳动竞赛""时间过半任务过半百日劳动竞赛""再上新台阶、建设新福建""攻坚2017"及"提振精气神,当好排头兵,建设新福州"等一系列活动(图8-9),确保了工程建设提质增效,使福州地铁2号线项目的建设成果得到了社会各界的广泛认同。

图8-9 活动展示

福州地铁2号线项目因"态度坚决、克难攻坚,多个节点提前完工",受到媒体和市委市政府好评,安全质量得到了省住建厅及市建委领导、市领导和市地铁集团领导的肯定。

项目先后荣获省、市"工人先锋号",省、市"青年突击队",全国"安康杯"竞赛优胜班组,中国交建先进示范基层党组织及中国交建青年安全生产示范岗"福州市第六届青年五四奖章集体标兵"等各种优胜集体;获得了"劳模""福建省五一劳动奖章""金牌工人""岗位能手"等光荣称号(图8-10),几乎囊括了工会、共青团系统的各种优胜集体和优秀个人奖项,并被中国建筑业协会建筑史志与企业文化分会评为"全国建筑业文化建设示范项目公司"。市总工会、团市(省)委的主要负责人主动要求把项目作为"一对一"工作联系点。

图8-10 荣誉奖项

②丰富活动内容,树立中国交建好形象。

全线各参建单位一直高度重视与周边社区的沟通与联系,努力将地铁施工对市民出行、生活的影响降到最低。

在"四季送花"活动中,项目公司与海峡都市报、福州市西湖公园管理处联合,分四批次分别向市民赠送带有中国交建LOGO标识的"菊花""白掌""大花海棠"及"郁金香"等鲜花(每次1000盆),增加了沿线居民对地铁建设的理解和支持,践行了"和谐周边"的绿色施工理念,展现了中国交建企业文化,扩大了中国交建企业影响力。

结合实际情况,主动与社区和相关单位开展丰富多彩的互动活动,诸如"送清凉""送温暖""爱心地铁,助力高考""坊间菊王争霸赛""军企篮球友谊赛""羽毛球友谊联赛""福铁杯篮球赛""包饺子""吃汤圆"及"弘扬端午文化,传我浓情粽香"等一系列极富特色的良性互动活动(图8-11),让社会各界不仅对中国交建有了广泛认同,给予了高度赞扬,而且得到了理解与支持,进一步加快了工程建设,树立了企业良好的品牌形象。

图8-11 社区服务活动

(2)打造企业文化基因,特色活动凝心聚力。

①开展学习型组织创建活动,打造"学习型"团队。

项目公司利用每周六上午的"周例会"和每月的"生产月例会"时间,固定学习时间,开展各类政治学习活动,深入浅出地对员工进行企业使命、企业愿景、企业精神、企业核心价值观及项目特色文化等方面的宣传教育,使文化理念植根于员工心灵深处,使员工自觉融入企业主流文化。

在实践中,项目公司将党团工会的学习与活动结合起来,加强计划、组织、检查和落实。利用"职工之家"活动中心,开展丰富的职工活动,组织工会力量,关爱困难职工。积极发挥团组织及青年骨干作用,利用公司年会活动,组织排练文艺节目,广泛开展各种丰富多彩的文体活动,开展"青安岗"创建活动,激发青年员工创新创效活力。

习近平在全国国有企业党的建设工作会议中讲道:"国有企业要成为我们党赢得具有许多新的历史特点的伟大斗争胜利的重要力量。"以此为主线,结合"两学一做""三严三实""党章党规学习""党风廉政教育月"及"领导班子建设年活动"等学习型党组织的建立活动,以"党员示范岗""青年先锋岗"为基础,把"青年突击队""工人先锋号"及"党员突击队"等其他活动纳入其中,先后开展"中国交建蓝、党旗红""书香中国交建""道德讲堂""党员深入一线、为党旗增光添彩"及参观廉政教育基地等寓教于乐活动,如图8-12所示。

图8-12 党建活动

②开展倡导餐饮特色化活动,坚持高标准后勤服务。

为了给员工营造家的感觉,根据参建队伍来自五湖四海的特点,项目公司在全线开展了倡导餐饮特色化活动"家乡菜"——湘菜、闽菜、川菜、徽菜、东北菜、湖北菜、河南菜及客家菜,福州地铁2号线成了中国菜系大荟萃,员工玩好了不念家,吃好了不想家,让"小食堂"突显出大幸福。

《交通建设报》为此以"乡情乡味解乡愁"为题作了专题报道,成为福州地铁2号线项目企业文化活动的亮点。

同时,福州地铁2号线项目在来人来客接待、会议流程、员工用餐、用车和物资供应及物业管理等后勤服务方面(图8-13)形成了标准化管理,坚持高标准严要求,用良好的服务展示了严谨高效的团队协作精神,成为又一企业文化基因和工作亮点。

(3)建立媒体战略合作,取得社会广泛认同。

项目公司建立了新闻发言人制度,并加强与当地媒体的联系。目前,中国交建已与福建主流媒体《海峡都市报》建立战略合作伙伴关系,与《福州日报》《福州晚报》建立了良好地互动关系,《东南卫视》《福州电视台》经常对工程建设进展情况进行报道。项目公司先后及时处理了新闻突发事件,对不同时期的工程节点、工作动态以及先进人物和事迹等做到了及时报道和宣传报道:如《福州地铁2号线盾构开始穿越两江》《金祥站主体结构封顶为福州地铁2号线首个封顶站点》《福州地铁2号线百日攻坚阶段任务超额完成》及《福州地铁2号线21个站点进入主体施工》等(图8-14)。

第 8 章 和谐项目文化体系建设

图 8-13 后勤服务

图 8-14 媒体宣传

通过一系列精心策划的党工团共建及企业文化活动,与当地的社会各图媒体宣传界及社区形成了良性互动,获得了广泛认可,整个团队在福州产生了良好影响。

(4)多渠道开展企业文化宣传,讲好中国交建故事,扩大中国交建好声音。

①认真办好《中国交建福铁》,积极对内对外投送稿件,讲好中国交建故事。

出版期刊《中国交建福铁》含有卷首语、重要新闻、工作动态、工程进展、问题与困难、工作重点、福铁时政、福铁点滴、福州故事、走进榕城、大事记、参建单位英雄榜及中国交建地铁建设业绩等一系列栏目,同时积极为交通建设报、中国交建网站、总承包公司外网和OA以及海峡都市报投送稿件近300余篇(图8-15)。通过一系列有深度、有温度的宣传策划,中国交建在福州扩大了影响力,树立起了正面形象,凝聚了正能量,大力宣传了企业形象。

图8-15 多渠道企业文化宣传

②精心制作宣传画册,策划拍摄微电影宣传片,扩大中国交建好声音。

用宣传画册、折页、动画片、微电影、宣传片等各种形式展现企业形象,如图8-16所示。

图8-16 文化宣传片

以动画形式制作了一部福州地铁2号线项目简介,生动形象地介绍了福州地铁2号线的基本情况。

微电影《追梦地铁的工程师》,以小见大,通过一个工程师的日常工作、生活以及情感叙述,介绍了福州地铁2号线项目建设的特难点,表达了福州地铁2号线项目的建设者们在建设地铁的过程中的努力与追求,该片荣获总承包公司"最佳员工风貌 DV 作品奖"。

受集团委托完成了《中国交建开启地铁建设新征程》宣传片的拍摄,该片参加了全国第一届轨道交通博览会,得到业界好评。

精心制作的宣传画册《中国交建地铁,从"榕"启航》,用系列图片的形式呈现了福州地铁 2 号线项目的建设进程、标准化建设、央企风采和领导关怀,并与宣传图册《徐光伟的地铁世界》配套成为项目公司对外活动宣传和会议资料的标配。

③自觉担当央企责任,积极参加各类文化活动,彰显中国交建品牌形象。

在台风"苏迪罗""杜鹃""尼伯特"及"莫兰蒂"等多次抗台抢险和救援活动中(图 8-17),项目公司积极主动组织各标段抽调精干力量,出动应急救援队,及时给灾区送去救援物资,开展救援抢险工作,多次受到省、市有关部门的通报表彰,有力地诠释了中国交建的责任担当,用实际行动彰显了中国交建的品牌和形象。

图 8-17　抗险救援活动

项目公司连续几年自编自导自演的演出节目在总承包公司年会上获奖,被评为"最佳表演奖"及"最佳人气奖",如图 8-18 所示。

文艺节目《中国交建人,我们都一样》在 2018 年福州地铁 2 号线项目新春文艺演出和市总工会的"两节送文化"活动演出后,受到观众和领导一致好评,市总工会领导指定该节目参加五一劳动节等后续活动。

在中国交建的廉洁书画展中,获得 2 个二等奖,2 个优秀奖,3 个纪念奖。

项目公司通过在福州地铁 2 号线项目企业文化宣传的

图 8-18　演出项目奖项

实践，把各种宣传渠道和多种宣传媒介，网织成为立体的企业文化宣传体系，实现宣传的累积效应，追求宣传的最佳效果，逐步形成独具特色的企业文化宣传思路和宣传机制，全方位、多渠道、立体地开展企业文化宣传，打造企业文化基因，助力企业发展。

项目公司根据各个时期的各项目标任务要求，以生产为中心，坚持领导重视、率先垂范，坚持全员参与、共建共享。通过抓目标任务引领、打造安全文明标准化工地、抓活动实施、抓宣传推动，着力打造一支"让奉献成为自觉，让标准成为习惯"的优秀专业化团队。以党建和企业文化建设为抓手，务实开展党政工作，企业文化有声有色，亮点纷呈，彰显总承包"大管家"项目管理能力。通过创新文化建设理念，健全企业文化体制、机制，创新文化活动载体等，把项目建设与中国交建战略紧密融合，增强了职工的凝聚力，营造了干事创业的良好文化氛围。

8.1.2 特色劳动竞赛活动开展

福州地铁2号线项目充分展示了中国交建的品牌实力。为了实现攻坚目标，项目公司积极与省市总工会联创联建，将劳动竞赛常态化，根据项目建设的总体工筹及里程碑节点目标，在项目的不同建设阶段，先后开展了"百日劳动竞赛""重大项目百场示范性劳动竞赛""百日攻坚行动""攻坚2017""再上新台阶、建设新福建""当好工人主力军，打好百日攻坚战""攻坚2017职工示范性劳动竞赛""党员深入一线、争创安全文明示范先锋岗"及"攻坚克难五个月，确保元月试通车"等一系列劳动竞赛活动（图8-19），抓现场促落实，加强资源调配，加大人机料投入，引入新设备，采用新工艺，实行工序无缝对接，克难攻坚，凝聚发展合力，形成大干快上新格局，按照既定目标推动福州地铁2号线项目全面实施。

图 8-19 劳动竞赛活动现场

1）精心组织，提高竞赛活动的有效性

（1）精心组织，为确保劳动竞赛活动卓有成效，项目公司根据项目及管理特点，着力抓好赛前准备和动员工作。

一是领导班子高度重视。劳动竞赛活动中坚持党政齐抓共管，成立了以项目公司总经理为组长,党委书记为副组长的劳动竞赛领导小组,制定下发了劳动竞赛活动方案及考核细则。活动中,邀请了中国交建、总承包公司、各参建工程局以及省市总工会、业主相关单位联创联建,提高了劳动竞赛活动组织高度,提升建设者竞赛活动的参与意识,为劳动竞赛的成功开展奠定了良好的组织基础。

二是建立高效的竞赛机构。建立项目公司及标段项目经理部劳动竞赛组织机构,明确各自职责,分级抓好竞赛活动的实施,并建立"党政工团齐抓共管、各部门协调配合"的组织网络,形成了党委领导、行政挂帅、工会主抓、团委突击、部门配合、员工参与的组织体系(图8-20),确保劳动竞赛活动实施的有效性。

图8-20 责任状

三是广泛深入宣传动员。通过公司网站、横幅及简报等形式广泛宣传动员,充分调动和激发全体员工投身攻坚会战的积极性和创造性,为全面宣传贯彻落实竞赛工作奠定了良好的思想基础。

四是做好翔实的竞赛方案策划。根据项目里程碑工期要求、年度投资建设任务、项目关键节点以及与省市总工会、业主等沟通对接,组织方案研讨会,科学制定详细的竞赛活动实施方案(图8-21),确保竞赛方案切实可行。

图8-21 活动宣传及竞赛方案

五是切实做好劳动竞赛组织实施。有效组织人力、物力，统筹安排，分工协作，确保劳动竞赛顺利完成，真正发挥对项目的助推作用，并推动项目建设管理水平的全面提升。

2）明确奖罚，提高竞赛活动的执行力

为确保竞赛活动取得实效，不走过场，项目公司制定了完整的活动考核机制。在与施工单位签订协议时即明确规定设置考核奖励基金，用于奖励劳动竞赛等活动表现优异的单位。历次劳动竞赛筹备阶段均结合竞赛目标，通过综合研判各参建单位生产潜力，对各单位在竞赛中的产值、形象进度及关键节点方面制定详细目标。明确劳动竞赛各阶段目标、考核节点、考评考核方法和考评考核奖惩措施。竞赛实施过程中对参建单位任务分解、目标管理实施跟踪和督导，采用"阶段考核＋综合考核"相结合的形式对参建单位竞赛成绩进行综合考评。同时，综合运用检查、巡查及抽查等手段，及时掌握一线实际情况和相关数据，及时分析、研究现场施工中存在的瓶颈与障碍，有针对性地协助施工单位攻坚克难。在竞赛中严格按照竞赛活动办法分阶段实施重奖重惩，充分运用项目激励与约束手段，不断推动劳动竞赛活动向高效发展。

3）紧抓安全，确保劳动竞赛活动质量

在劳动竞赛活动开展过程中，项目公司及各参建单位高度重视安全管理，采取有效措施管控风险，全面展现项目公司的综合管理能力及央企的社会责任。

（1）推行岗前安全体验，安全工作源头管控。

为进一步提升标准化管理，充分做到"标准成为习惯、习惯符合标准、结果达到标准"，建立班前安全"五关"体验和班前安全教育——"酒精测试关、门禁识别关、平衡测试关、登高测试关、手机存放关"及班前安全讲话，确保进场作业员工身体状态良好，从根源杜绝安全事故隐患的发生，如图8-22所示。

图8-22　岗前安全体验

(2)注重风险导向管控,实行风险销项管控。

项目公司组织各标段编制项目施工风险清单,做到"每日统计、每日更新",向挂点领导"点对点"信息报送,建立项目经理安全管理群,由项目第一责任人每日上报施工内容及安全风险管控措施,实现"安全问题老大难,老大重视就不难"的问题解决机制(图8-23)。施工重大风险点,制定24小时值班计划,应急救援队全天候备战,盾构领导小组带班生产,顺利实现盾构出洞及联络通道施工安全。

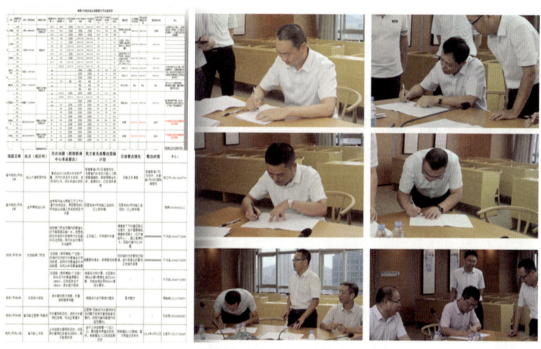

图8-23 项目施工风险清单及责任人上报风险管控内容

(3)组建应急救援中心和盾构监控中心。

为实现风险可控,项目公司组建了专业应急救援队伍,配备了意大利土力多功能钻机,实行"统一救援,分级响应"机制,有效预防安全质量事故。为加强盾构管理,项目公司成立盾构监控中心,联合中交天和机械设备制造有限公司、北京金坤科创技术有限公司、石家庄铁道大学等相关单位开发集成了包括盾构机生产进度管理、手机信息推送、人员安全定位、盾构机视频图像及机电施工管理等多个系统的综合管理平台,通过盾构监控中心对全线车站施工、盾构区间施工实行统一监控,全面掌控工程进度、安全及质量等现状,实时掌握各台盾构参数,对全线盾构实行统一管理,总体协调、监督、检查,实时掌握各台盾构参数并对数据进行分析。因成绩显著,福州地铁2号线项目获中国交建"青年安全生产示范岗"、总承包公司"优秀青年安全生产示范岗"、全国"安康杯"竞赛优胜班组。

4)注重环保,高效展现中国交建社会责任

项目公司按照项目的环评报告和文明施工管理要求,在建设过程中,组织管理研讨会,制定有效方案,落实责任,强化全过程管理及标准化管理。坚持把生态环保及文明施工管理工作摆在项目建设的重要位置,全力把福州地铁2号线项目建设成为标准化工程。2017年8月21日—25日,福州地铁2号线项目代表中国交建,以高分获得了新加坡建设局2017年BCA管理系统认证方案ISO9001转换审计连同绿色、文明施工方案审核的通过,赢得了新加坡杰出绿色文明施工承建商的资格(图8-24)。

图8-24　福州地铁2号线项目通过新加坡ISO及绿色文明承建商审核

5)强化保障,有效落实资源供给计划

根据生产计划,做好融资安排,确保各标段工程款及奖励资金及时支付。加快计量,提高工程款支付效率。加大人员投入,保障重要节点按期完成。为保障全线按时洞通,全线新增11台盾构,共计投入31台盾构,经核查确认,这是中国地铁建设历史上投入盾构机力度最大的地铁项目。

6)重视培训,强化施工人员技能提升

竞赛过程中,就关键技术,攻坚难点,新型工艺,组织专家培训,让参建人员全面掌握地铁施工技术,学习管理经验,为项目施工打下理论基础。组织工人技能培训(图8-25),积极参加省市总工会的技能大比武,锤炼施工能力。

a)

b)

c)

d)

图 8-25 技能培训现场

7) 主动宣传,增强劳动竞赛的影响力

宣传工作是劳动竞赛号子吹响的放大器,是提高劳动竞赛活动影响力的助推器。福州地铁 2 号线项目通过积极主动宣传,多渠报道,形成立体式的媒体宣传工作机制,营造了良好的劳动竞赛氛围,不断扩大劳动竞赛影响力。同时,以党的群团工作为载体,对内凝神聚力,对外提升认同。开展以"让奉献成为自觉,让标准成为习惯"为主题的党工团共建系列活动,提升全体员工职业素养和业务能力。以企业文化建设为抓手,积极传播中国交建好声音,树立中国交建好形象。在对外宣传上,项目公司建立了新闻发言人制度,加强与当地媒体的联沟通互动。与福建主流媒体《海峡都市报》建立战略合作伙伴关系,与《福州日报》《福州晚报》(图 8-26)做到了良好互动,对劳动竞赛组织活动、竞赛动态以及竞赛中先进人物和事迹等做到了及时报道和宣传,如:《中国交建态度坚决、攻坚克难,多个节点提前完工》《福州地铁 2 号线春节 7 天掘进百米》《福州地铁 2 号线盾构开始穿越两江》《福州地铁 2 号线百日攻坚阶段任务超额完成》及《福州地铁 2 号线 21 个站点进入主体施工》等。

图 8-26 宣传互动方

8) 融入地方,提升中国交建品牌形象

与福建省、福州市总工会、团市委、市地铁集团党委等地方政企开展共建活动,确保了工程建设提质增效。通过地方共建单位的正面宣传,进一步提升中国交建品牌形象。

同时加强与沿线市民的良好互动,争取他们的理解和支持,保障工程顺利实施。如通过与《海峡都市报》等单位联合开展为市民"四季送花""坊间菊王争霸赛"等活动,积极在地铁建设沿线社区开展"弘扬端午文化,传我浓情粽香""共建民族传统文化,欢度浓浓元宵佳节"以及除夕"包饺子"等市民互动活动(图8-27),让中国交建的品牌和影响力深入人心。

图8-27 市民互动活动

8.1.3 特色项目文化建设效果

1)央企风范,责任担当,社会认同,市民感动

项目团队积极履行社会责任,哪里有险情,哪里就有中国交建福铁人。2015年台风"苏迪罗"过境福州,项目积极组织人员机具参与抢险救灾,地方媒体纷纷报道,让福州市民深受感动。

主动与社区和相关单位开展丰富多彩的互动活动,开展"爱心地铁,助力高考""四季送花"活动,让社会各界对中国交建有了广泛认同。

送花活动中,市民们早早地在活动现场等候,更有爱花的市民朋友一大早乘公交车从远处赶来参加。大家热情高涨,纷纷踊跃参与送花活动,预先准备的娇艳动人的大花海棠,陆续被市民朋友们欢欢喜喜地捧回了家,整个活动秩序井然,现场气氛热烈,赢得了参与群众的一致称赞。

2)克难攻坚,业内感动

面对盾构过两江掘进过程中存在的江底穿透、江水倒灌隧道及盾构被淹等风险,福州地铁2号线项目团队如履薄冰,凝神聚力,24小时昼夜巡守在江底隧道内。最终创造了单线单班掘进10环、单日掘进16环、单月掘进337环的好成绩,圆满结束了福州地铁2号线项目穿江之旅,如图8-28所示。

第 8 章 和谐项目文化体系建设

图 8-28 各标段盾构施工展示

福州地铁 2 号线项目团队攻克了一个又一个的艰难险阻，完成了一个又一个看似不可能完成的任务，将不可能变成了可能。不仅使中国交建为之感动，也让同行为之震惊。

2017 年 4 月 11 日，中国交建 2017 年宣传思想工作会暨党建思想政治工作年会在福州召开，时任中国交建党委副书记、副总裁陈云在会上说道："福州地铁在福州唱响了中国交建的品牌，在行业内叫响了中国交建地铁的品牌"。

3）中交速度，不辱使命，创造高度，领导感动

2 次穿江，7 次穿越桥桩，9 次穿越建筑物。福州地铁 2 号线项目团队勠力争先奋勇拼搏，历时 87 天实现五里亭～前屿站区间单线洞通，13 个月完成沙堤站主体封顶，38 天完成南门兜站装修，短短 21 个月完成合同承包范围内全线洞通。在盾构掘进过程中，更是创造了单月最高掘进 456 环，平均掘进速度高达 8.2 环的记录。

福州地铁 2 号线项目团队用中交速度，彰显了央企力量，使中国交建的品牌深入人心。

8.2 项目文化建设，助力工程建设

福州地铁 2 号线项目文化建设的目的是保证中国交建企业文化战略在项目的执行，保证项目建设目标的实施，实现建设一项精品工程，创造一批科技成果，形成一套管理经验，培育一支过硬队伍，打造一个工程品牌。因此，在培育和建设项目文化的过程中，一切都围绕服务项目、服务企业这个中心。

福州地铁 2 号线项目文化建设一切从推动工程项目顺利开展出发，把能否促进项目安

全顺利推进、能否确保优质高效地完成产值目标、能否严格控制成本提升效益等作为项目文化建设是否成功的检验标准,具体有以下几方面。

(1)确立项目之道,培育企业之魂。

"项目建设,文化先行"。建设好项目文化,对于完善中国交建文化建设体系,营造良好的工程项目建设氛围,增强团队凝聚力和向心力都至关重要。

①明确一个目标。福州地铁2号线项目的形象首先来自工程的形象,打造精品工程是项目公司首先确立的目标,坚持在建筑产品、生产工艺、施工技术和质量管理上高起点、高标准、高要求、高水平,保证工程质量合格,力争达到精品优质工程,以工程质量来树立中国交建的诚信形象。

②培养一种精神。针对项目工期要求紧、施工环境复杂、生活条件艰苦、技术难度大等特点,将中国交建的企业文化与项目文化建设的实际结合起来,号召全体员工发扬艰苦奋斗、团结协作、勇争第一的优良传统,着力培养全体员工的进取精神。

③坚持一个方针。项目公司用"坚持标准、严格管理、持续改进、诚信经营、奉献精品"的管理方针,全力营造具有企业特色的质量文化、安全文化、诚信文化,进而在观念上不断超越,在能力上不新进步,在业绩上不断突破,在同行业始终保持领先,在新的领域不断拓展企业品牌。

④强化五个理念。项目公司强化诚信为本、以人为本、以制度为本、求真务实和"大政工"的理念,通过理念引导、精神鼓舞,努力用共同价值观把员工凝聚在一起,最大限度地调动员工的积极性和创造性,合力推动施工生产顺利进行。

(2)塑造企业之形,展示企业风采。

①科学合理规划施工区域。福州地铁2号线项目形象建设是项目文化建设的有效载体和重要组成部分,工地是展示企业形象、彰显企业风采的窗口。项目公司的形象将直接关系到企业形象及企业品牌。根据中国交建统一要求,设计施工区域平面布置图,统一筹划、统一规格、统一制作,合理设置项目驻地,使整个工地条块分明,功能清晰,互不干扰,充分展示企业形象,营造出团结拼搏、健康向上的良好氛围。

②强化视觉系统的整齐划一。根据中国交建有关规定要求,因地制宜建设工地文化,统一制作了有企业标识大幅标牌的大门,大门设置了旗坛;围墙四周插上有企业标志的刀形彩旗;办公区设有一系列图、表、栏、牌;施工现场有以抢工期、保安全、抓质量为主要内容的宣传横幅和醒目的安全质量警示,标志牌,给人以强烈的视觉冲击,留下深刻印象。

③坚持规范作业文明施工。项目公司牵头各标段为作业人员分色使用安全帽,制作了统一的工装、上岗胸牌、要求作业人员必须严格执行工序交接班和工完场地清制度,材料堆放在指定区域,堆码整齐。确保工地整洁卫生,井然有序。

(3)健全项目制度,提高管理水平。

企业文化是项目管理的灵魂。为了使企业文化紧贴施工生产,项目公司坚持从施工生产的实际出发,从六个方面入手,不断完善各项管理制度,充分发挥企业文化的管理功能,不断完善各项管理制度,促进企业文化与项目管理的全方位结合。

①制定管理制度。制定安全生产管理、质量管理、文明施工管理,财务管理、消防保卫、卫生管理、环保卫生等多项制度,形成了一套完整的制度体系。

②完善岗位职责。在各部门办公室、班组内悬挂岗位职责牌,在现场悬挂各种操作规程,使参战员工明确自身岗位要求、技术要求、操作流程和目标责任。

③完善奖惩制度。依据项目目标、岗位规范、工作业绩等内容,整合奖惩管理规范,以项目目标与员工目标、物质激励与精神激励相结合,严格考核,奖惩兑现。

④完善员工行为规范。行为规范是企业文化最真实、最直接的表现形式,项目公司通过员工行为规范和激励约束机制,培育员工良好习惯。将员工的行为准则量化成为可操作的日常行为规范,把企业的价值观变成员工自觉遵守的行为准则,在岗位上忠实地执行、创造性地贯彻。

⑤加强员工素质教育。通过加强员工素质教育、政治思想教育和职业道德教育,强化企业文化灌输,增强员工对企业文化的认同感。采用多种培训方式,努力使员工培训工作更生动活泼、丰富多彩,扎实有效。通过培训,为员工提供交流沟通的平台,让员工了解企业文化的精髓,认识其重要性,使个人思想状态向企业精神状态靠拢,增强员工对企业文化的认同感和对企业的归属感和忠诚度,使员工将个人的前途与企业的发展联系在一起。

⑥整合礼仪规范。以开工庆典,办公和员工个人礼仪为重点,引导教育员工遵守礼仪规范,内鼓士气,外树形象,扩大了企业的对外影响力。

(4)强固项目之本,凝聚项目之力。

企业文化建设的内涵就是切实做好企业员工的相互了解和沟通,强调协作与团队精神。项目公司坚持"以人为本,铸魂育人",使员工在工作上有方向感,在情感上有温暖感,在事业上有成就感,在管理上有参与感,通过项目文化不断提高队伍的整体素质和凝聚力。

①抓住关键,加强项目班子建设。项目公司通过强化项目班子成员守土有责的思想意识,强化项目班子的权、责、利的制度建设。通过项目班子的有效管理,把企业对项目管理的各项要求贯彻到项目建设过程中去,形成项目建设目标和理念,引领员工思想,利用项目文化管理,推动项目施工和各项工作的顺利开展。

②以人为本,坚持培育高素质人才。项目公司坚持以人为本、科技兴企的方针,用科学精神狠抓队伍建设、建立科学合理的激励约束机制,激发了广大员工勇于争先,充满激情的工作状态。加强对人才队伍的教育和培训,通过项目职校、农民工夜校等培训,做到了培训目标具体化、工作经常化,使项目青年员工和业务骨干的素质得到了较大提升,激励全体员工爱岗敬业,顽强拼搏,无私奉献,培养出了一支召之即来、来之能战,战之必胜的员工队伍。

③强化管理,增强农民工队伍的文化认同感。把农民工队伍纳入员工队伍管理,做到一样对待,切实关心,从而使农民工对中国交建的理念、行为、视觉识别系统有了深刻的理解和认同,让他们感受企业的关心和温暖,遵章守纪,自觉维护企业的良好形象。

(5)开展主题活动,创新特色文化。

文化建设是一个长期、循序渐进的过程,必须坚持与时俱进、不断创新的精神,丰富活动内容,创新活动载体,推进文化升级。

①开展党建主题活动。项目公司通过认真研究新形势下项目党建工作的新途径,用创新的思维、创新的手段,凝众人之心,聚群体之力,使党建主题实践活动开展得有声有色。在施工现场,项目党支部可以制作党员责任区告示牌,将工作、责任落实到每一个党员身上,并结合项目实际情况,给党员上党课,广泛开展党建主题活动,号召广大党员在践行企业精神中当旗手,在努力完成施工生产任务、打造工程精品中当先锋,进而带动整个员工队伍始终保持着奋发向上的良好精神风貌。

福州地铁2号线项目深入开展"用心浇注您的满意"文化创建活动,将公司的文化落实到施工管理、工作生活、内外交流的各个方面。把"创誉地铁市场、培养地铁人才"作为两大任务,为推动项目顺利实施、推动集团轨道交通发展战略落地生根提供了强大的党建引领和文化支撑。项目从开工伊始,在全线推行党支部标准化建设,深入推进"三级联创"主体活动,展现"中国交建蓝 党旗红"的品牌力量。

建功地铁、筑梦榕城,使福州地铁2号线工程项目建设成果得到社会各界广泛认可。一大批业务优秀、业绩突出的技术和管理干部迅速成长,奔赴中国交建其他轨道交通项目担当重任。项目在"创誉地铁市场"的同时,勇敢承担起"培养地铁人才"的重任。

开展"让奉献成为自觉,让标准成为习惯"主题党工团共建活动,开展领导分片挂点"党员深入一线、为党旗增光添彩"活动,坚持"现场标准高于规范标准"的内控目标,以党工团共建助推提质增效活动。项目注重发挥群团组织力量,以"工人先锋号"和"青年突击队"为抓手,发挥项目员工在"急难险重新"任务中的生力军作用。

②大力开展劳动竞赛活动。项目公司根据项目部实际,因地制宜,开展比技能、比安全、比质量的竞赛活动,在"赶、比、超"的良好学习氛围中不断提高员工的整体素质。

③积极承担社会责任。从建筑施工行业直接关系民生工程这一大局出发,树立施工企业履行社会责任的公信力和良好的社会形象,积极参与企业所在地的各项社会事务,在遵纪守法方面做出表率,促进企业发展与社会、环境的协调统一。

项目积极履行社会责任,哪里有险情,哪里就有中交福铁人。尤其是2015年台风"苏迪罗"过境福州时,项目积极组织人员机具参加抢险救灾。项目主动与社区和相关单位开展丰富多彩的互动活动,开展"爱心地铁、助力高铁""四季送花"活动,让社会各界对中国交建有了更加广泛的认可。

文化管理在项目上有"赢于无形"的巨大作用。文化是水,项目是舟,在项目文化引领项目管理的团队中,项目完成就如顺水推舟,合力前行,实现目标。

8.3 党建活动促进文化体系建设和文明施工

项目公司认为企业发展是需要多个要素共同促进的,故在企业文化的建设上更是不遗余力,企业文化的建设是多方向、全面的建设过程,其中党建活动扮演着很重要的角色。国有企业的党建能够让企业拥有更深的政治色彩,能够有效促进企业的发展,有利于企业文化的建设,并且能够很好地提高企业的发展速度,提高员工的工作效率和积极性。

企业的文化建设跟企业的党建有着十分紧密的多方面联系,需从多个角度考量,主要表现在以下三个方面。

(1)企业党建促进企业文化的发展与实施。

每个企业都必须有自己的政治核心,而这个政治核心就是企业的党组织。因此项目公司党工委在各项工作中发挥着教育、动员等指导性作用。

(2)企业文化促进企业党建工作的进行。

项目公司塑造的企业文化,促使企业内部的职工在思想上保持统一,使员工们斗志昂扬。而且在对企业目标、原则、发展方向的认同上保持一致,使企业内部职工都能对企业产生良好的归属感,对企业党建工作的进行发挥着重要作用。

(3)企业文化在提高党建工作效率方面发挥着重要作用。

企业文化有一个非常重要的作用,就是团结员工,鼓励员工参加企业活动,使员工在思想上达到高度统一。通过企业文化可以创建许多形式多样、内容丰富的活动,使党建工作的范围增加,同时使党建渠道也大大增加。

2016年11月,中国交建主要领导调研福州地铁项目后讲道:"把一个项目跟集团的战略很好地融合在一起,这是很难得的",并要求福州地铁项目要充分发挥基层党组织的战斗堡垒和党员的先锋模范作用,以项目为依托,不断总结和完善经验,为集团大兵团作战模式,从集团层面整合资源,做强做优做大,树立样板建立标杆。基层调研活动现场如图8-29所示。

图8-29 基层调研活动

8.3.1 党建工作和文化建设实现共生的措施

(1)培养二者共同的价值观念。

企业文化是一个企业能否良好发展的根源,是一个企业真正的灵魂,良好的企业文化能够让企业的员工心中对企业拥有归属感,甘愿付出自己的辛苦劳动。项目公司在企业文化的建设过程中通过建立一个优秀的价值观,让员工真正将自己的价值观跟企业的价值观相互融合。为了达到这一目标中海峡项目公司就将自己本土化,让自己融入福州经济建设和社会发展中。换言之:就是适应性地融入地方,融入市地铁集团党建文化中去,共同发展党建文化和企业文化,为企业高质量发展增强动力。为了达成目标,中国交建将自己本土化,让自己融入福州经济建设社会发展中。保证企业文化的建设同国家与时俱进,符合中国特色并且要做到不断地更新提高,表现企业文化的创新性,将自己融入企业的基层建设中,了解基层员工真正的思想,并且根据这些员工的所思所想不断地改进企业党建中的思想方针。将改革和创新融入中国交建企业的党建过程中去,这样才能将企业的党建建设成为企业吸引高端人才、创造科技成果的门面,并且企业领导也随时掌握企业党建的最新情况,随时查看企业党建的总结报告,从中发现企业党建的规律和方法。将创新融入企业党建中,找出这些规律,让企业党建真正能够完美地为企业服务,保证了企业党建的质量和效率,真正将企业党建和企业文化完美结合在一起。

(2)必须建立在企业组织之上。

企业的文化建设和企业党建是相辅相成的,而它们能否真正发展起来,也要依赖于项目公司组织结构的建设。企业组织结构的建设能够有效促进企业党建工作,这种促进作用主要表现在以下两个方面:一是能够有效地将企业党建工作深入到基层员工中,通过项目组织结构的系统化建设能够逐层快速传递到项目基层的最末端。对于项目建设有着很深的影响,并且能够提高党建文化在项目员工中的影响,引起员工的重视。二是企业组织结构的建设能够有效影响企业文化的建设,能够将企业文化渗透到整个企业的每一个员工身上,保证了企业文化的渗透力和执行力,并且将企业文化和企业党建融为一体,能够有效保证企业员工听党指挥,听企业领导指挥,严格执行企业发展的各种方针、政策。

在项目建设过程中,企业文化和企业党建都是十分重要的。并且在此基础上还应该积极完善企业组织结构,保证企业文化和企业党建真正渗透到项目的每一位员工身上,避免企业文化和企业党建成为虚无缥缈的东西,而是真正落实到项目建设的根上,形成生产力,变成又一动力源,能够帮助项目完成任务与目标。

8.3.2 文化建设提升党建工作活力的着手点

企业基层党组织的一项重要工作就是推进工程项目文化建设,努力展示良好的企业形象。基层党支部随着工程开工而设立。在这个过程中,围绕中心、服务工程,发挥"内聚人心,外塑形象"的作用,展示企业的品牌形象,促进现场党建、企业文化工作与工程建设各项管理工作的有机结合,为工程建设顺利推进提供支持。

为此,在策划过程中,项目公司"精神文化、行为文化、制度文化、形象文化"四方面建设,切实推进"企业文化、项目文化"建设,展示良好的企业形象,促进工程建设又好又快地实施。

1）从精神文化入手，落实项目管理理念

由于项目文化建设需要贯穿于福州地铁2号线项目建设的始终。为此，项目公司要落实整体的文化建设战略，就要从精神文化入手，明确项目管理理念，形成整体工作推进的"魂"。项目管理理念一方面要从"安全、质量、工期、功能、成本"等内容进行确定，另一方面要从规范员工精神文化的角度梳理。中国交建提出的"出精品、出人才、出经验、出效益"的工程目标，明确了"执行、沟通、服务、创新"的项目管理理念。这就从根本上，明确了整体文化建设的思路，使所有的工作都能够有的放矢地开展起来。

2）从行为文化入手，推进工程整体建设

构建良好的行为文化，最重要的就是要落实安全、质量与环保文化，目的是营造一种安全和谐、以人品塑精品的文化氛围，增强项目管理中的道德含量和群体安全意识、质量意识，使所有参建人员形成一种安全、质量思维定式，把搞好生产安全和质量管理作为出发点和落脚点。

为此，福州地铁2号线项目各标段基层党支部，通过明确"一岗双责"，协助项目部在日常工作中推进安全、质量管理体系建设，并贯彻到各分包单位和一线施工班组。坚持安全、质量管理工作的制度先行，督促和落实开展全员宣传、教育、培训，并不断强调搞好重点工程安全生产、质量精品的重要性。发挥党组织的优势，组织开展了安全、质量知识竞赛，"安全月""质量月""安全、质量在我心中文艺演出"等多种形式的教育活动，以此提升参建员工的安全、质量意识。同时，更坚持创新管理方法，注重过程中的细节管理，如现场配备专职文明施工小分队和兼职安全、质量监督员等形式，真正从行为文化入手，推进工程安全、质量建设再上新台阶。

3）从制度文化入手，规范项目管理工作

在日常工作中，除了明确项目的管理理念之外，项目公司还从制度文化入手，通过对外参与、反馈，对内组织、管理、教育、培训等活动，加强福州地铁2号线项目的制度文化建设，对参建员工的行为统一规范，树立良好的项目形象。

结合福州地铁2号线工程项目特点，组织各系统、各部门围绕工程总体目标先后制订了近百项管理制度，涵盖了安全、质量、生产、技术、成本、文明施工、后勤、保卫、劳务、党建等工程建设的方方面面，使各项工作做到管理有制度、实施有步骤、奖罚有标准。如针对党建、思想政治工作，组织制定实施了《党建工作方案》《新闻宣传工作方案》及《劳动竞赛管理办法》等，有力增强了工作的前瞻性、主动性和针对性，发挥了制度体系的规范保证作用。同时，还不断根据实际情况，宣贯优秀项目管理人员准则、岗位行为规范、礼仪规范、安全生产、文明施工操作规程等各方面内容，使项目所有参建人员都有了统一且规范的岗位行为准则的约束。对内对外交往也有了统一的礼仪规范来遵循，形成了一种价值符号，传递了统一的项目管理信息，有效发挥了项目管理制度的规范作用。

4）从形象文化入手，提升施工现场形象

工程视觉形象是企业和项目的"脸面"，统一企业品牌形象，就是要通过规范的、富有冲击力的企业视觉符号，使社会公众对企业和项目形象产生独特的认识，留下深刻的印象。

在福州地铁2号线项目基层党支部实际的操作过程中，要求注重加强现场宣传总体策划,发挥企业整体优势,整合宣传资源,高标准、高起点设计工程现场形象宣传工作方案,包括形象宣传平面图、宣传标语内容库等。从工地大门、围挡、主标牌、橱窗、阅报栏到办公区、会议室、阅览室、活动室、外施队宿舍的规划设计,都严格按照中国交建有关标准化和安全文明工地达标规范标准执行。同时,还要求统一员工的服装、标牌、胸卡以体现整体团队的精神风貌,这些措施都是形象文化的一部分,能充分发挥"内聚人心,外塑形象"的激励作用及视觉冲击作用,有力展示和提升企业的品牌形象。

在开展基层党支部建设的过程中,尤其是重点工程段建设的过程中,企业品牌形象是凝聚人心、提升企业竞争力的无形力量,是实现企业价值最大化的无形资产。为此,就要利用和抓好这一抓手,进一步大力探索、弘扬和培育优秀的企业文化和项目文化,推动工程建设的顺利进行。

8.4 人文关怀激发工作热情

为提升项目管理水平,项目公司施行人文关怀的主要目的是通过人文关怀挖掘员工在精神层面和能力层面的潜质,工作能力及项目工作效率和热情。具体而言领导的人文关怀首先表现为合理的分配制度,在项目管理过程中应该坚持不违背公平原则的前提下,尤其对员工的实际困难予以体察、谅解和帮助。让员工体会到人文关怀不仅局限于物质层面还有更多的精神层面因素,让员工切实感受到集体的温暖,产生强烈的归属感和责任感,进而以更加积极、热情的态度投入到工作当中去。

福州地铁 2 号线项目的管理主要从工作人员的角度出发,将人文关怀的原则牢记心中,在日常工作中秉承对人性的保护和尊重的原则,实行人性化管理。在项目公司内部形成一种"以人为本"的企业文化,让员工能够在工作中体会到组织的切实关怀,感受到自己是受集体关心和需要的一部分。在这种感召力的作用下项目员工的主动性会被极大地激发,具体表现为工作主动性的提升和工作热情的增长。而且这种人文关怀激励下的工作热情提升与物质奖励激励下的工作热情提升有本质的区别。在物质奖励激励下形成的工作热情并不是以服务的热情程度和工作质量为目标的,而是以完成某种物质奖励标准为目标的表面热情。以人文关怀激励的工作热情本质上就是以集体荣誉感、个人责任感为驱动力,这种工作热情才能切实提升工作的质量。

1)塑造人文关怀环境,营造人文关怀浓厚氛围

行为的先导为文化,项目公司在创新思想政治工作时将人文关怀作为突破口。用监督、教育和约束等方式改造人们的世界观,提高人们的认识能力及思想觉悟,引导企业员工树立正确的三观,增强项目员工爱岗敬业、奉献的意识。用动员、组织、协调和激励的方法充分发挥和调动工作人员的主动性、积极性和创造性等。为形成浓厚的人文关怀环境。福州地铁2 号线项目公司从以下几方面着手:第一,将活动作为载体,有效加强企业中工作人员的思

想政治工作教育,提高廉洁从业的意识。同时,让企业员工为自身工作前景做好相应规划,真正的提高员工的幸福指数。第二,选取相应的典型员工,进而加强培养这些员工的工作热情,起到带动引领的作用。通过在技术、管理等不同层次和群体中,选取典型工作模范,这样不仅具备一定的代表性,还具备一定的时代特征。进而让典型特点鲜明、涵盖全面和事迹鲜活等,便于更好地推进工作,建设良好的工作队伍。第三,从日常工作着手,有效地加强员工之间的感情凝聚力。项目公司领导应情系员工,时刻关注员工的心理变化状况,并做好相应的情感沟通,通过针对性的措施对员工做一对一的思想工作,进而很好的掌握员工的思想状况。除此之外,项目公司领导应广纳贤言,建立基层联系点等,便于项目公司与各标段管理人员的思想交流,形成感情融洽的上下级关系,为项目建设提供良好的人文关怀环境。

2)建设人文关怀组织,形成人文关怀有效方法

以全局性、根本性和稳定性为机制的主要特点,根据制度化、标准化和规范化原则为促使福州地铁2号线项目员工全面发展,项目公司建立了高效的人文关怀机制,从以下几方面着手建立的人文关怀组织:第一,完善工作体系,根据目标管理、齐抓共管和严格考核的指导思想建立相应的工作体系,指引工作人员积极参与其中。第二,明确责任范围,制定相应的规章制度,划分各类组织的工作目标和责任,让员工都做好思想工作。

(1)建立科学有效的绩效管理制度。

科学合理的绩效考核制度能有效地调动企业员工的工作积极性,有利于员工工作水平的提高。因此,在实际中,项目公司结合自身的具体情况,制定科学、有效的绩效管理制度。对比当今企业的绩效管理制度还存在的一些问题,如考核工作流于形式,相关工作人员没有充分认识到绩效考核的重要性,没有提高在绩效考核上的重视力度。项目公司从自身的实际情况出发,以业绩为导向,坚持人本管理,制定了一套科学、系统、完善的绩效考核制度,并将其彻底落实在实际工作中。在工作中,及时将绩效考核结果反馈给员工,让员工全面的了解自身当前工作状态,对于激发员工的工作热情有极大的帮助。

(2)构建人性的薪酬福利保障体系。

企业员工工作的根本驱动力为薪酬。同时,经济利益作为企业给工作人员的一种回报,也是最基本的方式。外部竞争性和内部的公平性为科学合理薪酬的两个内容。其中,外部竞争性指企业给工作人员开具较高的经济利益,让工作人员的薪酬高于市场平均水平,具备一定的市场竞争力。内部公平性指企业根据按劳分配的原则透明的给予员工相应的薪酬,让工作人员的付出和收入成正比。除此之外,项目公司还给管理人员提供相应的福利待遇,除了给工作人员五险一金之外,还提供意外伤害和疾病医疗保险,解除员工的后顾之忧,全心全意为项目做贡献。

(3)致力为员工长期发展提供培训再教育机会。

员工的个体成长和自我发展是员工在工作中比较关注的问题。在项目中,如果只是给员工提供了一个谋生的职业,而没有引导员工进行职业生涯规划,那么员工在工作中很难投入过多的热情。因此,项目公司通过引导员工做好职业生涯规划的同时,并根据员工的实际情况,对员工进行培训与再教育,全面提高员工的业务能力。这样不仅激发员工的热情,还

能全面提高员工的工作能力,对企业的长期发展有很大的帮助。

目前,中交海峡项目公司已培养一大批业务优秀、业绩突出的技术和管理干部,均被提拔任用到新的岗位,为集团其他项目输送、培养各类重要骨干人才达40余人,被誉为中国交建地铁的"黄埔军校"。

(4)不遗余力地打造企业文化价值。

企业的行为规范以及价值观念为一个企业的文化。企业文化是在企业生产经营中逐渐形成的带有一定特征的经营哲学,主要是由思维方式和价值观念形成,是企业工作人员认可的价值观、制度载体和行为规范的总和。一个企业的企业文化能让工作人员树立正确的价值观,并在企业内部形成一股凝聚力,促使企业健康快速发展。同时,让员工形成自我激励和自我约束。项目公司根据实际情况,开展劳动竞赛、荣誉表彰、评先争优等形式多样的活动,鼓舞员工精神,构建"人造文化,文化育人"的良好局面,实现员工精神层面的统一。

3)借助人文关怀力量,重视实践提升工作热情

(1)强化职工主体意识,以人为本。

在福州地铁2号线工程项目的建设过程中,项目公司对员工的人文关怀主要体现在两个方面:一方面是物质上的人文关怀,另一方面是精神上的人文关怀。各级领导树立以员工为主体的管理意识,坚持"以人为本"的管理思想,切实体察、满足工作人员的精神需求,使广大员工在工作中始终保持较高的热情。同时切实将员工摆在主人翁的位置上,尊重大家的人格和合法权利。为员工营造一个和谐、健康的气氛,让员工始终保持与集体较高的融合度,始终保持积极向上的工作情绪。用热情和耐心去倾听员工的呼声,为员工解决实际问题。

(2)构建良好沟通机制,搭建平台。

在人与人的交往活动中,沟通机制的构建最为重要,只有搭建了良好沟通机制才能保证领导对员工思想动态的实时了解。项目公司通过构建优秀的沟通平台,让员工与项目公司保持积极、高效的联系,员工能够提出自己的诉求、平复自己的心情;项目公司也能够及时地了解员工的实际情况,更好地将人文关怀送到员工的身边。

(3)解决员工实际问题,形成合力。

人文关怀是在员工的工作实际基础上形成的管理理念,并不能从单纯的精神层次或者单纯的物质层次对其进行阐释。人文关怀是社会主义核心价值观对项目公司管理工作的新要求,是现代企业提升工作质量和工作效率的重要方式。人文关怀囊括了精神和物质两个层面,其核心在于帮助工作人员解决实际问题。无论是哪一个层次的问题,领导只有设身处地地为员工解决,让员工看到实效才能赢得大家的肯定与尊重,从而产生对集体的归属感与强烈的集体荣誉感,进而保持积极的工作态度。

4)宣扬人文关怀理念,围绕党建促进企业和谐

人文关怀在党建工作中的体现,与企业员工福利有一定联系,人文关怀不仅表现在员工福利表现,还表现在基层党组织对员工的思想的引导方面。党建工作中加强人文关怀,对思想情绪存在严重波动的员工给予心理辅导,使之能够感受到党组织带来的温暖,消极情绪会逐渐减小。在人文关怀帮助下,可以确保项目员工思想稳定。加强人才关怀来开展党建

工作,能够将此类问题与领导之间建立沟通桥梁,协调好项目管理中的员工利益问题,同时也能提升员工的思想先进程度,认识到项目建设对个人的影响原因,避免员工产生消极的思想。项目公司通过积极主动地关心员工的所思所求,密切联系和关心员工的生活,想方设法帮助他们解决工作和生活中遇到的实际困难和问题。

(1)高度重视人文关怀,建设和谐企业文化。

企业人文关怀,主要体现在坚持以人为本的理念,突出人的重要作用,围绕人的需求与发展及价值体现开展一系列活动。通过民谣《天边》讲述福铁故事,如图8-30所示,包括关心人、尊重人、理解人、塑造人、为了人,实现人的全面发展。项目公司在决定和处理问题中,均把广大员工的利益作为一切工作的根本出发点和落脚点,并建立良好的信息沟通机制,让员工在"共识、共存、共荣、共担"中形成强大的合力,应对考验和挑战。

图 8-30 福铁故事——《天边》

(2)加强心理疏导工作,培育员工阳光心态。

随着产业结构调整和供给侧结构性改革的深入,企业发展面临的压力越来越大。在这种情况下,职工心理负担也随之加重,工作积极性会受到影响。项目公司在传导正能量,培育阳光心态上开展积极有效的工作,正确引导员工理念。企业面对发展中的种种困难与问题,必须从培育员工心态做起,通过宣传教育、典型引路、心理疏导、关爱活动等,让员工消除顾虑,减轻压力。有了阳光心态,就会心中常怀"正能量",沉着应对困难,积极主动工作,再创企业辉煌的明天。

(3)强化人本管理机制,构建和谐人文环境。

企业在构建和谐文化,促进人文关怀工作中,首先要把企业的民主决策与科学决策放在更加重要的地位。通过建立和实施企业重大问题民主决策制度,重要事项民主议事制度,充分发扬民主,提高决策的科学度与透明度,保障决策的正确性和广泛参与性,增强决策群众基础。项目公司积极完善企业民主决策、民主管理、民主监督的基本制度,在事关项目生存发展和职工薪酬福利等方面调整的大事决策上,充分征求和听取员工的意见建议,尊重员工在企业的主人翁地位,培养员工的主人翁意识,使员工感受组织对自己的关心重视,形成"千斤重担大家挑,人人肩上担指标"的主动工作氛围,以人文关怀促企业和谐,以和谐文化保障持续发展。

(4)建立人才工作机制,创造岗位成才机会。

人才兴则企业兴。项目公司将人才队伍建设列为企业发展战略的重点工作,科学规划,周密部署,责任到人,严格落实。依据企业发展需要,每年提出人才培养计划,认真执行,形成"人才链"效应。通过坚持"重点人才重点培养,优秀人才优先培养,紧缺人才抓紧培养,青年人才全面培养"的人才培养方针,进行多层面系统培养。在人才队伍建设上要建立系统的育人、用人、留人激励机制,将学历、能力、贡献、业绩与报酬挂钩,从政策上予以倾斜,从待遇上予以照顾,让各类人才觉得在项目上有前途、有奔头,安心工作,忠诚服务于企业。

项目公司通过树立人才的观念,把那些"工作最忙、表现最好、贡献最大"的员工送出去参加培训,这样可以起到正向激励作用。项目公司建立学习培训考核机制,通过考核,将结果与职务上升、岗位调整、职称评定、薪酬设置、评选先进等结合,让员工学有劲头,干有奔头。在生产一线工人中,各标段通过岗位练兵、技术比武、劳模评选,让各类人才的价值在项目上得到体现。

(5)重视员工期盼需求,满足身心健康需要。

一、通过召开座谈会或开展问卷调查及走访,准确了解职工的需求,使工作有目标有方向。二、关注员工身体健康,定期开展对健康状况检查,有病及时治疗,无病积极预防。三、开展文体娱乐活动,适时组织员工文体比赛,创造条件,丰富职工文化生活,促进身心健康。四、关注弱势群体,进而了解掌握企业困难职工和特殊情况群体,最大限度地给予帮扶和救助。五、关心员工及家属的红白事宜,给予必要的支持与帮助。通过一系列活动,形成项目上下级之间和谐、员工之间和谐的氛围,如图8-31所示。

a)

b)

图8-31 人文关怀

8.5 企业文化继续建设的借鉴经验

福州地铁2号线项目的建设历尽千辛万苦,最终取得了丰硕成绩,有几点可资借鉴。

(1)共树一面旗,共享一面牌。

大兵团作战,核心是协同,步调一致。福州地铁项目始终围绕"五商中交",坚持和强调"大中交"原则,在"大中交"的旗帜下,彰显央企力量,唱响中国交建地铁品牌,共同分享成果。

(2)融入当地,加强沟通交流,取得多方更多支持。

福州地铁努力践行"绿色施工"理念,积极与市总工会、团市委、市地铁集团开展党工团共建活动,与当地媒体建立战略合作伙伴关系,开展为市民"四季送花",与沿线社区开展"包饺子""吃汤圆"等各种互动活动。包括全线6000多块的围挡宣传,极大地宣传了中国交建的品牌和形象,为地铁建设争取了良好的外围环境。

(3)重视企业文化建设,树立良好企业形象。

"三流企业靠人脉,二流企业靠管理,一流企业靠文化"。福州地铁极为重视企业文化建设,围绕"五商中交",根据现场具体情况有针对性地提出了"专注地铁、不断超越""让奉献成为自觉,让标准成为习惯""福州人民对福州地铁2号线早日通车的期盼,就是中国交建全体参建人员的奋斗目标"等长期、中期和短期的建设理念和工作目标。同时充分利用内部期刊、微信公众号、宣传资料,与当地媒体建立战略合作伙伴关系,尤其是利用全线6000多块围挡,实行"六统一",建立企业文化立体宣传架构,有力地宣传了中国交建企业文化,打响了中国交建地铁的品牌。

(4)借力劳动竞赛,常年形成大干快上、热火朝天的工作局面。

项目充分认识到劳动竞赛活动对于项目建设的巨大推进作用,将劳动竞赛常态化。

①强化宣传发动,营造舆论氛围。广泛宣传开展竞赛活动的目的、意义和重要性,组织发动全员积极投身到竞赛活动中来,号召全体建设者以高度的主人翁责任感和使命感,奋发努力,顽强拼搏,确保快速、优质、高效、安全、环保地完成项目建设任务。

②探索活动方法,创新竞赛形式。结合不同时期的工作重点、难点和实际情况,不断创新竞赛形式、丰富竞赛活动内容,切实加强安全质量管控措施的有效落实,组织开展"专项攻关活动",解决影响全局的突出难题,确保整体目标的实现。

③精心组织管理,确保竞赛效果。项目公司建立健全相应的竞赛活动组织和工作机构,细化本单位劳动竞赛实施细则,建立各级领导责任制,切实做好本单位竞赛活动的组织领导和管理工作。同时将劳动竞赛与现场标准化管理和规范化作业、党员先锋岗和青年突击队活动紧密结合起来,充分发挥利益驱动机制、精神激励机制、行为规范机制和行政指挥机制在竞赛中的重要作用,强化竞赛活动过程控制,认真总结竞赛活动中的成功做法和先进经验,大力宣传模范事迹,推广典型、树立榜样,高质量、高标准、高效率地推进项目建设。

④激发主体活力,扩大参与面。劳动竞赛必须突出群众性,广大职工特别是一线的劳务工人是劳动竞赛的主体。项目公司要不断完善竞赛激励机制,调动职工积极性、扩大职员工参与面,通过劳动竞赛,不断提升一线劳务人员的安全意识和劳动技能。

⑤加强检查督导,严格考核奖惩。项目公司加强对竞赛全过程的督促、检查、服务和指导工作。各参赛单位建立规范详细的竞赛档案,定期搞好自查和总结。项目公司劳动竞赛考评小组依据此方案确定的内容,按照劳动竞赛考核评比办法,进行综合考评并根据考评结果确定奖惩单位。

和谐管理
福州地铁 2 号线建设管理创新与实践

福州地铁 2 号线项目团队牢记"专注地铁、不断超越"的理念,带领全体建设者以盾构为刀,以八闽大地为石,镌刻出璀璨的中国交建地铁里程碑。

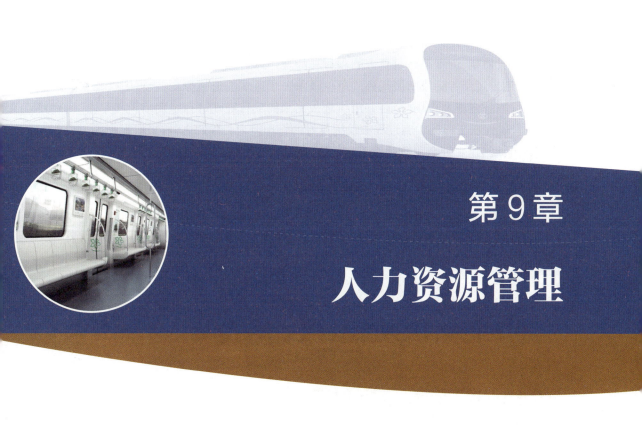

第 9 章

人力资源管理

/ 9.1　严把项目经理的选择及职责确定关　/ 9.2　重视项目团队建设
/ 9.3　人性化激励方式促进上下同心　/ 9.4　做好人力资源规划打造和谐的企业氛围

当前的建设工程不仅要求技术工人有丰富的实践经验,而且也需要技术人员和管理人员具备专业素养。施工企业的人力资源构成较为复杂,人力资源系统化和科学化管理可以增强企业竞争力,减少人员流动,拓宽企业的发展渠道,为企业的运营奠定坚实的人才基础。因此,高效的人力资源管理不仅是企业发展的基础性保障,也是提高企业市场竞争力的关键要素。

项目公司在福州地铁2号线工程项目的建设过程中也非常重视人力资源管理,首先作为项目安全、质量、进度第一负责人的项目总经理,其选择和任用是人力资源管理的重要内容。总承包公司及各标段所属局外的单位秉承公平客观的选拔原则,注重考核项目经理的综合素质、职业道德及市场嗅觉,并组织选拔出来的项目经理进行定期培训和学习,明确其职责范围,确保在工程的实施过程中发挥良好的管理能力。除此之外,采取提高施工企业人员的综合素质、建立健全团队建设考核机制,加强思想教育等方式强化团队建设,提高员工的专业技术水平和思想道德素质。在生活上,改善员工工作条件,解决生活上的后顾之忧,提供完善的福利制度、公平合理的薪酬及嘉奖制度,体现人文关怀。坚持以人为本的管理思想,打造和谐的企业氛围,激发员工的工作积极性与潜力,打造一支有思想、有头脑、能战斗、肯吃苦的管理团队,为福州地铁2号线工程项目的顺利实施提供坚实可靠的人才保障。

9.1 严把项目经理的选择及职责确定关

9.1.1 项目经理的选择和任用

施工企业中项目经理的素质水平对公司的发展起着举足轻重的作用,选拔并任用适应建筑市场竞争、懂技术、善管理、会经营的高素质的职业项目经理是搞好工程项目的关键。项目经理的任务就是要以自己出色的项目管理工作充分利用公司的各种资源条件,调动各方面的积极性,全面完成合同项目的建设任务。项目经理是施工企业面向市场的岗位,是在竞争中用户评价企业形象和信誉的直接对象,是树立良好的企业形象,保证企业立足于竞争激烈的建筑市场的根本保证。项目公司为保证福州地铁2号线项目的顺利实施,在项目经理的选择和任用方面突出了以下几点。

(1)注重项目经理的综合素质

多年来虽然有相当一部分项目经理通过实践锻炼,政治素质和业务素质不断提高,管理能力不断增强,适应了项目经理这一职位的要求,但仍有一部分的项目经理综合素质仍然有待提高。有的项目经理技术过硬,却不懂管理;有的项目经理精于管理,技术却一窍不通;有的项目经理市场意识不强,缺乏与市场经济相适应的管理手段;有的项目经理作风专断,方法简单,管理不到位,项目管理绩效差。这些情况已远远不能适应现代大型工程项目施工管理的需要,更不能适应建筑领域改革创新的需要。因此在福州地铁2号线项目经理的选拔中中国交建重视项目经理的知识结构和综合素质,既要有一定深度的专业技术知识又要有丰富的实践经验和施工现场阅历,既要有正确的经营理念与改革、创新和竞争意识又要有高超的领导艺术、良好的组织管理与协调才能和管理技能;同时还要有良好的身体素质以适应高强度、快节奏的项目现场管理的需要,以保证能够高效地开展好工程项目管理,创造高效益,为项目的实施保驾护航。

(2)注重项目经理的职业道德和灵敏的市场嗅觉

作为项目经理应具备一定的职业道德,在选择项目经理的时候注重其对企业的忠诚,能够最大限度地为企业谋利,对待自己经营的项目有责任心,为完善项目管理,促进工程的顺利完成尽心尽力。所选择的项目经理不仅要具备职业操守还应具有社会意识,在项目进行的同时尽可能避免影响项目的社会效益,以项目建设促进社会发展,树立本企业良好的企业形象。同时项目经理还应该有灵敏的市场嗅觉,当今的建筑业从业公司众多,竞争压力大,唯有选择具备超前市场眼光的项目经理才能使企业获得发展机遇。项目经理更应该主动出击,针对其他企业的规划和计划,与自己企业的项目实施进行对比,制定出更科学合理的发展举措,提高施工企业项目中标的成功率。

(3)坚持公正客观的选拔原则

为正确选拔项目经理,中国交建设立了项目经理答辩评审委员,由企业各有关方面专家组成,从有关职能部门中兼职聘任,坚持公正、客观的原则主持企业项目经理的答辩评审工作。评审专家均具有丰富的理论知识和实践经验,涉及的范围包括合同、施工、技术、质量、安全、成本预算、计划等方方面面。参与竞聘的项目经理候选人根据投标工程项目的具体情况写出自己的竞选纲要,阐述对项目的认识、明确拟采取的管理方式和管理方法、初步的施工组织设计构想、重难点工程的技术保证和实施方案、质量和安全保证措施以及拟达到的具体经济技术目标等进行公开答辩,并回答答辩评审委员会提出的问题,然后根据答辩评审委员会的评审结论,确定出项目经理名单。《建筑法》规定:建设工程项目经理必须持证上岗;进行投标活动时,建设单位也对拟担任投标工程项目经理的人员所具备的资质等级有明确要求,并要求投标书中指定的符合条件的项目经理在工程中标后必须到位。项目公司对项目经理进行严格的资格审核,对于资格等级不符合要求的人员拒绝任用。

(4)注重在项目实施过程中对项目经理的监督和提升

在对选拔出来的项目经理,在项目实施过程中本集团注重监督和提升,制定选拔培养项目经理的具体实施计划,培养各年龄层特别是年轻的项目经理。注重理论联系实践的培养方式,使项目经理候选人在理论上进行学习,在实践中加以锻炼,以培养出全方位的懂技术、会管理、善经营的不同年龄层的项目经理,形成合理的项目经理队伍梯次结构。从而增强企业发展后劲,适应市场的变化和发展,强化工程项目的管理,为企业的发展做好人才储备。在项目建设过程中发生项目经理的更新交替时,项目公司对新任职人员在担任项目经理前进行相应的系统培训。对现任在岗的项目经理进行再培养,定期进行轮训,促进项目经理不断学习,掌握新知识,更新观念,适应新时代、新形势对工程项目管理的项目经理岗位新的具体要求。

9.1.2 项目经理的职责确定

根据本项目的实际情况研究确定项目经理的职责如下。

(1)明确项目控制主体。

项目经理作为项目质量的控制主体,应根据工程项目的具体情况构建专业的质量管理部门,或者是指派专业的质量检测检查人员,专门负责项目的质量监督、检查、整改以及验收的工作,以确保对质量管理任务进行有效落实,明确项目经理的管理职责,在项目的质量管理中做好落实,确保工程质量达到履约要求。

(2)明确管理目标。

工程项目的总目标已经由工程承包合同作出明确规定,但是为了实现这个总目标,还需要制定许多相关的分目标。分目标作为实现总目标的基础,按照具体步骤实施,才能有效地实现项目工程的总体目标。在明确整个项目的质量目标后,项目经理须及时制定出相对应的质量管理计划,确保整个项目的施工能够顺利进行,对施工过程中的要素进行科学合理的分析,确保目标的可行性、有效性和经济性。项目经理在整个过程中,须随着项目工程的进展,遇到问题时要及时采取相对应的措施来解决问题,确保能够达到项目质量管理的目标。

(3)制定管理计划和技术标准。

项目质量控制管理主要是检查工程在施工过程中实际发生的情况与预定的计划以及投资的人力、物力、财力以及技术标准方法是否存在偏差,偏差是否在允许范围之内,然后对此作出相对应的有效整改措施。因此,在项目质量管理中,项目经理首先要将质量管理活动纳入到原定的计划和技术标准中,其次要严格掌握实施项目过程质量管理体系,使项目质量控制能够按预定的计划和技术标准实施。最后,要根据实际管理需要,制定相应的管理计划和技术标准,为施工的顺利进行提供参考。

(4)明确工程质量管理要求。

工程质量管理在时间和控制上属于一种连续并且全面的管理,是对控制对象的所有要素和投入产生的前期准备工作、生产的全过程进行全方位的管理。在项目质量管理中,项目经理必须从分析项目对象的基本特点着手,找出影响工程质量的因素,对其进行专业分析和全面重点的管理,以保证施工能够顺利进行,避免出现返工现象。项目经理在全过程的控制中,须特别重视对工序质量的控制。

(5)工作质量的控制。

项目质量管理是一项复杂的工作,在质量控制中,人是决定性因素。故在管理、施工以及技术操作上都需要员工自身素质比较高。员工素质的高低对工程质量来说起决定性作用,能够直接影响工程质量,从而影响工作质量。因此,项目经理必须对员工进行严格管理,保证员工工作质量,对工作人员进行定期的岗位教育和专业培训,通过岗位教育和技术培训树立全员的质量管理意识,充分调动起员工的工作积极性,达到保证工程质量的目的。

(6)施工材料的质量控制。

工程材料是整个工程质量管理的重点内容,其管理工作效率会直接关系到整个工程的管理效率和工程最终施工质量,只有保证工程材料的质量,才能对项目质量进行有效控制。项目经理应该对材料进行严格把控,对材料供应单位、质量检验人员以及操作使用人员进行严格把关,对施工材料的规格、品种、质量以及数量进行严格核查,从而有效控制材料的质量,从根本上确保整个工程的施工质量。

(7)施工机械设备的质量控制。

项目经理在进行工程质量管理的过程中,对施工机械设备的质量控制也不能松懈。虽然施工机械设备一般不直接用于工程实体,但是不能忽视它的间接影响。在确定工程方案之后,项目经理部须选用先进的、可靠的、适用的、符合技术要求的施工机械设备,以保证并提升工程质量。项目经理部还应该定期对施工机械设备进行检查和维护,确保其性能能够满足工程质量的要求。

9.2 重视项目团队建设

在选定项目经理并明确其职责之后,项目的顺利实施还需要优秀的项目团队,项目公司在项目的建设过程中高度重视项目的团队建设,主要体现在以下几点。

(1)全面提高施工企业人员的综合素质。

针对个人来说,员工的发展和前途与其综合素质水平和人文思想息息相关。在市场经济中比较成功的施工企业人员,一般都具有较强的文化功底和人文内涵,施工企业能够获得较高的经济利润离不开企业人员综合素质的提升。项目公司制定专项的人才培养方案,培训内容包括知识技能、工作方式和态度等。塑造高素质的企业员工,提升企业员工的文化认同,促进企业体制建设的落地和实施,以人才队伍的建设带动项目团队的建设。

(2)建立健全团队建设考核机制。

为科学地评价施工企业项目经理部团队建设的情况,项目公司建立了团队建设考核机制并不断进行完善,为制定后续的团队建设目标提供更加合理的参考依据。项目团队建设的考核机制主要包括两个方面,第一是根据团队成员的工作情况进行评价,第二是根据施工项目的管理目标实现情况进行评价。在项目实施中,项目公司对运行过程进行阶段性业绩评估,查找不足,分析原因,加以指导,促进其运行质量的提升。在项目竣工后,项目公司对项目团队实现目标加以评价,总结经验,汲取教训,为今后的团队建设、项目管理积累经验。通过企业团队建设考核机制对施工企业的整个工程项目的总体情况做出把握,对团队中各成员的工作情况加以明确,以便于对后续施工管理目标进行制定和修改,及时调整人员的岗位,使整个工程项目的建设顺利进行。

(3)明确团队目标,加强思想教育。

公司的经营战略和经营理念需要在施工管理中贯彻实行。因此,项目经理须将公司目标细化分解成项目团队的具体、可量化、可行的目标,落实到团队成员所分担的要素中去,以此激励成员把个人目标升华到团队目标中去,和成员合力实现项目团队管理目标。

随着经济全球化的不断推进,人类的社会价值观、人生观正遭受冲击,部分优良传统正在逐步被侵蚀和淡化,岗位奉献意识有所弱化,此类现象在青年人群中表现尤为突出。而目前项目管理层人员年龄又多在25~40岁之间,如不及时引导他们树立正确的价值观和人生观,不仅无法全面贯彻执行公司和项目的经营理念,而且直接影响项目团队建设和企业文化培育,更影响企业的社会形象。因此,项目公司高度关注管理人员思想教育,及时解决成员在工作生活中遇到的问题,引导他们树立正确的价值观和人生观,爱企忠诚。

9.3 人性化激励方式促进上下同心

为增强项目团队的凝聚力,充分调动各工作人员的积极性,完成项目所规定的各项目标,项目公司定期总结管理经验,运用多种形式的激励手段来实现,具体有目标激励、荣誉激励、精神激励等。目标激励主要是在项目团队中制定相应的管理目标,鼓励团队成员为完成项目目标而不断努力;荣誉激励主要是提高项目团队成员的自信心,激发他们的工作热情,并树立典型模范,号召全体团队成员共同学习,进而提高团队成员的工作积极性;精神奖励主要是施工企业为优秀团队成员颁发荣誉证书,并形成一种群体效应,带动并提高项目团队建设的整体水平。

项目公司从"人本主义"出发,从人的角度出发来对人进行激励,把员工看作是一个主体的社会人。关心员工的各个层次的需求,了解员工具体的需求层次,从而制定出相应的激励机制,来满足员工不同层次的需要。据马斯洛的需要层次理论,人的需要可以分为五个层次,即:生理需要、安全需要、社会需要、尊重需要和自我实现需要。当员工较低层次的需求被满足后,如果高一层次的需求难以满足,那么就无法提高员工的积极性。因此,项目公司重视员工的问题和需求,给员工更多的人文关怀,建立一套健全合理的人性化激励机制。

1)完善而灵活的福利制度

福州地铁2号线项目具有工期长,工程复杂,技术管理涉及面广的特点,这样的特点要求整个项目组的凝聚力要特别强。为此项目公司建立全面完善而又灵活的福利制度,会使企业成员产生强烈的归属感,从而增强对企业的忠诚心、责任心和义务感。原有的福利制度一般所涉及的就是养老保险、住房基金以及人身保险几种形式。除此之外,项目公司根据项目以及团队成员的具体情况建立一套灵活适当、更多体现人性特点的福利制度,可让员工在多种福利中进行选择。如实行员工休假制度、探亲制度、医疗保险、抚幼补贴、交通补贴、培训补贴等,从而降低职工的离职率,为项目节约因离职而带来的高成本。

2）公平合理的薪酬及嘉奖制度

在施工企业项目中,员工工作条件艰苦,员工的工资与其他企业中员工的工资相比没有明显的优势,施工企业现有的薪资体系是以服务年数和个人职称为薪酬的衡量标准,在激发员工工作积极性方面的作用不足。项目公司为克服此缺陷,建立了一套客观公正的薪酬绩效考评系统。绩效评价标准客观全面地体现人才水平,尽可能让足够的人参与评估,使评估结果全面且可靠。同时,收集处理绩效评估结果,制定相应的行动计划来解决薪酬绩效考评系统中存在的问题,并把绩效评估的结果作为员工获得报酬的依据。在薪酬绩效考评体系的实施过程中,项目公司还注重个体需求差异,使人人与其承担的职务相匹配,确保个体行为目标是可以达到的,实行个别化奖励,设置公平合理的嘉奖制度。

3）善于尊重和欣赏自己的员工

在设立相应的福利薪酬制度之外,项目公司充分尊重员工的自我选择。每个人都有获得周围尊重和欣赏的需要,而工作条件比较艰苦和简陋的施工人员,往往让很多人不理解和不尊重。所以他们就更加需要领导的尊重、理解、关爱和欣赏。项目公司在管理过程中注重以情感人,把"家和万事兴"的家训推行到企业中去,在公司营造一种家的气氛,形成上下级之间、员工之间互相尊重氛围。

4）体现人文关怀,帮助员工实现自我价值

在工程管理中如果员工在自我提高和自我发展方面受到阻碍,无法实现自己的职业发展和计划目标,那么员工的工作积极性就会大打折扣。项目公司对员工进行培训,以提供员工获得成长的有效途径,包括入职培训、在职培训和针对骨干的培训。入职培训是对新员工或走上新岗位的老员工所开设的培训课程,主要对员工讲授公司的发展历程、企业文化、员工教育以及公司的发展计划;在职培训是公司有计划地出资,适时地为员工提供学习、培训机会,为员工自我发展创造机会,使员工的知识与能力都能有所提高。注重骨干的培养,为企业骨干提供成长的环境和机会。比如适当地授权给骨干员工并支持他们勇敢地去尝试,去作独立的判断,成功地完成自己的工作,对骨干员工既是锻炼也是有意识的培养,从而提高其工作的积极性。

9.4 做好人力资源规划打造和谐的企业氛围

所谓没有规矩不成方圆,因此项目公司按照科学的方法做好人力资源的规划和建设,包括建立有效的员工岗位竞争、分配机制,合理调整人员结构,建立人力资源管理制度,打造和谐的企业氛围等,以此来保证在福州地铁2号线项目的实施过程中人力资源的合理使用和调配。

1）人尽其用的岗位职责设定

为使项目公司各部门各司其职,避免分内工作相互推诿、团队成员利益冲突的情况发生,项目公司进行了人尽其用的岗位职责设定。首先对企业发展战略进行分析,企业战略是企业发展的总体规划,指明企业发展的方向和目标,企业战略的实现需要与其匹配的组织结构来支持,部门职责设计是组织结构的重要组成部分。为了确定各个部门的职责,首先确定各个部门的主要业务,通过对企业进行战略分解,明确各部门的具体职责,从而让各个部门真正能够支撑起企业战略的需求。在确定部门职责的过程中,还要考虑到部门与企业外部的接口,要考虑到外部供应商和客户的情况,以及外部政府部门的影响。在确定了部门职责之后对部门职责进行制度化,制定部门岗位职责说明书,描述工作的基本事实,对部门的工作起到实际的指导作用。

所谓人尽其用的岗位职业设定是指当企业在出现职位空缺时,首先要做的不是如何找到一个人来填补这个位置,而是通过职位分析、职责设定来确定具备什么样素质和能力的人才有资格胜任这项工作,根据市场要求以及企业发展战略等因素来分析企业现有人力资源的余缺,余则分流,缺则补充。然后按照一定的程序一步步地确定到底是由内部晋升还从外部招聘。项目公司采用的主要是内部晋升的方式。根据职位要求和员工的实际能力确定候选人,对每一位内部候选人进行跟踪,考察每位有可能成为重要职位候选人的内部员工当前的工作绩效以及可提升程度的高低,同时为每位候选人制定切实可行的职业生涯规划,以此为项目职位选出最适合的人选。

2)建立科学的人力资源管理制度

为加强对企业的人力资源管理,更好地提高人力资源管理的水平,提高工作效率,创造更好的效益,促进企业进一步的发展,项目公司建立了一套合理科学的人力资源管理制度,实行标准化的人力资源管理流程。例如利用计算机管理信息系统,搜集和整理有关人力资源的资料,然后进行合理分析,提出相应的评价体系,为企业的人才选用、培养和成长提供客观的依据。除此之外,为了更好地利用好人才资源,项目公司采取有计划地对人力资源部员工进行培训或引进经验丰富的人力资源员工的方式,进一步促进人力资源管理制度的完善和落实,实现高效的人力资源管理与储备。

3)以人为本的管理思想,打造和谐的企业氛围

企业文化是企业的翅膀,好的企业文化能促使员工产生文化认同感及强烈归属感,为保留优秀员工及吸引外面的优秀人才起很大作用。而颓废的、消极的企业氛围很难让优秀员工产生认同感,继而影响员工绩效。项目公司遵循"以人为本"的管理思想,尊重每一位员工,加大对人力资源管理的投入,提高企业管理者和企业员工的双向沟通;加强员工培训,既为本企业建立稳定的人才队伍,也提高了企业的内部凝聚力和对外竞争力;同时为员工创造参与企业管理的机会,鼓励员工积极参与企业管理,以提高企业的决策和管理水平,最大限度地避免企业决策失误;并使员工及时了解企业运行状况,以满足其自我价值的实现,增加员工的责任感,提高员工的士气,形成思想活跃、民主和谐的企业氛围。

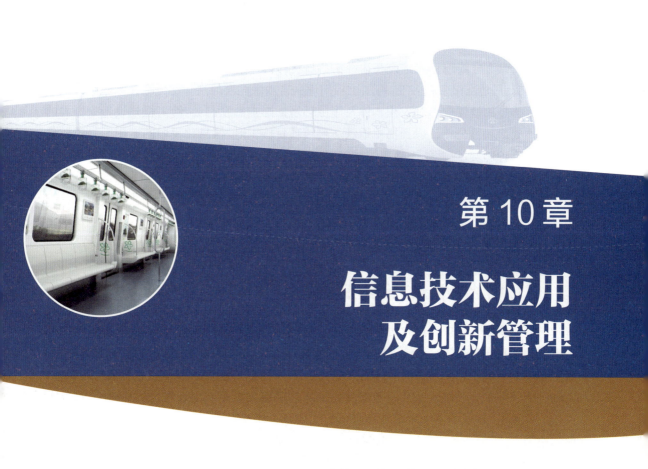

第 10 章

信息技术应用及创新管理

/ 10.1 监控量测与预警平台对接实现事故快速反应
/ 10.2 多台盾构机监控平台信息化管理 / 10.3 BIM技术优化施工工序及资源配置
/ 10.4 VR技术实现地铁工程建设应急救援模拟 / 10.5 创新管理——专利申报

10.1 监控量测与预警平台对接实现事故快速反应

福州地铁 2 号线项目的建设在途经中心城区时,涉及大量的地下空间施工。由于地形地貌、水文及周边环境复杂多变,再加上福州地区富水淤泥质地层(部分存在承压水),高压缩性与敏感度的地层变形对工程本体及周围环境的影响愈发凸显,给工程建设带来极大的困难与挑战。项目公司认识到福州地铁 2 号线项目施工时,信息化手段的运用——监控量测须严格推行落实,以此作为施工的眼睛,做好风险预测、预判、预控,并对变形趋势做出分析研究,进而为现场采取的风险管控措施提供科学依据,确保施工现场安全受控。

随着新技术的发展与应用,地下工程监测技术与管理也在实现不断的突破发展。福州地铁 2 号线项目的监控量测,不仅采用了现今最先进的地下轨道监测设备与技术,也探索出了一条科学合理、高效创新的管理方式,值得同类工程借鉴参考。

10.1.1 监控量测工作组织模式

福州地铁 2 号线项目自建设伊始,即认识到监控量测的重要性。为确保监控量测严谨规范、正常顺利地开展,在分包管理上,全线监测任务采取由项目公司统一招标,从各施工标段主合同中剥离开来。全线范围内委托中交公路规划设计院实施,避免由各标段自行招标,为赶进度忽视安全风险。坚决避免通过监测数据造假来规避已出现警情的风险工程,监测工作实事求是,对现场安全风险管控提供有力支撑。中交公路规划设计院有限公司作为具体实施单位,向中交海峡项目公司提供监测服务及必要的工作配合,项目公司安全质量监督部设专职工程师负责监测管理工作并向项目公司安全总监汇报。福州地铁 2 号线项目监控量测数据报送流程如图 10-1 所示。

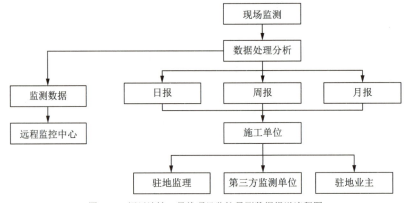

图 10-1 福州地铁 2 号线项目监控量测数据报送流程图

第10章 信息技术应用及创新管理

福州地铁2号线项目地下工程安全风险大,不可控及不可预见因素多,监控量测作为一个重要的手段,预测安全风险点的受控状态及变化趋势,对现场安全风险与技术风险管理而言相当重要。因此,监控量测有着严格的标准,人员与仪器、工作开展程序、成果报送及应急管理、与土建等单位配合协作等均在国家、地方规范规程及技术方案层面上有全面、明确又有针对性的要求。

监控量测方案实施过程中,监测等级划分、监测对象、监测范围、测点初始值获取及报备、监测频率、特殊情况下(如应急抢险)的监测频率、监测控制指标及预警值、监测周期、停测标准与程序、消警处理、测点布设及保护、测点现场实施、监测变形及计算、监测数据成果报送流程、现场巡视及应急响应等。

监控量测方案及第三方监测方案实施前须结合危大工程的安全专项方案与安全应急救援预案同时进行专家评审工作,确保监测开展具有针对性、安全、高效。

10.1.2 风险监控平台

福州地铁2号线工程项目监控量测管理引入中国交建华东勘测设计研究院安全风险评估与健康管理系统,辅助项目开展监测与安全风险管控,并且具有开放式平台功能,自动向终端移动设备发送预警信息。

该平台主要涵盖施工管理、监测管理、风险控制、文档管理、综合管理、现场视频监控等几项主要内容,并融合文字、监测成果数据库、监测图表、预警通知、工程概况、安全风险类文件发布等项目的综合安全风险处理处置工作内容,全面进行风险监控与数据联网,更有力加强地铁施工安全风险管控,确保安全生产。监控平台如图10-2所示。

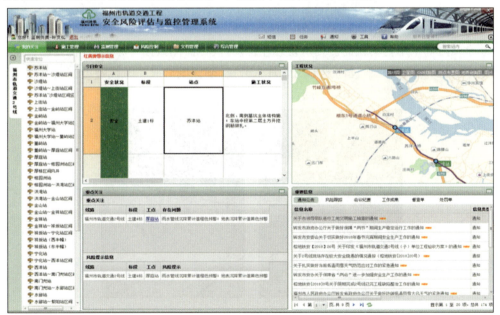

图10-2 监控平台显示图

监控量测预警后,项目公司根据专题会议要求及时进行处置。未消警期间采取相应的安全处理措施。待监测数据稳定并符合消警条件后,由施工单位提出消警申请,报监理、第三方监测、业主等单位审核,经参建各方同意后消警。消警流程完成后,由监理单位将消警申请表及时上传监控平台,消除平台预警。

福州地铁2号线工程项目开工建设时,业主及设计单位即提出监测预警、报警的控制要求,按照国家标准《城市轨道交通工程监测技术规范》(GB 50911—2013),并根据福州地铁1号线的建设经验,将监测预警状态分为:黄色预警、橙色预警、红色报警。施工监测发出不同等级的预警或报警,是根据单一或多个监测对象的累计数据及速率研究决定的,具体见表10-1。

监测预警报警分级一览表　　　　　　　　　　　表10-1

预警级别	预警状态描述
黄色预警	变形监测的绝对值和速率值双控指标均达到控制值的70%,或双控指标之一达到控制值的85%
橙色预警	变形监测的绝对值和速率值双控指标均达到控制值的85%,或双控指标之一达到控制值
红色预警	变形监测的绝对值和速率值双控指标均达到控制值,或者"双控"实测值之一超过控制指标过大时

福州地铁2号线工程项目经各方研究决定,对于基坑围护结构变形,当基坑封顶后,即安全风险消除,无须走消警程序,系统自动消除警情显示;而对于环境警情(如建构筑物与地下管线等),须走消警程序。

消警材料须含消警申请表、施工监测数据及预警单、预警会会议纪要、施工单位预警处理措施、第三方监测数据及消警意见。最终经市地铁集团、项目公司、施工、监理、第三方、设计签署同意后,方可完成消警手续,风控平台上无预警或报警显示。

10.1.3　自动化监测技术的应用

福州地铁2号线项目西洋站~南门兜站区间盾构正穿既有福州地铁1号线,于南门兜站~茶亭站区间采用自动化监测提供信息化保障,确保监测数据实时传输,优化调整盾构推进参数,严格控制既有线横竖向变形及管片张开量,确保既有线1号线隧道结构安全与运营安全。自动化监测系统如图10-3所示。

a)　　　　　　　　　　　　　b)

图10-3　自动化监测图

福州地铁 2 号线项目泥水盾构区间过两江四岸经福州市水利局组织专家评审，决定对河堤及河床进行监测控制变形，河道地形断面监测、堤防地层分层沉降变形监测、防洪堤外部变形监测、二维三维数学分析计算有力地确保隧洞施工安全及水利设施安全。

10.2 多台盾构机监控平台信息化管理

近年来，随着我国社会经济的快速发展，交通建设行业规模逐渐扩大，地铁盾构施工的应用也越来越广泛，新形势下国家对工程项目施工安全管理提出了更高的要求。盾构集中监控平台汇总各区间盾构施工过程数据，实现盾构机掘进参数、施工监测等数据的集中管理分析，加快了施工现场与项目总经理部信息沟通的速度，有效地提高了盾构施工过程中的管理水平以及便于为后续的盾构施工提供相关指导。

随着工程建设业务的不断拓展，中国交建承建的城市轨道交通项目越来越多。盾构机作为区间隧道工程施工的主要设备，其设备信息、位置信息、生产动态信息能够为管理人员提供设备安全管理、辅助决策的数据作为参考依据，提升项目总经理部与各单位的施工现场的管理能力。因为地下施工工况复杂，风险大，成本高，每一次区间隧道施工都要记录详细的施工数据，作为后续施工的数据参考和经验依据。地铁施工时，各个区间的施工往往是同时进行的，每个施工区间的盾构司机、测量人员以及盾构机本身的数据采集系统都会记录下相关的施工数据。但是这些数据的管理较为分散，各项目部之间的数据相互独立，多台盾构同时施工时必须需要一种监控平台实现施工过程数据收集、分析，以此指导现场施工，加快施工现场与管理层信息沟通的速度，有效地提高盾构施工过程中的管理水平，确保施工安全。

福州地铁 2 号线项目区间孤石、基岩突起的较多，且大多数结构位于粉砂、砂层中，稳定性差，难度大，风险高。部分区间位于液化砂层、上软下硬地层中，盾构掘进中需要频繁更换刀具，人员和设备风险高。2 次穿江（乌龙江和闽江，双线总长约 9km）、7 次穿越桥桩、9 次穿越建筑物、3 次下穿既有铁路、1 次下穿既有地铁。项目施工高峰期 20 余台盾构同时施工，安全风险较大。盾构机作为特大型重大装备，其生产运营状况是项目管理的重中之重，是保证项目进度、成本、质量、风险等要素的关键，因此，迫切需要建设盾构监控管理平台，实现施工过程的事前预警、事中实时监控及事后处置分析，保证盾构机施工安全。

10.2.1 监控中心设立目的

在实际施工中，盾构机掘进作业的管理制度与规范相对健全，但信息化的管理仍需进一步完善，实现盾构机设备运行信息的自动采集，运行状态的统计处理，同时提供安全预警、数据分析及辅助决策等功能,提升项目建设的全过程安全管理水平。盾构施工地质条件千差万别,施工风险多种多样,对盾构设备运行状况的监测,既是安全生产的需要,也为突发事件下的快速处置提供了可视可控的有效平台。

目前大部分盾构机只能实现项目部监控管理功能,还未实现项目总经理部层面的统一监管,在盾构机的安全运行监测方面存在漏洞与隐患。总经理部需要对盾构施工现场的安全生产进行统筹管理,掌握盾构掘进过程中的风险源。根据监控平台采集的盾构机实时数值的变化,有针对性地对相关数据进行报备预警、统计分析和综合查询,对盾构施工状态进行 24 小时的连续监控。为满足盾构监控管理中心日常工作需要,项目公司联合相关单位开发了包括盾构机生产进度管理、现场安全监督管理、盾构机视频图像、盾构施工动态监测管理及数据分析等系统的综合盾构监控管理平台,如图 10-4 所示。

a)

b)

图 10-4 盾构监控平台

10.2.2 盾构监控平台功能分析

盾构监控平台监控主界面提供盾构机在掘进过程中的重点监测数据,主要包括:刀盘转速、刀盘扭矩、推进速度、总推力、推进行程、分区压力、日掘进环数、报警信息等。

导向系统监控显示水平偏差前端,水平偏差后端,垂直偏差前端,垂直偏差后端,滚动角,俯仰角,隧道长度,切口里程,方位角,掘进进度等数据的监控数据。

1)盾构机生产进度管理

生产进度管理系统可采集、分析盾构机作业进度信息等,及时有效地发现问题,协调、解决问题,提高施工效率,加快施工进度。工作数据如图 10-5 所示。

2)现场安全监督管理

通过现场实时画面,可以监控盾构区间施工人员是否做到安全文明施工,施工相关设备是否处于安全状态,对重大风险源实时监控,落实到每一位班组成员。

正在准备

2018-04-21 日期 1月

总天数	累计环数	回归环	日进环数	掘进中	组装中	正在准备
04/16/2018(MONDAY)	321	321	0	0	0	0
04/17/2018(TUESDAY)	321	321	0	0	0	0
04/18/2018(WEDNESDAY)	321	321	0	0	0	0
04/19/2018(THURSDAY)	321	321	0	0	0	0
04/20/2018(FRIDAY)	321	321	0	0	0	0
04/21/2018(SATURDAY)	322	321	1	35.55	432.35	736.85
04/22/2018(SUNDAY)	330	322	8	252.93	810.88	1120.85
04/23/2018(MONDAY)	333	330	3	111.6	193.17	69.33
04/24/2018(TUESDAY)	335	333	2	74.02	686.23	963.68
04/25/2018(WEDNESDAY)	343	335	8	306.85	688.63	1087.43
04/26/2018(THURSDAY)	343	343	0	0	0	0
04/27/2018(FRIDAY)	343	343	0	0	0	0
04/28/2018(SATURDAY)	343	343	0	0	0	0

图 10-5 掘进总和报表

3）盾构机实时视频监控

盾构视频影像系统能直观地观察到盾构施工过程中的工作状态、隧道管片的拼装效果、有无渗漏水，错台情况等。盾构视频图像如图 10-6 所示。

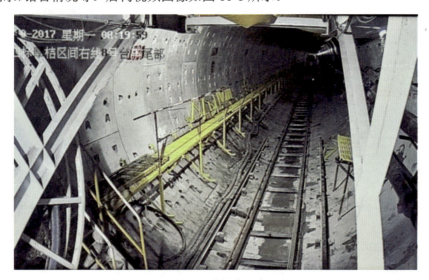

图 10-6 盾构视频图像

4）盾构机运行数据分析

系统设置报警功能，通过分析比对多台盾构设备运行的参数及状态，第一时间发现问题，并将报警项目置顶显示在报警页面中，能使工作人员及时解决，提高施工效率。盾构工作信息如图 10-7~ 图 10-9 所示。

通过对不同的地质情况下盾构掘进情况及遇到的问题进行分析，对福州地铁 2 号线项目其余项目部（工区）有类似地质情况的施工区间予以借鉴，确保同类问题不再重复出现。

5）监控平台效果

（1）福州地铁 2 号线项目盾构监控平台的使用，加快了施工现场与项目总经理部信息沟通速度，有效地提高了盾构施工过程中的管理水平。

（2）运用所开发的可视化历史数据分析、画面放大缩小等功能，可以方便地实现查找数据、比较分析数据等操作，有效提高了盾构施工信息的利用率。

图 10-7　盾构运行状态

图 10-8　报警中的项目置顶且显示红色

图 10-9　渣土量统计

(3) 可视化报表能以曲线图、饼状图、柱状图等多种形式反映施工参数变化的全过程，直观明了，便于管理人员分析数据，发现、判断和解决问题。

(4) 可根据需要导出过去已完成的施工数据，精确到任意一天的时分秒，方便进行查阅分析。

10.3 BIM 技术优化施工工序及资源配置

福州地铁 2 号线项目依据国家、行业、福建省 BIM 有关应用标准及管理规范，采用业主 BIM 管理模式，由业主统筹考虑项目规划、建设及运营的"一体化"全生命周期管理应用 BIM 技术，建立 BIM 协同项目管理平台及技术应用标准规范，为工程参建各方开展日常项目管理工作提供有力的信息化辅助工具。项目公司在资源配置、进度把控、质量管理、物资设备管理、安全管理和造价控制等方面，利用 BIM 技术进行施工辅助管理，主要内容及目标如下：

(1) 能够接收业主下发的 BIM 数据模型，并具备模型检索查看、数据提取、模型整合以及施工模拟、进度模拟等常规操作的能力。

(2) 负责对施工组织设计及重点施工方案进行工序拆分，按周、月、季度编制合理的施工进度计划，运用 BIM 技术模拟各专业工序的施工步骤，验证施工组织设计与各专项重点施工方案的可行性。

(3) 负责运用 BIM 技术，开展施工阶段的安全管理、质量控制、进度控制、施工组织、资料归集等工作。

(4) 协助业主完成 BIM 技术辅助后期运维所需的准备工作，例如设备的二维码粘贴及设备安装过程信息录入等。

(5) 按业主要求将施工阶段产生的相关资料等内容上传至 BIM 项目管理平台中，保证数据模型与现场实际情况的同步性与完整性。

(6) 业主采用与 BIM 技术相关的新技术、新方法进行项目管理时，项目公司有义务配合业主单位进行相关工作的实施。

10.3.1 BIM 组织结构及资源配置

1）组织结构

项目公司为加强 BIM 管理，攻克工程重难点，在福州地铁 2 号线项目开工前，由项目总经理牵头，项目总工及 BIM 负责人协调策划 BIM 的应用过程和实施方案，构建组织结构如图 10-10 所示。

2）人员配置（具体人员配置）

(1) 设立 BIM 负责人 1 名负责本标段 BIM 技术应用工作，与业主进行 BIM 事务的对接和沟通,配备2名以上有轨道建设方面BIM实践经验的技术人员专职为本项目服务,配备2名以上轨道工程技术经验丰富人员负责配合BIM技术人员完成相应的BIM实施工作。

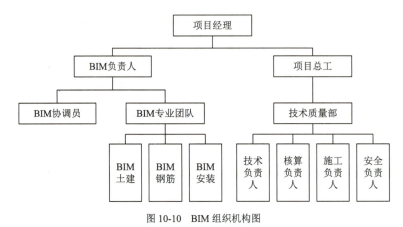

图 10-10　BIM 组织机构图

(2)BIM技术人员具备模型检索查看、数据提取、模型整合以及施工模拟、进度模拟等能力。

(3)BIM人员定期参加业主组织的相关BIM例会,包括BIM技术培训等,及时记录并完成与本单位相关的BIM实施工作。

(4)BIM技术人员具备稳定性和长期性,一旦确定BIM实施相关人员,不会中途随意变更,如非要对人员进行调整,提前一个月通知业主,并尽快完成相关BIM工作的移交。

(5)配合业主在施工期间进行的相关BIM实施工作,对业主单位所需资料的收集、信息的查看等工作,积极配合执行,共同推进BIM实施的相关工作进度。

10.3.2　BIM 管理流程及阶段性管理概述

1)BIM 管理流程

BIM管理流程如图10-11所示。

2)阶段性管理概述

(1)施工前准备阶段。

①负责施工组织设计、专项施工方案的可视化模拟,利用可视化的优势,对施工全过程的重点、难点、安全风险点等进行可视化模拟,形成具有可视化的三维立体模型的施工组织设计和施工方案。

②利用BIM技术实现技术交底和安全交底的可视化模拟,指导施工人员现场实施。

③利用BIM技术进行地下管线的迁改方案模拟和交通疏解方案模拟,为后续现场实际施工提供可视化帮助,辅助提高施工质量减小投资风险。

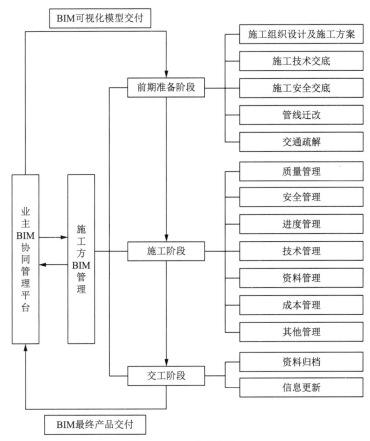

图 10-11　BIM 管理流程图

④利用 BIM 技术进行施工前期机电管线的综合排布、优化,辅助提高现场施工质量。

(2)进场施工阶段。

①进度计划上报。

负责将施工进度计划按业主单位的细分要求拆分成周、月度、季度计划。进度计划拆分细度应与模型构件匹配,同时根据进度计划编制工作内容清单,下发至各施工班组,并通过 BIM 协同管理平台上报监理。

②施工质量控制。

对重难点分部分项工程需利用 BIM 技术进行施工工序模拟,如地连墙桩施工工序模拟、盾构掘进施工工序模拟等,保证现场施工质量。

③施工安全管理。

通过浏览查看 BIM 模型,对工程中存在的重点安全隐患部位进行重点标记,如临边洞口、高支模等,便于现场重点把控。

④现场组织上报。

负责按业主要求,定期通过 BIM 协同平台上报现场施工组织资源配备情况,如施工人数、机械数量、材料数量等。

⑤标签条码技术要求。

a. 项目公司职责如下。

负责按业主要求,在现场设施设备安装完毕后,将标签条码粘贴到设备的指定部位,一般粘贴到设备设施的铭牌处。

负责按业主提供的表格模板,将现场设施设备的安装过程信息填写到表格中,施工信息经过监理的验收审核。

b. 标签条码分为设备信息和施工信息两大类。

设备信息:由材料设备供应单位在设备及预制构件出场时将材料信息(工点名称、材料编号、机组型号、生产商、生产日期、整机产地、安装位置等,特别是品质信息和注意事项)填写到业主提供的表格模板中,材料设备进场时,项目公司联合各标段会同监理单位对材料设备信息进行审核确认。

施工信息:项目公司负责将设施设备的安装过程信息填写到业主单位指定的表格模板中。

⑥资料上报。

a. 技术资料:项目公司在施工阶段将施工交底、实施性施工组织设计,专项施工方案,新工艺、新技术项目运用成果,设计变更资料,图纸会审及设计交底记录,施工技术工作总结上传至 BIM 协同项目管理平台工程资料模块。

b. 测量资料:水准点、控制点移交记录,沉降、位移观测资料,施工测量放样记录资料等上传至 BIM 协同项目管理平台工程资料模块。

c. 质量资料:自检记录及日常巡查记录,竣工资料等上传至 BIM 协同项目管理平台工程资料模块。

(3)工程验交阶段。

①负责将工程归档所需资料信息按规范要求提供给监理,实现工程实体与归档资料同步完成。

②通过 BIM 模型及后台数据库,标签条码等手段,实现材料"入库单""出库单""现场安装清单""退库清单"及"资产移交清单"的提取与收集归档。

③负责核对最终 BIM 模型是否已将施工过程中全部变更信息更新完成,确保最终版 BIM 模型与现场实际情况保持一致。

(4)项目管理全过程通用要求。

将施工管理过程中产生的所有资料(含扫描件)在项目实施的各个阶段动态导入 BIM 模型中。建立并维护后台数据库,对所有数据实现规范化管理。

10.3.3　BIM 具体管理措施

1)质量管理措施

对重难点分部分项工程利用 BIM 技术进行施工工序模拟,如桩基工程、主体结构工程及盾构工程等进行工序模拟等,保证现场施工质量。另外,基于 BIM 的质量管理,重点在于信息,依靠信息流转的增强,提升质量管理的效率。依托 BIM 传递工程质量信息作为各个环节之间的纽带,保证质量信息的完整,同时能让信息更为准确、及时的传递。

(1)质量管理信息的分类。

基于 BIM 实施工程管理,核心方式是通过前台操作窗口将质量信息录入至 BIM 模型中,再由模型的构件集成工程质量信息,最后再以独立标签的形式反馈回前台操作窗口,在窗口中进行质量信息的浏览与管理。质量信息主要包括基础信息、记录信息和信息处理。

①基础信息。

包括时间信息和坐标信息,其中时间信息包含各个构件每个施工阶段从开始到验收完成的所有时间信息。坐标信息包括平面坐标系中的坐标信息和三维模型中的构件编号信息。

②记录信息。

质量记录信息作为对质量情况的记录,汇入 BIM 模型中,成为构件的属性信息,在工程项目中,质量信息是 BIM 质量管理系统的核心,信息的种类划分、逻辑划分、阶段划分是管理系统的前提条件。为此,系统先行完成对工程质量的分类。BIM 质量管理系统中,对质量记录信息进行分类,如原材料加工质量信息、现场施工质量信息、现场检查验收质量信息等。质量记录信息要素见表 10-2。

质量记录信息要素表　　　　　　　　　　　　　表 10-2

序号	质量信息内容	关键数据要素
1	工程质量验收记录	时间、部位、质量情况
2	工程开工报告/报审文件	时间、部位
3	工程材料/设备/构配件审查文件	部位、质量情况
4	设计变更文件	部位、变更信息
5	抽查、巡视检查、旁站监督记录	部位、质量情况
6	工程质量事故处理文件	时间、部位、质量情况
7	业主、监理指令性文件	时间、部位、处理、质量情况
8	工作报告	时间、部位、质量情况

③信息处理。

信息处理包括质量问题发现、质量问题处理、质量问题分析。对应这三种质量问题的处理情况,BIM 管理系统中采用不同的标签对各类信息进行区别。采用质量管理动态控制,使质量管理者通过 BIM 实施平台,清晰了解工程中质量问题的发生、处理、解决的状态,提升对工程项目的整体掌控能力。

(2)质量管理信息的采集及录入。

①现场采集。

基础采集方式采用数码相机、IPAD 等普通拍照方式。在现场情况复杂、质量信息量大、涉及对象多的情况下,配合使用全景扫描技术,并辅以视频影像。

②质量信息录入。

将现场质量信息记录后,将信息录入至 BIM 模型中,为原有模型再增加一项新的质量信息维度。

(3)质量信息的分析及管理。

通过质量信息的采集及录入,对出现的质量问题进行分析,找到质量问题发生的原因,及时采取措施,解决相关问题。

2)安全管理措施

(1)现场布置。

作业前,根据方案,先进行详细的施工现场查勘,重点研究解决施工现场整体规划、现场进场位置、材料区的位置、起重机械的位置及危险区域等问题,确保建筑构件在起重机械安全有效范围作业;利用三维建模,模拟施工过程、构件吊装路径、危险区域、车辆进出现场状况、装货卸货情况等。对工程中存在的重点安全隐患部位进行重点标记,如临边洞口、高支模等,便于现场重点把控。从而提前把握风险点,降低安全隐患。

(2)资源分配。

通过BIM三维全真模型对临时设施进行虚拟布置。根据所做的施工方案,将生产安全全过程进行分解,构建模型,将临时设施及周转材料的尺寸、重量、连接方式、布置形式直接以建模的形式表达出来。用来选择施工设备、机具、确定施工方法,配备人员,从而事先准确估算所需要的资源,评估临时设施的安全性,发现可能存在的错误,从而保证工程施工的安全、质量和生产效率。

(3)施工过程模拟。

通过BIM的3D模拟平台虚拟工程安全施工,对整个工程的安全施工进行可视化管理,达到全真模拟。通过这样的方法,充分了解工作内容和安全控制要点,确保在安全管理过程中能有序地管理,充分了解现场的资源使用情况,把控现场的安全管理环境,增加过程管理的可预见性,促进施工工程中的有效沟通。从而有效地评估施工方法、发现问题,解决问题。

(4)增强各方协调。

通过BIM可视化管理,提升了项目各参与者之间的交流,增加项目参与各方对工程内容及完成工程保证措施的了解。施工过程的可视化,使BIM成为一个便于施工参与各方交流的沟通平台。事先预知各接口之间可能存在的安全隐患,加强各方协调,从而保障施工的安全。

3)进度管理措施

通过BIM模型,与项目进度相关联,建立4D进度计划模型。通过进度模拟,优化进度方案,将施工进度计划按建设单位的细分要求拆分成周、月度、季度计划,拆分细度应与模型构件匹配,同时根据进度计划编制工作内容清单,下发至各标段执行,并通过BIM协同管理平台上报监理。基于BIM的施工进度管理流程如图10-12所示。

(1)进度计划编制。

总体进度计划按照主合同要求进行编制,合理地将施工工作任务进行分解,根据各个施工队的工作能力,制定合理可行的进度控制目标,在总进度计划纲要的要求范围内确定里程碑节点的开始和完成时间。二级进度计划由项目公司根据总体进度计划要求负责编制,充分考虑交叉施工及接口施工的影响。进度计划编制完成后,通过BIM模型进行进度模拟,通过虚拟施工过程,发现存在的问题,进行进度优化,建立最优进度模型,以确立最优进度方案,有效预防进度偏差,指导施工。

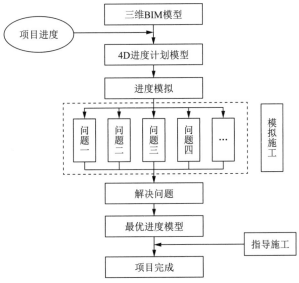

图 10-12 基于 BIM 的施工进度管理流程图

(2)进度信息收集。

①通过 GPS 定位及现场测量定位的方式确定建设项目所在准确坐标。

②确定现场部署的各种监控设备的控制节点坐标,在现场控制点不能完全覆盖建筑物时还需要增加临时监控点,在控制点上对工程实体利用视频监控、3D 扫描等设备进行全时段录像、扫描工程实际完成情况。

③将监控数据通过网络设备传回到基于 BIM 的 4D 施工进度跟踪与控制系统进行分析处理,为每一个控制点的关键事件节点生成阶段性的全景图形,并与 BIM 进度模型进行对比,计算工程实际完成情况,准确衡量工程进度。

(3)进度形象分析及纠偏。

通过进度采集数据进行进度形象分析,找出实际进度与进度模型偏差的原因,采取合理的纠偏措施,保证满足工期进度要求。

4)技术管理措施

(1)图纸审查。

目前的图纸是多专业分开绘制,有时要对照多份图纸,才能找到要查找的某一节点图。施工经验不足的管理人员看图纸要花费大量精力,采用 BIM 可视化管理,进行 BIM 建模,将各专业图纸融合到一起,形成三维模型进行图纸审查,更易发现设计问题,提高审查效率。

(2)碰撞检测。

设计院各专业都是单独设计图纸,难免出现碰撞问题。人工核算很难考虑到三维的碰撞,且工作量大,优化的难度大。通过 BIM 建模,利用计算机快速计算出碰撞点。如钢构与主体、钢构与钢筋,主体钢筋间的碰撞检测等,对碰撞点加以优化,减少返工损失,保证施工顺利进行。

(3)技术交底。

BIM 模型可对各项施工方案进行三维可视化交底,对施工过程中使用 dwg 格式的二维平面图纸难以理解的节点进行建模,可以更直观、更清楚的将施工工艺立体展现在工人眼前。通过 BIM 模型可视化操作,由计算机不限次地模拟施工过程,对作业人员进行技术交底,指导施工以减少损失。

(4)过程指导。

利用 BIM 模型,首先进行现场三维扫描,对项目进行实地考察。针对建设地点、气候条件、地理环境等相关因素,结合设计、规范等资料,采集现场 1∶1 真实点云数据,得出点云模型;其次进行坐标系匹配。利用三维模型及现场采集到的特征点数据将现场坐标系与模型和图纸进行匹配,三维模型及点云数据能够很清晰地反映施工细节和现场情况。通过这项技术,可以预先解决大部分的施工问题,大幅降低后期的返工率和由错误引起的设计变更,并将施工策划的深度提升至下单图水平,策划的成果直接用于材料下单,不但提升了施工精度,也改变了传统的流水施工模式,还大大节约工期。

对于施工重点难点区域以及重要的施工方案,进行施工模拟展示。施工模拟包含以下几个方面:重要方案的施工模拟(如深基坑模拟、盾构掘进模拟)、重要区域的施工模拟(如停车场、车辆段工程模拟)、复杂区域施工组织模拟(如跨越建、构筑物区域、地下管线复杂区域的施工工序模拟)等。通过施工模拟,预先发现可能存在的重难点,寻找到解决方法,指导施工。

(5)模型更新。

在施工阶段,BIM 模型需根据设计变更、工程洽商等原因造成的设计图纸改变以及现场工程师反馈的施工现场与设计图纸的出入进行修正,以保证模型与最新设计文件、施工的实际情况一致。

10.4 VR 技术实现地铁工程建设应急救援模拟

福州地铁 2 号线横穿东西城区,全线分布有富水软土,部分站点为强透水粉细砂层和承压水。因地质、水文情况复杂,施工过程中极易引起地墙渗漏或涌水涌沙险情,导致工程自身的安全隐患及路面、房屋开裂等周边地质灾害,对途经的区间隧道亦存在潜在的影响和危害,危险性较大,安全风险高。自开工以来,多个站点发生过上述险情,如金祥站、桔园洲站、厚庭站、紫阳站、上洋站等。险情虽得到妥善处理,未造成重大人员伤亡和经济损失,但给福州地铁 2 号线项目的施工安全敲响了警钟。全线车站基坑围护结构施工存在质量缺陷,影响基坑安全,同时,反映出现场应急救援过程中,参建单位和人员经验不足,专业技术水平不高,组织协调力度欠缺,应急救援程序不够清晰等问题,故地铁工程施工涌水涌砂应急救援的专项培训显得尤为迫切。

虚拟现实(Vitual Reality,VR)是一种多源信息融合、交互式的三维动态视景和实体行为的系统仿真技术。它利用计算机生成一种模拟环境,是一种可以创建和体验虚拟世界的计算机仿真系统。VR 技术提供了一种半侵入式的环境并强调真实情景和虚拟世界图像和时间之间的准确对应关系。项目公司借助于高科技手段为技术人员、施工人员提供一种高度逼真的感官和交互式体验,以此对突发情况实现高效的应急救援。

10.4.1 现状调查

地铁建设对缓解交通压力,促进城市经济和社会可持续发展具有重要作用。然而我国城市,尤其是二三线城市的轨道交通发展历史比较短、经验也不足,而建设速度却很快,其中存在大量安全隐患。近年来,我国发生了北京地铁 10 号线苏州街站坍塌、杭州地铁 1 号线湘湖站坍塌等一系列重大事故。由于风险管理及应急抢险措施不力,这些事故造成了重大人员伤亡和不良的社会影响。近来我国各地纷纷采取措施,加强地铁应急教育与培训工作,是地铁工程建设各责任主体的重要工作之一。

由于近些年全国主要城市地铁建设速度快,城市轨道交通项目剧增,造成项目人才缺失及流动性大,且应急培训认识不足、不统一及培训模式主要以 PPT 演示为主,方式较为传统与单一,即使辅以现场应急演练,由于代价大且时效性不足,真实性有限,覆盖面不全,整体应急培训效果一般,无法满足当前建设需求。

10.4.2 项目研发方向

1) 开发总体思路

采用线上 + 线下,以 VR 实训为主的培训服务方式(图 10-13),在保证学习应急救援技术与管理内容的同时,亦提高了员工学习的积极性,提高了培训效率。

图 10-13 涌水涌沙突发事故应急救援演练

2) 开发关键技术环节

(1) VR+ 游戏的设计思路,多人协同参与体验。
(2) 全局观"总指挥"角色设计,建立宏观视野。

(3)知识点可操作转换,交互性强。
(4)真实还原现场,身临其境。
(5)云储存演练结果,大数据分析及报告评测。

10.4.3 项目研发内容

1)框架结构

人物视角,显示科技感虚拟空间,全息影像展示不同等级突发事故演练目录(图10-14)。

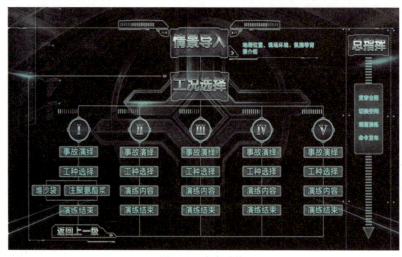

图10-14 框架结构

2)交互选择

基坑内部,在地墙接缝处,发生少量涌水现象(清水),演练者通过点击,选择角色,进入各自的角色情境中(图10-15)。

图10-15 交互选择

3）模拟实操

可搭载多种类型 VR 设备,在虚拟环境中模拟实操,能有效地降低培训成本,提高培训质量,保障抢险救援安全(图 10-16)。

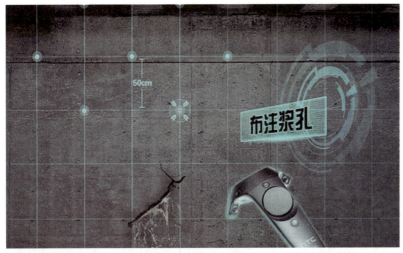

图 10-16　模拟实操

4）数据分析

通过 VR 实训过程中的行为数据分析,汇总分析结果形成统计报表,有利于及时发现救援演练中的不足之处,进行针对性改进(图 10-17)。

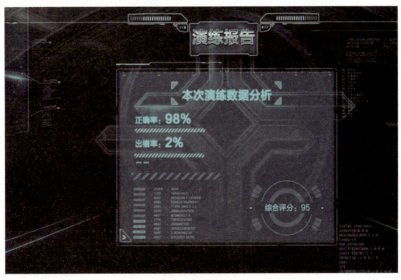

图 10-17　数据分析

5）研发任务及具体内容

(1)基础阶段。

基础阶段研发任务见表 10-3。

基础阶段研发任务表 表 10-3

阶段	任务名称	内容
基础阶段	前期准备阶段	(1) 信息技术开发人员对地铁工程的技术与现场开展体验与了解； (2) 工程人员讲解基本地铁施工的流程与工法； (3) 观看涌水涌砂应急救援演练视频等相关材料
	实况取景	实况取景包括拟开发地铁车站基坑内部、基坑地面取景及周边环境取景（照片+视频），经软件处理后，由专业软件合成处理后，可以作为工程背景，真实度较高
	工程应急救援预案及相关素材	工程单位提供基坑及盾构相关应急救援预案（含应急救援全过程流程及方案）及抢险的一些设备、材料、险情处理及救援操作的照片、视频，供开发使用
	编制开发脚本	根据拟开发程序的应用方向及开发内容，分解成条块式开发脚本

(2) 实施阶段。

一个 VR 应用程序开发，涉及多个专业，如美术、技术、脚本、建模、设计、影像、程序及平台搭建等，具体任务清单见表 10-4。

实施阶段研发任务表 表 10-4

阶段	任务名称	内容
第一阶段时间及任务内容	脚本制作	根据第一阶段的剧本，完成第一阶段的脚本，主要包含：发现险情、棉絮堵缝、堆沙袋反压、打孔注浆、数据展示
		成果展示及交付
	空间设计	根据第一阶段的脚本，完成空间设计。包含操作流程及操作方式
		成果展示及交付
	美术资源制作	根据第一阶段的脚本，完成空间设计。包含建模、声音、场景设计等
		成果展示及交付
	程序开发	根据第一阶段的脚本、美术资源、空间设计，进行业务逻辑开发
		成果展示及交付
第二阶段时间及交付成果	脚本制作	根据第二阶段的剧本，完成第二阶段的脚本，主要包含：险情加剧、请求项目公司增援、堆沙袋反压、钢板封闭、地面注浆、数据展示
		成果展示及交付
	空间设计	根据第二阶段的脚本，完成空间设计。包含操作流程及操作方式
		成果展示及交付
	美术资源制作	根据第二阶段的脚本，完成空间设计。包含建模、声音、场景设计等
		成果展示及交付
	程序开发	根据第二阶段的脚本、美术资源、空间设计，进行业务逻辑开发
		成果展示及交付
第三阶段时间及交付成果	脚本制作	根据第三阶段的剧本，完成第三阶段的脚本，主要包含：险情再次加剧、市地铁集团增援、华润燃气抢修、堆黏土反压、地面注浆、数据实时显示
		成果展示及交付
	空间设计	根据第三阶段的脚本，完成空间设计。包含操作流程及操作方式
		成果展示及交付

续上表

阶段	任务名称	内 容
第三阶段时间及交付成果	美术资源制作	根据第三阶段的脚本,完成空间设计。包含建模、声音、场景设计等
		成果展示及交付
	程序开发	根据第三阶段的脚本、美术资源、空间设计,进行业务逻辑开发
		成果展示及交付

6)VR 应用预期效果

VR 应用于培训是工程建设行业培训发展的一个飞跃。它营造了"自主学习"的环境,由传统的"以教促学"的学习方式变为学习者通过自身与信息环境的相互作用来得到知识、技能的新型学习方式。本项目正式投入运营后,带来以下直接效果。

(1)通过完全沉浸式的体验,让工人真实感受涌水涌砂的事故现场。

(2)通过虚拟多种场景,加强对多种灾难情况的了解,理顺应急响应的流程及对突发事故的应急救援程序提高涌水涌砂突发事故的应变能力。

(3)VR 演练成本低,可提高工人对涌水涌砂灾难应急救援的培训时长。不在限定的地点接受培训,可以节省大量的费用,培训方式灵活,利用员工的碎片化时间,节省大量时间成本。

(4)通过行为数据分析,能及时发现应急救援预案中的不足。培训内容可根据企业需求及时更改,节省大量重新印制和宣传费用,课程更新的同时即可完成宣传与推广。

利用 VR 技术改变了传统填鸭式的应急救援培训模式,为应急抢险救援队伍提供日常学习培训和应急救援预案演练,保障事故发生时抢险的成功率。其交互性和仿真感,能够实现应急救援培训的智能化、可视化和集成化等创新效果。同时,在体验过程中可以有效地暴露应急救援预案和救援程序的缺陷,改善各应急部门、人员之间的协调,提高应急人员的熟练程度和技术水平,提高整体应急反应能力,保持应急救援体系的有效性。

10.5 创新管理——专利申报

当今,在国内倡导的"大众创新"与"自主创新"的大环境与时代的背景下,各行各业的技术发展日新月异,新技术发展引领行业、地区及社会发展愈发关键与显著,成为全社会关注的焦点与热点。而作为城市发展引擎的基础设施建设领域,尤其作为城市发展新动力的城市轨道交通工程建设,相比十年、二十年前,从勘察设计到建造施工,再到后期交付运营维护,为满足安全、绿色、高效的建设需求及社会对内容与形式的求新求变的更高追崇,同时也为解决大量复杂的地铁工程建设难题、新题,大量的发明创造、技术革新、跨界产品及科技成果在地铁建设过程中应运而生,也带来了一个新的社会问题,新技术新成果的知识产权的认证与保护。

令人尴尬的现实是,我国建筑施工企业作为实体经济中传统行业,相对新兴的通信、电子、计算机等领域,建筑施工企业很少关注企业专利的申请保护和战略规划实施。这对中国建筑企业在国内市场的竞争及中国企业走向海外参与国际竞争时,作为企业的核心技术与科学高效技术管理制度证明的知识产权与专利,无法提供凭证与保护,在存在恶意竞争的市场环境下,极易带来诸多问题与争议,甚至最终只能通过司法途径解决,给企业实现高质量发展带来不必要的障碍。

现以福州地铁 2 号线安全体验馆为例,系统介绍建设工程专利申请的流程与技巧,具有一定的借鉴意义。

10.5.1 专利的定义及类型

专利,从字面上是指专有的权利和利益。在现代,专利一般是由政府机关或者代表若干国家的区域性组织根据申请而颁发的一种文件,这种文件记载了发明创造的内容,并且在一定时期内产生这样一种法律状态,即获得专利的发明创造在一般情况下他人只有经专利权人许可才能予以实施。

在我国,专利分为发明专利、实用新型专利和外观设计专利三种类型,国家知识产权局为该业务主管行政部门及专利证书审核、授权及颁发部门。各省、直辖市及自治区科技厅(局)所属知识产权局设有专利管理处(室),负责组织指导该地区专利申请及保护业务。

10.5.2 专利申请的主要步骤与方法

1)专利检索

专利检索是专利申请第一步,而且关系到能否申请成功,因此专利检索在专利申请过程中显得尤为重要。专利检索就是对现有专利技术进行检索和分析。

专利检索的途径有三种,分别为纸件检索、软件检索和网上检索。其中,常用的为网上检索。网上检索出报告后,确定拟申请专利的对象是否具备申请成功的可能性。这一环节十分重要。其中,中国国家知识产权局网站、IncoPat 科技创新情报平台、中国专利信息网、专利汇专利检索引擎、Innojoy 专利搜索引擎、佰腾网专利检索系统、专利之星 - 专利检索系统、SOOPAT 专利搜索引擎及 PatSnap 智慧芽专利检索系统等均为常用的搜索平台。

2)专利申请技术交底书

根据检索报告,当确定可成功申请专利时,则可进行下一步工作——专利申请技术交底书。专利申请技术交底书含以下内容(可由申报企业提供产品基本材料,专利代理公司负责编写及申报工作),正式格式可在中国国家知识产权局官网下载,交底书填写内容见表 10-15。

专利申请技术交底书填写内容 表 10-5

序号	条目	内容及备注
1	发明名称	拟申请专利名称（须结合查新结果确定）
2	技术领域	要说明要求保护的技术方案直接所属或直接应用技术领域
3	背景技术	写明与要求保护的技术方案最接近的现有技术所存在的问题和缺点，以及解决这些问题曾经遇到的困难，并引证反映这些现有技术的文献，一般要以文献检索为依据，最好能提供现有技术的文献复印件；现有技术是指要求保护的技术方案申请以前在国内外出版物上公开发表过的、在国内公开使用过或者以其他方式为公众所知的，与要求保护的技术方案相比最接近的技术内容，必要时结合附图加以说明
4	发明内容	阐述本专利申请所要解决的技术问题
5	解决其技术问题采用的技术方案	描述克服现有技术中不足或者问题、解决现有技术中的技术问题所采用的技术手段，要结合附图对本专利申请的技术方案进行具体、清楚、的完整说明。既包括改进的部分的技术内容、也包括现有技术中未改进的部分（或者留用的部分）的技术内容
6	与现有技术相比具有的有益效果	描述拟申请专利所产生的有益的技术效益、经济效益，社会效益或生态环保效益
7	附图	涉及有型产品专利的均应提供产品结构图或原理图，附图应按照各类制图规范绘制，图形线条为黑色，图上不得着色；附图数量不限，以能清楚、完整的反映本发明的结构特征为限
8	实施例	对拟申请专利的对象特征描述

3）专利材料申报

专利代理公司将专利检索报告、专利申请技术交底书及企业财税有关等方面材料整理后递交至国家知识产权有关部门进行办理。

4）专利申请周期

专利申请有常规申请及加急申请。

发明专利申请通常周期为 12~18 个月，加急为 9 个月；

实用新型专利与外观设计专利通常周期为 12 个月，加急为 6~8 个月。

5）专利申请费用

发明专利申请代理费市场价约 2000 元 / 项，实用新型专利申请代理费市场价约 1200 元 / 项。不同专利代理公司，报价略有差别，专利申请流程如图 10-18 所示。

10.5.3 专利的申请——以福州地铁 2 号线安全体验中心为例

福州地铁安全教育体验中心是国内首座地铁主体的安全体验与教育场所，位于福州市晋安区福马路南侧，新建廨院小学北侧。体验中心占地南北向长 54m，东西向宽 26m，展馆面积约 1404m^2，设有 4 个展示区，分别为模拟基坑及工序标准化展示区、盾构隧道展示区、安全体验区及安全教育体验中心。

在体验中心建设过程中，尤其在模拟盾构隧道、模拟地铁明挖基坑、安全体验区建设及体验中心成套设计及施工理念与技术，均是当时行业首创，具备了申请专利的前提条件。

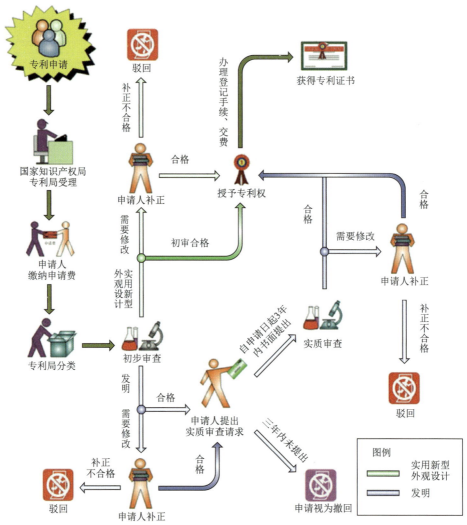

图 10-18 专利申请流程示意图

（1）现场踏勘。

工程师与代理公司技术人员一起去现场踏勘，亲身了解并体验安全体验中心与拟申请专利对象的实物，加深了解，有益于后续资料整理及提高申报通过率。

（2）提供拟申请专利对象的技术资料。

项目公司提供体验馆相关的资料、图纸及照片，尤其是拟申报专利对象的技术、构造、性能方面的资料。

（3）专利检索。

专利代理公司在国家知识产权网上查找检索，最终拟申报结果如下（专利代理公司出具经检索后的申请建议书），如图 10-19 所示。

（4）订立代理合同。

项目公司与专利代理公司签订专利案件委托书，表明该项业务正式启动，如图 10-20 所示。

> **地铁安全施工体验馆专利申请建议**
>
> **一、发明专利**
>
> 1.一种地铁安全施工培训系统
>
> 检索无在先申请，建议申请
>
> **二、实用新型专利**
>
> 1.一种地铁安全施工培训系统
>
> 检索无在先申请，建议与发明专利同时申请。
>
> 2.一种安全帽安全体验装置
>
> 检索有在先专利。申请号：2017101475760.1，申请日：2017-06-21；申请号：201710223625.8，申请日：2017-01-07。不建议申请。
>
> 3.一种安全带体验装置
>
> 检索有在先专利，但存在区别技术特征，建议申请。
>
> 4.一种洞口坠落体验装置
>
> 检索有在先专利，申请号201420718369.1.申请日：2014.11.26。不建议申请。
>
> 5.一种护栏倾覆体验装置
>
> 检索有在先专利，但存在区别技术特征。建议申请。
>
> 6.一种滑移平台体验装置
>
> 检索无在先申请，建议申请。
>
> 7.一种钢丝绳识别体验装置
>
> 检索无在先申请，建议申请。
>
> 8.一种施工用电安全体验装置
>
> 检索有在先专利，申请号：201620719350.8，申请日：2016-07-11。不建议申请。
>
> 9.一种盾构工程体验装置
>
> 检索有在先专利，但存在区别技术特征。建议申请。
>
> 10.一种地铁施工流程体验装置
>
> 检索无在先申请，建议申请。
>
> 11.一种施工现场安全教育的播放设备
>
> 检索有在先专利，大量现有技术，不建议申请。
>
> 君诚知识产权　陈文
2017.09.13

图 10-19　专利申请建议书

（5）材料申报。

专利代理公司将专利检索报告、专利申请技术交底书、代理委托合同及企业财税有关等方面材料整理后至国家知识产权局办理相关业务。

（6）官方受理。

国家知识产权局出具《专利申请受理通知书》，意味着拟申请专利对象符合专利申请条件，审核通过并正式进入审批流程阶段，如图 10-21 所示。

（7）专利授予。

最终，安全体验中心成功申请 1 个发明专利与 7 个实用新型专利。三种类型专利证书如图 10-22 所示。

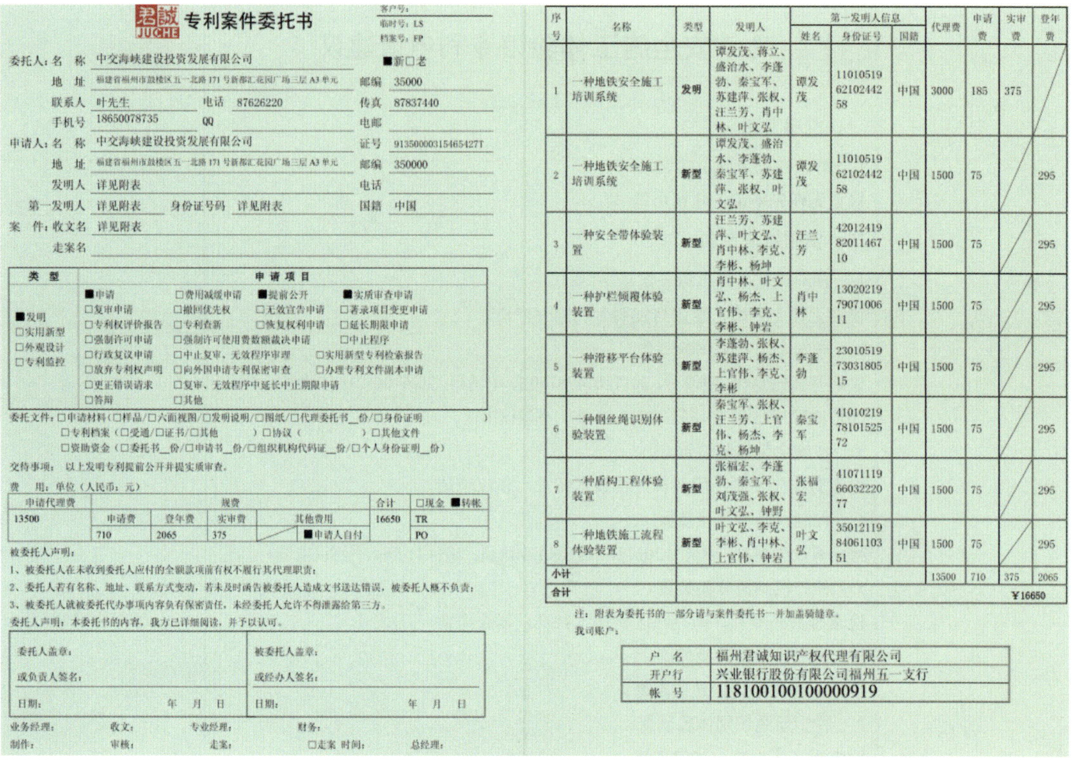

专利案件委托书

客户号：
临时号：LS
档案号：FP

委托人：名　称　中交海峡建设投资发展有限公司　■新□老
地　址　福建省福州市鼓楼区五一北路 171 号新都汇花园广场三层 A3 单元　邮编　35000
联系人　叶先生　电话　87626220　传真　87837440
手机号　18650078735　QQ　电邮
申请人：名　称　中交海峡建设投资发展有限公司　证号　91350000315465427T
地　址　福建省福州市鼓楼区五一北路 171 号新都汇花园广场三层 A3 单元　邮编　350000
发明人　详见附表　电话
第一发明人　详见附表　身份证号码　详见附表　国籍　中国
案　件：收文名　详见附表
走案名

类　型	申 请 项 目
■发明 □实用新型 □外观设计 □专利监控	■申请　□费用减缓申请　■提前公开　■实质审查申请 □复审申请　□撤回优先权　□无效宣告申请　□著录项目变更申请 □专利权评价报告　□专利查新　□恢复权利申请　□延长期限申请 □强制许可申请　□强制许可使用费数额裁决申请　□中止程序 □行政复议申请　□中止复审、无效程序审理　□实用新型专利检索报告 □放弃专利权声明　□向外国申请专利保密审查　□办理专利文件副本申请 □更正错误请求　□复审、无效程序中延长中止期限申请 □答辩　□其他

委托文件：□申请材料（□样品/□六面视图/□发明说明/□图纸/□代理委托书_份/□身份证明　）
□专利档案（□受通/□证书/□其他　）□协议（　）□其他文件
□资助资金（□委托书_份/□申请书_份/□组织机构代码证_份/□个人身份证明_份）

交待事项：以上发明专利提前公开并提实质审查。

费　用：单位（人民币：元）

申请代理费	规费					合计	□现金 ■转帐
13500	申请费	登年费	实审费	其他费用		16650	TR
	710	2065	375		■申请人自付		PO

被委托人声明：
1、被委托人在未收到委托人应付的全额款项前有权不履行其代理职责；
2、委托人若有名称、地址、联系方式变动，若未及时函告被委托人造成文书送达错误，被委托人概不负责；
3、被委托人就被委托代办事项内容负有保密责任，未经委托人允许不得泄露给第三方。
委托人声明：本委托书的内容，我方已详细阅读，并予以认可。

委托人盖章： 或负责人签名： 日期：　年　月　日	被委托人盖章： 或经办人签名： 日期：　年　月　日

业务经理：　收文：　专业经理：　财务：
制作：　审核：　走案：　□走案 时间：　总经理：

序号	名称	类型	发明人	第一发明人信息			代理费	申请费	实审费	登年费
				姓名	身份证号	国籍				
1	一种地铁安全施工培训系统	发明	谭发茂、蒋立、盛治水、李蓬勃、秦宝军、苏建萍、张权、汪兰芳、肖中林、叶文弘	谭发茂	110105196210244258	中国	3000	185	375	
2	一种地铁安全施工培训系统	新型	谭发茂、盛治水、李蓬勃、秦宝军、苏建萍、张权、叶文弘	谭发茂	110105196210244258	中国	1500	75		295
3	一种安全带体验装置	新型	汪兰芳、苏建萍、叶文弘、肖中林、李克、李彬、杨坤	汪兰芳	420124198201146710	中国	1500	75		295
4	一种护栏倾覆体验装置	新型	肖中林、叶文弘、杨杰、上官伟、李克、李彬、钟岩	肖中林	130202197907100611	中国	1500	75		295
5	一种滑移平台体验装置	新型	李蓬勃、张权、苏建萍、杨杰、上官伟、李克、李彬	李蓬勃	230105197303180515	中国	1500	75		295
6	一种钢丝绳识别体验装置	新型	秦宝军、张权、汪兰芳、上官伟、杨杰、李克、杨坤	秦宝军	410102197810152572	中国	1500	75		295
7	一种盾构工程体验装置	新型	张福宏、李蓬勃、秦宝军、刘茂强、张权、叶文弘、钟野	张福宏	410711196603222077	中国	1500	75		295
8	一种地铁施工流程体验装置	新型	叶文弘、李克、李彬、肖中林、上官伟、钟岩	叶文弘	350121198406110351	中国	1500	75		295
小计							13500	710	375	2065
合计										¥16650

注：附表为委托书的一部分请与案件委托书一并加盖骑缝章。
我司账户：

户　名	福州君诚知识产权代理有限公司
开户行	兴业银行股份有限公司福州五一支行
帐　号	118100100100000919

图 10-20　专利案件委托书

中华人民共和国国家知识产权局

350002
福州市鼓楼区西洪路 528 号 15 号楼第一层 105 房
福州君诚知识产权代理有限公司 戴雨君(0591-87626220)

发文日：
2017年12月27日

申请号或专利号：201711437446.0　发文序号：2017122700314710

专利申请受理通知书

根据专利法第 28 条及其实施细则第 38 条、第 39 条的规定，申请人提出的专利申请已由国家知识产权局受理，现将确定的申请号、申请日、申请人和发明创造名称通知如下：
申请号：201711437446.0
申请日：2017 年 12 月 26 日
申请人：中交海峡建设投资发展有限公司
发明创造名称：一种地铁安全施工培训系统

经核实，国家知识产权局确认收到文件如下：
实质审查请求书 每份页数:1 页 文件份数:1 份
专利代理委托书 每份页数:2 页 文件份数:1 份
权利要求书 每份页数:2 页 文件份数:1 份 权利要求项数： 8 项
说明书附图 每份页数:3 页 文件份数:1 份
发明专利请求书 每份页数:5 页 文件份数:1 份
说明书摘要 每份页数:1 页 文件份数:1 份
说明书 每份页数:5 页 文件份数:1 份

提示：
1. 申请人收到专利申请受理通知书之后，认为其记载的内容与申请人所提交的相应内容不一致时，可以向国家知识产权局请求更正。
2. 申请人收到专利申请受理通知书之后，再向国家知识产权局办理各种手续时，均应当准确、清晰地写明申请号。
3. 国家知识产权局收到向外国申请专利保密审查请求书后，依据专利法实施细则第 9 条予以审查。

审 查 员：自动受理　审查部门：专利局初审及流程管理部

200101
2010.4
纸件申请，回函请寄：100088 北京市海淀区蓟门桥西土城路 6 号 国家知识产权局受理处收
电子申请，应当通过电子专利申请系统以电子文件形式提交相关文件。除另有规定外，以纸件等其他形式提交的文件视为未提交。

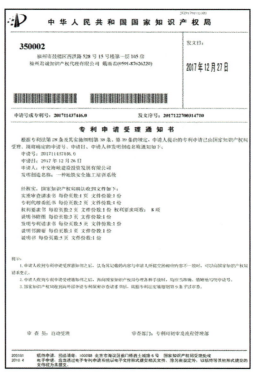

图 10-21　专利申请受理通知书

第 10 章 信息技术应用及创新管理

图 10-22 各种类型专利证书

10.5.4 工程类专利的特点与申请技巧

(1)专利的自身特性。

通过判断技术方案是否满足专利授权的"三性"即:新颖性、创造性和实用性,只要技术方案满足这三性后,才建议去申请专利,否则通过难度极大。

(2)专利挖掘技巧。

工程类专利技术挖掘可以从三个方面入手。

①在实际施工过程中,往往用到较新的施工方案、施工工艺,可进行检索,如果满足专利"三性"要求,可申请发明专利。

②一些涉及建筑领域相关结构与工艺设备改进的,可申请实用新型专利,如涉及一些工程脚手架结构改变、建筑保温结构的改进、机具设备改造改装、工艺流程升级优化、盾构始发接收辅助装置、设备安全防护装置、安全教育和培训新方式或流程等。

③通用检索分析现有专利,针对现有专利存在的不足,提出新的技术方案,也可以申请专利。

④工程类围挡如有涉及专利的"三性",亦可以申请外观发明专利或实用新型专利(结构有改进的)。

总之专利技术挖掘,要善于总结工程经验,多思考,多观察。或者委托专业建筑行业知识产权代理机构协助进行专利挖掘。

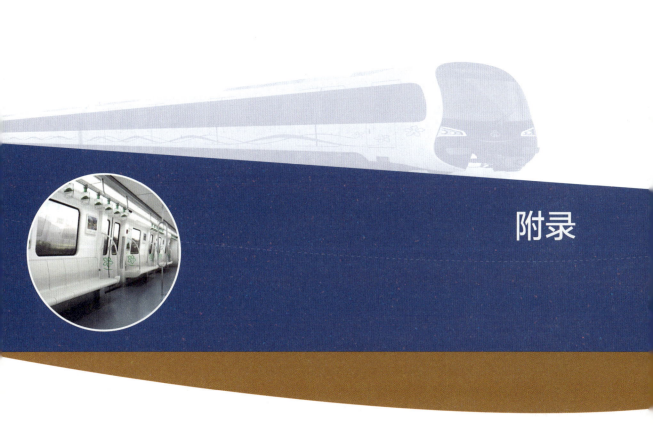

附录

/ 附录A　工程地质条件
/ 附录B　参建单位及标段划分

附录 A　工程地质条件

1）地层岩性

福州地铁 2 号线沿线穿越的主要地层有全新统第四系地层长乐组、上更新统东山组和龙海组地层、燕山晚期花岗岩（γ_5^3）地层，现由新到老简述如下。

（1）第四系全新统（Q_4）。

第四系长乐组共包括上段（Q_4^3）和下段（Q_4^{1-2}），其中，上段成因为冲积和冲洪积，主要为人工填土和近期冲积淤积层，包括作为硬壳层的表层褐黄色黏土层和风积砂层，下段成因为海积、海陆交互相地层，主要为淤泥质黏土及淤泥，淤泥及粉、细、中砂夹层或互层沉积，含泥或泥质中细砂层，细中砂层。

第四系地层在整条线路范围均有分布，其中金山文体中心～商务区站普遍厚度较大，约为 30～40m，其成因与古地理、闽江河道变迁密切相关，商务区站地层厚度逐步减小，局部厚度小于 10m。

（2）第四系上更新统（Q_3）。

线路范围分布的第四系上更新统地层主要为东山组（Q_3^3）和龙海组（Q_3^1/Q_3^2）地层。

①东山组（Q_3^m、Q_3^{al}、Q_3^{al+pl}）

本组上段属冲积、海积、湖积、风积，主要地层有黏土、粉质黏土、砂质黏土、粉土、淤泥、淤泥质土、中细砂、中粗砂及其含泥层、细中砂、中砂或粗砂，下部为含泥卵石和含砂卵石，其中，带灰的黄、绿、黑色黏土层和粉质黏土层在场区内多数钻孔均有揭示（少量钻孔缺失），为标志性地层。

②龙海组（Q_3^{al+pl}）

龙海组分为上下段，两段地质成因均以冲洪积为主，其中，上段（Q_3^2）为灰黄、褐黄、灰绿色黏性土及粉土层、泥质砾砂、碎卵石层、淤泥和淤泥质土，下段（Q_3^1）为灰黄、灰白色黏性土及粉性土、黄色砂砾卵石层。

（3）燕山晚期花岗岩（γ_5^3）。

福州地区侵入岩分布广泛，岩体百余个，露布面积约占福州市陆域面积的 30%。主要呈岩基、岩株、岩瘤和岩枝状产出。岩石类型多，岩性复杂，有基性、中性、中酸性和酸性等岩类。根据碱性氧化物含量判别，尚有碱性花岗岩。其中，以酸性、中酸性岩类为主。这些侵入岩均属中生代燕山期多次侵入活动而形成，它们与具有同源、准同生关系的同期火山岩，都是环太平洋中、新生代岩浆活动的组成部分。按侵入活动时间顺序分为早、晚两期，其中，以燕山晚期第三、四次活动最强烈，规模最大。较大的酸性、中酸性岩体有丹阳岩体、魁岐岩体、福州岩体、笔架山岩体、埔前岩体和三山岩体，中性岩体有莲花山岩体，基性岩体有官山岩体。

2）不良地质作用

根据《福州市轨道交通 2 号线地质灾害危险性评估报告》（福建省地质环境监测中心，

2011年4月）成果资料并结合本次勘察所揭示的地形地貌、地层分布和岩土类别进行综合分析,线路经过区域未发现岩溶、土洞、滑坡、危岩、崩塌、泥石流等不良地质现象和地质灾害,主要不良地质作用有地面沉降、砂土液化,分述如下。

(1)地面沉降

福州地铁2号线全线分布有软土,由于软土具有含水量大、压缩性大、强度低、灵敏度高、易触变等特点,地铁施工时,过度降水、对软土的加固处理不当或地面超载等都易产生固结变形,引起地面沉降,导致路面、房屋开裂等地质灾害,并对途经的区间隧道产生潜在的影响和危害,其危险性较大。

(2)砂土液化

福州地铁2号线线路范围内分布着海相沉积淤泥质中细砂、中细砂层,基本位于地下水位以下、饱和砂土受到振动时有变得更紧密的趋势,但饱和砂土的孔隙全部被水充填,因此这种趋于紧密的作用将导致土体中孔隙水压力骤然上升,相应地减小了土粒间的有效应力,从而降低了土体的抗剪强度。在周期性的地震荷载作用下,孔隙水压力积累,有效应力减小。当有效应力完全消失时,土粒处于悬浮状态,此时,土体完全失去抗剪强度而显示出近于液体的特性,即产生地震液化。当液化砂土位于结构底板下时,应进行相应消除液化处理。

福州地铁2号线场地特殊性岩土主要有填土、软土、残积土及风化岩。

沿线区域内地表普遍分布有素填土层 <1-1> 层、杂填土 <1-2> 层。填土结构松散,地基承载力低,变形较大且不均匀,因此具有孔隙率大、透水性强的特点,压缩性中等偏高,工程性质较不稳定。未经处理加固,不宜作为路基段天然地基持力层,建筑物基坑开挖后可能产生失稳、坍塌。块石可造成沉桩困难,后期沉降给桩基带来负摩阻力。设计、施工时应予以注意。

沿线软土层为海相淤泥 <2-3><2-4-1>、淤泥质土 <2-4-2>、淤泥夹砂 <2-4-4>、淤泥质土 <3-4> 及淤泥夹砂 <3-5>,软土力学性质很差,极易被扰动。对基坑支护、地基稳定性及沉降控制均有不利影响。软土属高压缩性土,极易因其体积的压缩而导致地面和建筑物沉降。因软土透水性弱,对地基排水固结不利,不仅影响地基强度,同时延长了地基趋于稳定的沉降时间。该类土由于平面位置及厚度分布不均,极易产生不均匀沉降。除此以外,该类土pH值偏低,有机质和富里酸含量偏高,对地基处理会有一定影响。

本线路广泛分布风化岩及残积土,风化岩岩性以燕山晚期的花岗岩为主,包括全风化岩、强风化岩、中风化岩和微风化岩,风化岩中分布有地下水,地下水类型为基岩裂隙水,其中,乌龙江西段基岩埋深相对东侧较浅。全风化和强风化岩的单轴抗压强度较差,稳定性较差,在 MBZ3-A087~MBZ3-A088 范围内基岩埋深较浅,风化程度变化较大。全风化花岗岩 <6> 呈坚硬土状,遇水易崩解,强风化花岗岩（碎块状）<7-2> 岩芯多呈碎块状,岩块敲击易碎。岩石坚硬程度属较软岩,岩体完整性等级属较破碎,岩体基本质量等级分类属Ⅳ、Ⅴ类。风化岩受结构面发育程度的影响,风化不均匀,在垂直方向不同风化程度的岩石往往交错出现,使岩体的力学强度变化和差异较大。

该线路在 MBZ3-A087~MBZ3-A098 范围内呈厚层状连续分布，其他地段分布较少且不连续。残积砾质黏性土（可塑状）<5-1> 及残积砾质黏性土（硬塑状）<5-2> 含风化残留石英颗粒，遇水崩解，工程性质差异较大，对于以软硬互层为地基直接持力层的工点，可能造成不均匀沉降。同时，残积土遇水后其力学性质降低较大，具有遇水软化的特点。

初勘过程中在 MBZ2-B078（南门兜～水部区间）钻孔的 <7-1> 地层中发现有中风化花岗岩孤石，埋置深度为 22.8~23.2m，块径为 0.4m。

福州地铁 2 号线需穿越的地表水主要为乌龙江、闽江及市区内河水系，沿线依次经过的内河主要有白马河、东西河、晋安河、凤坂河、浦东河及磨洋河等，上述内河均属于闽江内河水系，其水位主要受河道水闸调节控制，据了解内河水位高程通常为 4.2~5.5m，而近年市区内涝最高水位为 7.5m。

闽江经南台岛北端的淮安分为南北两汊，南汊经湾边至马尾，称南港，又称乌龙江，为闽江支流，是天然的泄洪排沙水道，接收大部分中游来沙，河床中沙浅滩比北港发育。其长 16km，江面宽 2000~3000m，最宽处达 4000m 以上，枯水期浅槽水深 0.3~0.4m，湾边以下低潮航道水深可达 1.2m。设内河三等航标，只能季节通航。

附录 B 参建单位及标段划分

中国交建组织八个土建专业工程局、一个机电专业工程局、两个专业设计院、一个重工制造和三个试验检测公司，采取大兵团作战，充分发挥集团全产业链的优势和重特大型项目管理优势，组织开展项目建设。全线参建人员最高峰时多达四千多人，其中，项目管理人员一千多人。

全线盾构机由中交天和机械设备制造有限公司生产及改造，中交第三航务工程局有限公司厦门管片厂参与了管片的生产供应。中交第二公路勘察设计院有限公司和中交第四航务工程勘察设计院有限公司参与了福州地铁 2 号线项目的工点设计，全线施工监测交由中国交建公路规划设计院有限公司承担，中交第三公路工程局有限公司和中交第三航务工程局有限公司检测公司承担了全线的施工检测工作。福州地铁 2 号线项目工程标段划分及参建单位见附表 1。

福州地铁 2 号线项目工程标段划分及参建单位一览表　　　　　　　附表 1

施工标段	施工单位	工程项目
土建一标	中交第三航务工程局有限公司	竹岐停车场出入场线
		苏洋站
		苏洋站~沙堤站区间
		沙堤站
		沙堤站~上街站区间
土建二标	中交第一公路工程局有限公司	上街站
		上街站~金屿站区间
		金屿站
		金屿站~福州大学站区间
土建三标	中交第二航务工程局有限公司	福州大学站
		福州大学站~董屿站区间
		董屿站
		董屿站~厚庭站区间
土建四标		厚庭站
		厚庭站~桔园洲站区间
土建五标	中交第三公路工程局有限公司	桔园洲站
		桔园洲站~洪湾站区间
		洪湾站
		洪湾站~金山站区间
土建六标	中交隧道工程局有限公司	金山站
		金山站~金祥站区间
		金祥站
		金祥站~祥坂站区间
		祥坂站（西端头）
		祥坂站~宁化站区间

续上表

施工标段	施工单位	工程项目
土建七标	中交隧道工程局有限公司	宁化站~西洋站区间
		西洋站
		西洋站~南门兜站区间
		南门兜站（含福州地铁1号线、2号线换乘通道）
		南门兜站~水部站区间
土建八标		水部站
		水部站~紫阳站区间
		紫阳站
		紫阳站~五里亭站区间
土建九标	中交第一航务工程局有限公司	五里亭站
		五里亭站~前屿站区间
		前屿站
		前屿站~上洋站区间
土建十标	中交第二公路工程局有限公司	上洋站
		上洋站~鼓山站区间
		鼓山站
		下院车辆段出入段线
		洋里站
		鼓山站~洋里站区间
土建十一标	中交第四航务工程局有限公司	下院车辆段
		竹岐停车场
机电标	中交机电工程局有限公司	全线机电安装

参 考 文 献

[1] 席酉民,肖宏文,王洪涛. 和谐管理理论的提出及其原理的新发展 [J]. 管理学报,2005,2(1):23.

[2] 王琦,席酉民,尚玉钒. 和谐管理理论核心,和谐主题的诠释 [J]. 管理评论,2003,15(9):24-30.

[3] 黄丹,席酉民. 和谐管理理论基础:和谐的诠释 [J]. 管理工程学报,2001(03):75-78+6.

[4] 吴伟巍,侯艳红,成虎. 和谐管理理论视角下的工程项目管理 [J]. 土木建筑与环境工程,2007(4).

[5] 王亚刚,席酉民. 和谐管理理论视角下的战略形成过程:和谐主题的核心作用 [J]. 管理科学学报,2008(3):5-19.

[6] 席酉民,尚玉钒. 和谐管理思想与当代和谐管理理论 [J]. 西安交通大学学报(社会科学版),2001,21(3):23-26.

[7] 刘少兵. 和谐项目管理理论与实证研究 [D]. 长沙:中南大学,2009.

[8] 岳鹏威. 建筑企业对项目部的和谐管理模式研究 [D]. 长沙:中南大学,2010.

[9] 刘雪芬. 建筑施工项目和谐激励模式研究 [D]. 长沙:中南大学,2012.

[10] 吴小倩. 铁路工程项目管理协调机制研究 [D]. 长沙:中南大学,2012.

[11] 郑明珠,赛云秀,李俊亭. 大型建筑工程项目利益相关者管理研究述评 [J]. 项目管理技术,2019,17(3):23-27.

[12] 陆瑶,王林秀. 轨道交通 PPP 项目干系人动态管控模型设计 [J]. 都市快轨交通,2016,29(5):14-19.

[13] 朱玉修. 轨道交通工程项目外部干系人管理 [J]. 重庆建筑,2014,13(12):58-60.

[14] 周国华,马丹. 基于和谐管理理论的线型工程项目征地拆迁管理 [J]. 项目管理技术,2011,9(10):25-29.

[15] 李晓庆. 浅析企业党建与企业文化的联系 [J]. 办公室业务,2018(10):21.

[16] 孙传博. 长春市地铁工程质量监督体系问题研究 [D]. 长春:吉林大学,2017.

[17] 辛宇. 旭辉集团纳税风险管理研究 [D]. 哈尔滨:哈尔滨工业大学,2016.

[18] 付雪琦. 基于全生命周期的工程造价管理 [J]. 中国招标,2014(28):28-30.

[19] 马新华. 建筑工程施工中进度的影响因素与管理探析 [J]. 中国新技术新产品,2015(7):154-155.

[20] 张祖刚. 天津市区至滨海新区快速轨道交通工程投资控制 [D]. 天津:天津大学,2006.

[21] 吕政. 沈阳地铁二号线延长线工程项目风险管理研究 [D]. 大连:大连海事大学,2017.

[22] 刘喜峰. 并行工程管理模式在工程项目管理的运用 [J]. 石化技术,2016(23):220.

[23] 徐万红,牟瑞,马世骁,等. 并行工程在工程项目管理中的应用 [J]. 辽宁工程技术大学学报(自然科学版),2008(3):112-115.

[24] 柴士超. 考虑风险因素的城市轨道交通施工成本与进度研究 [D]. 哈尔滨:东北林业大学,2016.

[25] 谢雨颖. 建筑业大企业税务风险管理研究——以 W 建工集团为例 [D]. 南京:南京大学,2017.

[26] 姜磊. 浅析我国现阶段税收筹划的举措及未来发展趋势 [J]. 管理世界,2015,No.260(5):182-183.

[27] 尹贻林,陈伯乐.全生命周期项目管理思想在我国政府投资项目中的应用研究[J].哈尔滨商业大学学报(社会科学版),2010(3):51-56.

[28] 江萍,成虎.施工项目结构分解(WBS)方法及准则研究[J].东南大学学报(自然科学版),2000(04):105-108.

[29] 何天星.建筑施工企业税务风险管理研究[D].西安:西安科技大学,2017.

[30] 宁伟.建设工程项目质量监督体系研究——以烟台市LJ项目为例[D].青岛:青岛大学,2016.

[31] 刘敬娜.基于BIM的建设工程项目施工阶段成本管理研究——以T企业X项目为例[D].济南:山东大学,2017.

[32] 王复涛.轨道交通S公司绩效考核体系研究与再设计[D].青岛:青岛科技大学,2017.

[33] 袁俊杰.工程项目全面成本管理理论与实证研究[D].长沙:中南大学,2007.

[34] 郭俊.工程项目风险管理理论与方法研究[D].武汉:武汉大学,2005.

[35] 卢丽霞.地铁施工项目成本管理研究[D].北京:北京交通大学,2014.

[36] 邓伟.工程项目成本控制及造价管理刍议——以成都地铁7号线工程机电系统综合1标项目为例[J].工程技术研究,2018,18(02):194-195.

[37] 黄文江.工程项目管理绩效考核体系构建与实践——以A工程公司为例[J].现代商贸工业,2011(6):141-142.

[38] 张德升.青岛市地铁工程质量监督管理评价研究[D].济南:山东大学,2012.

[39] 张立强.青岛城际轨道交通BT项目施工质量管理研究[D].哈尔滨:哈尔滨工业大学,2014.

[40] 王军,周玉格.大部制改革的难点及对策分析[C]//湖北行政管理论坛(2014)——地方大部门制改革与城市科学管理研究.2013.

[41] 谢建荣.分析国有企业员工绩效考核的思考和建议[J].中国商论,2018,767(28):154-155.

[42] 韩倩倩.工程项目成本控制分析:一个基于产品全生命周期的理论框架[J].广西财经学院学报,2006,19(5):67-70.

[43] 洪昊.地铁建设工程项目管理与成本控制[D].上海:华东理工大学,2011.

[44] 陈进杰.城市轨道交通项目广义全寿命周期成本理论与应用研究[D].北京:北京交通大学,2011.

[45] 程潮刚.城市轨道交通项目风险管理研究及应用[D].成都:西南交通大学,2013.

[46] 丛敏.城市地铁工程项目造价控制研究——以长春地铁项目为例[D].长春:吉林大学,2016.

[47] 曹书民,杜清玲.PDCA循环在企业绩效管理系统中的运用[J].价值工程,2008,27(6):103-106.

[48] 孙磊,尉迟光斌.大部制改革:重点、难点及可行路径[J].乐山师范学院学报,2014(1):121-123+132.

[49] 项志芬,尉胜伟,徐澄.工程项目全过程风险管理模式探讨[J].管理工程学报,2005,19(1):207-209.

[50] 张煜鲲.北京地铁8号线三期工程项目建设风险管理研究[D].石家庄:石家庄铁道大学,2017.

[51] 颜琦.ZJ公司施工项目成本预算管理问题的研究[D].深圳:深圳大学,2017.

[52] 傅强.TQ公司TY住宅项目结构主体施工质量提升研究——基于三阶段的PDCA循环[D].济南:山东大学,2018.

[53] 田晓霞.小企业融资理论及实证研究综述[J].经济研究,2004(5):107-116.

[54] 胡绍雨.新企业所得税法下的税收筹划与税收筹划风险[J].中国商贸,2012(23):95-97.

[55] 乐云,张云霞,李永奎. 政府投资重大工程建设指挥部模式的形成、演化及发展趋势研究[J]. 项目管理技术,2014,12(9):9-13.

[56] 胡天翔. 工程项目质量管理与施工阶段质量控制[J]. 工程管理学报,2008(1).

[57] 朱霞,李莹. 关键链法在公路建设项目进度管理中的应用[J]. 市政技术,2017(02):199-202.

[58] 李月娥. 关于建筑工程管理中的进度管理分析[J]. 江西建材,2015,14(2):260-261.

[59] 杨洁. 基于PDCA循环的内部控制有效性综合评价[J]. 会计研究,2011(4):84-89.

[60] 梁丹. LC有限公司项目成本管理体系研究[D]. 哈尔滨:哈尔滨工业大学,2016.

[61] 滕宇. A高速公路工程施工项目成本管理应用研究[D]. 成都:西南交通大学,2017.

[62] 唐维,张永攀,陈贤国. BIM+VR技术在地铁施工过程中的应用研究[J]. 公路,2018,63(4):190-194.

[63] 李坤. BIM技术在地铁车站结构设计中的应用研究[J]. 铁道工程学报,2015,32(2):103-108.

[64] 隋振国,马锦明,陈东,等. BIM技术在土木工程施工领域的应用进展[J]. 施工技术,2013(S2):161-165.

[65] 李大明. 论税收筹划的原理及其运用[J]. 中南财经政法大学学报,2002(6):50-54.

[65] 张云华. 企业税务风险原因分析与制度设计[J]. 税务研究,2010(9):81-83.